M. Huggenberger
Tobeirainli 14
5416 Kirchdorf

D1671465

Günther Würtele (Hg.)
Agenda für das 21. Jahrhundert

Günther Würtele (Hg.)

Agenda für das 21. Jahrhundert

Politik und Wirtschaft
auf dem Weg in eine neue Zeit

Verlag Neue Zürcher Zeitung

Frankfurter Allgemeine Zeitung
Verlagsbereich Buch
Verantwortlich Verlagsbereich Buch: Helmut Klinge
Gestaltung: F.A.Z.-Grafik
© Frankfurter Allgemeine Zeitung GmbH, 60267 Frankfurt am Main
Lizenzausgabe für die Schweiz: Verlag Neue Zürcher Zeitung, Zürich, 1996
Alle Rechte, auch die des auszugsweisen Nachdrucks, vorbehalten
Druck: Main-Echo, Aschaffenburg

ISBN 3-85823-600-4

Vorwort

Die Geschicke der Welt werden von wenigen Menschen bestimmt. Dies war in früheren Zeiten so, das erleben wir heute, und dies wird sicher auch in der Zukunft so sein. Auch
wenn uns die Gründe meist verborgen bleiben, wissen wir
doch, daß es sich um Menschen handelt, die mit außerge-
wöhnlichen Fähigkeiten ausgestattet sind. Sie sind Mittelpunkt großer Ereignisse, Angriffspunkt für Kritik und Feind-
seligkeiten, jedoch auch, und dies weitaus häufiger, Orientie-
rungspunkt und Anlaß tiefster Bewunderung.

Sei es das Bestreben, selbst besser zu werden, sei es die Suche nach Sicherheit und Orientierung für die Zukunft, oder
seien es andere Motive – wir können nicht leugnen, daß es ein
besonderes Interesse an den Menschen gibt, die zu großen
Persönlichkeiten geworden sind. Wir wollen wissen, wie sie
wurden, was sie sind und – noch viel mehr – was sie denken,
wie sie entscheiden, was sie planen.

Vor diesem Hintergrund entstand die Idee, eine Buchreihe
herauszugeben, die es sich zur Aufgabe macht, den bemerkenswerten Erfahrungsschatz großer und außergewöhnlicher Persönlichkeiten einer breiten Leserschaft zu vermitteln. Dabei kommen die Autoren grundsätzlich aus allen Ländern dieser Erde und aus allen Bereichen der Gesellschaft.
Sie zeichnen sich dadurch aus, daß sie durch ganz besondere Leistungen Geschichte geschrieben haben. Neben diesen
»wirklich Großen« beteiligen sich auch bisher unbekannte
Persönlichkeiten, wenn sie denn Außergewöhnliches geleistet haben.

Die Menschheit steht an der Schwelle zum 21. Jahrhundert, und wir erleben Veränderungen in großem Ausmaß.
Dies allein ist nichts Neues, da es revolutionäre Umwälzungen immer wieder in der Geschichte der Menschheit gegeben
hat. Jedoch vollziehen sich die Veränderungen unserer Zeit

in einer nie dagewesenen Geschwindigkeit. Viele Fragen treten auf, viele Menschen sind verunsichert.

In dieser Zeit der Ungewißheit, der neuen Herausforderungen, richtet sich denn auch folgerichtig unser Blick auf die großen Staatsmänner und -frauen und bedeutenden Unternehmer dieser Zeit. Wir erwarten von ihnen Lösungen und Antworten auf drängende Fragen. Jeder Mensch muß selbstverständlich sein Schicksal in die eigene Verantwortung nehmen. Dennoch sehen wir diese Persönlichkeiten als Vorbilder und wollen von ihnen lernen.

Das vorliegende Buch folgt dieser Verhaltensweise. Ihm liegt die Idee zugrunde, die »Architekten des Aufschwungs« zu bitten, eine »Agenda für das 21. Jahrhundert« aus ihrer persönlichen Sicht zu skizzieren.

Wohlwissend, daß unser Vorhaben, führende Staatsmänner und Unternehmer der Welt zur gleichen Zeit zu einem Thema in einem Buch zu gewinnen, eine viel größere Chance hatte zu scheitern denn zu gelingen, haben wir zu jedem Zeitpunkt fest an diese Idee geglaubt.

Die mir häufig gestellte Frage, wie es möglich war, das Interesse der großen Persönlichkeiten im Ausland zu gewinnen, soll an dieser Stelle nicht unbeantwortet bleiben: »Dies war Glück« ist man geneigt zu sagen. Ja, es war Glück, und zwar das Glück – politisch Andersdenkende mögen mir diese Aussage erlauben –, in einem Land zu leben, das nunmehr seit dreizehn Jahren von Herrn Bundeskanzler Dr. Helmut Kohl regiert wird, einem Mann, der längst zur »Jahrhundertpersönlichkeit« geworden ist und sich einer weltweiten Reputation erfreuen kann. Seine Bereitschaft, einen Beitrag beizusteuern, hat entscheidend zum Entstehen dieses Buches beigetragen.

Mit der Unterstützung von mehr als hundert Mitarbeitern in Regierungsbüros, Botschaften, Konsulaten und Unternehmen im In- und Ausland, denen ich an dieser Stelle herzlich danken möchte, konnte dann das Buch wie geplant entstehen.

Frankfurt am Main   *Günther Würtele*

Inhalt

Teil II

Teil I

Dr. Helmut Kohl
Bundeskanzler der Bundesrepublik Deutschland

HELMUT KOHL

An der Schwelle zum 21. Jahrhundert: Standortbestimmung für Deutschland

An der Schwelle zum 21. Jahrhundert haben wir Deutsche allen Grund, mit realistischem Optimismus in die Zukunft zu blicken. Unsere Ausgangsposition ist günstig. Seit 50 Jahren leben wir in Frieden – das ist die längste Friedensperiode in der jüngeren deutschen Geschichte. Seit dem Zusammenbruch des kommunistischen Regimes in der ehemaligen DDR leben alle Deutschen gemeinsam auch in Freiheit. Wir haben ein noch nie gekanntes Wohlstandsniveau erreicht. Am Ende eines Jahrhunderts, das zwei Weltkriege und so viel Elend gesehen hat, haben die jungen Menschen die begründete Hoffnung auf ein ganzes Leben in Frieden und der Freiheit.

Wir konnten die Wiedervereinigung Deutschlands mit der Zustimmung all unserer Nachbarn und Partner in der Welt erreichen. Dies ist nicht zuletzt Ausdruck des Vertrauens in die Stabilität unserer Demokratie und in die Zuverlässigkeit Deutschlands als Partner in Europa und im Atlantischen Bündnis. Zum ersten Mal in unserer Geschichte haben wir gleichzeitig gute Beziehungen zu Washington, Paris, London und Moskau. Wir leben in Eintracht mit allen unseren Nachbarn und sind ein weltweit geachtetes Mitglied der Völkerfamilie. Zusammen mit Frankreich ist Deutschland Motor des europäischen Einigungswerkes. Die innere Einheit unseres Vaterlandes ist in vielen Bereichen bereits gelebte Wirklichkeit. Für den gemeinsamen Aufbruch in die Zukunft sind inzwischen gute Grundlagen gelegt worden.

Seit der Überwindung von Mauer und Stacheldraht hat sich die Welt dramatisch verändert. Der Warschauer Pakt ist aufgelöst, die Sowjetunion besteht nicht mehr, der Ost-West-Konflikt gehört der Vergangenheit an. Länder wie Polen,

Tschechien, die Slowakei und Ungarn sind auf dem Weg zu
stabiler Demokratie und Marktwirtschaft weit vorangekommen. Mit den epochalen Veränderungen der vergangenen
Jahre sind große Herausforderungen, aber auch enorme
Chancen verbunden. Daher müssen auch wir Deutsche jetzt,
kurz vor der Jahrhundertwende, eine Standortbestimmung
für unser Land vornehmen und die Weichen für die Zukunft
unseres Landes richtig stellen.

Es wird dabei viel über die ökonomischen Herausforderungen von Gegenwart und Zukunft gesprochen, die wir in einer
zusammenwachsenden Welt gemeinsam zu meistern haben.
Die Erfahrungen dieses Jahrhunderts haben uns jedoch ge-
lehrt, daß es wirtschaftliche Stabilität ohne politische Stabilität auf Dauer nicht geben kann. Beide sind untrennbar miteinander verknüpft.

Zukunftssicherung erfordert Bereitschaft zu wirtschaftlichem und gesellschaftlichem Wandel

Neben den politischen Umbrüchen in Europa und in der Welt
vollziehen sich besonders in der internationalen Arbeitsteilung tiefgreifende Veränderungen, deren Vorboten wir bereits heute spüren. Die Konkurrenz aus Fernost wird weiter
dramatisch zunehmen. Länder wie Südkorea, Singapur und
Taiwan haben mit modernen Produkten bereits bedeutende
Anteile auf den Weltmärkten erobert. Indonesien, Thailand,
Malaysia und bald auch China folgen ihnen auf diesem Weg.
Dazu kommt, daß jetzt unmittelbar vor unserer Haustür, in
Mittel-, Ost- und Südosteuropa, starke Konkurrenten und
wichtige Handelspartner heranwachsen.

Von dieser Entwicklung werden auf Deutschland positive
Impulse ausgehen. Bisher hat der Austausch von Wissen und
Waren die Wohlfahrt der beteiligten Länder letztlich noch immer gefördert. Deshalb ist es so wichtig, daß wir Deutsche –
auch in unserem eigenen Interesse – Vorkämpfer des freien
Welthandels bleiben. Ich plädiere leidenschaftlich dafür, daß
wir die besonderen Chancen beherzt nutzen, die gerade mit

den politischen und wirtschaftlichen Veränderungen in unseren östlichen Nachbarstaaten verbunden sind.

Gleichzeitig müssen wir uns auf neue Herausforderungen einstellen. Es kann zum Beispiel nicht ohne Folgen bleiben, daß die Arbeitsstunde eines Industriearbeiters in Polen oder Tschechien weniger als ein Zehntel von dem kostet, was ein Unternehmen in der Bundesrepublik Deutschland dafür bezahlen muß. Gegen diese Entwicklung hilft kein Lamentieren und auch keine Marktabschottung. Ebenso abwegig wäre es, nun Lohnsenkungen in Deutschland einzufordern. Wir brauchen eine offensive Strategie, damit die deutsche Volkswirtschaft ihren Produktivitätsvorsprung halten oder gar ausbauen kann und Deutschland ein attraktiver, zukunftsfähiger Investitionsstandort bleibt.

Entscheidende Voraussetzung dafür ist die Bereitschaft zum Umdenken: Alte Gewohnheiten und Besitzstände müssen überprüft und neue Prioritäten in vielen Bereichen von Gesellschaft und Wirtschaft gesetzt werden. Zum notwendigen Umdenken gehört, daß Widersprüche zwischem dem, was viele Menschen sich wünschen, und dem, was sie dafür selbst zu tun bereit sind, offen ausgesprochen werden.

Die Bundesregierung hat mit ihrem Bericht zur Zukunftssicherung des Standortes Deutschland vom September 1993 die notwendige Debatte angestoßen und konkrete Maßnahmen in vielen Bereichen in Angriff genommen (zum Beispiel Steuerpolitik, Wettbewerbspolitik, Umbau des Sozialstaates, Deregulierung und Privatisierung, Forschung und Innovation, Bildung und Ausbildung, Ökologie). Ein wesentlicher Teil dieses Programms ist bereits umgesetzt und hat entscheidend dazu beigetragen, daß die Bundesrepublik Deutschland schneller als erwartet aus der tiefen Rezession der Jahre 1992/93 herausgekommen ist.

Der zunehmende internationale Wettbewerb zwingt zu einer ständigen Modernisierung von Wirtschaft und Gesellschaft. Die deutsche Wirtschaft ist zwar nicht schwächer geworden, aber andere Länder holen mit großen Schritten auf. Damit unser Land gegenüber der härter werdenden internationalen Konkurrenz auch künftig bestehen kann, müssen

wir mehr Ideen haben, innovativer sein sowie schneller und
flexibler neue Produkte und Produktionsverfahren entwickeln und vor allem auch anwenden. Nur so können wir
unsere hohen Löhne halten und die Mittel für unser international als vorbildlich angesehenes Sozialsystem aufbringen.
In den nächsten 20 bis 25 Jahren wird sich die Welt aufgrund des wirtschaftlich-technologischen Wandels stärker
verändern als in den letzten 100 Jahren. Dem muß unsere
Gesellschaft frühzeitig Rechnung tragen. Von vergangenem
Ruhm kann niemand auf Dauer zehren. Es kommt auf die aktuelle Leistung und auf die Investitionen für die Zukunft an.
Der Begriff »Made in Germany« hat sich im Laufe der Jahrzehnte zu einem Gütesiegel deutscher Produkte entwickelt.
Diesen Ruf gilt es zu halten.

Weniger Staat – mehr Selbstverantwortung

Wenn es um Zukunftssicherung geht, sind alle gefordert,
ihren Beitrag zu leisten. Aufgabe des Staates ist es, günstige
Rahmenbedingungen zu schaffen, damit sich private Leistungskraft, Flexibilität und neue Ideen entfalten können.
Das heißt vor allem, den Staat »schlanker« zu machen, Bürokratie abzubauen und die Steuerbelastung zu senken – mit einem Wort: weniger Staat.
Die notwendige Rückführung des Staates auf seine eigentlichen Aufgaben bedeutet nicht seine Schwächung, sondern
seine Stärkung. Sie versetzt ihn in die Lage, jene Aufgaben
wirksam zu erfüllen, die nur er wahrnehmen kann. Dazu
gehört die Gewährleistung der inneren Sicherheit. Hier geht
es nicht nur um den Schutz des Bürgers vor dem Staat, sondern immer auch um seinen Schutz durch den Staat.
Dabei ist zu berücksichtigen, daß viele Probleme der inneren Sicherheit heute nicht mehr auf nationaler Ebene allein
gelöst werden können. Kriminalität macht vor Landesgren-
zen nicht halt. Deshalb ist es wichtig, daß wir im zusammenwachsenden Europa die grenzüberschreitende Zusammenarbeit verstärken, den Aufbau von EUROPOL vorantreiben

und auch auf diesem Felde die bilaterale Kooperation, insbesondere mit unseren östlichen Nachbarstaaten, intensivieren.

In Deutschland – wie auch in anderen Industriestaaten – haben sich über Jahrzehnte hinweg Strukturprobleme aufgestaut, die mit herkömmlichen Ansätzen nicht mehr gelöst werden können. Für die Zukunftsgestaltung brauchen wir eine Gesellschaft, die sich wieder stärker auf ihre eigenen, oft ungenutzten Möglichkeiten besinnt und die ihren ganzen Reichtum an Fleiß, Ideen und Hilfsbereitschaft mobilisiert. Viele Regulierungen wirken zukunftsfeindlich und verhindern das Entstehen neuer Arbeitsplätze. Gerade die mittelständischen Unternehmen, die in Deutschland zwei Drittel aller Arbeitnehmer beschäftigen und vier Fünftel aller Lehrlinge ausbilden, können sich keine eigenen Beraterstäbe leisten, um immer komplizieretere Rechtsvorschriften und Genehmigungsverfahren zu bewältigen. Solche Hemmnisse müssen weiter abgebaut werden.

Ein Staat, der sich auf seine originären Aufgaben konzentriert, gibt auch weniger aus. Die von mir geführte Bundesregierung will den Anteil der Staatsausgaben am Bruttoinlandsprodukt bis zur Jahrhundertwende auf das Niveau vor der Wiedervereinigung drücken. Daß ein solcher Kraftakt zu schaffen ist, haben wir schon einmal bewiesen: 1982 lag die Staatsquote über 50 Prozent; bis 1989 ist es dann gelungen, sie auf 46 Prozent zu reduzieren. Der erneute Anstieg seit 1990 war aus offensichtlichen Gründen unvermeidlich. Er spiegelt in erster Linie wider, daß wir uns den historisch einmaligen Aufgaben der Deutschen Einheit gestellt haben.

Den Aufbau im Osten vorantreiben

Für uns Deutsche ist die Wiedervereinigung nach wie vor ein Grund zur Freude und zur Dankbarkeit. In den fünf Jahren, die seitdem vergangen sind, ist viel geleistet worden. Der tiefgreifende Strukturwandel in den neuen Bundesländern wurde von den Menschen in Westdeutschland solidarisch

unterstützt. Besonderer Respekt gilt den Menschen in den
neuen Ländern, die eine schwierige Phase des Umbruchs bewältigen und sich in Wirtschaft und Gewerkschaften, in Politik sowie sozialen Einrichtungen engagieren. Sie haben mit
ihrem Mut und ihrem unermüdlichen Einsatz enorme Leistungen vollbracht. Inzwischen wurde ein beeindruckendes
Aufbauwerk in Gang gesetzt, das weltweit Anerkennung findet. Es wäre deshalb verfehlt, nur von den »Kosten der Einheit« zu sprechen. Vielmehr geht es darum, das Geschenk
der Einheit als Chance für alle Deutschen zu begreifen. Jede
D-Mark, die in den neuen Bundesländern investiert wird, ist
eine Abschlagszahlung auf die gemeinsame deutsche Zukunft.

Die vielfältigen Anstrengungen für den Aufbau der neuen
Bundesländer tragen bereits Früchte. Ostdeutschland ist
heute die stärkste Wachstumsregion in Europa. Dies ist die
beste Voraussetzung dafür, daß die Transferströme von West-
nach Ostdeutschland und die damit verbundene Belastung
der öffentlichen Haushalte (von 1990 bis 1995 rund 630 Milliarden D-Mark netto) zurückgehen können. Die Privatisierung der rund 14 000 vormals staatlichen Industrieunternehmen durch die Treuhandanstalt war eine in der Wirt-
schaftsgeschichte einmalige Leistung. Inzwischen gibt es im
Osten unseres Vaterlandes modernste Produktionsstätten mit
dauerhaft wettbewerbsfähigen Arbeitsplätzen, und täglich
kommen neue hinzu.

Die Menschen spüren in ihrem persönlichen Umfeld, daß es
vorangeht. So gab es zum Beispiel 1989 – nach 40 Jahren
DDR – gerade einmal 1,8 Millionen Telefonanschlüsse. Nach
knapp fünf Jahren deutscher Einheit hat sich die Zahl der
Anschlüsse nahezu verdreifacht. Investitionen werden heute
praktisch nicht mehr durch fehlende oder mangelhafte Kom-
munikationsverbindungen behindert. In den neuen Bundesländern gibt es inzwischen eine halbe Million Selbständiger,
die über drei Millionen Menschen beschäftigen. Die Bildung
eines breiten Mittelstandes – Rückgrat einer gesunden Wirtschaft – macht gute Fortschritte. Diese Entwicklung zu stärken bleibt eine große Zukunftsaufgabe.

Deutschland hat nicht nur die Folgekosten der kommunistischen Mißwirtschaft in der ehemaligen DDR zu tragen. Hinzu kommt das besondere Engagement für den Reformprozeß in seinen östlichen Nachbarländern. Mit Gesamtleistungen in Höhe von nahezu 150 Milliarden D-Mark für die Reformstaaten Mittel-, Ost- und Südosteuropas sowie für die Nachfolgestaaten der ehemaligen Sowjetunion zwischen 1990 und 1994 steht die Bundesrepublik Deutschland an der Spitze der westlichen Geberländer. Zwei Drittel dieses Betrages entfallen auf die GUS-Länder. Hier hat Deutschland mehr als die Hälfte aller bilateralen Unterstützungsleistungen des Westens erbracht. Diese Hilfen sind ein wichtiger Beitrag zur künftigen Stabilität unseres gesamten Kontinents. Wir Deutsche wollen, daß die jungen Demokratien Erfolg haben. Dies liegt nicht zuletzt in unserem eigenen Interesse als Land in der Mitte des immer enger zusammenwachsenden Europa.

Trotz der Sonderlasten im Zusammenhang mit der Deutschen Einheit und der Hilfen für unsere Nachbarn im Osten kann sich Deutschland mit den Ergebnissen seiner Finanzpolitik international sehr gut sehen lassen. In der Europäischen Union erfüllt Deutschland als einziges Land neben Luxemburg schon jetzt alle Stabilitätskriterien für den Eintritt in die dritte Stufe der Europäischen Wirtschafts- und Währungsunion. An dieser Stabilitätspolitik wird die Bundesregierung weiter festhalten. Sie ist das A und O unserer Zukunftssicherung.

Die Steuer- und Abgabenlast der Bürger senken

Zukunftsgestaltung beginnt in den Köpfen der Menschen, nicht in den Kassen des Staates. Sparzwänge können heilsam sein: Sie nötigen zum Umdenken und zur Neufestsetzung von Prioritäten. Und sie sind ein Damm gegenüber den vielfältigen Begehrlichkeiten von Interessengruppen zu Lasten der Allgemeinheit. Mit unserer Entschlossenheit, am eingeschlagenen Sparkurs festzuhalten, nehmen wir nicht zuletzt unsere Verantwortung gegenüber kommenden Generationen wahr. Wir haben kein Recht, unseren Kindern und Enkeln jeglichen finanziellen Handlungsspielraum für die Zukunft zu nehmen. So wie wir die Schöpfung für diejenigen zu bewahren haben, die nach uns kommen, so haben wir den nachfolgenden Generationen auch die finanziellen Grundlagen für die Zukunft zu sichern.

Die beabsichtigte Senkung der Staatsquote ist auch notwendig, um die Steuer- und Abgabenlast für Bürger und Wirtschaft schrittweise senken zu können. Dazu gehört, den Solidaritätszuschlag so bald wie möglich abzubauen. Durch das Jahressteuergesetz 1996 werden Bürger und Unternehmen um 19 Milliarden D-Mark entlastet. In diesem Rahmen wird auch das Existenzminimum der Bürger ab 1996 steuerlich freigestellt. Es ist die Absicht der Bundesregierung, die wachstumsorientierte, leistungsgerechte, familien- und mittelstandsfreundliche Steuerreform fortzusetzen. Heute schöpft der Staat von jeder D-Mark Wirtschaftsleistung der Bürger und Unternehmen rund 43 Pfennig durch Steuern und Abgaben ab. Diese Abgabenquote ist eindeutig zu hoch, denn sie droht den Leistungswillen der Bürger zu erdrücken. Sie muß gesenkt werden.

Für die Zukunftssicherung unseres Landes müssen steuerpolitische Maßnahmen im Vordergrund stehen, die das Schaffen von Arbeitsplätzen in Deutschland erleichtern. Unternehmen müssen vor allem dort entlastet werden, wo sie im internationalen Vergleich wettbewerbsverzerrende Sonderlasten tragen, also insbesondere bei den substanzverzehrenden Steuern (Gewerbekapitalsteuer und betriebliche Vermögensteuer) sowie bei der Gewerbeertragsteuer. Dabei ist es unverzichtbar, daß die Gemeinden für ihren Einnahmeausfall bei der Gewerbesteuer einen fairen Ausgleich erhalten, der das Interesse an der Ansiedlung von Gewerbebetrieben weiterhin gewährleistet und die kommunale Selbstverwaltung stärkt.

Ein weiterer wesentlicher Schritt ist die Privatisierung und Überführung von Aufgaben in privatrechtliche Organisationsformen. Die Monopole für den Telefondienst und das Telefonnetz werden zum 1. Januar 1998 in Deutschland aufgehoben. Im Multimediabereich sind bis zum Jahr 2000 europaweit Investitionen von 300 Milliarden D-Mark zu erwarten. Dabei geht es um fünf bis zehn Millionen neue Arbeitsplätze. Mehr Wettbewerb wird die Wachstumsdynamik dieses Zukunftssektors beschleunigen und den Weg für die Informationsgesellschaft bereiten.

Beschäftigung sichern und wettbewerbsfähige Arbeitsplätze schaffen

Die Schaffung zusätzlicher zukunftsfähiger Arbeitsplätze bleibt die zentrale Aufgabe aller, die für Beschäftigung Verantwortung tragen. Das sind in erster Linie die Tarifpartner. Sie vor allem haben es in der Hand, mit ihren Entscheidungen Beschäftigung und Arbeitsplätzen tatsächlich Vorrang einzuräumen. Darüber hinaus sind Staat und Politik, Verbände und jeder einzelne gefordert, in ihrer jeweiligen Verantwortung ihren Beitrag zu leisten.

Die Probleme am Arbeitsmarkt sind auch bei anhaltendem Konjunkturaufschwung kurzfristig nicht lösbar. Der Sockel an Arbeitslosigkeit ist in den letzten Jahrzehnten von Rezession zu Rezession weiter angestiegen. Gemeinsam mit der Wirtschaft und den Gewerkschaften wird die Bundesregierung ihre Offensive für mehr Flexibilität im Arbeitsleben fortsetzen. In diesen Bereichen ist schon vieles geschehen. So wurden die gesetzlichen Rahmenbedingungen für flexiblere Arbeitszeiten und damit für eine bessere Nutzung teurer Maschinen geschaffen. Jetzt müssen die Tarifpartner diese erweiterten Möglichkeiten in der betrieblichen Praxis nutzen.

Das Gleiche gilt für die Schaffung von mehr Teilzeitarbeitsplätzen. Eine Vielzahl von Menschen hätte gern einen solchen Arbeitsplatz. Viele Erwerbstätige hätten dann die Chance, Familie und Beruf besser in Einklang zu bringen. Darüber hinaus ließe sich so mehr Zeit für Weiterbildung gewinnen. Vergleichbare Industrieländer sind gerade in diesem Bereich schon wesentlich weiter als wir in Deutschland. Es muß gelingen, das Angebot an Teilzeitarbeitsplätzen jetzt auch bei uns erheblich auszuweiten.

Ein enormes Potential zur Ausweitung der Beschäftigung liegt im Dienstleistungssektor. Hier hat Deutschland im internationalen Vergleich Nachholbedarf. Von neuen High-Tech-Arbeitsplätzen im Umweltschutz oder im Verkehrsbereich (Beispiel Transrapid) bis hin zu neuen Tätigkeitsfeldern in privaten Haushalten (Beispiel Pflege) eröffnet sich ein weites Spektrum neuer Beschäftigungsmöglichkeiten, das es zu nutzen gilt. Natürlich dürfen wir darüber nicht vergessen, daß unser Land trotz zunehmender Bedeutung des Dienstleistungssektors auch in Zukunft eine starke industrielle Basis braucht.

Zukunftssicherung im wiedervereinigten Deutschland bedeutet auch: Es muß sich das gesellschaftliche Klima zugunsten derer verändern, die Arbeitsplätze anbieten. Die Rolle des »Arbeit-Gebens« ist mit großem persönlichem Einsatz und hohen Anforderungen an Kreativität, Verantwortung und Risikobereitschaft verbunden. Ein Existenzgründer gibt im Durchschnitt mit der Gründung seines Unternehmens vier weiteren Menschen Arbeit. Deshalb hat die Bundesregierung gemeinsam mit Wirtschaft und Gewerkschaften eine »Offensive für mehr Selbständigkeit« vereinbart. Wir brauchen in Deutschland mehr unternehmerischen Nachwuchs. Unternehmerische Selbständigkeit, Risikobereitschaft und Eigeninitiative müssen gesellschaftlich wieder stärker anerkannt und respektiert werden. Auch hier ist Umdenken gefordert.

Bildung und Ausbildung verbessern

Bei der Standortbestimmung für Deutschland geht es nicht zuletzt um die Frage nach den geistig-kulturellen Grundlagen unserer Zukunftssicherung. Deshalb müssen wir auch unser Bildungs- und Wissenschaftssystem auf den Prüfstand stellen. Vieles davon wird weltweit als beispielhaft erachtet. Hierzu gehört vor allem die duale Berufsausbildung. Vorbildlich ist auch das gut ausgebaute, differenzierte und breit gestreute Angebot an Bildungseinrichtungen in Deutschland. Schließlich genießt auch die deutsche Grundlagenforschung international einen guten Ruf.

Es gibt aber auch Fehlentwicklungen: So verzeichnen wir einen bedenklichen Trend zur Verakademisierung unserer Gesellschaft. Nach dem sogenannten Öffnungsbeschluß für die Hochschulen aus dem Jahr 1977 ist die Zahl der Studenten im Westen Deutschlands um fast 90 Prozent gestiegen, während die Zahl der Lehrlinge seither stagniert. Heute stehen in Deutschland 1,9 Millionen Studenten nur 1,6 Millionen Lehrlinge gegenüber. Die Herausforderungen einer Industrie- und Dienstleistungsgesellschaft lassen sich mit dem einseitigen Ausbau der akademischen Qualifikation nicht meistern.

Bei einer Fortsetzung dieses Trends droht für die Zukunft ein empfindlicher Mangel an Nachwuchskräften im Handwerk und in der Industrie. Der bereits jetzt erkennbare Facharbeitermangel in einigen Berufen darf nicht zur Wachstumsbremse werden. Deshalb muß unser traditionell gutes Berufsausbildungssystem noch attraktiver werden. Auch aus diesem Grund ist es so wichtig, daß berufliche und akademische Ausbildung jetzt in gleicher Weise vom Staat gefördert werden.

Ebenso müssen sie bei den Aufstiegschancen gleichwertige Anerkennung finden. Darüber hinaus sind aber auch mehr berufliche Ausbildungsangebote notwendig, die eine echte Alternative zum Studium darstellen. Die Berufsbilder müssen dem technologischen Fortschritt schneller angepaßt werden.

Auf dem Lehrstellenmarkt bleibt für die kommenden Jahre ein deutlicher Zuwachs an Ausbildungsplätzen erforderlich. Ausreichende Ausbildungsplätze können nicht allein von den Handwerksbetrieben sowie kleineren und mittleren Unternehmen aufgeboten werden. Gerade größere Betriebe müssen sich hier ihrer Verantwortung stellen und in den Nachwuchs als Fachkräfte von morgen investieren.

In Deutschland erfolgt der Start ins Berufsleben wesentlich später als in unseren europäischen Nachbarstaaten. Das kann nicht so bleiben. Wir brauchen die Kreativität und den

Ideenreichtum von jüngeren Menschen gerade im Berufsleben. Ebenso können wir uns einen zu frühen Beginn der Rente auf Dauer nicht leisten. Schon seit Jahrzehnten haben wir in Deutschland eine der niedrigsten Geburtenraten der Welt – mit weiter abnehmender Tendenz. Zugleich steigt bei uns erfreulicherweise die Lebenserwartung. In Deutschland wird die Zahl der Menschen, die im Jahr 2000 achtzig Jahre und älter sein werden, deutlich über drei Millionen liegen.

Angesichts dieser demographischen Entwicklungen können wir es nicht zulassen, daß sich die Schere zwischen aktiver Erwerbszeit einerseits sowie Ausbildung und Ruhestand andererseits immer weiter öffnet. Im Gegenteil, wir werden nicht umhinkommen, die Ausbildungszeiten zu verkürzen und die Lebensarbeitszeit zu verlängern. Dies sind wichtige Schritte auch zum Erhalt unserer sozialen Sicherungssysteme.

Neue Möglichkeiten aus Forschung und Technologie zum Schutz der Umwelt nutzen

Angesichts dynamischer technologischer Entwicklungen und tiefgreifender Trends zur Globalisierung in Wirtschaft und Wissenschaft reicht es nicht mehr aus, daß wir uns in Deutschland vorwiegend auf traditionelle Stärken stützen. Deutschland ist im weltweiten Innovationswettlauf spürbar zurückgefallen. Es muß nachdenklich stimmen, daß wir Deutsche bei der Anmeldung weltweit relevanter Patente 1973 mit rund 6000 noch gleichauf mit den Japanern lagen, während 1992 Japan mit 14 000 Patenten dreimal so viele Patente angemeldet hat wie Deutschland mit rund 4500 Patenten.

Die Entwicklung gerade bei den Schlüsselindustrien für die Zukunft ist ähnlich: So ist die Zahl der weltmarktrelevanten Patente im Bereich der Mikroelektronik in Deutschland zwischen 1985 und 1990 um zwölf Prozent gesunken, während sie im gleichen Zeitraum beispielsweise in Japan um 26 Prozent und in den USA sogar um 48 Prozent gestiegen ist. Für den Technologiestandort Deutschland ist dies ein deutliches Warnsignal. Deshalb müssen wir die Rahmenbedingungen für Forschung und Technologie verbessern.

Das Wachstum von morgen kann nicht mit dem Wissen und den Verfahren von gestern gesichert werden. Unsere schnelllebige Zeit produziert technologische Sprünge in immer kürzeren Zeiträumen. Wir werden unsere Position als eine der führenden Exportnationen in der Welt nur halten können, wenn wir uns weiterhin auf den Zugewinn von Wissen und Können stützen können.

Forschung und Technologie sind nicht nur eine Frage des Geldes, sondern auch der Einstellung der Gesellschaft. Der Wohlstand Deutschlands kann nicht dauerhaft gesichert werden, wenn beispielsweise die Chemie, die Gentechnologie oder die Kernenergie weiterhin geschmäht werden. Wir brauchen ein für das Neue und den Fortschritt aufgeschlossenes gesellschaftliches Klima. Die großen Chancen einer ethisch verantworteten Nutzung moderner Technologien müssen wahrgenommen werden.

In zukunftsbestimmenden Bereichen kann es ungefährlicher sein, Neues zu wagen als am Alten festzuhalten. Der von mir berufene »Rat für Forschung, Technologie und Innovation« soll Optionen entwickeln sowie Chancen, Risiken und Rahmenbedingungen für wichtige Innovationsfelder erörtern. Der Bundesregierung geht es bei dieser Initiative darum, die Zusammenarbeit von Wissenschaft, Wirtschaft und Politik zu intensivieren.

Technologische Spitzenleistungen sind etwas, auf das man stolz sein kann – so wie uns auch sportliche Spitzenleistungen ganz selbstverständlich mit Stolz erfüllen. Welche positiven Effekte ein günstiges gesellschaftliches Umfeld auf einzelne Zukunftsfelder haben kann, zeigt sich am Beispiel der Umwelttechnologien. Hier ist Deutschland führend in der Welt. Ein Fünftel der weltweit gehandelten Umweltschutzgüter stammt aus deutschen Unternehmen. Auch diese Spitzenposition muß ausgebaut werden. Ebenso sollte uns aber bewußt sein, daß die Akzeptanz neuartiger Verkehrsmittel wie des Transrapid oder des ICE in unserem Land die beste Werbung auch für deren Export ist. Ohne erfolgreiche Anwendung neuer Technologien im eigenen Land brauchen wir über ihre Zukunftschancen gar nicht erst zu diskutieren.

Es steht außer Zweifel, daß eine zukunftsgerichtete Standortpolitik für Deutschland dauerhaft nur erfolgreich sein kann, wenn auch ökologische Notwendigkeiten in ausreichendem Maße berücksichtigt werden. Die vielfältigen Initiativen der Bundesregierung, beispielsweise zur Schadstoffreduzierung bei Kraftfahrzeugen und Industrieanlagen, sind bekannt. Die wirtschaftlichen Anreize zu einem schonenderen Umgang mit der Umwelt und mit den natürlichen Ressourcen unserer Erde müssen weiter verstärkt werden.

Generell ist der Erforschung neuer technischer Möglichkeiten, die ethisch unbedenklich sind, der Vorzug vor starren Regelungen und Verboten zu geben. So sind zum Beispiel die modernen Informations- und Kommunikationsmittel für eine nachhaltige wirtschaftliche und ökologische Entwicklung unerläßlich. Die Umweltbelastung läßt sich auch durch eine Weiterentwicklung der Fahrzeugtechnik erheblich verringern. Wenn das Fünf-Liter-Auto Standard wird, geht der durchschnittliche Benzinverbrauch um ein Drittel zurück. Wir Deutsche haben den Ehrgeiz, das erste Land zu sein, das diesen Standard verwirklicht.

In der Energiepolitik halten wir am Ziel einer ausgewogenen Mischung der verschiedenen Energieträger fest. Dies bedeutet konkret, daß auch in Zukunft die Möglichkeit offengehalten werden muß, neue Kernkraftwerke mit höchsten Sicherheitsstandards zu bauen. Es muß aber ebenso bedacht werden, wie regenerative Energien und ihre Markteinführung stärker gefördert werden können. Wirtschaft und Gesellschaft brauchen Planungssicherheit im Energiebereich.

Umweltschutz ist längst zu einer lebenswichtigen Frage für die ganze Menschheit geworden. Alle Länder müssen ihrer besonderen Verantwortung zum Schutz des globalen Klimas nachkommen. Klimaschutz ist eine gemeinsame Aufgabe der Zukunftssicherung. Alle Industrieländer sind in der Pflicht, den Ausstoß von Treibhausgasen – wie 1992 in Rio de Janeiro vereinbart – bis zum Jahr 2000 auf das Niveau von 1990 zurückzuführen. Ferner sollte es unser gemeinsames Ziel sein, die Emissionen über die Jahrhundertwende hinaus dauerhaft zu begrenzen. Die Europäische Union geht dabei mit gutem Beispiel voran, indem sie sich verpflichtet hat, auch nach dem Jahr 2000 die CO_2-Emissionen nicht wieder anwachsen zu lassen. Deutschland hält zugleich an dem Ziel fest, bis zum Jahr 2005 seine Kohlendioxid-Emissionen gegenüber 1990 um 25 Prozent zu senken.

Die Entscheidung der UN-Klimakonferenz in Berlin vom April 1995, den Sitz des ständigen Klimasekretariats der Weltorganisation nach Bonn zu verlegen, ist eine Anerkennung für die besonders intensive umweltpolitische Mitarbeit der Bundesregierung bei der Klimakonvention. Zusammen mit seinen Partnern in der Europäischen Union wird Deutschland bei der Umsetzung und Weiterentwicklung des Berliner Mandats die treibende Kraft bleiben.

Die Familie als Fundament unserer Gesellschaft stärken

Zukunftssicherung ist Politik für die nachkommenden Generationen. Die wichtigste Hilfe, die der heranwachsende Mensch erfahren kann, geschieht bei der Ausprägung seiner eigenen Persönlichkeit. Ehe und Familie sind und bleiben das Fundament unserer Gesellschaft. Die Familie ist der erste und wichtigste Ort individueller Geborgenheit und Sinnvermittlung. Partnerschaft zwischen Mann und Frau, Liebe zu Kindern, Solidarität zwischen den Generationen – das alles kann unsere Gesellschaft nur prägen, wenn es sich in der Familie bewährt. Als Lebens- und Erziehungsgemeinschaft erbringt sie unverzichtbare Leistungen. In der Familie werden Liebe und Zuneigung zuallererst erfahrbar.

Wer sich für Kinder entscheidet und Kinder erzieht, der legt die Grundlagen unserer Gesellschaft von morgen. Ohne eine gesicherte Zukunft der Familie hat der Generationenvertrag – Inbegriff der Solidarität zwischen Jung und Alt in unserem Land – keinen Bestand. Ohne die Werte und Tugenden, auf denen die Familie gründet, hat Deutschland keine Zukunft.

Die Bundesregierung hat die soziale Sicherung für Familien deutlich erweitert, zum Beispiel durch Erziehungsurlaub, Erziehungsgeld, Baukindergeld oder die Anerkennung von Erziehungszeiten im Rentenrecht. Das Kindergeld wird spürbar so erhöht, daß vor allem kinderreiche und finanziell schwächer gestellte Familien davon profitieren. Außerdem hat die Bundesregierung eine Verstärkung der Wohneigentumsförderung insbesondere für Familien mit Kindern beschlossen. Trotz finanzieller Engpässe muß unser Steuerrecht künftig noch familienfreundlicher gestaltet werden.

Eine familien- und kinderfreundliche Gesellschaft ist nicht allein oder gar in erster Linie eine Frage des Geldes. Sie kann auch vom Staat nicht verordnet werden. Leider gehört es zur deutschen Wirklichkeit, daß vor Gericht gegen Kinderspielplätze in Wohngebieten geklagt wird, daß Vermieter Familien mit Kindern zurückweisen oder daß Teilzeitarbeitswünsche an fehlenden Kinderbetreuungsmöglichkeiten scheitern. Hier ist jeder gefordert: Schulen und Vereine, Jugendorganisationen, Kirchen und Medien müssen zu einem Klima beitragen, in dem sich die Menschen – auch diejenigen, die selbst keine Kinder haben – ihrer Verantwortung für eine familien- und kinderfreundliche Gesellschaft bewußt sind.

Frieden und Freiheit bewahren – ein gemeinsames Europa der Zukunft bauen

Konrad Adenauer erklärte 1950, daß einem wiedervereinigten Deutschland kein dauerhaftes Glück beschieden sein würde, wenn es nicht fest in ein vereintes Europa eingebettet wäre. Der innere Zusammenhang zwischen deutscher und europäischer Einheit gilt auch im Blick auf die Zukunft. Wir werden uns weiter an jener Maxime Adenauers orientieren, daß deutsche Einheit und europäische Einigung zwei Seiten derselben Medaille sind.

Auf sich allein gestellt ist heute kein europäisches Land
mehr in der Lage, die großen Herausforderungen von Gegenwart und Zukunft zu meistern und damit Frieden, Freiheit
und Wohlstand dauerhaft zu sichern. Der Kurs der deutschen
Außenpolitik – vor allem der festen Einbindung Deutschlands
in das Atlantische Bündnis und in die Europäische Union –
hat sich bewährt und für Deutschland die Wiedervereinigung
in Frieden und Freiheit ermöglicht. Eine der zentralen Aufgaben bleibt es, die politische Einigung Europas weiter voranzubringen. Die deutsch-französische Freundschaft bleibt
Motor für das Zusammenwachsen Europas.

Zu Beginn der 80er Jahre wurde der Zustand der europäischen Integration mit dem Schlagwort »Eurosklerose« gekennzeichnet. Seitdem hat es indessen zahlreiche Fortschritte gegeben. So trat am 1. Juli 1987 die Einheitliche Europäische Akte in Kraft, mit der der Weg zum Europäischen
Binnenmarkt 1992 eröffnet wurde. Zum 1. November 1993
wurde durch den Vertrag von Maastricht aus der Europäischen Gemeinschaft die Europäische Union. Am 1. Januar
1995 konnten wir Österreich, Schweden und Finnland als
neue Mitglieder der Gemeinschaft begrüßen.

Der Zusammenschluß Westeuropas hat entscheidend auch
zu Beschäftigung, Wachstum und wirtschaftlichem Wohlstand beigetragen. In Deutschland hängt etwa jeder dritte
Arbeitsplatz vom Export ab, vor allem vom Export in die europäischen Partnerländer. Europa ist für Deutschland kein
Luxus, sondern eine existentielle Notwendigkeit. Das Europa
von morgen wird aber nicht nur ein Europa des Geldes, der
Währung und der Wirtschaft sein. Wegweisend ist das Prinzip der Einheit in Vielfalt. Lebens- und liebenswert wird Europa durch den Reichtum seiner Kultur, die eigene Prägung
der Regionen und seine große Geschichte.

Das erste Treffen der Mitglieder des Europäischen Rates
mit den Staats- und Regierungschefs aus den sechs assoziier-
ten Ländern Polen, Ungarn, Tschechien, Slowakei, Bulgarien
und Rumänien in Essen im Dezember 1994 war eine historische Stunde für die Europäische Union. Inzwischen haben
auch Estland, Lettland und Litauen Assoziierungsverträge

mit der Union geschlossen. Damit hat die Gemeinschaft erstmals Europa-Abkommen mit Ländern vereinbart, die einst
zur Sowjetunion gehörten. Wenig macht die Dramatik des
Wandels der letzten Jahre deutlicher.
Wir werden all diese Staaten durch praktische Schritte
näher an die Europäische Union heranführen. Die Union darf
bei dem Blick auf ihre Nachbarn die Länder des Mittelmeer-
raumes nicht vernachlässigen. Für beide Regionen wurden
auf dem Europäischen Rat in Cannes im Juni 1995 neue umfassende Hilfsprogramme beschlossen.
Auf der Regierungskonferenz 1996 wird die Europäische
Union über ihre Fortentwicklung an der Schwelle zum 21.
Jahrhundert beraten. Folgende Themen werden eine besondere Rolle spielen:
An erster Stelle nenne ich die demokratische Struktur und
die Bürgernähe der Europäischen Union. Hier geht es na-
mentlich um die Rechte des Europäischen Parlaments, die
Regelung der Mehrheitserfordernisse und die konsequente
Anwendung des Subsidiaritätsprinzips. Dieses bedeutet bür-
gernahe Entscheidungen an Stelle von bürokratischem Zentralismus.
Zweitens erwarten die Bürger Europas eine stärkere Zusammenarbeit bei der Innen- und Rechtspolitik. Bisherige Initiativen, wie bei EUROPOL und bei der Verwirklichung einer
gemeinsamen Asylpolitik, haben noch nicht den endgültigen
Durchbruch erbracht.
Darüber hinaus muß die innere und äußere Handlungs-
fähigkeit der Union gerade bei einer wachsenden Mitglieder-
zahl gestärkt werden. Für uns sind Erweiterung und Vertiefung der Europäischen Union kein Widerspruch, sie müssen
aufeinander abgestimmt sein. Deshalb müssen die Institutionen gestrafft und effektiver gestaltet werden. In der Außen-
und Sicherheitspolitik ist es unerläßlich, daß Europa in wichtigen Fragen seine gemeinsamen Interessen geschlossen vertritt.
Die im Vertrag von Maastricht festgelegten Stabilitäts-Kri-
terien für die Wirtschafts- und Währungsunion stehen nicht
zur Disposition. Nur so ist sichergestellt, daß die künftige eu-

ropäische Währung genauso stabil sein wird wie die D-Mark. Für uns Deutsche ist Währungsstabilität nicht irgendein Thema, sondern eine Frage von höchstem politischen Rang. Die Entscheidung für Frankfurt am Main als Sitz des Europäischen Währungsinstituts und später der Europäischen Zentralbank war ein überzeugender Vertrauensbeweis für die Stabilitätspolitik Deutschlands.

Es kommt nun ganz wesentlich darauf an, den Bürgern den Gewinn, den das vereinte Europa für uns alle bedeutet, noch stärker als bisher verständlich zu machen. Denn die Absicherung und Fortführung des europäischen Einigungswerkes ist die Schicksalsfrage unseres Kontinents und unseres Landes. Ich werde meine ganze Kraft einsetzen, um den Prozeß der Einigung Europas irreversibel zu machen, denn ich bin zutiefst davon überzeugt, daß die europäische Einigung letztlich eine Frage von Krieg und Frieden im 21. Jahrhundert ist. Die Schreckensbilder vom Krieg im früheren Jugoslawien sind Warnung genug. Die europäische Integration ist das wirksamste Mittel gegen Rückfälle in machtpolitische Rivalitäten und Konflikte vergangener Zeiten. Deutschland als das Land mit den meisten Nachbarn hat ein besonderes Interesse an guten Beziehungen zu allen anderen europäischen Staaten.

Europa und Nation – das ist kein Widerspruch. Unsere Fähigkeit, gute Europäer zu sein, hängt auch davon ab, ob wir bereit sind, uns als Deutsche selbst anzunehmen. Um es sinngemäß mit Thomas Mann zu sagen: Es geht darum, daß wir deutsche Europäer und zugleich europäische Deutsche sind. Im Europa der Zukunft bleiben wir Deutsche, Briten, Italiener oder Franzosen. Niemand wird seiner Identität beraubt. Wir bleiben fest in unserer Heimatregion verwurzelt. Heimat – Vaterland – Europa, das ist der Dreiklang der Zukunft.

Die Atlantische Allianz und die Freundschaft mit den Vereinigten Staaten von Amerika sind auch in Zukunft Garanten unserer Sicherheit. Angesichts weltweit veränderter politischer Unwägbarkeiten bleiben die deutsch-amerikanischen Beziehungen von herausragender Bedeutung. Dazu gehört auch der Ausbau unserer Zusammenarbeit in Wirtschaft, Wissenschaft und Kultur.

Die Rolle der NATO hat sich seit Ende des Kalten Krieges gewandelt. Im Interesse von Sicherheit und Stabilität in ganz Europa bündeln Atlantische Allianz und Europäische Union zunehmend ihre Kräfte. In diesem Sinne hat die Allianz auf ihrem Gipfel im Januar 1994 auch anderen europäischen Staaten, die in der Lage sind, die Grundsätze des Nordatlantik-Vertrages zu fördern und zur Sicherheit des nordatlantischen Gebiets beizutragen, eine enge »Partnerschaft für den Frieden« angeboten. Zugleich hat sie erklärt, daß sie zu gegebener Zeit neue Mitglieder aufnehmen wird. Die Bundesregierung hat diese Politik von Anfang an maßgeblich mitgestaltet. Für sie stehen die Erweiterung von Europäischer Union und NATO in einem engen inneren Zusammenhang.

Weltpolitische Umbrüche und globale Probleme wie Armut und Hunger, Bevölkerungswachstum, Flüchtlingsströme und Umweltzerstörung stellen auch unser Land vor große Aufgaben. Zu ihrer Lösung werden wir gemeinsam mit den anderen Industrienationen unseren Beitrag leisten. Unsere Beziehungen zu den Ländern in Asien, Lateinamerika und Afrika müssen weiter ausgebaut werden. Die Voraussetzungen für freien internationalen Handel müssen weltweit verbessert und die Entwicklungsländer verstärkt in das Welthandelssystem einbezogen werden. Der Abschluß der Uruguay-Runde des GATT und die Gründung der Welthandelsorganisation WTO haben neue Wege dafür geebnet.

Die internationale Gemeinschaft erwartet vom wiedervereinigten Deutschland die Wahrnehmung aller Rechte und Pflichten als Mitglied der Vereinten Nationen. Deutschland ist grundsätzlich bereit, seine internationale Verantwortung wahrzunehmen und sich an Maßnahmen der Völkergemeinschaft zur Aufrechterhaltung des Friedens und der internationalen Sicherheit zu beteiligen. Dies wird ausschließlich im Rahmen kollektiver Sicherheitsbündnisse und in enger Abstimmung mit unseren Verbündeten und Freunden geschehen. Entsprechende Entscheidungen zur Teilnahme an solchen Aktionen werden wir nur nach gründlicher Prüfung des Einzelfalles und mit Zustimmung des Deutschen Bundestages treffen.

Weltoffene Nation – Einheit in Vielfalt

Wir alle haben uns über die europäische Revolution der Freiheit 1989/90 gefreut. Inzwischen ist in Deutschland immer mehr Menschen bewußt geworden, daß die Wiedervereinigung Deutschlands auch uns zu einer geistigen Standortbestimmung zwingt. Eine freie, tolerante und weltoffene Gesellschaft braucht einen Kern an gemeinsamen Grundüberzeugungen und Werten. Das bewahrt uns vor jener Hysterie und aggressiven Aufgeregtheit, die unsere öffentlichen Debatten oft heimsuchen und uns nicht weiterbringen.

Der Philosoph Karl Popper hat immer wieder eindringlich gemahnt, daß es keine Toleranz gegenüber der Intoleranz geben dürfe. Wir alle müssen uns stärker anstrengen, daß das Bewußtsein für die unerläßlichen Werte eines zivilisierten Zusammenlebens in unserer Gesellschaft erhalten bleibt und an die kommenden Generationen weitergegeben wird.

Stellung und Ansehen des wiedervereinigten Deutschlands in der Welt hängen nicht nur von seinem politischen Gewicht und seiner wirtschaftlichen Leistungskraft ab, sondern ebenso von seiner kulturellen Ausstrahlung. Wenn wir am Ende dieses Jahrhunderts unseren Beitrag zu einer menschlicheren Welt leisten wollen, dann müssen wir zur Partnerschaft ebenso fähig sein wie zum friedlichen Wettbewerb der Ideen und Zukunftsvisionen. Es ist daher eine der wichtigsten Aufgaben der kommenden Jahre, herausragende Leistungen auch in Kunst und Kultur wieder stärker zu fördern und anzuerkennen.

Wir Deutsche stehen an der Schwelle zum 21. Jahrhundert vor vielfältigen großen Herausforderungen. Wenn wir die Probleme unvoreingenommen beim Namen nennen, nach Klärung der Handlungsalternativen zielgerichtet entscheiden und dann entschlossen zu Werke gehen, haben wir alle Chancen auf eine gute Zukunft. Dabei sollten wir uns immer wieder auf die Gründergeneration unserer Bundesrepublik Deutschland besinnen, die mit Mut und Entschlossenheit mehr erreicht hat, als sie vor 50 Jahren – in der »Stunde Null« unseres Vaterlandes – zu hoffen gewagt hatte.

Bei der Bewältigung der Aufgaben stehen Verändern und Bewahren nicht im Widerspruch zueinander, sie bedingen einander. Leistung und Geborgenheit, Selbständigkeit und Hilfsbereitschaft sind keine Gegensätze. Sie sind untrennbare Teile der Vision von einer menschlichen Zukunft. Deutschland wird seine schöpferischen Energien für Werke des Friedens, der Freiheit und der Gerechtigkeit einsetzen: als vertrauenswürdiger Nachbar, als zuverlässiger Partner und als guter Freund.

Biographie
Dr. Helmut Kohl

Geboren am 3. April 1930 in Ludwigshafen, verheiratet, zwei Kinder

1947	Eintritt in die Christlich Demokratische Union (CDU)
1950	Reifeprüfung
1950–1958	Studium der Rechts- und Staatswissenschaften und Geschichte an den Universitäten Frankfurt/Main und Heidelberg
1953	Mitglied des Geschäftsführenden Vorstandes des Bezirksverbandes Pfalz der CDU
1954	Stellvertretender Landesvorsitzender der Jungen Union
1955	Mitglied des Landesvorstandes der CDU Rheinland-Pfalz
1959–1969	Referent beim Verband der Chemischen Industrie in Ludwigshafen
1959–1976	Mitglied des Landtages von Rheinland-Pfalz
1960–1967	Vorsitzender der CDU-Fraktion im Rat der Stadt Ludwigshafen

1961	Stellvertretender Vorsitzender der CDU-Fraktion im Landtag von Rheinland-Pfalz
1962	Stellvertretender Vorsitzender des CDU-Bezirksverbandes Pfalz
1963–1969	Vorsitzender der CDU-Fraktion im Landtag von Rheinland-Pfalz
Seit Mai 1964	Mitglied des Bundesvorstandes der CDU
1966	Vorsitzender des Landesverbandes Rheinland-Pfalz der CDU
1969	Ministerpräsident des Landes Rheinland-Pfalz
1969	Stellvertretender Bundesvorsitzender der CDU
Seit 1973	Bundesvorsitzender der CDU
Seit 1976	Mitglied des Deutschen Bundestages
1976–1982	Vorsitzender der Bundestagsfraktion der Christlich Demokratischen Union und der Christlich-Sozialen Union (CDU/CSU)
Ab 1.10.1982	Bundeskanzler

Prof. Dr. Fernando Henrique Cardoso
Staatspräsident der Föderativen Republik
Brasilien

FERNANDO HENRIQUE CARDOSO

Brasilien: Unser Programm für das 21. Jahrhundert

I

»Wenn die Menschheit einmal stolz auf ihre Zukunft sein möchte, so kann sie dies nicht durch die bloße Verlängerung der Vergangenheit oder der Gegenwart erreichen. Sollten wir versuchen, das dritte Jahrtausend auf dieser Basis aufzubauen, so werden wir scheitern, und der Preis für dieses Scheitern, d. h. die Alternative für eine Veränderung der Gesellschaft wird Finsternis sein.« Dies sind die letzten Worte Eric Hobsbawms in seinem letzten Buch »The Age of Extremes«, eine nüchterne, brillante Reflexion über das 20. Jahrhundert, in der er uns mit besorgniserregenden Fragen konfrontiert. Fundamentale Veränderungen sind seiner Ansicht nach notwendig angesichts der offensichtlichen Probleme, denen sich die Menschheit gegenübersieht. Es fehle uns jedoch ein Konzept, das uns bei diesem Wandel den Weg weist.

Die Probleme liegen auf der Hand.

Bittere Armut ist nach wie vor die größte Herausforderung für den überwiegenden Teil der Menschheit, und wir sind weit davon entfernt, eine Grundlage dafür zu haben, jedermann ein Leben unter menschenwürdigen Umständen zu ermöglichen. Für die gewaltige Mehrheit der Weltbevölkerung sind Bildung, Gesundheitsversorgung und Wohnraum ein weit entfernter Traum.

Die Industrienationen sehen sich mit einer strukturellen Arbeitslosigkeit konfrontiert, die viel mehr ist als eine beklagenswerte Wirtschaftszahl – ein soziales Drama. Sie beeinträchtigt bei Millionen das Vertrauen in die Zukunft, insbesondere bei der Jugend.

Die internationalen Wanderungsbewegungen führen dazu, daß reiche und arme Welt sich begegnen. Aber statt den Sinn für Solidarität zu stärken, führen sie bislang lediglich zu mehr Abschottung, Ausgrenzung und sogar zu Fremdenfeindlichkeit.

Ein unkontrolliertes Bevölkerungswachstum und die zunehmende Umweltverschmutzung bedrohen unsere Existenzgrundlagen. Und wieder sind es die ärmsten Schichten der Gesellschaft, die am meisten darunter zu leiden haben. Falls es uns nicht gelingt, Gegenmaßnahmen zu ergreifen, werden die Lebensbedingungen auf der Erde auf Dauer Schaden nehmen.

Die Drogenproblematik greift um sich und ist längst kein rein strafrechtliches Problem mehr; möglicherweise haben wir es hier mit einer sozialen Krankheit zu tun, deren Ursachen sehr tief liegen.

Das internationale Wirtschaftssystem ist Schwankungen unterworfen, deren Auswirkungen alle Nationen teuer zu stehen kommen und die sich einfachen Lösungsversuchen widersetzen. Ein Beispiel hierfür sind die hektischen Schwankungen auf den Finanzmärkten. Obwohl die Bedrohung des Kalten Krieges vorüber ist, sind wir auf politischer Ebene immer noch nicht zu einem breiteren Konsens gelangt, der wirksame und dauerhafte Lösungen für viele Krisen und regionale Konflikte ermöglichen würde.

II

Probleme zu erkennen, ist einfach, selbst wenn es sich dabei um die soeben genannten handelt. Die Schwierigkeiten beginnen jedoch dann, wenn es darum geht, Alternativen zur Überwindung der Mißstände zu finden. Können wir überhaupt optimistisch sein? Stehen konkrete Lösungen für die von mir hier erwähnten globalen Probleme in Aussicht? Wir sind uns bewußt, daß viele dieser Probleme dramatische Dimensionen aufweisen; daß einige, wie die Armut, vorübergehender Natur sind, andere hingegen, wie die Umweltzerstörung, Langzeitfolgen verursachen. Die Frage, die sich stellt, lautet doch: Weshalb fehlt uns die Bereitschaft, neue

Sichtweisen einzunehmen? Perspektiven, die die Gesellschaft zwingen würden, nach effektiven Lösungen zu suchen?

In Brasilien kommen zu den Problemen einer entwickelten Gesellschaft noch die einer armen Gesellschaft hinzu, die unterprivilegiert am Wohlstand beteiligt ist. Wir müssen dafür sorgen, daß unsere Industrie sich rasch entwickelt, die Wettbewerbsfähigkeit erhalten bleibt und Arbeitsplätze geschaffen werden. Darüber hinaus muß ein System eingeführt werden, das jedermann den Zugang zu Bildung, Gesundheitsversorgung und sozialer Absicherung bietet. Es macht betroffen, sich mit so gravierenden Ungleichheiten auseinandersetzen zu müssen. Ihre Bewältigung erfordert Kreativität, Großzügigkeit und einen hochentwickelten Gerechtigkeitssinn.

In seinen Untersuchungen über das England des 19. Jahrhunderts, dessen Kapitalismus zu jener Zeit am weitesten entwickelt war, sagte Marx, daß er erklären könne, in welcher Richtung die gesellschaftliche Entwicklung verlaufen würde. Da die brasilianische Gesellschaft noch eine gespaltene Gesellschaft und durch evidente Gegensätze gekennzeichnet ist, haben wir Brasilianer vielleicht eine besondere Sichtweise dessen, was in der Welt geschieht und über das, was notwendig ist, um sie zu verändern. Und so taucht in meiner Auflistung von Problemen auch immer wieder das Thema »Ungleichheit« auf, sei es in Form von sozialen Gegensätzen, in Form ethischer Konflikte oder konträrer Ansichten über die Vorgänge auf internationaler Ebene.

Ich möchte zunächst betonen, daß ich kein Pessimist bin. Ich habe bereits mehrfach die Ansicht geäußert, unsere Zeit könne sich zu einer »neuen Renaissance« entwickeln. Zur Stützung meiner These berufe ich mich auf ein wichtiges Vermächtnis unseres Jahrhunderts, nämlich die Auseinandersetzung zwischen Sozialismus und Liberalismus. Wenn wir wie Hobsbawm nicht wollen, daß die Vergangenheit sich wiederholt, ist es ratsam, sie gut zu verstehen. Ich möchte hier nicht erneut den Versuch unternehmen, beide Systeme zu vergleichen, sondern ich möchte vielmehr auf einen Aspekt aufmerksam machen, der meines Erachtens ausschlagge-

bend für die Richtung der Veränderungen ist, die wir uns vorstellen: der allgemeine Wertewandel.

Karl Marx hat viel dazu beigetragen, den Kapitalismus zu
verstehen. Sein wichtigster Beitrag war jedoch wahrscheinlich der, daß er den Prozeß sozialer Veränderung mit einem
ethischen Anspruch verband, der stark durch den Gleich-
heitsgedanken geprägt war. Die »Bestandteile« der gesellschaftlichen Realität, Wirtschaft, Politik und Ethik würden
sich seiner Ansicht nach verbinden und ein gewissen Gesetz-
mäßigkeiten unterworfenes Ganzes bilden, das automatisch
in eine bestimmte Richtung in der Zukunft weist. Die Erkenntnis, daß die gesamte Gesellschaft widersprüchlich und
dialektisch ist und vor allen Dingen durch die Produktions-
verhältnisse bestimmt wird, würde uns jedoch nicht davon
abhalten, diesen Wandel zu begreifen, der zwangsläufig zu
mehr Gleichheit führe.

Wenn der Sozialismus jedoch zu einer bloßen Ideologie politischer Systeme wird, verliert er sein dialektisches Prinzip.
Wir wissen, daß der Hauptfehler des real existierenden Sozialismus – und der tiefere Grund für dessen Scheitern – in
der Unfähigkeit der Regime lag, sich auf solider Basis weiter-
zuentwickeln und gleichzeitig den Idealen der Gleichheit gerecht zu werden. Ein Wirtschaftswachstum konnte nicht
stattfinden, weil nicht rechtzeitig erkannt wurde, daß Freiheit sowie der freie und ungehinderte Austausch von Ideen
und Informationen eine Grundvoraussetzung für wirtschaftliche Weiterentwicklung ist. Die ethischen Werte und Zielsetzungen sind ebenfalls gescheitert, weil die Ideale erstarrten
und ihre Vitalität einbüßten. Dies führte unter anderem auch
deshalb zu einer Legitimitätskrise dieser Regime, weil neue
Formen von Ungleichheit sowohl innerhalb der sozialistischen Staaten als auch zwischen ihnen entstanden waren.
Und auch deshalb, weil die Freiheit des Individuums als Wert
an sich negiert wurde, ein Wert, der für das Selbstwertgefühl
der Bürger unabdingbar ist.

Auch wenn sich die Lösungen des Liberalismus als nicht in
gleicher Weise kohärent erwiesen haben wie der Sozialismus
in seiner Entstehungsphase, gewannen sie doch im Laufe der

Zeit an Konsistenz. Die Verbindung von Begriffen wie Markt, Freiheit des Individuums und Demokratie entstand auf historischer Grundlage. Aus diesem Grund gibt es vielfältige Formen des »real existierenden Kapitalismus«, der, wie in der angelsächsischen Welt, genügend Spielraum für individualistische Formen zuläßt, bis hin zu gemeinschaftsorientierten Formen, wie sie sich in Asien auf der Grundlage des japanischen Modells entwickelt haben. Die Marktwirtschaft erwies sich als äußerst flexibel. Ihre Dynamik, die übrigens von Marx vorhergesehen wurde, war beachtlich, vor allem deshalb, weil sie politische Voraussetzungen für einen Fortschritt vorfand, wie sie ausschließlich in demokratischen Systemen möglich sind. Es ist außerdem wichtig zu erwähnen, daß die Marktwirtschaft anders als der Sozialismus unterschiedliche Lösungen für Fragen der sozialen Ethik zuläßt. Um es noch deutlicher zu sagen: Der Markt stellt aus sich heraus gewisse politische Ansprüche. Ansprüche wie die der Freiheit des Individuums. Er erzeugt jedoch nicht automatisch einheitliche Modelle eines sozialen Zusammenlebens. Hieraus resultieren die Unterschiede zwischen dem sozialdemokratischen und dem neoliberalen Modell der Marktwirtschaft. Der Spielraum für Entscheidungen bei der Lösung sozialer Fragen ist recht groß, und wenn wir hier von Entscheidungen sprechen, dann meinen wir ethisch geprägte Werte.

Dieser Gegensatz zwischen dem Scheitern des real existierenden Sozialismus und der Vielfalt des »real existierenden Kapitalismus« ist nach wie vor lebendig, und ich bin der Ansicht, daß noch nicht alle Lektionen daraus gelernt wurden. Sie könnten als Wegweiser für unser Verhalten hinsichtlich der Herausforderungen des 21. Jahrhunderts dienen.

Da sich die von den Gesetzen des Marktes bestimmten Lösungen als erfolgreich und ideologisch vorherrschend darstellen, laufen wir Gefahr, etwas vom Markt zu erwarten, was er gar nicht leisten kann, nämlich die Entwicklung politisch wegweisender Modelle menschlichen Zusammenlebens. Anders ausgedrückt: Wenn wir dem Markt Eigenschaften zuschreiben wollen, die er gar nicht besitzt, begehen wir unter Umständen den Fehler, die wirtschaftliche von der sozialen

Frage zu trennen und, was noch gravierender ist, Politik auf die bloße Kunst zu reduzieren, die Leistungsfähigkeit der Wirtschaft aufrechtzuerhalten.

Andererseits hat die Erfahrung mit dem real existierenden Sozialismus jedoch gezeigt, daß die Schaffung eines Gleichheitsideals nicht notwendigerweise als Kriterium für eine gute Regierung ausreicht. Ideale, die nicht wirklich in die Tat umgesetzt werden, verlieren ihre Legitimierung, verunsichern und erscheinen wie in einem Zerrspiegel – der nicht das zeigt, was die Gesellschaft vermag, sondern das, was die Herrschenden »vortäuschen«. Einer der Vorteile der Demokratie liegt gerade in der Tatsache, daß sie über Mechanismen verfügt, anhand derer Regierungsmaßnahmen in bezug auf Sinn und Tauglichkeit bewertet werden können. Mechanismen, die sich übrigens als zunehmend wirksamer erweisen. In gewissem Sinn hat die Politik heutzutage die Möglichkeit, realitätsbezogener zu sein – dies ist eine Errungenschaft unserer Zeit. Nach marxistischer Lehre kann Ideologie in der realen Auseinandersetzung über Ideen und Ideale untergehen.

Deshalb sollte eine der Zielsetzungen darin liegen, wirtschaftliche Effizienz und gesellschaftliche Gleichheit auf einen Nenner zu bringen. Die Schwierigkeit besteht darin, Faktoren zu erkennen, die Effizienz und Gleichheit gewährleisten. Ich würde soweit gehen, zu behaupten, daß allgemeiner Konsens herrscht, wenn wir von globalen Zielsetzungen und Veränderungen reden. Dieser geht jedoch in dem Augenblick verloren, wenn bei deren Umsetzung regionale Interessen betroffen werden.

Für den fehlenden Konsens über Zielsetzungen und Auseinandersetzungen hat Brasilien in jüngster Zeit ein Beispiel geliefert. Die Kritik an dem Stabilisierungsprogramm, dem Plano Real, lautete vor allem seitens der linksorientierten Ökonomen so, daß der Plano Real zwar wirtschaftsfördernd, jedoch nicht gleichheitsfördernd sei. Im ideologischen Repertoir dieser Kritiker kommt die Stabilisierung der Wirtschaft nicht als Wert vor, der für den größten Teil der Bevölkerung von vitalem Interesse ist. Sie sehen überdies in dem Stabilisierungsprogramm nicht so sehr die Stabilisierung der Wirtschaft, sondern stellen das Risiko einer Rezession in den Mittelpunkt ihrer Kritik. Was dann jedoch tatsächlich geschah, war genau das Gegenteil dieser Befürchtungen, denn die Stabilisierungsmaßnahmen kamen vor allem den ärmsten Schichten der brasilianischen Bevölkerung zugute.

Ein weiteres Beispiel: Angesichts der finanziellen Krise vieler Länder stellt die soziale Absicherung ein weiteres Problem für alle Länder dieser Welt dar. Und Maßnahmen, die, vor allem aus einer ausschließlich kurzfristigen Perspektive betrachtet, zwar vielen als effektiv, aber ungerecht erscheinen, können auf lange Sicht doch anderen gerechten Nutzen bringen.

Nach wie vor ist es notwendig, Effizienz und Gleichheit miteinander in Einklang zu bringen. Dies ist jedoch nicht einfach, und Patentlösungen existieren nicht. Aus diesen Erfordernissen ergibt sich jedoch der richtige Weg und die richtigen Werte. Deshalb ist es notwendig, diese Werte in effektive Maßstäbe für den sozialen Wandel umzusetzen.

Meines Erachtens sind dies einige der wichtigen Lehren aus einer Zeit, in der meine Generation sich auf das intellektuelle und politische Leben vorbereitet hat.

III

Warum spreche ich hier von einer »neuen Renaissance«? Die Renaissance hatte vielfältige philosophische und historische Bedeutungen. Einer ihrer Grundpfeiler war, den Menschen das Gefühl zu vermitteln, eigenverantwortlich ihr Geschick selbst zu bestimmen. Der Mensch der Renaissance war einerseits auf sich allein gestellt, und es fehlte ihm die Sicherheit, die eine vorgegebene Werteordnung und eine hierarchische Ordnung verleihen, deren Ursprung in der Religion liegt. Andererseits begann er, sich stärkerzufühlen, da er letztendlich Herr seines eigenen Geschickes war. Nichts ist bezeichnender für diesen geschichtlichen Augenblick als die veränderte Einstellung zur Wissenschaft, die von da ab frei und

grenzenlos war. Bezeichnend ist auch die von Machiavelli be-
triebene Befreiung der Kunst von politischen und religiösen
Zwängen und der Wandel in der bildenden Kunst. Der dramatische Übergang von der statischen Ikonographie hin zur
Einführung von Bewegung und Perspektive war ein deutlicher Beleg für diese neue »Weitsicht«.

Die Renaissance fiel in eine Zeit, in der die Menschen aufgrund der Entdeckungsreisen ein neues Bewußtsein von den
»Dimensionen der Welt« gewannen. Im Menschen der Renaissance kündigte sich etwas an, was später in der Aufklärung noch deutlichere Konturen annehmen sollte. Sie, die
Aufklärung, gab dem Menschen durch das Vordringen der
Vernunft Zuversicht und Vertrauen in die Weiterentwicklung
der Menschheit.

Heute kündigen die künstlerischen Ausdrucksformen sicherlich auch eine neue Epoche an. Wenn auch nicht so sehr
durch die »Erfindung« neuer Darstellungstechniken, wie etwa der Perspektive in der Renaissance. In einem gewissen
Sinne haben die Avantgardisten des 20. Jahrhunderts die un-
endliche Erfindungsgabe der Menschen unserer Zeit unter
Beweis gestellt, so daß wir heute fast von einer Erschöpfung
im Bereich der Ästhetik aufgrund eines übertriebenen Expe-
rimentalismus sprechen können. Die Neuheit der verschiedenen Kunstformen liegt, wie Benjamin vorhergesehen hat, in
neuen technologischen Methoden, die grenzenlose und voll-
kommene Formen sowie eine beliebige Vervielfältigung ermöglichen.

Ich möchte hierfür ein Beispiel anführen. Vor kurzem erhielt ich eine perfekte Reproduktion des Gemäldes eines bekannten brasilianischen Malers, die mit einem Scanner er-
stellt wurde. Diese neuen, unbegrenzten technologischen
Möglichkeiten werden sicherlich starken Einfluß auf den
künstlerischen Schöpfungsprozeß haben. Sie können auch
dazu beitragen, daß der Zugang zu Kulturgütern allgemein
leichter und in gewissem Sinne demokratisiert wird. Die von
der Kunst gesetzten Zeichen sind von großer Bedeutung. Es
ist, als ob eine unterschwellige Botschaft wie in der Renaissance existiert, und zwar die, daß wir Menschen vieles ver-

mögen. Ein grundlegender Unterschied zur Renaissance darf allerdings nicht vergessen werden: Der Freiheitsgedanke stützt sich nicht wie im Italien des 15. und 16. Jahrhunderts auf ein Modell aus griechisch-römischer Vergangenheit, sondern fußt in sich selbst. Dies ist eine Herausforderung, die bei manchen ein Gefühl der Ratlosigkeit hervorruft, da heute die schöpferische Freiheit nicht mehr einem ästhetischen Modell folgt, das als Vorbild und Referenz dienen könnte.

Es ist bezeichnend, daß ich bei der Erwähnung der Künste betont habe, was Wissenschaft und Technologie dem schöpferischen Menschen bieten können. In der Tat wird allgemein anerkannt, daß die zunehmende Verbreitung von Wissenschaft und Technologie im Verein mit unbegrenzten Kommunikationsmöglichkeiten den Kernaspekt des zeitgenössischen Veränderungsprozesses beschreibt. Wir werden mit einem Zeitalter von Entdeckungen und Fortschritten konfrontiert, das enorme soziale und wirtschaftliche Veränderungen zur Folge hat. Das rasche Tempo und der Aspekt des Neuen bei diesen technologischen Angeboten erzeugen eine Art von »Bewunderung« für das, was Technologie und Markt zu leisten vermögen.

Und in der Tat vermögen wir vieles. Vielleicht reicht heute unser wissenschaftliches und technologisches Potential aus, um einige der Mißstände unserer Zeit wie Hunger und bittere Armut zu lindern. Hier muß jedoch die Frage aufgeworfen werden, was wir tun können, damit diese Kenntnisse in den Dienst der Menschheit gestellt werden und nicht zu Ursachen für eine Vergrößerung der sozialen Kluft werden.

Eines der Risiken, das wir eingehen, besteht darin, daß die »Verantwortung« für Neuschöpfungen und die Anpassung an neue Zeiten dem anonymen Markt überlassen werden. Wie ich bereits ausgeführt habe, wissen wir um die Vorteile des Marktes als Quelle von Wohlstand und Kreativität. Wir wissen auch, daß der Markt sich auf bestimmte Werte wie Freiheit stützt, erkennen aber auch, daß sie als Maßstab für das soziale Miteinander nicht ausreichen. Überläßt man die Herrschaft allein dem Markt, so wird – wie in der Kunst – eine tiefe Hilflosigkeit entstehen. Und der Begriff der Entfremdung im marxistischen Sinn würde erneut auftauchen, da wir Kräfte erzeugen, die wir nicht kontrollieren können.

Die Nichtexistenz einer durch dialektischere Züge geprägten Debatte über die Zielsetzungen des Marktes und der Freiheit kann dazu führen, daß die Zielsetzungen ihre mobilisierenden Eigenschaften verlieren und es zu einer Wertekrise kommt. In der Tat fehlen uns zur Zeit nicht die religiösen Sicherheiten, sondern vielmehr ideologische Gewißheiten. Der Sozialismus gab uns in gewisser Weise ethische Anregungen zu Veränderungen. Die Tatsache, daß es früher ein alternatives Gesellschaftsmodell gab, trug dazu bei, daß die Marktwirtschaft eine defensive Haltung annahm. Dies bewirkte wiederum Veränderungs- und Vervollkommnungstendenzen. Nicht umsonst hat Hobsbawm in seiner klassischen dialektischen Denkweise behauptet, daß der Kapitalismus sich nur deshalb durchsetzen konnte, weil er seine Überlegenheit gegenüber dem Sozialismus zu beweisen versuchte.

Fazit: Der Mensch verfügt heute wie in der Renaissance über die Möglichkeit, neue Modelle menschlichen Zusammenlebens neu zu entdecken. Modelle, deren Form noch unvollendet ist und die im jetzigen Zustand positive Aspekte aufweisen. Vor allem aber ziehen sie die Grenzen zu dem, was nicht getan werden sollte.

IV

Ein weiteres durch die technologische Entwicklung entstandenes und die These einer »neuen Renaissance« untermauerndes Phänomen ist das der Globalisierung, das ein neues Bewußtsein über die Dimension schafft. Geschehnisse beeinflussen heutzutage, unabhängig davon, wo sie stattfinden, das Leben eines jeden Menschen. Die Renaissance machte das Individuum zum Subjekt, und durch die Abkehr von religiösen Einflüssen auf die Politik wurde der Weg frei für die Schaffung eines neuen Systems, dem des souveränen Staates. Heute zeichnet die zunehmende Globalisierung die »Menschheit als neues Subjekt«, und in einem bestimmten Sinne ist der Staat gezwungen, sich den neuen Verhältnissen anzupassen. Dieser Begriff des »Global Village« hat enorme Auswirkungen und verändert unsere Weltsicht im weitesten Sinne. Darüber hinaus ändert sich auch die Perspektive der Regierenden selbst, die die Probleme nicht mehr ausschließlich aus einem rein nationalen Blickwinkel betrachten können. Internationaler Gemeinschaftssinn bildet sich nicht nur im ethischen Bewußtsein der Völker – er ist vielmehr das Gebot der Stunde. Wenn bei den großen Konferenzen der Vereinten Nationen Themen wie Umwelt, Menschenrechte, Überbevölkerung, Frauenfragen, Probleme der Stadtentwicklung und soziale Tendenzen behandelt werden, wird deutlich, daß die Welt der Politik, und damit Konflikte und Gegensätze, längst einen grenzüberschreitenden Charakter angenommen hat.

Das Ergebnis dieses Entwicklungsprozesses ist vielschichtig. Aufgrund seiner Thematik hat das neue Programm universellen Charakter wie beispielsweise während des zweiten Weltkrieges, als es eine mobilisierende Thematik aufwies. Wir müssen global, aber mit Rücksicht auf regionale Gegebenheiten argumentieren, wenn wir tatsächlich Veränderungen bewirken wollen. Es gibt nicht, wie Marx behauptete, einen globalen Konflikt mit verbindendem, übernationalem Charakter. Die Prozesse werden zwangsläufig komplexerer Natur sein. Wir haben jedoch einen unbestreitbaren Vorteil gegenüber der Globalisierung, wie sie in der Renaissance auftrat. Diese war durch die Ideologie der Überlegenheit des Menschen bzw. der kulturellen Hierarchie des Westens geprägt. Heute, nachdem die Anthropologie diese Überlegenheit entmystifiziert hat, wird durch die Globalisierung deutlich, daß die Probleme in der Tat uns alle betreffen.

Die »nationale« Verantwortung für die Lösung kann noch so unterschiedlich sein, aber das Bewußtsein darüber, daß die Probleme einen neuen Gegenstand haben, nämlich die Menschheit, und daß diese die Beteiligung aller verlangen, ist ein unbestreitbarer Fortschritt.

Diese Tendenz manifestiert sich in der Überforderung des Staates bei der Lösung ökonomischer und sozialer Fragen. Die Bedeutung der sogenannten neuen Hauptdarsteller, sei-

en es nichtstaatliche oder multilaterale Organisationen, wird
durch das Eingeständnis der Staaten selbst gestärkt, daß innovative Lösungen notwendig sind, um die Herausforderung
der Gegenwart zu meistern. Die Integration auf regionaler
Ebene kann hier als Beispiel für das neue Beziehungsgeflecht
zwischen den Staaten dienen.

V

Aber nicht nur das Gefühl der Hilflosigkeit ist kennzeichnend
für den Beginn des 21. Jahrhunderts. Analog zur Renais-
sance gilt auch, daß wir uns einmaligen Chancen für positive
Veränderungen zum Wohle der Menschheit gegenübersehen.
Fortschritte, die uns vor dem Unheil schützen können. Die
Möglichkeit, Wohlstand zu erzeugen und technologische
Fortschritte zu erlangen, ist fast unbegrenzt. Ein Beispiel
hierfür ist die Landwirtschaft: In den USA erzeugt ein kleiner
Prozentsatz der erwerbstätigen Bevölkerung den größten
Teil der Weltnahrungsmittelproduktion.

Heute wissen wir, daß Begriffe wie Entwicklung und wirtschaftliches Wachstum dann nicht leere Begriffe sind, wenn
sie an Werte wie Menschenrechte, Umweltschutz und eine
gerechtere Verteilung des Reichtums gekoppelt werden. Ich
möchte behaupten, daß wir theoretisch in der Lage sind, einen qualitativen Sprung in einer der zentralen Fragen der
Menschheit, der sozialen Gerechtigkeit, zu vollführen. Was
uns fehlt, ist die Möglichkeit, Einfluß auf die politische
Führung auszuüben, damit ein gerechtes Wachstum entstehen kann.

Müßten wir die Theorie von Marx nicht eigentlich umfor-
mulieren und uns dabei die Frage stellen, ob Fortschritte in
bezug auf die soziale Gerechtigkeit nicht durch überkommene Formen von Reichtumsaneignung gehemmt werden? Wie
kann man aus der Sicht der Regierenden ein wirtschaftliches
Modell, das ausschließlich auf Gewinnmaximierung ausgerichtet ist und dessen Produktionsformen immer mehr Kapital in Anspruch nehmen, mit einer Sozialpolitik in Einklang

bringen, die versucht, die Auswirkungen zu kompensieren? Wie können wir das Problem der strukturellen Arbeitslosigkeit lösen, deren Ursache im technologischen Wandel selbst begründet liegt?

Nach der Erfahrung des real existierenden Sozialismus wissen wir, daß wir nicht durch eine radikale Veränderung der Eigentumsverhältnisse zu höherer Effizienz und mehr Gleichheit gelangen können. Denn das Privateigentum hat sich zum Teil demokratischer verteilt und durch die Investition in private Pensionsfonds verlagert. Ebenso ist uns bewußt, daß es nicht nur einen einzigen Weg für die radikalen und endgültigen Veränderungen gibt, wie der klassische Marxismus sie sich wünschte. Veränderungen können sich ohne weiteres auch auf innovativem Wege durchsetzen.

Wir sehen uns zwei Herausforderungen gegenüber. Die erste liegt auf der Ebene der Ideale und Wertvorstellungen. Es stellt sich die Frage, welche Art von Gesellschaft wir uns wünschen und welche Möglichkeiten einer gleichberechtigenden Annäherung zwischen den sozialen Gruppen und Nationalen bestehen. Die zweite liegt auf der Ebene der konkreten Veränderungen: Wie können wir die Mechanismen zur Erzeugung von Reichtum im neuen technologischen Zeitalter steuern, um eine höhere soziale Gerechtigkeit zu erzielen?

In gewissem Sinne werden die Ideale des Wandels oft falsch interpretiert oder, besser gesagt, als Gegensatz zu den offensichtlichen Problemen der modernen Welt verstanden. Wir plädieren für ein Wachstum, das Arbeitsplätze schafft und Fortschritt bewirkt und das im Einklang mit den Prinzipien von Gleichheit und Gleichberechtigung steht. Wir wollen, daß unsere Sorgen um Menschenrechte und Umwelt Gehör finden. Wir wollen ein stabileres internationales System, das mehr Möglichkeiten bietet, an den Entscheidungsprozessen teilzunehmen. Wir wollen auch mehr Zukunftssicherheit. Darüber hinaus wollen wir, daß Minderheiten nicht ausgegrenzt werden. Zum besseren Verständnis dieser Ideale möchte ich in Erinnerung rufen, daß auf jeder Schlußakte der Vollversammlung der Vereinten Nationen einstimmige Beschlüsse zu den Zukunftswünschen der Menschheit gefaßt werden.

In unserer Zeit ist es üblich, daß man beim Vortragen gemeinsamer Zielsetzungen auf »vorherige Absprachen« zurückgreift. Wir wissen jedoch, daß die zentrale Frage die Verwirklichung dieser Ideale ist – wie man sie in die Tat umsetzt. Sie dürfen nicht bloß als vage ethische Referenzen bzw. als bloß rhetorische Argumente bestehen.

Gerade weil diese Ideale sich nicht, wie in dem marxistischen Modell, in eine »universale« Klasse einordnen lassen, ist ihre Triebkraft relativ schwach. Und ebenso wie es eine Zersplitterung hinsichtlich der Zielsetzungen gibt, existiert auch eine Zersplitterung der Möglichkeiten ihrer Durchsetzbarkeit. Dies ist eine fundamentale Maxime für die Regierenden, die die ethische Verantwortung übernommen haben, ihre Völker in ein gerechteres Jahrtausend zu führen.

VI

Zum Abschluß meiner Ausführungen möchte ich vom allgemeinen, zwangsläufig abstrakten Teil zu einem konkreteren Punkt dieses Programms übergehen. Ich möchte das Thema der Dynamik dieses Wandels behandeln. Oft arbeiten, wie etwa beim Thema Menschenrechte oder Umwelt, die sozialen Gruppen zusammen, die sich für diese Werte einsetzen. Meiner Meinung nach sollte eine der Hauptzielsetzungen dieses Umwandlungsprozesses die Veränderung des Staates selbst sein. Es ist von größter Wichtigkeit, daß der Staat sich verändert, um eine aktive Rolle innerhalb des Veränderungsprozesses übernehmen zu können.

Es gibt viele Staatsformen, und ihr Leistungsvermögen ist sehr unterschiedlich. Aber ich meine, daß trotz der Globalisierungstendenzen und der in ihrer Folge zum Teil realen Möglichkeit seiner Schwächung und trotz des Unvermögens des nationalen Staates seine Rolle als grundlegendes Instrument innerhalb der Veränderungsprozesse untersucht werden sollte.

In diesem Sinne lautet das erste Gebot, dem Staat nicht Aufgaben zuzuschreiben, die er historisch gesehen bereits verloren hat. Der lateinamerikanische Staat der 60er Jahre dieses Jahrhunderts, der von einem starken wirtschaftlichen Aufschwung geprägt war, läßt sich nicht wiederbeleben. Der Staat wird im nächsten Jahrhundert keine wesentliche Rolle bei Investitionsprozessen spielen. Die große Masse der finanziellen Mittel befindet sich in einem anonymen Finanzsystem und in multinationalen Konzernen. Es darf jedoch keine Investitionen geben, bei denen der Staat seine makroökonomische »Aufsichtsfunktion« nicht erfüllt. Er sollte ein stabiler Referenzpunkt für die Vertreter der Privatwirtschaft sein und auf eine wirksame Weise seiner Regulierungsfunktion nachkommen sowie strategische Planung betreiben.

Die Investitionsfreiheit und die Tatsache, daß private Unternehmen mehr und mehr Leistungen übernehmen, die dem Staat vorbehalten waren, macht eine große Vorsicht vor der Entstehung mißbräuchlicher Formen von Oligopolen und vor der Mißachtung des Verbrauchers notwendig. Das zweite große Ziel muß darin liegen, das Demokratieverständnis auf wirtschaftlicher wie auf sozialer Ebene in der Politik zu stärken, denn ohne dieses ist eine nutzbringende Betätigung nicht möglich. So wird der Entscheidungsprozeß effizienter und auch wirksamer, je mehr er konkret durch soziale Forderungen bestimmt wird, die sich, wie wir gesehen haben, innerhalb der nationalen Gesellschaften zersplittern. Die klassischen Formen der Volksvertretung sollen durch etwas ergänzt werden, das die Politologie immer noch nicht deutlich definieren kann, und damit meine ich die direkte Beteiligung des Volkes.

Ich möchte nicht auf Vertretungsformen der Renaissance oder auf griechische Modelle zurückgreifen. Sie sind auf komplexe Gesellschaften wie die unseren nicht anwendbar. Ich weiß aber, daß eine der größten Aufgaben unserer Zeit darin besteht, die Politik neu zu definieren, jedoch in einer Umkehrung Machiavellis. Die Welt der Werte und der Ethik muß über den Weg der Beteiligung allmählich Eingang in den Entscheidungsprozeß finden.

Im Rahmen dieses Beitrages mußte ich mich notgedrungen
bei der Aufstellung eines Programms für das 21. Jahrhundert
auf einige Skizzierungen der uns bevorstehenden Herausforderungen beschränken. Ich hatte dabei weder die Absicht,
mich auf einen einzigen Weg zu beschränken, noch Patentlösungen der uns bedrückenden Probleme anzubieten. Ich habe, wie bereits gesagt, versucht, einige Punkte herauszugrei-
fen, die meiner Meinung nach für das Handeln der Regierenden in Gegenwart und Zukunft von grundlegender Bedeutung
sind. Letztendlich ist jedoch die Bereitschaft zur Diskussion
und zu einem demokratischen Wandel in unserer Denkweise
entscheidend.

Ich möchte an dieser Stelle noch einmal betonen, daß ich in
bezug auf die Zukunft eine grundsätzlich optimistische Haltung einnehme. Mit den Wissenschaften und den modernen
Technologien verfügen wir über ein enormes Potential zur
Verwirklichung struktureller Veränderungen in unseren Gesellschaften. Mit ihrer Hilfe können wir die Solidarität zwischen den Völkern und Nationen fördern und eine solide
Grundlage für eine gerechtere und wohlhabendere Welt
schaffen. Wenn wir den Mut und die Sichtweise der Menschen der Renaissance haben, wird uns die Schaffung einer
besseren Welt gelingen, einer Welt, die gerechter ist als die,
die uns anvertraut wurde.

Biographie
Prof. Dr. Fernando Henrique Cardoso

Geboren am 18. Juni 1931 in Rio de Janeiro. Senator für den
Bundesstaat São Paulo. Vorsitzender der Brasilianischen Sozialdemokratischen Partei (PSDB) im Senat.

Hochschulbildung:

1952   – Abschlußexamen Sozialwissenschaften an der
              Universität São Paulo

1953	– Zusatzstudium im Fachbereich Soziologie, Universität São Paulo
1961	– Promotion, Universität São Paulo
1962/63	– Postgraduiertenstudium an der Universität Paris (»Laboratoire de Sociologie Industrielle«)

Lehrtätigkeit:

1952–61	– Assistent und Lehrbeauftragter an der Universität São Paulo im Bereich Wirtschaftswissenschaften und Verwaltung, Soziologie
1964–67	– Dozent an den Universitäten von Santiago, Buenos Aires und Mexiko – Fachbereiche Soziologie und Entwicklung
1967	– Dozent im Fachbereich Soziologie, Universität Paris-Nanterre
1968/69	– Lehrstuhl für Politische Wissenschaften, Universität São Paulo
1969/70	– Gastprofessur des »International Institute of Labour Studies«: Soziologie in Lateinamerika, Mexiko und Genf
1972	– Gastprofessur Universität Stanford
1976/77	– Lehrtätigkeit an der Universität Cambridge
1977	– Gastprofessur am »Institut d'Etudes sur le Développement Economique et Social«, Universität Paris
1980/81	– Beigeordneter Studiendirektor am »Maison des Sciences de l'Homme, Ecole des Hautes Etudes en Sciences Sociales«, Paris
1981	– Gastprofessur Universität Berkeley, Kalifornien

Mitglied des Comité International pour l'Information et la Documentation en Sciences Sociales – ICSSD, der International Industrial Relations Association – IIRA, der International Association of Political Science – IPSA und der International Sociological Association – ISA sowie zahlreicher Fachgremien im In- und Ausland.

Arbeit im politischen Bereich (u. a.):

1982	– Gründungsmitglied der »Partei der Brasilianischen Demokratiebewegung – PMDB«
seit 1983	– Senator (als Vertreter des Staates São Paulo)
1987/88	– Mitglied der Verfassunggebenden Versammlung
1988	– Gründungsmitglied der Sozialdemokratischen Partei Brasiliens – PSDB, Vorsitzender dieser Partei im Senat
von Okt. 92 bis Juni 93	– Minister für Auswärtige Angelegenheiten im Kabinett des amtierenden Staatspräsidenten Itamar Franco
Juni 1993	– Finanzminister
Okt. 1994	– Wahl zum Staatspräsidenten

Orden und Auszeichnungen (Auswahl):

1978	– Ehrendoktorwürde der State University of New Jersey, USA
1983	– »Officier dans l'Ordre des Palmes Académiques«, Frankreich
1984	– »Foreign Member« der American Academy of Arts and Sciences, Cambridge, USA
1985	– Ritter der Ehrenlegion, Frankreich
1987	– Rio-Branco-Orden des brasilianischen Außenministeriums
	– Großkreuz des Verdienstordens, Portugal
	– Mitglied der Association Internationale Maison d'Auguste Comte, Paris
1991	– Großoffizierskreuz des Verdienstorden Tocantins, Brasilien
	– Ehrendoktorwürde der University of Notre Dame, Illinois, USA

Zahlreiche Veröffentlichungen. Schwerpunktthemen: Wirtschaft und Entwicklung, Weltwirtschaft, Bevölkerungspolitik, Arbeitsmarkt, Industrialisierung.

Autor und Mitherausgeber verschiedener nationaler und internationaler Fachzeitschriften.

Regelmäßige Veröffentlichungen in großen Tages- und Wochenzeitungen Brasiliens. Seit 1980 wöchentliche Beiträge in der Tageszeitung »Folha de São Paulo«.

Jiang Zemin
Staatspräsident der Volksrepublik China

JIANG ZEMIN

China auf dem Weg in das 21. Jahrhundert

Die Welt nähert sich der Schwelle zum 21. Jahrhundert. Der stürmische Fortschritt von Wissenschaft und Technik hat die Entfernung zwischen den Völkern drastisch verkürzt, und die Ausweitung des wirtschaftlichen und kulturellen Austauschs bewirkt, daß die Völker immer enger zusammenrücken. Die Geschichte hat bewiesen und wird auch künftig sichtbar werden lassen, daß ungeachtet dessen, über welchen Reichtum an Ressourcen oder Erfahrung eine Nation verfügt, sie doch nicht alles für ihre Entwicklung Erforderliche besitzen kann, sondern mit anderen auf der Grundlage der Gleichberechtigung und des gegenseitigen Nutzens Austausch pflegen muß. Mögen einzelne Nationen oder Nationengruppierungen noch so mächtig sein, sie können allein nicht die gemeinsamen Probleme der gesellschaftlichen Entwicklung der Menschheit lösen. Für alle Nationen, seien es entwickelte Länder oder Entwicklungsländer, ist es unabdingbar, auf der Grundlage der Fünf Prinzipien der Friedlichen Koexistenz freundschaftlich zusammenzuarbeiten, um für die Menschheit eine bessere Zukunft zu gestalten.

Als Entwicklungsland mit der größten Bevölkerung und gewaltigen Potentialen kommt China in der Entwicklung des asiatisch-pazifischen Raumes und in der Welt im 21. Jahrhundert eine wichtige Rolle zu. Die Ende der siebziger Jahre eingeleitete Politik der Reform und der Öffnung ist ein besonderer Meilenstein im Aufschwung des modernen China. Der seitdem erzielte außerordentliche Fortschritt hat in der Welt große Aufmerksamkeit auf sich gelenkt.

Es ist mir eine große Freude, im Rahmen dieser Publikation der *Frankfurter Allgemeine Zeitung* dem deutschen Volk und allen Freunden, denen der Frieden und der Fortschritt der Menschheit eine Herzenssache ist, Chinas gegenwärtige Lage und künftige Entwicklung darzustellen.

Der Fortschritt der menschlichen Gesellschaft ist sowohl grenzenlos als gleichzeitig auch bedingt. So, wie die Zivilisation voranschreitet, finden sich die Völker der Welt einer Reihe ähnlicher oder identischer Probleme gegenüber. Die Problemkreise Frieden und Entwicklung, die allen Menschen am Herzen liegen, stellen die im welthistorischen Maßstab größten und dringendsten Aufgaben dar. Aus diesem Grund geht es dem chinesischen Volk um so mehr darum, seinen Entwicklungsverlauf zu beschleunigen, um Wohlstand in einer friedvollen Umwelt zu erringen. Der Aufschwung Chinas wird sich nicht nur auf das Wohl des eigenen Volkes auswirken, sondern gleichermaßen auf den Frieden und die Entwicklung in der ganzen Welt.

Vor diesem internationalen Hintergrund hat China seine Modernisierungsstrategie entworfen, und dies ist eine zwangsläufige Option, welche den Interessen seines Volkes und der Sache des menschlichen Fortschritts dient.

Das chinesische Volk hat aus eigener Erfahrung erkannt, daß Frieden und Entwicklung einander ergänzen und einander bedingen. Es bedarf der vereinten Anstrengungen aller Völker, diese gemeinsame Aufgabe in Angriff zu nehmen. Nachdem das chinesische Volk unter fremden Mächten leiden mußte und das Land von Kriegen verwüstet wurde, hält es die Unabhängigkeit und die souveränen Rechte, die es nach langen Kämpfen errang, hoch in Ehren. Es versteht die Bedeutung des Weltfriedens nur zu gut. Die Gründung der Volksrepublik war die größte und weitestreichende Veränderung in der Geschichte Chinas und legte den Grundstein für den daraus folgenden Fortschritt und die weitere Entwicklung.

Die Politik der Reform und der Öffnung, welche 1978 eingeleitet wurde, ist ein den Bedingungen Chinas angemessenes historisches Projekt. Die Praxis hat bewiesen, daß in der Reform und der Öffnung Chinas einzige Alternative besteht, um Modernisierung und eine allumfassende Neubelebung der chinesischen Nation zu erreichen. In gleicher Weise ist diese Politik unabdingbar, will China zur Sache des Friedens und des Fortschritts der Menschheit einen größeren Beitrag leisten.

Die Reform Chinas begann in den ländlichen Gebieten. Von Dezember 1978 bis September 1984 konzentrierten wir uns auf die Umwandlung der ländlichen Wirtschaftsstruktur. Das war die erste Stufe der Reform. Ein Grundfaktor Chinas besteht in der Überbevölkerung auf begrenztem landwirtschaftlich nutzbarem Land, wobei über 70 Prozent der Bevölkerung in ländlichen Gebieten leben. Die Notwendigkeit, die Bevölkerung mit Nahrung und Kleidung zu versorgen, war und ist ein immerwährendes ökonomisches und gesellschaftliches Problem, welches uns schwer belastet.

Ein geflügeltes chinesisches Wort besagt: »Essen ist Leben«. Die Entwicklung auf dem Lande wirkt sich direkt auf den Lebensunterhalt von über einer Milliarde Menschen und damit auf die soziale Stabilität und die ökonomische Entwicklung der Nation aus. Indem wir uns auf unsere Erfahrungen aus der Geschichte stützen, behalten wir das kollektive Eigentum von elementaren Produktionsmitteln wie Grund und Boden bei, erlauben den Bauern jedoch, die Nutzung von Kollektivland und anderen landwirtschaftlichen Produktionsmitteln vertraglich zu vereinbaren und entsprechend den Bedingungen der vertraglichen Regelung selbständig zu bearbeiten. Die Kombination von individueller Landwirtschaft und Gemeinschaftsarbeit im Rahmen des Kollektivs – das nennen wir die 2-Stufen-Struktur des Systems der vertraglich geregelten Wirtschaftsverantwortlichkeit, welches so auf der einen Seite das Einkommen mit der Arbeitsleistung und auf der anderen die Gemeinschaftsarbeit der Kollektive miteinander verbindet. Dadurch wurden für die Bauern Anreize geschaffen, und die landwirtschaftliche Produktion erfuhr eine wesentliche Förderung.

Die Intensivierung der Reform führte zu einer Zunahme von ländlichen und städtischen Betrieben; sie erschloß damit neue Kanäle, um den Bauern zu Wohlstand zu verhelfen, den Wirtschaftsaufschwung auf dem Lande, sowie den der Industrie und der Volkswirtschaft insgesamt anzukurbeln. Die Erträge von Getreide und Baumwolle betrugen im Jahre 1978 304,770 Millionen Tonnen bzw. 2,167 Millionen Tonnen. 1985 stiegen die Erträge auf 379,110 Millionen Tonnen bzw. 4,150 Millionen Tonnen. Der Wert der Erträge von Betrieben auf dem Lande sowie in der Stadt stieg im gleichen Zeitraum von 49,3 Milliarden chinesischen Yuan auf 272,8 Milliarden Yuan. Der Wert der landwirtschaftlichen Bruttoproduktion erreichte im Jahre 1985 634 Milliarden Yuan; das bedeutete eine Steigerung um das 1,3fache gegenüber 1978 in Festpreisen ausgedrückt und stellte ein durchschnittliches jährliches Wachstum von 12,3 Prozent dar. Dies alles läßt den durchschlagenden Erfolg der Reform auf dem Lande erkennen.

Nachdem die Landreform im allgemeinen gelungen war, gingen wir zur zweiten Stufe der städtischen Reform von Oktober 1984 bis Dezember 1991 über, und in diesem Zeitraum führten wir eine Reihe von Reformmaßnahmen durch, die schwerpunktmäßig auf die Neubelebung der Betriebe gerichtet war. Die Betriebe in den städtischen Gebieten sind die Antriebskraft hinter der Entwicklung der Produktivkräfte, des wirtschaftlichen Wachstums und des technischen Fortschritts.

Um 1984 existierten in den größeren chinesischen Städten mehr als eine Million Unternehmen mit einer Gesamtarbeiterschaft von über 80 Millionen in solchen Bereichen wie Industrie, Bau, Transport, Handel und Dienstleistungen. Und die in den Städten angesiedelten Industrieunternehmen allein trugen mit ihren Steuern und Gewinnen zu mehr als 80 Prozent an den Finanzeinkünften des Landes bei. Die Unternehmen, insbesondere die staatseigenen Groß- und Mittelbetriebe durch Reformen neu zu beleben, das war die wesentliche Voraussetzung für ein umfassendes Wirtschaftswachstum. Wir veränderten den Operationsmechanismus der Betriebe, indem wir ihnen mehr Entscheidungskraft zubilligten und die Funktionen der Regierung von denen der Betriebsleitungen trennten.

Auch auf den Sektoren der Planung, der Finanzen und der Steuern, der Preisgestaltung, der Bankwirtschaft des Handels und des Außenhandels sowie auf dem Gebiet Arbeit und Löhne ergriffen wir Reformmaßnahmen. Die Einführung dieser Reformmaßnahmen hat die überzentralisierte ökonomische Planungsstruktur aufgebrochen, demzufolge den in den Städten angesiedelten Betrieben neue Kraft zugeführt und die Rolle des Marktes bei der Regulierung der ökonomischen Gesamtaktivitäten gestärkt. Was die Eigentumsverhältnisse betrifft, so wurde die alte Eigentumsstruktur, nach der der staatliche Sektor alleiniger Eigentümer war, durch ein neues Muster ersetzt, innerhalb dessen sich unterschiedliche ökonomische Sektoren gemeinsam mit dem Gemeineigentum als Hauptstütze entwickeln.

Gegen Ende des Jahres 1992 betrugen die Anteile der staatseigenen, kollektiveigenen und in individueller Eigentümerschaft befindlichen oder privaten sowie von ausländischem Kapital getragenen Betriebe 48,1 Prozent, bzw. 38 Prozent und 13,9 Prozent des Wertes der industriellen Gesamtproduktion des Landes, während ihre entsprechenden Anteile am Gesamtvolumen des Einzelhandels 41,3 Prozent, bzw. 27,9 Prozent und 30,8 Prozent ausmachten.

Ausgehend von der Absicht, die Unternehmen den Schritt auf die Märkte gehen zu lassen, führten wir in bezug auf das Betriebssystem das betriebliche vertragliche Verantwortlichkeitssystem ein, organisierten neue Unternehmensgruppen und führten Experimente durch mit unterschiedlichen Formen von Aktiengesellschaften.

Hinsichtlich des Marktsystems führten wir ein umfassendes System des Warenmarktes für jegliche Art von Konsumgütern und Produktionsgütern ein und erzielten ebenfalls beträchtlichen Fortschritt in der Entwicklung des Marktes für grundlegende Produktionsfaktoren. Und was die Makrokontrolle angeht, so machte die alte Leitungsmodalität, welche sich hauptsächlich auf direkte Regierungskontrolle gründete, allmählich Platz für einen neuen Leitungsmechanismus, der ökonomische und legale Instrumente oder indirekte Festlegungen der Regierung in sich zusammenschließt.

Die verbindlicher staatlicher Planung unterliegenden Gebiete wurden drastisch eingeschränkt. So erstreckte sich die staatliche Planung im Jahre 1978 beispielsweise auf 120 Kategorien von Industrieerzeugnissen. Diese Zahl wurde 1991 auf 54 reduziert, während die Kategorien von Waren unter staatlichem Verteilungsmonopol von 256 im Jahre 1978 auf 22 im Jahre 1991 gesenkt wurden.

Insgesamt hat die Reform der zweiten Stufe der Wirtschaftsstruktur und dem Operationsmechanismus Chinas tiefgreifende Veränderungen gebracht.

Seit 1992 ist unsere Reform in ihre dritte Stufe eingetreten. Das Ziel der Reform ist, die sozialistische Marktwirtschaft bis zum Ende dieses Jahrhunderts im großen und ganzen aufzubauen. Dieses Ziel, welches auf dem 14. Nationalkongreß der Kommunistischen Partei Chinas offiziell gestellt wurde, stellt eine strategische Entscheidung dar, die den tiefen Gedanken des Genossen Deng Xiaopings entspricht und auf der Basis der Zusammenfassung unserer Erfahrungen im Zuge der Reform in ihren vorherigen beiden Stufen formuliert wurde. Es handelt sich dabei um eine strategische Entscheidung, die den Gesetzen unserer sozialen und ökonomischen Entwicklung gerecht wird und einen neuen Sprung vorwärts im Verständnis des chinesischen Volkes vom Wesen unserer ökonomischen Umstrukturierung bezeichnet.

Das dritte Plenum des 14. Zentralkomitees unserer Partei vom November 1993 billigte die Entscheidung »Zu einigen Fragen hinsichtlich der Begründung einer Struktur der sozialistischen Marktwirtschaft«, womit die Grundlinien für die neue ökonomische Struktur niedergelegt wurden. Die Entscheidung stellt eine Reform dar, bei der der Schwerpunkt vom Abbruch der alten Struktur auf den Aufbau einer neuen, alle Gebiete umfassenden Struktur verlegt wurde. Was die Veränderung des Operationsmechanismus der staatseigenen Betriebe betrifft, so sieht die Entscheidung ganz klar vor, ein modernes Betriebssystem mit deutlich definierten Eigentumsverhältnissen, Rechten und Pflichten des Unternehmens, Trennung von Funktionen der Regierung von jenen des Betriebes und die wissenschaftliche Leitung des Betriebes herzustellen.

Zur Zeit haben wir 100 staatseigene Betriebe aus allen Teilen des Landes für die Erprobung eines solchen Systems aus-

gewählt. Auf dem Banksektor wurde die Funktion der Volks-
bank von China als geeignet erachtet, Währungspolitik zu for-
mulieren und umzusetzen, sowie die Aufsicht und die Leitung
auf diesem Gebiet unter der Führung der Zentralregierung
auszuüben. Im großen und ganzen wurde das politikorien-
tierte Bankwesen vom kommerziellen Bankwesen getrennt.
Auf dem Gebiete der Steuern wurde ein neues Umsatzsteuer-
system mit der Mehrwertsteuer als Hauptkomponente eingeführt, und ein System der Staffelung der Staatseinkünfte, im
Rahmen dessen die Zentralregierung und die örtlichen Verwaltungen Steuern auf unterschiedlichen Ebenen eintreiben,
wurde neu geschaffen. Was Devisen und Außenhandelsme-
chanismen betrifft, so haben wir einen einheitlichen, regu-
lierten und flexiblen Mechanismus des Umtauschkurses auf
der Grundlage von Angebot und Nachfrage und ein einheitliches System der Kontenführung, des Kaufens und Verkaufens
von Devisen durch die Banken aufgestellt. Wir haben den Unternehmen ebenfalls mehr Entscheidungsbefugnisse auf dem
Gebiet des Außenhandels zugebilligt und das Vertretersystem
des Außenhandels auf breiter Basis verwirklicht.

Auf dem Investitionssektor haben wir eine unterschiedlich
abgestimmte Politik eingeführt in Richtung auf die Investie-
rung in und die Finanzierung von drei Projektkategorien – Infrastruktur, auf den Wettbewerb orientierte Projekte und
dem sozialen Wohl dienende Vorhaben, und die Eingruppie-
rung erfolgte nach dem Ausmaß der Investition und der Art
der Projekte. In der Sphäre der Preise und der Zirkulation
haben wir die Vergleichspreise von Grunderzeugnissen wie
Getreide, Baumwolle, Rohöl und Kohle auf eine vernünftige-
re Basis gestellt, den Gegenstand in der Zirkulation klar definiert und die Zirkulationsordnung reguliert.

Was die Verwaltungsstruktur betrifft, so haben wir einige
Regierungsinstitutionen in Gesellschaften umorganisiert, einige Abteilungen der Verwaltung in handelssteuernde Körperschaften umgewandelt und mit der Einführung des Be-
amtensystems begonnen.

Wir haben ebenfalls mit Nachdruck an der Einführung eines Marktsystems gearbeitet. Alle diese Reformmaßnahmen

zielen darauf ab, grundlegende Wirtschaftsbeziehungen zu verbessern und zu erleichtern, tief verwurzelte Probleme zu lösen und somit den Prozeß zu beschleunigen, Grundsätze der sozialistischen Marktwirtschaft in die Tat umzusetzen.

Diese in ihrer Tiefe und in ihrer Breite bisher einmaligen Maßnahmen werden recht zügig durchgeführt; sie fördern und garantieren eine anhaltende, stürmisch voranschreitende und gesunde Entwicklung unserer Volkswirtschaft.

Während wir die Reform unserer wirtschaftlichen Struktur vorantreiben, haben wir uns mit Nachdruck ebenfalls für den Fortschritt in der Reform unserer politischen Struktur eingesetzt. Wir haben immer die Meinung vertreten, daß es ohne Demokratie weder Sozialismus noch sozialistische Modernisierung gibt. Die Menschen sind sowohl die Gestalter der Geschichte als auch die Meister der Gesellschaft, und der Sozialismus soll die für die Erreichung der vollkommenen Einheit dieser beiden Rollen notwendigen Voraussetzungen schaffen.

Die Verfassung Chinas legt ganz klar fest: »Alle Macht in der Volksrepublik China gehört dem Volke.« Was nun die Art und Weise betrifft, nach der das Volk seine Rechte verwirklicht, so haben wir mit aller Entschiedenheit ein politisches System begründet, welches den nationalen Bedingungen Chinas entspricht und den chinesischen Eigenheiten angepaßt ist, anstatt politische Formen anderer Länder mechanisch zu übernehmen. China ist nicht das einzige Land, das so verfahren müßte. Es müssen tatsächlich alle Länder der Welt bei der Entscheidung über ihre entsprechenden politischen und ökonomischen Modelle ihre nationalen Gegebenheiten zugrunde legen. Es gibt kein einheitliches politisches System in der heutigen Welt, und es ist unmöglich, solch ein System auf alle Länder der Welt anzuwenden. Selbst zwischen Deutschland und den Vereinigten Staaten, die sich beide auf ein föderatives System gründen, gibt es große Unterschiede in ihrer politischen Praxis.

Mit der Gründung der Volksrepublik China haben wir das sozialistische System in China errichtet, und dieses entspricht dem Willen und den Interessen des chinesischen Volkes sowie dem Gesetz der gesellschaftlichen und historischen Entwicklung Chinas. Da es sich beim Sozialismus um ein vollkommen neues soziales System mit einer kurzen Geschichte von bisher weniger als einem halben Jahrhundert in China handelt, muß seine politische und ökonomische Wirkungsweise weiter verbessert werden. Das Ziel unserer politischen Reform besteht darin, eine den chinesischen Gegebenheiten entsprechende sozialistische Demokratie aufzubauen, welche Demokratie und Rechtsstaatlichkeit in sich vereinigt.

Im Sinne dieses Zieles müssen wir erstens das System des Volkskongresses, des grundlegenden politischen Systems, welches die beherrschende Rolle des Volkes über sein eigenes Land garantiert, weiter festigen und verbessern. Zweitens geht es ebenfalls darum, das System des Zusammenwirkens der verschiedenen Parteien und der politischen Konsultationen unter der Führung der KP Chinas weiter zu festigen und zu verbessern.

Es gibt in China acht demokratische Parteien, nämlich das Revolutionäre Komitee der Kuomintang, die Demokratische Liga Chinas, die Demokratische Nationale Vereinigung für den Aufbau Chinas, die Vereinigung für die Förderung der Demokratie Chinas, die Demokratische Bauern- und Arbeiterpartei Chinas, die Zhi-Gong-Partei Chinas, die Jiu-San-Gesellschaft und die Demokratische Liga der autonomen Regierung Taiwans. Alle diese Parteien beteiligen sich aktiv an der Regierungstätigkeit sowie auf vielerlei Art und Weise am Prozeß der Entscheidungsfindung.

Drittens müssen wir das Führungssystem des Landes umstrukturieren und verbessern. In diesem Zusammenhang haben wir uns damit beschäftigt, die Funktionen der Regierung und die der Betriebe auseinanderzuhalten, Institutionen der Partei und der Regierung zu straffen, Funktionen der Regierung umzuwandeln und das Personalwesen zu reformieren, um damit den Staatsorganen neue Kraft zuzuführen und verschiedene Bereiche, insbesondere die Menschen an der Basis, voll wirksam werden zu lassen.

Viertens haben wir im Zuge unserer Bemühungen, eine sozialistische Marktwirtschaft zu errichten und die Modernisierung voranzubringen, mit vollem Einsatz an unserem Rechtssystem gearbeitet und beträchtlichen Fortschritt in dieser Hinsicht erzielt. Der Erfolg bei der Vervollkommnung der sozialistischen Demokratie und des Rechtswesens hat zu einer gesunden politischen Garantie für die Reform, die Entwicklung und die Stabilität Chinas geführt.

Reform und Öffnung bedingen in China einander. Tatsächlich ist der zweite Faktor ein wichtiger Bestandteil des ersteren. Die Welt von heute ist eine offene Welt. Daher dürfen Differenzen unter den Ländern nicht zu einer Entschuldigung für eine Entfremdung voneinander werden. Sie sollten eher die Voraussetzung für die Förderung der Entwicklung aller Länder sein. So stellt sich unsere vielgestaltige Welt auf beredte Weise dar. Aus allgemein wohlbekannten Gründen konnte das chinesische Volk lange sein starkes Streben nach Beseitigung der Blockade und der Eingliederung in die Welt nicht in die Tat umsetzen. Erst in den späten siebziger Jahren dieses Jahrhunderts wurde es China möglich, sich der Außenwelt zu öffnen.

Alles nahm im Jahre 1979 seinen Ausgang an unserer Südostküste. Zu jener Zeit wurden die Provinzen Guangdong und Fujian ermächtigt, eine besondere Politik und flexible Maßnahmen einzuführen. Vor allem begannen diese beiden Provinzen vier Wirtschaftssonderzonen (WSZ) als Pilotprojekt zu erproben. Es handelte sich dabei um Shenzhen, Zhuhai, Shantou und Xiamen. Das Ausmaß der Öffnung erweiterte sich, als 14 Küstenstädte – von Dalian und Qinhuangdao im Norden bis Zhanjiang und Behai im Süden des Landes – im Mai 1984 zu offenen Städten erklärt wurden. Im Jahre 1985 wurden das Flußdelta des Jangtse und eine Dreiecksregion im südlichen Teil der Provinz Fujian zu einer offenen ökonomischen Küstenentwicklungszone erklärt. Drei Jahre danach, im März 1988, wurde die Wirtschaftssonderzone Hainan, die fünfte und größte WSZ Chinas, gegründet. Im gleichen Jahr wurde eine weitere Anzahl von Städten und Kreisen auf der Halbinsel Liaodong (östlich der Provinz Liaoning) und der Halbinsel Jiaodong (östlich der Provinz Shandong) sowie in weiteren Küstengebieten zu offenen ökonomischen Zonen erklärt. 1990 wurde die Entscheidung getroffen, den Neuen Bezirk Pudong in Shanghai zu entwickeln und zu öffnen.

Rückblickend kann man feststellen, daß Chinas Öffnung mit den Küstengebieten begann und sich allmählich auf die inneren Regionen, Gebiete längs des Jangtse, der Grenze und bedeutender Transportadern erstreckte. Eine vielschichtige, vielgestaltige und in alle Richtungen weisende Struktur der Öffnung hat sich nunmehr herausgebildet.

Zwischen 1978 und 1994 stieg der gesamte Außenhandel Chinas von 20,640 Milliarden US-Dollar auf 236,700 Milliarden US-Dollar an und erhob China damit 1994 in den Rang der elftgrößten Handelsnation, verglichen mit der 26. im Jahre 1980. Ende 1994 erreichten die staatlichen Devisenreserven eine Höhe von über 50 Milliarden US-Dollar, und tatsächliche Direktinvestitionen aus Übersee waren im selben Jahr in einer Höhe von 33 Milliarden US-Dollar zu verzeichnen.

Im Verlaufe von 16 Jahren Reform und Öffnung haben wir mit Erfolg die Methode gefunden, daß Reform und Entwicklung sich gegenseitig stützen und das Leben der Menschen auf der Grundlage der Weiterentwicklung bereichern. Wir nutzen das große Potential unserer Volkswirtschaft. Das Bruttoinlandsprodukt wuchs von 1979 bis 1994 mit einer jährlichen Durchschnittsrate von 9,4 Prozent und betrug im Jahre 1994 4,380 Billionen chinesische Yuan. Nach der Berücksichtigung inflationsbedingter Abstriche vermehrte sich das Bruttoinlandsprodukt um das 4,2fache im Vergleich mit 1978, und das durchschnittliche Jahreseinkommen auf dem Lande und in den Städten stieg um 6,1 Prozent bzw. 8,4 Prozent. Es weist damit ein Wachstum um das 1,7fache bzw. das 2,6fache im Vergleich mit 1978 aus. Im Verlaufe der vergangenen 16 Jahre wurden 221 718 Projekte der ausländischen Direktinvestitionen verhandelt und vertraglich gebunden. Diese stellen eine kumulative tatsächliche Investitionssumme von 95,670 Milliarden US-Dollar dar. In diesen Errungenschaften liegen die wesentlichen Gründe für Chinas politische Stabilität und nationale Einheit, für seinen sozialen Fortschritt und den unumkehrbaren Kurs der Reform und der Öffnung.

Bald werden die Glocken das neue Jahrhundert einläuten. Wir richten unseren Blick vorwärts in das 21. Jahrhundert und sind hinsichtlich der weiteren Entwicklung Chinas voller Zuversicht.

Genosse Deng Xiaoping, der Hauptgestalter der Reform und der Öffnung Chinas, entwarf für China eine Entwicklungsstrategie in drei Phasen. In der ersten Phase sollte unser Bruttosozialprodukt des Jahres 1990 das Doppelte von dem des Jahres 1980 erreichen, um die Grundansprüche des Volkes auf Nahrung und Kleidung zu befriedigen. In der zweiten Phase sollte sich unser Bruttosozialprodukt bis zum Ende dieses Jahrhunderts wiederum verdoppeln, um unserem Volke einen anständigen Lebensstandard zu ermöglichen. Die dritte Phase wird sich bis in die Mitte des nächsten Jahrhunderts erstrecken, wenn das Bruttosozialprodukt Chinas pro Kopf der Bevölkerung dasjenige eines durchschnittlich entwickelten Landes erreichen und das Modernisierungsprogramm erfüllt sein wird.

Diese Strategie unterstreicht das Bestreben des chinesischen Volkes, die Rückständigkeit abzuschütteln und eine nationale Neubelebung zu erreichen. Die westlichen Länder benötigten für ihre Industrialisierung sowie für die Kommerzialisierung, die Vergesellschaftung und die Modernisierung der Produktion zweihundert bis dreihundert Jahre. Daher stehen wir, wenn wir diese Leistung in hundert Jahren erbringen wollen, vor einer schwierigen Aufgabe, und dies bedarf gewaltiger Anstrengungen.

Die erste Phase bewältigten wir erfolgreich bereits im Jahre 1988, zwei Jahre vorfristig. Die Verwirklichung des Zieles der zweiten Phase ist von höchster Wichtigkeit. Daraus wird eine Vervollkommnung unserer Produktivkräfte, eine umfassende Kräftigung der Nation und eine Verbesserung im Leben der Menschen erwachsen, und es wird die solide Grundlage geschaffen für die Erfüllung der Ziele der dritten Phase der Strategie. Unter Berücksichtigung der Wachstumsrate Chinas während des vergangenen Jahrzehnts und noch darüber hinaus sowie der vorgesehenen jährlichen Wachstumsrate von 8 bis 9 Prozent in den kommenden Jahren, zweifeln wir nicht daran, die zweite Phase wie geplant zu bewältigen.

Wir vertrauen ebenfalls darauf, daß wir es schaffen werden, die sozialistische Marktwirtschaft in ihren Grundzügen bis zum Ende dieses Jahrhunderts einzuführen. Marktwirtschaft unter sozialistischen Bedingungen zu betreiben, ist ein großes Experiment und ein schwieriges Unterfangen, für das es bisher kein Modell gibt. Noch müssen wir uns an zahlreiche Aspekte verschiedener Gesetze gewöhnen. Und wir lernen aktiv von den entwickelten Ländern des Westens, von ihren erfolgreichen Erfahrungen und guten Methoden, die den allgemeinen Gesetzen des Marktes entsprechen.

Grundsätzlich ist aber festzustellen: Wollen wir das System einer sozialistischen Marktwirtschaft in China begründen, so müssen wir von den Realitäten unseres Landes ausgehen und durch die Erprobung dieses Systems in der Praxis selbst Neuland erschließen.

Gegenwärtig stellen wir uns das System der sozialistischen Marktwirtschaft in ihren Grundzügen etwa so vor:

- Errichtung eines Systems moderner Unternehmen, welches den Bedürfnissen einer sozialistischen Marktwirtschaft nach dem Grundsatz der Zulassung einer Vielfalt ökonomischer Bereiche unter Beibehaltung des Gemeineigentums als Hauptstütze entspricht.
- Herstellung eines landesweiten Systems offener Märkte zur Einbeziehung der ländlichen wie der städtischen Märkte, des Binnenmarktes und der internationalen Märkte und Optimierung des Einsatzes von Ressourcen.
- Umwandlung der Rolle der Regierung bei der Wirtschaftsleitung und Schaffung eines Systems der Anpassung und der Regulierung im Makro-Maßstab, vor allem auf indirektem Wege.
- Schaffung eines Systems der Einkommensverteilung, welches dem Grundsatz »Jedem nach seiner Leistung« entspricht und das Nebeneinanderbestehen vieler Verteilungsmöglichkeiten erlaubt und besonderes Augenmerk auf die Effizienz legt, ebenfalls aber das Gerechtigkeits-

prinzip beachtet. Wir ermutigen damit manche Menschen und manche Regionen, zuerst wohlhabend zu werden, um schließlich zum allgemeinen Wohlstand zu gelangen.

* Schaffung eines vielschichtigen Systems der sozialen Sicherheit für die Stadt- und Landbevölkerung zur Förderung der ökonomischen Entwicklung und der sozialen Stabilität.

Zur Umsetzung aller dieser Aspekte müssen wir ebenfalls ein Gesetzessystem schaffen und verbessern, um beim Einsatz von Ressourcen unter der Oberaufsicht des Staates die grundlegende Rolle des Marktes zu sichern. Unserer Planung zufolge, werden wir nach dem Ende dieses Jahrhunderts, wenn China ein neues sozialistisches marktwirtschaftliches System aufbaut, ein reiferes und voll entwickeltes System in allen Bereichen nach weiteren 20 Jahren schwerer Arbeit haben.

Indem wir die Einführung der sozialistischen Marktwirtschaft vorantreiben, müssen wir gleichermaßen die industrielle Struktur innerhalb eines kurzen Zeitraumes optimieren, um eine gesunde und ausgewogene Entwicklung der Volkswirtschaft zu erzielen. Im Verlaufe der zweiten und der dritten Phase der Strategie werden durch die Fortschritte auf den Gebieten der Wissenschaft und Technik sowie mit den Aktivitäten der Bauern in Bereichen außerhalb der Landwirtschaft gewiß neue Industriezweige entstehen und so die Vervollkommnung und Entwicklung der industriellen Basis fördern. Andererseits benötigen die Menschen, die ein besseres Leben führen und darum als Konsumenten über eine größere Kaufkraft verfügen, eine breitere Vielfalt von Waren höherer Qualität. Um mit diesen Veränderungen fertigzuwerden, muß die Industriestruktur ständig angepaßt und optimiert werden. Wir werden auf dem Wege der Vertiefung der Reform die Industriestruktur den Bedürfnissen des Marktes anpassen und den Markt befähigen, eine positive Rolle beim Einsatz von Ressourcen zu spielen. Gleichzeitig nimmt der Staat bei der Gestaltung der Industriepolitik auf hoher Ebene seine lenkende Funktion wahr, um die Rolle des Marktes beim Einsatz von Ressourcen landesweit zu stärken.

Wir werden unser Hauptaugenmerk weiterhin auf die Landwirtschaft richten, indem wir der Landwirtschaft zur Steigerung der Erträge und der Verbesserung der Qualität landwirtschaftlicher Produkte mehr Mittel zuführen, den intensiven Landwirtschaftsbetrieb ankurbeln, die Vermehrung von städtischen und dörflichen Betrieben fördern, um eine allumfassende Entwicklung der ländlichen Wirtschaft zu erzielen.

Zur Verbesserung der industriellen Struktur werden wir uns auf die Entwicklung der Schlüsselindustriezweige und der Infrastruktur konzentrieren, um Engpässe anzugehen und eine anhaltende Entwicklung sicherzustellen. Wir werden uns voll einsetzen für den weiteren Aufbau solcher Industriezweige wie Elektronik, Petrochemie, Automobilindustrie und Bauindustrie, und wir werden diese zu Stützen unserer Wirtschaft entwickeln. Indem wir den Dienstleistungssektor ausbauen, zielen wir darauf ab, seinen Anteil am Bruttosozialprodukt vom gegenwärtigen Niveau von einem Drittel auf 40 Prozent zum Ende dieses Jahrhunderts zu erhöhen. Wissenschaft, Technik und Volksbildung werden als Prioritäten unserer Planung fortlaufend gestärkt. Wir werden ein besser ausgewogenes Verhältnis zwischen der Primär- und der Sekundärindustrie sowie dem Dienstleistungssektor schaffen und auf dieser Basis eine neue Struktur der Wirtschaft herausarbeiten. Es wird erwartet, daß die Qualität und die Effizienz der Wirtschaftsleistung wie der Entwicklung Chinas zur Jahrhundertwende einen neuen Höhepunkt erreicht.

Die Schaffung eines neuen ökonomischen Systems sowie die weitere wirtschaftliche Entwicklung werden den Markt neu beleben, und die Rolle des Marktes wird zur vollen Entfaltung gelangen. Der chinesische Markt und der Weltmarkt ergänzen und fördern einander, da sie eng miteinander verbunden sind.

Die Entwicklung der Weltwirtschaft braucht China in dem Maße, wie Chinas ökonomische Entwicklung der Welt bedarf. Wenn das chinesische Volk gegen Ende des Jahrhunderts ein besseres Leben führt, wird China ein noch größerer Markt sein. Die Forderungen eines solchen Marktes, wenn sie noch mit anderen Faktoren, wie reichen Ressourcen und einer ausreichenden Anzahl von Arbeitskräften einhergehen, werden Chinas wirtschaftliche Entwicklung weiter vorantreiben, und das Land wird für ausländische Investoren noch attraktiver sein.

Wir benötigen mehr Mittel aus dem Ausland, wir müssen für unseren ökonomischen Start in die Zukunft von anderen Ländern fortgeschrittene Technik lernen und Wissen auf dem Gebiet der modernen Führungs- und Leitungstätigkeit erwerben. Um bessere Bedingungen und ausländischen Investoren und Betreibern umfassende rechtliche Garantien schaffen zu können, werden wir das Klima für Investitionen weiterhin verbessern, Infrastrukturen, wie Telekommunkation, Energie und Transport ausbauen und das System von Verwaltung sowie von Recht und Gesetz auf eine höhere Stufe heben. Im Einklang mit der Industriepolitik Chinas begrüßen wir ausländische Investoren in unserem Lande, die ihr Geld vornehmlich im Ausbau von Infrastrukturen, den Zweigen der Schlüsselindustrie, der High-Tech-Industrie und der Industrie mit neuen Technologien sowie der technischen Erneuerung von Betrieben und der kapital- wie technologieintensiven Industrie anlegen. Dies nutzt ausländischen Investoren in ihrer langfristigen Zusammenarbeit und der ökonomischen Entwicklung in China in gleichem Maße. Einige Geschäftsleute aus Übersee mit einer strategischen Vision verfahren in dieser Weise.

Die nationale Einheit Chinas festigt sich ständig. Die chinesische Nation wird auch weiterhin den ausgeprägten und alle bindenden Zusammenhalt stärken und konsolidieren. Die Volksrepublik China ist ein geeintes sozialistisches Land, in dem viele ethnische Gemeinschaften harmonisch zusammenleben. Im Verlauf mehrerer Jahrtausende haben diese Gemeinschaften Chinas großartige Zivilisation hervorgebracht. Die Gründung des Neuen China eröffnete eine neue Ära der nationalen Einheit und des Fortschritts. Unser Volk führte einen gemeinsamen Kampf, um alle Überreste der Unterdrückung und der Ausbeutung einer ethnischen Gruppe durch die andere zu beseitigen. Die Gleichberechtigung in-

nerhalb und zwischen den ethnischen Gruppen wurde verwirklicht und ein System regionaler Autonomie geschaffen in
Gebieten mit Konzentrationen von ethnischen Minderheiten.
Die Reform und die Öffnung haben der ökonomischen Entwicklung in jenen Gebieten, in denen nunmehr der größte
Teil der Bevölkerung über angemessene Nahrung und Kleidung verfügt und manche Menschen sogar wohlhabend geworden sind, Auftrieb verliehen. Die ethnischen Regionen haben einen großen Fortschritt zu verzeichnen auf den Gebieten der Bildung, der Wissenschaft und Technik, der Kultur,
des Gesundheitswesens und des Sports.

Auf Grund der unausgeglichenen Entwicklung in den riesi-
gen Weiten des Landes sind einige Gegenden, die von Minderheiten bevölkert werden, noch zurückgeblieben. Wir werden diesen Zustand beheben, indem wir weitere Maßnahmen
zur Unterstützung der wirtschaftlichen Entwicklung in diesen Regionen ergreifen, wirtschaftlich entwickelte Gebiete zu
verstärkter Hilfeleistung mobilisieren und durch die Beschleunigung der Reform und Öffnung die wirtschaftliche
Entwicklung dort voranbringen. Alle Teile des Landes und alle ethnischen Gruppen werden letztendlich gemeinsam er-
blühen und gedeihen.

Chinas friedliche Wiedervereinigung wird in den kommenden Jahren einen wichtigen Fortschritt mit sich bringen. Auf
Grund historischer Gegebenheiten hat China seine volle Wiedervereinigung noch nicht erreicht. Alle chinesischen Menschen wünschen sich die Wiedervereinigung ihres Mutterlan-
des.

China wird die Ausübung der Souveränität über Hongkong
im Jahre 1997 wieder aufnehmen. Die Vorbereitungen dafür
sind in ordentlicher Art und Weise im Gange. Was auch immer geschehen mag, wir werden die Ausübung der Souveränität über Hongkong wie geplant aufnehmen, und wir sind in
der Lage, die Prosperität und die Stabilität des Territoriums
auf lange Sicht zu erhalten.

Im Jahre 1999 wird China die Ausübung der Souveränität
über Macao wieder aufnehmen. Die diesbezügliche Zusammenarbeit zwischen China und Portugal verläuft reibungslos.

Wir sind uns sicher, daß die beiden Seiten schließlich die
Übergabe der Souveränität über Macao im gleichen Geist der
freundschaftlichen Zusammenarbeit zustande bringen.

Im Verlaufe der letzten Jahre hat sich über die Straße von
Taiwan hinweg ein zunehmender Austausch von Menschen
ergeben, und es ist zu Austauschprojekten auf den Gebieten
der Wissenschaft und Technik, der Kultur sowie in akademischen und sportlichen Bereichen gekommen. Es bildet sich
ein Modell heraus, nach dem sich die beiden Wirtschaften
fördern, ergänzen und einander nutzen, und das gegenseitige Verständnis wächst. Wir bestehen beharrlich darauf, daß
die Wiedervereinigung Chinas auf friedliche Weise und nach
der Devise »ein Land, zwei Systeme« herbeigeführt wird. Im
Januar dieses Jahres legte ich zur Taiwan-Frage einen Acht-
Punkte-Vorschlag vor, der ein positives Echo ausgelöst hat.
Wir vertrauen darauf, daß die Wiedervereinigung der beiden
Seiten über die Straße von Taiwan hinweg im gemeinsamen
Bemühen des gesamten chinesischen Volkes schließlich und
endlich verwirklicht werden wird.

Indem wir auf Erfahrungen der Vergangenheit zurückgreifen, werden unsere Anstrengungen, einen Sozialismus mit
chinesischen Merkmalen aufzubauen, nach folgenden Prinzipien ausgerichtet sein:

I. China muß unbeirrt seinen eigenen Weg der Reform und
der Entwicklung verfolgen. Das chinesische Volk wird sich
unabhängig für seine eigene Gesellschaftsordnung, seine
Werte sowie seine Entwicklungsstrategie entscheiden, und
es wird sein neues Leben in Unabhängigkeit führen. Unsere diesbezüglichen Errungenschaften und Erfahrungen
werden nicht nur Chinas Entwicklung und den Fortschritt
der chinesischen Nation befördern, sondern gleichermaßen
einen beträchtlichen Beitrag leisten für die Entwicklung
der Welt und den Fortschritt der Menschheit. Wir werden
uns die Freiheit nehmen, von den nützlichen Erfahrungen
des Auslandes zu zehren und diese uns zu eigen zu machen.
Dabei müssen wir jedoch von den Realitäten Chinas ausgehen, um unsere eigenen Angelegenheiten voll zu beherr-

schen; denn die Bedingungen und das Entwicklungsmodell Chinas unterscheiden sich von denen der anderen Länder in mannigfacher Hinsicht. Unser Bruttosozialprodukt pro Kopf der Bevölkerung liegt noch immer hinter dem vieler anderer Länder zurück. Darum müssen wir jede Möglichkeit nutzen, um unsere wirtschaftliche Entwicklung zu beschleunigen, damit wir unserem Volk zum frühestmöglichen Zeitpunkt ein Leben des Wohlstandes garantieren können. Wir sind uns völlig im klaren darüber, daß es ausdauernder Anstrengungen mehrerer Generationen unseres Volkes bedarf, um China von Armut und Rückständigkeit zu befreien. Wir sollten kühn voranschreiten. Gleichzeitig müssen wir uns innerhalb unserer Möglichkeiten bewegen, indem wir eine angemessene Wachstumsrate beibehalten, um sicherzustellen, daß unsere ökonomischen Ziele gut erfüllt werden.

II. Wir müssen den wirtschaftlichen Aufbau in den Mittelpunkt der Arbeit stellen und einen umfassenden gesellschaftlichen Fortschritt fördern. Die Wirtschaft ist die materielle Basis, auf der die eigentliche Existenz und die Entwicklung einer jeglichen Gesellschaft beruhen. Sie ist die Hauptstütze für das Glück des Volkes, und sie ist die Stärke einer Nation. China hat sich seit dem Ende der siebziger Jahre der ökonomischen Entwicklung gewidmet und bemerkenswerte Leistungen vollbracht. Wir werden auch weiterhin diesen Kurs beibehalten und China erfolgreich führen. Es versteht sich von selbst, daß die Entwicklung der Gesellschaft die Gesamtsumme der ökonomischen, wissenschaftlichen und technischen, sozialen, politischen, erzieherischen, kulturellen, ethischen und geistigen Komponenten darstellt. Indem wir uns auf die wirtschaftliche Entwicklung konzentrieren, verlieren wir die Befindlichkeit anderer Gebiete und den Fortschritt der Gesamtgesellschaft nicht aus den Augen. Wir konzentrieren uns auf die wirtschaftliche Entwicklung, indem wir die sozialistische Marktwirtschaft kräftig vorantreiben. Gleichzeitig fördern wir die sozialistische Demokratie auf dem Gebiet der Politik sowie die sozialistische ethische Kultur. Wir

werden darum kämpfen, die auf drei Ziele ausgerichteten
Anstrengungen zu integrieren und zu koordinieren, damit sie
einander ergänzen können und so China zu einem moderni-
sierten, blühenden, demokratischen und zivilisierten sozialistischen Land aufbauen.

III. Wir müssen die Wechselwirkung zwischen Reform, Entwicklung und Stabilität richtig beherrschen. Aus der Praxis
haben wir gelernt, daß die Reform das Grundinstrument darstellt, um China aus der Armut heraus und zum Wohlstand hin
zu führen. Ohne Reform und Öffnung hätte es China weder zu
solchen weltweit anerkannten Errungenschaften der vergangenen 16 Jahre bringen können, noch könnte es das Endziel
der Modernisierung erreichen. Wenn wir nicht vermögen, eine angemessene Wachstumsrate zu erzielen, so haben wir gelernt, dann werden wir nicht in der Lage sein, Chinas vereinte nationale Kraft und Stärke zu mehren und das Leben unseres Volkes zu verbessern. Wir haben weiter gelernt, daß
Stabilität eine unverzichtbare Voraussetzung für ökonomisches Wachstum sowie ein guter Leiter der Reform ist. Ohne
eine stabile Umwelt kann nichts geschaffen werden, und
selbst das, was geschaffen wurde, wird verloren sein. Sollte es
in China, einem Land mit 1,2 Milliarden Menschen, zu Unruhen kommen, so brächte das nicht nur Unglück über das chinesische Volk, es wäre auch eine Katastrophe für die Welt.
Kurz, das Verhältnis zwischen Reform oder der treibenden
Kraft, Entwicklung oder dem Anliegen, und Stabilität oder der
Voraussetzung beruht auf der gegenseitigen Förderung und
der dialektischen Einheit. Alle Menschen mit wachem Verstand, alle Regierungsrepräsentanten und Geschäftsleute, die
an der Entwicklung freundschaftlicher Beziehungen interessiert sind und sich der auf lange Sicht angelegten wirtschaftlichen und technischen Zusammenarbeit mit China widmen,
hoffen auf ein Weiterbestehen der Stabilität in China. Dies ist
eine sehr geschätzte allgemeine Einsicht. China wird auch
weiterhin die Reform ausbauen, wird sich weiter öffnen und
das ökonomische Wachstum fördern und dabei die allumfassende gesellschaftliche Stabilität bewahren. Uns geht es dar-

um, Reform und Entwicklung in Stabilität voranzutreiben und langfristige Stabilität durch Reform und Entwicklung abzusichern.

IV. Die Wechselwirkung einiger Hauptfragen der Modernisierung muß richtig behandelt werden.

Erstens: Wir müssen einerseits reformbewußt und innovativ sein und andererseits unsere guten Traditionen pflegen. Die Reform ist ein neuartiges Unterfangen, welches vorurteilsfreies Denken, Mut und Originalität erfordert und zur Abschaffung dessen zwingt, was sich als ineffektiv, veraltet oder nicht mehr anwendbar erwiesen hat. Zwischendrein gilt es, unsere guten nationalen Traditionen, unsere fünf Jahrtausende glänzender Kultur und all die Vorteile der sozialistischen Gesellschaft als Antwort auf die sich verändernde Situation fortzusetzen und ihnen größeren Spielraum zu gewähren. Mit Aufgeschlossenheit machen wir uns nützliche ausländische Erfahrungen zu eigen, während wir alles Negative und Dekadente ablehnen.

Zweitens: Wir müssen uns auf unserem Kurs der Öffnungspolitik vor allem auf uns selbst verlassen. Die Öffnung gegenüber der Außenwelt ist eine auf lange Sicht gerichtete grundlegende Staatspolitik Chinas, die wir unbeirrbar verfolgen. In der Endkonsequenz haben jedoch chinesische Angelegenheiten in der Hand von Chinesen selbst zu liegen. Vertrauen auf die eigenen Kräfte wird stets der Grundstein in Chinas Entwicklungsbemühen bleiben.

Drittens: Während wir einige Menschen und Regionen darin bestärken, zunächst selbst wohlhabend zu werden, besteht das Endziel im allgemeinen Wohlergehen der gesamten Bevölkerung. Wir werden mit der Verwirklichung der Politik fortfahren, einige Menschen und Regionen durch ehrliche Arbeit und rechtmäßige Geschäftstätigkeit zunächst wohlhabend werden zu lassen, was sich als kurzer Weg zur Beschleunigung des chinesischen Wachstums erwiesen hat, und dennoch bleibt das Endziel der allgemeine Wohlstand der gesamten Bevölkerung. Einkommensunterschiede zwischen unterschiedlichen Regionen und Gruppen von Menschen sind in diesem Entwicklungsprozeß nur natürlich. Um sowohl Gleichmacherei als auch eine Polarisierung zu vermeiden, muß die Ungleichheit auf einem vertretbaren Niveau gehalten werden; sie darf weder zu kraß noch zu minimal sein. Der Staat wird weitere Maßnahmen ergreifen, um jenen Regionen und Menschen, die noch nicht von der Armut befreit wurden, bei ihrem Vorankommen Beistand zu leisten.

Viertens: Während wir versuchen, den Lebensstandard des Volkes durch die Entwicklung anzuheben, müssen wir an der guten Tradition der harten Arbeit festhalten. Ein Grundziel der chinesischen Regierung besteht darin, dem Volk ein besseres Leben zu bieten. Das ist ein Ziel, welches nur durch harte Arbeit und mit Engagement zu erreichen ist. Seit der Einführung der Reform und Öffnung hat sich eine deutliche Verbesserung des materiellen und kulturellen Lebens des chinesischen Volkes eingestellt. Allerdings kann es sich China angesichts seiner niedrigen Produktivität gegenwärtig nur leisten, ein angemessenes Niveau der Konsumtion, anstatt eines Verbrauchs- und Genußdenkens auf hohem Niveau anzuregen. Selbst wenn China in Zukunft reich und stark wird, muß die edle Tradition des Aufbaues des Landes durch harte Arbeit und Sparsamkeit dennoch beibehalten werden. Dies ist der einzige Weg, der unserem Land und unserer Nation Lebenskraft, Schöpferkraft und andauernden Fortschritt sichert.

V. Fortsetzung der unabhängigen und selbständigen Außenpolitik des Friedens. Das chinesische Volk liebt und achtet den Frieden. Chinas Reform- und Entwicklungsprogramm erfordert nicht nur stabile Verhältnisse im Innern, sondern auch eine friedliche und stabile internationale Umwelt. China ist ein bedeutender Faktor und eine solide Kraft für Weltfrieden und Stabilität. Ist China erst entwickelt, so stellt es eine noch größere Macht für den Weltfrieden dar. Die sogenannte »chinesische Bedrohung« entbehrt absolut jeder Grundlage. China setzt sich immer dafür ein, internationale Streitigkeiten durch friedliche Mittel, statt durch die Androhung oder den Gebrauch von Gewalt beizulegen. China ist gegen Hegemonismus und Machtpolitik in jeglicher Form. China will für sich weder jetzt, noch in Zukunft, wie gut es sich auch immer entwickeln mag, Hegemonie. China ist bereit, freundschaftliche Beziehungen und Zusammenarbeit mit allen Ländern der Welt auf der Basis der Fünf Prinzipien der Friedlichen Koexistenz aufzunehmen und zu pflegen. Es ist bereit, seine Zusammenarbeit und den Austausch mit allen Ländern auf den Gebieten der Wirtschaft, der Wissenschaft und Technik, der Kultur, der Bildung, des Gesundheitswesens, des Sports und anderer Bereiche auf der Grundlage der Gleichberechtigung und des gegenseitigen Nutzens zu intensivieren und auszubauen. China respektiert die Unabhängigkeit und Souveränität anderer Länder, so wie ihm seine eigene Unabhängigkeit und Souveränität am Herzen liegt. Es weist jegliche ausländische Einmischung in seine inneren Angelegenheiten entschieden zurück, so wie es selbst sich nie in die inneren Angelegenheiten anderer Länder einmischen wird. China ist bereit, mit anderen Ländern der Welt für eine gerechte neue internationale politische und ökonomische Ordnung und für ein friedvolles, entwicklungsträchtiges und gedeihliches neues Jahrhundert für die Menschheit zusammenzuarbeiten.

Biographie
Jiang Zemin

Jiang Zemin wurde im August 1926 in der Stadt Yangzhou, Provinz Jiangsu geboren. 1943 schloß er sich der von den illegalen Parteiorganisationen geführten Studentenbewegung an und trat im April 1946 der Kommunistischen Partei Chinas bei. 1947 graduierte er am Institut für Elektrotechnik der Jiatong-Universität Shanghai. Nach der Befreiung Shanghais arbeitete er nacheinander als assoziierter Ingenieur, Sektionsleiter und Leiter der Werkstatt für Starkstromanlagen, Betriebsparteisekretär und Erster Stellvertreter des Direktors der Nahrungsmittelfabrik Nr. 1 von Shanghai-Yimin, Erster Stellvertreter des Direktors der Seifenfabrik Shanghai und Sektionsleiter für Elektromaschinen der Unterabteilung

Konstruktion Shanghai Nr. 2 des Ersten Ministeriums für Maschinenbau.

Im Jahre 1955 ging er in die Sowjetunion und arbeitete als Praktikant in der Automobilfabrik »Stalin« in Moskau. Nach seiner Rückkehr nach China im Jahre 1956 arbeitete er als stellvertretender Leiter der Abteilung Starkstrom, als Stellvertreter des Chefingenieurs Starkstrom und als Direktor des Kraftwerks der Autowerke Nr. 1 Changchun. Nach 1962 arbeitete er als Stellvertreter des Direktors des dem Ersten Ministerium für Maschinenbau angeschlossenen Forschungsinstituts für Elektroausrüstung Shanghai, als Direktor und amtierender Parteisekretär des dem Ministerium angeschlossenen Forschungsinstituts für Wärmetechnische Maschinen Wuhan und als Stellvertreter des Direktors und Direktor der Abteilung Auslandsangelegenheiten des Ersten Ministeriums für Maschinenbau. Nach 1980 arbeitete er als stellvertretender Vorsitzender und Generalsekretär der Staatlichen Kommission bei der Verwaltung für Export und Import und der Staatlichen Kommission bei der Verwaltung für ausländische Investitionen sowie als Mitglied deren Parteileitungen. Nach 1982 arbeitete er als Erster Stellvertreter des Ministers des Ministeriums für die Elektronikindustrie und stellvertretender Sekretär der Parteileitung und später als Minister und Sekretär der Parteileitung.

Nach 1985 arbeitete er als Oberbürgermeister von Shanghai, als stellvertretender Sekretär und danach Sekretär des Parteikomitees der Stadtverwaltung Shanghai. Er wurde auf dem 12. Nationalkongreß im September 1982 zum Mitglied des Zentralkomitees der Kommunistischen Partei Chinas und auf der Ersten Plenartagung des Dreizehnten Zentralkomitees im November 1987 zum Mitglied des Politbüros gewählt. Im Juni 1989 wurde er zum Mitglied des Ständigen Ausschusses des Politbüros des Zentralkomitees der Kommunistischen Partei Chinas und als dessen Generalsekretär auf der Vierten Plenartagung des Dreizehnten Zentralkomitees gewählt. Im November 1989 wurde er auf der Fünften Plenartagung des Dreizehnten Zentralkomitees zum Vorsitzenden der Militärkommission beim Zentralkomitee der Kommunistischen Partei Chinas gewählt. Im Oktober 1992 wurde er auf dem Vierzehnten Zentralkomitee der Kommunistischen Partei Chinas zum Mitglied des Ständigen Ausschusses des Politbüros, zu dessen Generalsekretär und zum Vorsitzenden der Militärkommission beim Zentralkomitee gewählt. Er war Abgeordneter des Siebenten Nationalen Volkskongresses. Im März 1990 wurde er auf der Dritten Tagung des Siebenten Nationalen Volkskongresses zum Vorsitzenden der Zentralen Militärkommission der VR China gewählt.

Im März 1993 wurde er auf der Ersten Tagung des Achten Nationalen Volkskongresses zum Präsidenten der Volksrepublik China und Vorsitzenden der Zentralen Militärkommission der Volksrepublik China gewählt.

الحَسَن الثانِيُّ • ملِكُ المغرِبُ

Seine Majestät Hassan II.
König von Marokko

König Hassan II.

Marokko – Wiedergeburt einer Nation

Marokko – Land am Schnittpunkt dreier Kontinente, gewissermaßen aber auch Insel, umgeben im Norden vom Mittelmeer, im Westen vom Atlantik und im Süden von der Sahara – war seit jeher ein Schmelztiegel, in dem sich im Laufe der Jahrhunderte die verschiedensten Völker und Kulturen, vor allem aus dem Süden Afrikas, aus Ostarabien sowie aus Nordeuropa, miteinander vermischt haben.

Heute stützen sich die Fähigkeiten und Möglichkeiten Marokkos auf die Lage des Landes im Zentrum dieses Dreiecks. Die afrikanischen Wurzeln, die Zugehörigkeit zur arabisch-muslimischen Kulturgemeinschaft und die europäische Berufung sind die drei Elemente, die für ein gesundes Gleichgewicht sorgen.

Die Verbundenheit Marokkos mit Afrika wird in der Tat niemals geschwächt werden. Sie ist so stark wie der Zusammenhalt einer Familie, wie eine Seelenverwandtschaft – mit anderen Worten, sie ist unwiderruflich und völlig uneigennützig.

Im Bereich der Wirtschaft unterstützt Marokko aufgrund der mit zahlreichen afrikanischen Staaten geschlossenen Kooperationsverträge insbesondere die Entwicklung der Humanressourcen. Die Verantwortung hierfür liegt bei der Agence Marocaine de Coopération Internationale – der Behörde für Internationale Kooperation in Marokko.

Anläßlich der Feierlichkeiten zum Abschluß der jüngst in Marrakesch abgehaltenen GATT-Konferenz hat sich seine Majestät der König an die Staatsoberhäupter und Regierungschefs mit der Bitte gewandt, einen »Marshallplan« für Afrika auf den Weg zu bringen, um die Not und das Leiden der Bevölkerung zu lindern.

Die tiefe Verbundenheit Marokkos mit seinem ›geographischen Kontinent‹ fußt auf der arabisch-muslimischen Kultur des Landes.

Der Islam gilt in Marokko als die Triebfeder für Eintracht und Toleranz. Als eine der großen, zukunftsorientierten Weltreligionen achtet der Islam die Würde des Menschen und bildet in Marokko die Grundlage für eine Politik, die traditionelle Werte hochhält und gleichzeitig offen ist für den Fortschritt menschlichen Schaffens.

Seine Majestät König Hassan II. hat zweifelsohne eine wichtige Rolle bei den Friedensverhandlungen und für den Erfolg des Friedensprozesses im Nahen Osten gespielt.

Damit hat Marokko demonstriert, daß das Land einen großen Beitrag zum Aussöhnungsprozeß zwischen den Söhnen Abrahams leistet, ohne dabei die Solidarität mit der arabischen Welt zurückzustellen.

Wenn sich auch die tiefe Verbundenheit des Königreichs Marokko mit dem arabischen Osten zu keinem Zeitpunkt abgeschwächt hat, so hat Marokko dennoch sehr früh erkannt, wie wichtig formellere Beziehungen zu den Nachbarn im westlichen Teil dieser Welt sind.

Marokko ist der festen, inneren Überzeugung, daß sich die Mitgliedstaaten der Maghreb-Union – die verbunden sind durch eine gemeinsame Sprache, eine gemeinsame Religion und eine gemeinsame Geschichte – noch stärker um die wirtschaftliche Integration und Komplementarität ihrer Märkte bemühen müssen, um so eine Wirtschaftsgemeinschaft zu gründen, die ebenso groß und homogen ist wie die unseres Partners jenseits des Mittelmeers: nämlich die Europäische Union.

Im heutigen wirtschaftlichen Umfeld, das durch die Notwendigkeit der Anpassung an eine immer schnellere Entwicklung gekennzeichnet ist, ist es doch nur folgerichtig, wenn Marokko seine uralten Verbindungen zum europäischen Kontinent ausbauen möchte.

Die Zahl der Abkommen und Verträge, die heute zwischen Marokko und den westeuropäischen Ländern in den verschiedenen Bereichen der internationalen Beziehungen bestehen, dürften wohl an die 1000 reichen.

Und wenn man einmal das gesamte Europa betrachtet, so war Marokko seit den Römischen Verträgen immer durch zahlreiche Abkommen an Europa gebunden – Verträge, deren Inhalt in dem Maße erweitert wurde, wie sich die Europäische Gemeinschaft ausdehnte.

Heute werden die Handels-, Finanz- und gesellschaftlichen Beziehungen zwischen der EU und dem Königreich Marokko durch den im Jahr 1976 abgeschlossenen und im Jahr 1988 anläßlich der Erweiterung der EWG durch den Beitritt Spaniens und Portugals geänderten Kooperationsvertrag geregelt.

Die Erfordernisse der Geschichte haben diesen Kooperationskontext allerdings sehr schnell obsolet gemacht, und so hat es seit 1992 eine Reihe von Treffen zwischen der EU und Marokko gegeben, deren Ziel der Abschluß eines völlig neuen, auf dem Prinzip der Partnerschaft und der gemeinsamen Entwicklung beruhenden Abkommens ist.

Dieses neue Abkommen, das von Tag zu Tag immer klarere Konturen annimmt, muß sich auf die folgenden vier Kernpunkte stützen: den politischen Dialog, die Zusammenarbeit im wirtschaftlichen, technischen und sozialen Bereich, die verstärkte Zusammenarbeit auf finanzieller Ebene sowie den allmählichen Aufbau einer Freihandelszone.

Diese Entwicklung ergibt sich aus der Geschichte, der Geographie sowie den gemeinsamen, strategischen Erfordernissen. Sie beruht auf dem Diktat der verschiedenen Interessen, die das gemeinsame Haus Europa zum wichtigsten Partner Marokkos in allen Bereichen der internationalen Zusammenarbeit machen.

Tatsächlich ist Europa nicht nur der bedeutendste Handelspartner Marokkos, Europa leistet gleichzeitig auch den wichtigsten Beitrag zur Entwicklung der Humanressourcen sowie zur wissenschaftlichen und technischen Zukunft des Königreichs.

Die Einladung der nun seit einem halben Jahrhundert im Rahmen des Gatt-Abkommens miteinander kooperierenden

Länder nach Marrakesch im April 1994, um dort die Schlußakte der Uruguay-Runde zu zeichnen und die Welthandelsorganisation ins Leben zu rufen, ist seitens Marokko als ein Akt des Vertrauens zu sehen ... als ein Akt des Vertrauens in eine Globalisierung der Weltwirtschaft, in die auch Partner mit ganz anderem Entwicklungsstand einbezogen werden.

Die Gründung der Welthandelsorganisation markiert auch den Beginn einer neuen Ära, in der es die Antagonismen zwischen Industrie- und Entwicklungsländern abzubauen gilt.

In der Tat haben sich sehr viele Entwicklungsländer im Bemühen um Integration in das Weltwirtschaftssystem bereits mit großem Eifer um die Umstrukturierung ihrer Wirtschaft bemüht.

Zu diesen Ländern gehört auch Marokko. Von 1983 bis 1993 hat Marokko eine Strukturanpassungspolitik verfolgt, die auch die Umsetzung eines Plans zur Stabilisierung der öffentlichen Ausgaben verlangte. Die Folge war ein Defizit auf dem sozialen Sektor, das es nun zu beseitigen gilt.

Parallel dazu haben jedoch die zehn Jahre der Stabilisierung glücklicherweise zu einer allgemeinen Sanierung der Wirtschaft unseres Landes beigetragen, die begleitend die Durchführung eines Reformprogrammes zur Anpassung der Wirtschaft an das neue Weltwirtschaftssystem erlaubte.

Ergebnis dieser Reformen ist eine Handelspolitik, die in vollem Einklang mit den Hauptprinzipien des GATT-Abkommens und der Welthandelsorganisation steht. Die wesentlichen Pfeiler dieser Politik sind:

- der Abbau von Import- und Exportbeschränkungen,
- die stufenweise Senkung der Zölle,
- die Abschaffung von Exportmonopolen und Exportsteuern,
- eine realistischere Devisenpolitik,
- vereinfachte Verfahren im internationalen Handelsverkehr.

Diese Reformen wurden von steuer- und finanzpolitischen Maßnahmen sowie Investitionsanreizen – sowohl auf nationaler als auch auf internationaler Ebene flankiert.

Als Beispiele hierfür können folgende Maßnahmen genannt werden:

- die stufenweise Senkung der Körperschaftsteuer von 48 Prozent auf 35 Prozent bis 1995,
- die Senkung der auf Bankzinsen erhobenen Mehrwertsteuersätze,
- die Senkung oder Befreiung von der Importsteuer bei Anlageinvestitionsgütern (der Richtsatz beträgt hier 15 Prozent),
- die Senkung der Besteuerung von Wertpapiererträgen,
- die Senkung der Einkommensteuerhöchstgrenze (von 60 Prozent auf 41,5 Prozent).

Zusätzlich zu diesen fiskalischen Maßnahmen sind von der Regierung noch weitere Vorkehrungen getroffen worden. Es sind dies:

- eine weitgehende Lockerung der Devisenkontrolle mit dem Ergebnis eines völlig freien Handelskapitalverkehrs,
- eine Reform der Finanzmärkte einschließlich Reform des Bankensystems, Reorganisation des Kapitalmarktes sowie Gründung von Börsenmaklergesellschaften,
- eine vereinfachte Gesetzgebung für Investitionsanreize,
- die Schaffung einer Off-shore-Finanzzone sowie von Exportfreizonen durch eine entsprechende Gesetzgebung.

Parallel dazu wurde 1993 ein Privatisierungsplan für mehr als 100 staatliche Unternehmen verschiedener Branchen eingeleitet: Industrie (Zuckerfabriken, Automobil- und Textilindustrie), Minen, Banken, Versicherungen, Hotels, Transportunternehmen usw.

Ende Juni 1995 waren von den 112 geplanten Privatisierungsmaßnahmen 36 mit Erfolg abgeschlossen. An einem Gesamtvolumen von 7,2 Milliarden Dirham (DH) waren ausländische Investoren mit 35 Prozent beteiligt.

Die wirtschaftliche Bilanz für die Jahre 1983 bis 1993 ist insgesamt sehr zufriedenstellend. Das Bruttoinlandsprodukt hat sich nach neuesten Zahlen um das 2,7fache erhöht.

Parallel dazu hat sich die wirtschaftliche Gesamtstruktur wesentlich zugunsten des sekundären Sektors entwickelt. So werden heute im sekundären Sektor 33 Prozent des BIP erwirtschaftet, während der Anteil des primären Sektors auf weniger als 18 Prozent zurückgegangen ist.

Was das Wachstum angeht, so sei auf folgende Zahlen hingewiesen: Für das Bruttoinlandprodukt konnte ein durchschnittliches Wachstum von 4 Prozent festgestellt werden, die Investitionsrate blieb mit durchschnittlich 22 Prozent stabil, die Inflation, die bei über 10 Prozent lag, konnte auf etwa 5 Prozent gedrosselt worden. Und nicht zu vergessen: Der Anteil der industriellen Produktion am Bruttoinlandprodukt wuchs um stattliche 32 Prozent.

Wenn wir einen Blick auf die Finanzen werfen, so können wir einen Rückgang des Haushaltsdefizits von 15 Prozent auf 2,5 Prozent des Bruttoinlandproduktes feststellen. Mit den Devisenreserven konnten 1993 die Importe über mehr als sieben Monate abgedeckt werden, ein bedeutender Fortschritt gegenüber nur 26 Tagen im Jahr 1983. Indessen haben wir noch immer schwer unter der Last der Auslandsverschuldung zu tragen, was unsere Investitionsmöglichkeiten natürlich in erheblichem Maße einschränkt.

Beim Anteil des Außenhandels am Bruttoinlandprodukt hatten wir zwar über den oben angegebenen Zehnjahreszeitraum einen leichten Rückgang von 41 Prozent auf 39 Prozent zu verzeichnen. Nichtsdestotrotz ist das Außenhandelsvolumen in Marokko immer noch deutlich besser als bei vielen anderen Schwellenländern.

Was unsere Exporttätigkeit insgesamt anbelangt, so hat sich der Verkauf unserer Fertigerzeugnisse von 39 Prozent im Jahr 1983 auf 65 Prozent im Jahr 1993 verbessert, ein deutliches Indiz für die Dynamik auf dem industriellen Sektor unseres Landes.

Diese Tendenz läßt uns hoffen, daß wir unsere beiden Hauptziele der Außenhandelspolitik, nämlich die Reduzierung des Handelsbilanz- und Zahlungsbilanzdefizits sowie eine stärkere Diversifizierung der internationalen Absatzmärkte, erreichen können.

Diese Ziele stellen die Eckpfeiler eines Systems dar, das unserem Land den Zugang zum neuen Weltmarkt verschaffen und es dort als dauerhaften Partner etablieren wird.

Vor diesem Hintergrund hat die marokkanische Regierung eine Reihe von Mechanismen eingeführt, die zum Anreiz von Privatinvestitionen sowie zur Verbesserung der Situation der Unternehmen geeignet sind.

Diese Maßnahmen befinden sich derzeit in der Konsolidierungsphase. So werden eine Reihe von neuen Verfahren und Mittel zur Verbesserung der Wettbewerbsfähigkeit der marokkanischen Unternehmen eingesetzt, die diese in ihrem Bemühen um eine höhere Diversifizierung ihrer Produkte und Märkte unterstützen sollen.

Gleichwohl sich die Bemühungen um die Diversifizierung der Absatzmärkte vorrangig auf die Maghreb-Staaten konzentrieren müssen (als natürlicher Markt und unverzichtbarer Faktor regionaler Integration), so muß an dieser Stelle dennoch betont werden, daß es auch in Zukunft immer Marokkos berechtigtes Ziel sein wird, die Beziehungen zum traditionellen Partner – der EU – aufrechtzuerhalten.

Mit Blick auf dieses Ziel und aus dieser Logik heraus werden wir uns verstärkt darauf konzentrieren, zu einem ausgeglichenen Warenaustausch mit den verschiedenen EU-Ländern zu kommen.

So ist es aus theoretischen wie praktischen Erwägungen, aus Gründen des Gleichgewichts wie der Leistungsfähigkeit unbefriedigend, wenn beispielsweise Deutschland – ein Land mit einem Anteil von fast 12 Prozent am Welthandel – für Marokko nur den fünften Handelspartner darstellt und daß nur etwa 30 deutsche Unternehmen in Marokko investieren!

Marokko vertraut auf die Maßnahmen, die punktuell bereits für die Verbesserung der wirtschaftlichen Leistungsfähigkeit des Landes ergriffen worden sind.

Die marokkanische Regierung wird ihre Bemühungen in dieser Richtung unermüdlich fortsetzen und die Akteure der marokkanischen Wirtschaft zur verstärkten Annäherung an ihre Partner in Deutschland ermutigen. Das damit verfolgte

Ziel ist ein verstärktes gemeinsames Abstimmen der Möglichkeiten, die ein neues wirtschaftliches Umfelds bietet.

Wir hoffen, daß bei der nächsten Weltausstellung, die im Jahr 2000 in Hannover stattfinden und unter dem Motto »Mensch, Natur und Technik« stehen wird, das Königreich Marokko, die EU und Deutschland bereits sämtliche Schritte in Richtung Erfolg unternommen haben werden und daß der marokkanische Pavillon auf der »EXPO 2000« in Frieden und Eintracht einen effektiven Beitrag zur Diskussion und Lösung der Probleme wird leisten können, mit denen die Länder dieser Erde beim Anbruch des nächsten Jahrtausends konfrontiert sein werden.

Biographie
Seine Majestät König Hassan II.

Der König von Marokko Seine Majestät Hassan II. ist ein Nachkomme der Alaouite-Familie, die Mitte des 13. Jahrhunderts von der Arabischen Halbinsel kam und sich in Sijllmassa in der marokkanischen Sahara niederließ. Der Urvater der Familie stammt in direkter Linie von dem Propheten Mohammed (Friede sei mit ihm!) über das Zwischenglied dessen Tochter Fatema-Zahra ab.

Seine Majestät ist der 21. Monarch der Dynastie der Alaouite, deren Herrschaft im 17. Jahrhundert begann.

Er wurde am 1. Safar 1348 der Hedschra (9. Juli 1929) zu Rabat geboren, während sein erlauchter Vater, der verstorbene Mohammed V. auf einem offiziellen Besuch in Frankreich weilte. Der große König kümmerte sich um die Erziehung und die Bildung seines Sohnes und überwachte diese während der unterschiedlichen Phasen.

Im Jahre 1934 wurde er in die Koranschule aufgenommen, die sein Vater im Königlichen Palast begründet hatte. Dort lernte er den Koran zu lesen und vorzutragen, und es wurden ihm die Grundregeln des Islam vermittelt.

Ab 1936 besuchte er die Grundschule und erhielt 1941 sein Abschlußzeugnis.

Danach begann seine höhere Schulbildung in einem College, welches Mohammed V. eigens für ihn in der Nähe des Palastes einrichtete. Für seine Bildung wurden ausländische wie auch marokkanische Professoren gewonnen. Andere junge Schüler, die zu den begabtesten des Landes zählten und aus verschiedenen Städten und unterschiedlichen Gesellschaftsschichten kamen, wurden ausgewählt, um seinem Bildungsweg zu folgen.

Für ihre Wahl waren lediglich ihr Leistungsvermögen und ihre moralischen Qualitäten ausschlaggebend.

So absolvierte der junge Prinz ein glänzendes Studium, welches im Jahre 1948 mit der Verleihung eines Bakkalaureats gekrönt wurde.

Im Verlaufe seiner höheren Schulbildung führte sein erlauchter Vater ihn an die Politik, die Traditionen der Monarchie und die Prinzipien der Macht heran und behandelte ihn gleichzeitig mit Strenge, weil er davon überzeugt war, daß eine solche Haltung ihm in der Zukunft zustatten kommen würde.

Zu den denkwürdigsten Geschehnissen, die sich in der Zeit zutrugen, da er noch in der Blüte seiner Jugend stand, gehörte das von Präsident Roosevelt Seiner Majestät Mohammed V. zu Ehren gegebene festliche Abendessen. Das Diner fand statt am 22. Januar 1943 in einer Villa bei Anfa in der Gegend von Casablanca.

Und von diesen Ereignissen sollte man auch seine Beteiligung an den Kundgebungen nach der Zeremonie um das Manifest der Unabhängigkeit im Januar 1944 sowie die Reise, die er im Jahre 1947 als Begleiter seines Vaters nach Tanger unternahm, zur Kenntnis nehmen. Bei diesen Anlässen hielt er zahlreiche, von Kühnheit und Offenheit durchdrungene Ansprachen, welche dem Streben und den Sehnsüchten des marokkanischen Volkes Ausdruck verliehen.

Im Jahre 1948 immatrikulierte sich Prinz Moulay Hassan an dem der juristischen Fakultät von Bordeaux unterstehenden Zentrum für juristische Studien zu Rabat.

Im Verlaufe seiner Universitätsstudien traten seine bemerkenswerten Talente zutage, und er legte seine Prüfungen mit hervorragenden Ergebnissen ab. 1961, zu einem Zeitpunkt, da die Krise zwischen seinem Vater und den französischen Behörden ihren Höhepunkt erreicht hatte, erwarb er sein Diplom in den Rechtswissenschaften.

Während der Zeit seiner höheren Schulbildung und seines Universitätsstudiums übte sich Prinz Moulay Hassan in vielerlei Sportarten und glänzte in allen. Er ist sowohl ein erfahrener Reiter, ein strahlender Fußballspieler, ein glänzender Schwimmer als auch ein bemerkenswerter Schütze.

Was die Politik betrifft, so verfügt er über ein hervorragendes Verständnis und ein profundes Wissen um diesen Gegenstand. Diese seine Qualitäten galten gleichermaßen bei der Meisterung der Geisteswissenschaften und anderer Lehrfächer. Er kann zurückgreifen auf die Vorteile einer weit in die Geschichte reichenden Kultur, auf ein unfehlbares Gedächtnis, auf Gewandtheit im Ausdruck und ein großes Überzeugungsvermögen.

Seine natürlichen Gaben sowie die Ausbildung, die er von seinem Vater erhielt, trugen Früchte. So wurde er in früher Jugend zur rechten Hand seines Vaters im Kampf, den jener für die Befreiung Marokkos führte.

Die in schwere Bedrängnis geratenen Kolonialherren vermochten nicht, was sie auch immer versuchten, den tapferen Prinzen von seiner edlen Sache abzubringen. Als sie zu der Überzeugung gelangten, daß sie nicht in der Lage wären, ihn von seinem Volke zu trennen, schlugen sie den Weg der Gewalt ein und versuchten ihn durch ein Attentat umzubringen. Ihre dreiste Presse ging sogar soweit, seinen Tod zu fordern. Schließlich aber begnügten sich die Medien damit, zu verlangen, daß sein Vater und die Königliche Familie sich ins Exil begäben.

Am 20. August 1953 setzten die Behörden des Protektorats ihre Drohung in die Tat um und schickten den König, den Kronprinzen und die gesamte Familie nach Korsika. Darauf folgend wurden sie im Januar 1954 nach Madagaskar überführt. In der Zeit des Exils war Prinz Moulay Hassan der beste Gefährte und politische Berater seines Vaters.

Angesichts des Aufstandes des marokkanischen Volkes und

seines bewaffneten Widerstandes blieb der französischen Regierung keine andere Wahl, als die Krise zu beenden, dem Willen des Volkes nachzugeben, die Heimkehr des rechtmäßigen Königs, des Kronprinzen und der Königlichen Familie zu erlauben und die Unabhängigkeit Marokkos anzuerkennen. Am 15. November 1955 fand die triumphale Rückkehr Seiner Majestät Mohammed V. und des zukünftigen Hassan II. statt.

Im April 1956 ernannte ihn Mohammed V. zum Oberkommandierenden der Königlichen Streitkräfte.

Am 9. Juli 1957 rief er ihn offiziell zum Kronprinzen aus. Moulay Hassan übernahm seine Funktionen in vollkommener Manier, erfüllte alle seine ihm von seinem Vater übertragenen Pflichten und meisterte alle Schwierigkeiten, welche die neuerrungene Unabhängigkeit ihm aufzwang.

Zu den bedeutendsten Leistungen, die er als Kronprinz vollbrachte, gehört der Sieg über die Rebellion von Tafilat im Jahre 1956, über die Rebellion von Rif im Jahre 1958 sowie die Rückeroberung des von Spanien besetzten Gebietes von Tarfaya (ein Gebiet in der Wüste Sahara, welches damals als »Süd-Spanisch-Marokko« bekannt war) im gleichen Jahre. Weiterhin sollte die Ernennung durch seinen Vater als dessen Vertreter und Regierungschef im Jahre 1960 erwähnt werden sowie die wichtige Rolle, die er in den Verhandlungen mit Frankreich, Spanien und den Vereinigten Staaten spielte, in denen es um die Evakuierung der in Marokko stationierten Truppen dieser Länder ging.

Nach dem Tode seines Vaters am 26. Februar 1961 wurde er zum König von Marokko proklamiert. Am 3. März 1961 wurde er zum König von Marokko gekrönt.

Seine Majestät König Hassan II. begann dann ein auf eine lange Perspektive gerichtetes Werk, welches in jeder seiner Phasen Früchte trug.

Dieses Ehrfurcht einflößende Werk ist in vier große Abschnitte unterteilt:

1. Die ökonomische, soziale und kulturelle Entwicklung des Landes:

Die Einführung der umfassenden Schulbildung und der Bau neuer Universitäten; die Rückgewinnung des Territoriums, welches sich noch in den Händen der Kolonialisten befand; die »Marokkanisierung« der neuen Tertiärsektoren; der Bau von Staudämmen; die Modernisierung der Landwirtschaft und die Industrialisierung des Landes.

2. Die Vollendung der territorialen Integrität des Landes und die Verteidigung seiner Einheit:
– Noch als Kronprinz spielte er bereits eine wichtige Rolle in der Gestaltung der Einheit Marokkos.
– Die Befreiung der von Spanien besetzten Nordzone sowie der unter internationaler Administration stehenden Region Tanger im Jahre 1936 und die Wiedervereinigung mit dem Mutterland.
– Im Jahre 1958 wurde die Region Tarfaya ebenfalls mit Marokko wiedervereinigt.
– 1969, nach dem glorreichen Kampf der Ait Beamran gegen den französischen Kolonialismus, wurde die Region Sidi Ifni befreit und mit dem Mutterland wiedervereinigt.
– Im Oktober 1975 organisierte Seine Majestät König Hassan II. den glorreichen Grünen Marsch, der die Befreiung und die Rückkehr zum Mutterland der Provinz Sakiet El Hamra sowie den nördlichen Teil von Oued Eddahab ermöglichte.
– Im September 1979 ersuchte die Bevölkerung von Dakhia darum, nach der Abkehr von Mauretanien mit Marokko wiedervereinigt zu werden. Die Repräsentanten von Dakhia gingen nach Rabat, um dem König von Marokko gegenüber ihren Treueid zu leisten.
– Im März 1980 ging Seine Majestät König Hassan II. nach Dakhia, und er wurde als Befreier und Schöpfer der Einheit triumphal willkommen geheißen.

3. Die Verteidigung der Rechte der Menschen, die für ihre Freiheit und ihre Einheit kämpfen:
Die Verteidigung der Grundsätze des Islam.

- Seine Majestät König Hassan II. war eines der ersten
Staatsoberhäupter, die den Befreiungsbewegungen Palä-
stinas, Guinea-Bissaus, Angolas, Mosambiks, Simbabwes,
Namibias und Eritreas materielle und moralische Unterstützung gaben.
- Seine Majestät König Hassan II. war die rechte Hand des
verstorbenen Mohammed V. bei der Organisierung der ersten Konferenz freier und unabhängiger afrikanischer
Staaten in Casablanca im Jahre 1961, an der die provisori-
sche Regierung Algeriens, das damals um seine Unabhängigkeit kämpfte, teilnahm.
- Seine Majestät König Hassan II. hatte den Vorsitz inne auf
dem Gipfel der Staatsoberhäupter islamischer Länder im
Jahre 1969. Zum ersten Male in der Geschichte begründeten die islamischen Länder eine Charta der Kooperation
auf allen Gebieten.
- Seine Majestät König Hassan II. hatte den Vorsitz inne auf
dem Gipfel der Staatsoberhäupter der OAU im Jahre 1972
in Rabat.
- Seine Majestät König Hassan II. hatte den Vorsitz inne auf
dem Gipfel der arabischen Staatsoberhäupter im Jahre
1974 in Rabat, auf dem die PLO als alleinige Vertreterin
des palästinensischen Volkes anerkannt wurde.
- Seine Majestät König Hassan II. war Vorsitzender des XII.
arabischen Gipfels, der vom 6. bis 9. September 1982 in
Fes stattfand. Das Ergebnis dieses Gipfels war der arabi-
sche Friedensplan von Fes.
- Seine Majestät König Hassan II. war Vorsitzender des Vierten OIC-Gipfels, der vom 16. bis 19. Januar 1984 in Casablanca stattfand. Das Ergebnis dieses erfolgreichen Gipfels, der Beschlüsse von weitreichender Bedeutung für die
islamische Ummah faßte, war die Charta von Casablanca.

Was die Unterstützung für Bruderländer betrifft, die für die
Erhaltung ihrer territorialen Integrität und Einheit kämpften,
so kann man aufführen:
- Die Entsendung eines Kontingents der marokkanischen
Armee in den Kongo im Jahre 1960 für die Verteidigung

der durch die Abspaltung Katangas bedrohten territorialen Integrität des Landes.

– Die Entsendung marokkanischer Soldaten nach Ägypten und Syrien im Jahre 1973, die auf der Halbinsel Sinai und auf den Golan-Höhen kämpften.

– Im Jahre 1978 drohte Zaire erneut die Abspaltung der Provinz Shaba und es erhielt die Unterstützung der marokkanischen Armee, die sich erfolgreich für den Erhalt der territorialen Integrität einsetzte.

– Im Zusammenhang damit gewährte Seine Majestät König Hassan II. Nigeria, welches einen Kampf um seine Einheit und gegen die Abspaltung Biafras führte, seine bedingungslose Unterstützung.

Dieselben Prinzipien islamischer, arabischer und afrikanischer Solidarität und der Nichtpaktgebundenheit veranlaßten Seine Majestät König Hassan II., Tunesien, das nach dem »Schlag« von Gafsa der Destabilisierung anheimfiel, materielle und moralische Unterstützung zu gewähren.

4. Die Organisierung des Königreiches nach dem Modell einer konstitutionellen Monarchie:

Die Annahme einer neuen Verfassung durch einen Volksentscheid versetzte das marokkanische Volk im Juni 1977 in die Lage, seine Vertreter in die »Nationale Ebene« (Parlament), die »Regionalen Ebenen« und die »Lokalen Ebenen« (Abgeordnetenversammlungen und Gemeinderäte) zu wählen. Auf diese Weise haben Seine Majestät König Hassan II. und sein Volk eine pluralistische und demokratische Regierungsform angenommen.

Außerdem brachte die Politik der regionalen Dezentralisierung den unterschiedlichen Regionen Verbesserungen.

Das gegenwärtige Parlament, welches aus 306 Abgeordneten besteht, wurde in zwei Stufen für eine sechsjährige Amtsperiode gewählt. In der ersten Stufe wurden am 14. September 1984 204 Abgeordnete durch eine landesweite direkte Abstimmung gewählt. In der zweiten Stufe wurden am 2. Oktober 1984 102 Abgeordnete durch indirekte Wahlen des College der örtlichen Räte, der Räte professioneller Kammern und von Vertretern der Lohnarbeiter gewählt.

Seit diesen Wahlen sind neun politische Parteien im gegenwärtigen marokkanischen Parlament vertreten.

Abschließend: Abgesehen von den Verantwortlichkeiten, die er als Oberhaupt seines Landes übernahm, führt Seine Majestät König Hassan II. ein ruhiges Leben als Vorsteher seiner Familie und kümmert sich um die Erziehung und Bildung seiner fünf Kinder. Er ist großzügig, ergeben und voller Güte, die er jenen um ihn zuteil werden läßt.

Nelson Mandela
Präsident der Republik Südafrika

Nelson Mandela

Südafrika: Schritte in eine bessere Zukunft

Ansprache an die Nationalversammlung am 2. Mai 1995

Vor fünf Tagen kamen die Südafrikaner zur Feier des Tages der Freiheit Südafrikas zusammen.

Die Ereignisse in verschiedenen Teilen des Landes sowie in weiter entfernt liegenden Regionen widerspiegelten die Freude über die einzigartigen Errungenschaften in unserem Ersten Jahr der Freiheit. Die freundliche Bereitwilligkeit, der Optimismus und die Begeisterung der Menschen sind Ausdruck der Treue, die die überwältigende Mehrheit der Südafrikaner dem Mutterland und dessen konstitutionellen Strukturen entgegenbringen.

Ich möchte nochmals die Gelegenheit wahrnehmen, um der Nation gegenüber meine tiefe Dankbarkeit dafür zu bekunden, daß sie diesen reibungslosen Übergang ermöglichte, und der internationalen Gemeinschaft danke ich für ihre Unterstützung und ihre Ermutigung. Außerdem beglückwünsche ich Minister Ben Ngubane und seine Mannschaft, die durch die von ihnen geleistete hervorragende Arbeit für die würdige Zeremonie dieses wichtigsten Nationalfeiertages sorgten.

Die Südafrikaner sind eines Sinnes, daß die Meßpunkte für das Erste Jahr der Freiheit, wie Frieden und Stabilität, die Kultur der Menschenrechte, die nationale Einheit und die Versöhnung, die ersten Schritte hin zur Verbesserung der Lebensqualität des Volkes und der neue Status sowie die Rolle Südafrikas in den internationalen Angelegenheiten allesamt historische Leistungen darstellen und daß wir diese wie unseren Augapfel hüten müssen. Die Nation ist sich darüber einig, daß es notwendig ist, diese Erfolge als Grundlage für noch größere Leistungen im kommenden Jahr zu nutzen.

Der heutige 2. Mai steht für einen weiteren bedeutungsvollen Jahrestag. Als sich dieser Tag vor genau einem Jahr seinem Ende zuneigte, machten die eingehenden Wahlergebnisse einen klaren Trend hinsichtlich des Endresultats deutlich. In gewissem Sinne war das der Augenblick, da unsere Führerschaft über die Breite des gesamten Spektrums auf die Probe gestellt wurde: Das Volk hatte gesprochen, und die Frage war, ob die Führungspersönlichkeiten diesem Wahlspruch gerecht werden würden.

In der Endkonsequenz erkannten praktisch alle Führer das Ergebnis an und gelobten, zum Besten des Landes miteinander und mit dem ANC zusammenzuarbeiten. Die vergangenen zwölf Monate legen beredtes Zeugnis von der bemerkenswerten Erfüllung dieses Gelöbnisses ab. Lassen Sie mich im Namen der Regierung der Nationalen Einheit allen Parteien innerhalb und außerhalb dieses Hauses danken für ihre Mitarbeit bei der Erfüllung der Aufgaben, die wir als Nation zu lösen haben.

Und nunmehr, da wir uns seit fünf Tagen im Zweiten Jahr der Freiheit befinden, treibt uns die durchgängig anhaltende Entschlossenheit der Nation voran. Und diese Entschlossenheit ist zum Merkzeichen unserer Gesellschaft geworden.

Wir, als die Führerschaft, dürfen aus der Symbolkraft von all dem allerhöchste Bestätigung ableiten. Die kritische Frage aber ist, was wir als Gemeinschaft tun und was jeder einzelne tut, um diese gutwillige Bereitschaft in den Dienst der Veränderung Südafrikas zum Besseren hin einzuspannen. Dies verlangt sowohl Offenheit in der Einschätzung der Entwicklungen als auch Kühnheit in der Erkennung und der Korrektur unserer Schwächen.

Die Geschichte hat bestimmt, daß die Lösung der vor uns stehenden umfassenden Aufgabe der Umwandlung der südafrikanischen Gesellschaft auf konstitutionellem und legislativem Wege und nicht per Erlaß erfolge. Uns ist hierbei Glück beschieden; denn unsere einzigartige Regelung läßt dem Lande die hervorragende Kooperation unterschiedlicher politischer Kräfte zugute kommen.

In der knappen Zeitspanne eines Jahres haben wir es ge-
schafft, demokratische Normen sowie einen Regierungsstil
einzuführen, welche selbst in altbegründeten Demokratien
nicht oft vorkommen. Die Schaffung solcher Institutionen wie
das Verfassungsgericht (Constitutional Court), die Menschen-
rechtskommission (Human Rights Commission), die Justiz-
hilfskommission (Judicial Service Commission), die Unabhängige Rundfunkbehörde (Independent Broadcasting Authority)
und zahlreicher anderer – und unsere von Dialog und offener
Art geprägte Politik – bilden die Grundlage für das Gedeihen
unserer Demokratie.

Was die Gesetzgebung betrifft, so wurden Gesetze und
Strategien zu solchen Bereichen wie Land, Bildung, Arbeit,
Haushalt, öffentliche Dienste, Sicherheits- und Geheimdien-
ste, Wahrheit und Aussöhnung, Gefängnisse, Sport auf dem
Wege des Zusammenwirkens aller im Kabinett vertretenen
politischen Parteien entweder verabschiedet oder eingeführt.
In der gegenwärtig laufenden Sitzungsperiode wird es davon
weitere geben. Alles das sind Beiträge für eine solide Basis,
aus der ein besseres Leben erwächst.

Und die Bedeutung dessen liegt darin, daß wir noch syste-
matischer daran arbeiten müssen, diese Basis so bald wie
möglich zu vollenden. Wir müssen uns stets und ständig und
kritisch die Frage stellen, ob das Tempo unserer gesetzgebe-
rischen Tätigkeit die Anforderungen unserer historischen
Mission widerspiegelt. Es ist von ausschlaggebender Bedeutung, daß Legislative und Exekutive gemeinsam Überlegungen anstellen und Wege herausarbeiten, auf denen wir rascher bei diesem kritischen Aspekt unserer Arbeit vorankommen.

Ohne den lobenswerten Prozeß des Dialogs oder das Bestreben, alles vollkommen tun zu wollen, zu unterschätzen, sollten
wir absichern, daß die Aufgabe der Errichtung von Strukturen
für die Umgestaltung mit größerer Schnelligkeit in Angriff genommen wird. Im Zuge unserer täglichen Aktivitäten müssen
wir alle – und in gleicher Weise die Gesellschaft als solche – davon überzeugt sein, alles uns Mögliche zu tun, tatsächlich als
Motor der grundlegenden Umwandlung zu fungieren.

Die nächsten, vor uns liegenden Wochen sind die kritischsten im Leben unseres Parlaments. In den Haushaltsdebatten wird die Legislative von der Exekutive Rechenschaft verlangen. Dies wird ein bedeutendes Forum dafür darstellen, wie rasch die legislativen Produkte bei den höchsten Gremien Ergebnisse zeitigen. Außerdem wird es eine Gelegenheit für die ernsthafte Überprüfung der Fortschritte und der Schwächen auf jedem unserer Betätigungsfelder bieten.

Am Anfang dieses Jahres kam das Kabinett *bosberaad* zu dem Schluß, daß die bemerkenswerte nationale Aussöhnung und der hohe Grad politischer Stabilität eine feste Grundlage für den Beginn der Beschleunigung sozioökonomischer Veränderungen darstellten. Nun, da wir uns der Mitte des Jahres und einem weiteren *bosberaad* nähern, sollten wir uns der Überprüfung dieses und anderer Punkte im einzelnen zuwenden. Lassen Sie mich hier nur einige davon anreißen.

Der phantastische Wirtschaftsaufschwung, welcher von einer Steigerung der Produktion und einer realen Zunahme von dem Lande zugute kommenden festen Investitionen gestützt wird, weist darauf hin, daß sich Südafrika auf dem Weg der Erholung befindet. Sowohl das wachsende Vertrauen der Investoren als auch die Rolle, die RDP-Projekten in dieser positiven Entwicklung zukommt, bestärken uns in unserer Überzeugung, daß wir alle unsere Ziele erreichen werden.

Alles hängt jedoch davon ab, wie wir diese neue Situation mit Leben erfüllen und pflegen.

Zum Beispiel: In welchem Grade legt sich die heimische Wirtschaft fest, in produktive, anstatt spekulative Aktivitäten zu investieren? In welchem Grade ist der industrielle Sektor auf die massiven Programme vorbereitet, die sich im Zeitraum einiger Monate entfalten werden, und von denen der Wohnungsbau eines ist?

In welchem Grade unterstützen unsere eigenen Wirtschaftsunternehmen ausländische Investoren, anstatt sie in ablehnender Weise als antagonistische Konkurrenten zu behandeln? In welchem Grade stützt sich die Wirtschaft selbst auf die Entwicklung der übergroßen menschlichen Reserven sowie der Forschungs- und Entwicklungsprogramme, die die neue Situation erheischt?

Was die Regierung betrifft, so gibt es noch viel zu tun, um Investitionen zu erleichtern. Die Maßnahmen, die wir zum dualen Währungssystem und der Währungskontrolle ergriffen haben oder die wir einzuleiten beabsichtigen, bilden einen positiven Schritt nach vorn. Allerdings müssen wir die für die Bearbeitung von Investitionsvorhaben zuständige Verwaltungsmaschinerie schlanker gestalten und sicherstellen, daß Investoren in dem gesamten bürokratischen Irrgarten nicht von Pontius zu Pilatus geschickt werden.

Diesen und anderen Herausforderungen müssen wir uns dringend zuwenden, wenn wir die zentrale Aufgabe der Schaffung von Arbeitsplätzen erfüllen wollen. Tatsächlich hat sich die Erholung der Wirtschaft bereits auf die Arbeitskräftesituation ausgewirkt. In gleicher Weise ist das bei den Anfängen der RDF-Projekte, wie dem Programm der Schulspeisung, welches bis zu 10 000 Arbeitsplätze entstehen ließ, anderen Führungsprojekten und dem staatlichen Bauprogramm zu erkennen.

Angesichts der angespannten Lage ist dies jedoch lediglich ein Tropfen auf den heißen Stein. Wir sind davon überzeugt, daß der Nationale Rat für Wirtschaft, Entwicklung und Arbeit (NEDLAC) eine entscheidende Rolle bei der Koordinierung und der Beschleunigung aller dieser positiven Entwicklungen spielen wird.

Es versteht sich von selbst, daß die Einhaltung der Finanzdisziplin eine ständige Überwachung und einen unbeugsamen Willen erfordert. Dazu muß im Zuge sich verändernder Prioritäten in Richtung auf höhere Sozialausgaben hin Entschlußkraft kommen. Und in diesem Geiste beschließt das Kabinett seine Vorschläge für das Haushaltsjahr 1996/97.

Dabei ist es aus der Sicht der Regierung klar, daß es bei der Erfüllung unserer Verpflichtungen gegenüber der Nation, insbesondere den Armen, um mehr geht als um knappe Finanzreserven.

In zahlreichen Fällen wurden Mittel zur Verfügung gestellt. Sie werden jedoch nicht schnell genug genutzt. Dafür gibt es objektive Gründe. Eine gründliche Planung ist vonnöten, und das ist im vergangenen Jahr besonders deutlich hervorgetreten. Wir müssen sicherstellen, daß geeignete Geschäftspläne und durchschaubare Abrechnungsmechanismen angewendet werden. Wir können nicht die Situation zulassen, daß bereitgestellte Mittel auf Grund fehlender Mechanismen immer und immer wieder übertragen werden.

Darum möchte ich heute die bindende Verpflichtung eingehen, daß die Exekutive alles in ihrer Macht Stehende tun wird, um solches im kommenden Jahr nicht wieder eintreten zu lassen.

Auf der einen Seite erfordert dies ein systematisches Programm für die Qualifizierung der Regierung, damit Vorgänge effizienter und entschlossener erledigt werden, und es erfordert eine wirksamere Kontrolle seitens der nationalen Institutionen. Vor allem aber ist in unserer Administration insgesamt eine Änderung des Bewußtseins notwendig. Der Arbeitsschwerpunkt muß weniger am Schreibtisch und mehr bei den Menschen liegen. Dies ist gewissermaßen eine der Hauptüberlegungen, wenn wir die öffentlichen Ausgaben mehr zum Nutzen der Gesellschaft einsetzen wollen. Unsere Administration muß sich in zunehmendem Maße auf die Menschen ausrichten.

Andererseits müssen die Kommunen selbst angeleitet werden, Initiativen zu ergreifen. Wo immer wir auch sind, wir sollten nicht untätig darauf warten, daß uns die Zentralregierung oder eine Provinzregierung auf Projekte hinweist – wo Krankenhäuser, Schulen, Straßen und andere Einrichtungen zu bauen sind. *Masakhane*: Kommen wir doch zusammen, wo wir leben, und definieren wir unsere Bedürfnisse! Finden wir doch Wege, wie wir selbst einen Beitrag leisten können! Bereiten wir doch Vorschläge für Projekte vor! Wenden wir uns doch um Unterstützung an die Regierung und an den Privatsektor!

Tatsächlich waren es dort, wo Projekte erfolgreich auf den Weg gebracht wurden – ob nun in Ibhayi, Odi-Moretele, Marconi-Beam in Kapstadt oder bei KwaNobamba in Weemen –, in erster Linie die Kommunen selbst, die zusammenkamen,

um mit Unterstützung der Regierung den Anstoß für diese
Projekte zu geben.

Ich möchte in diesem Zusammenhang den Kommunen versichern, daß überall dort, wo sie derartig aktiv waren, nicht
nur die zuständigen Regierungseinrichtungen positiv reagieren werden, sondern daß im Falle von Verzögerungen die
RDP-Abteilung meines Amtes dafür sorgen wird, die Hemmnisse zu beseitigen.

Weiterhin möchte ich bekräftigen, daß jene Kommunen,
die zusammenarbeiten, um die Bezahlung für Dienstleistungen zu gewährleisten und die mit den Sicherheitskräften in
der Verbrechensbekämpfung kooperieren, in die engere
Wahl bei der Vergabe von staatlichen Investitionen einbezogen werden. Atlantis und Uitenhage sind beredte Beispiele
dafür, wie alle Sektoren der Kommunen zusammenwirken
können, indem sie sich dafür einsetzen, daß diese Investitionen zu lokalem Wachstum führen.

Eines der Probleme, welches sich nach unserer Erfahrung
im vergangenen Jahr in aller Schärfe aufwarf, ist die Frage
der Hilfe für Kommunen oder Volksgruppen, die in bitterer
Armut leben.

Die grundsätzliche Herangehensweise der Regierung besteht darin, daß wir nicht erwarten können, das Wohl der
Menschen mit Almosen zu bessern. Die Vermittlung von Fertigkeiten durch staatliche Bauprogramme und die umfassende Entwicklung der menschlichen Reserven – das sind die
entscheidenden Lösungswege für dieses Problem.

Dabei müssen die zuständigen Institutionen in Zusammenarbeit mit Wohlfahrtsorganisationen das Hilfsprogramm einer kritischen Überprüfung unterziehen. Wir müssen zumindest sicherstellen, daß absolut hilfsbedürftige Menschen auf
Grund unserer Politik der langfristigen Planung heute nicht
schlechtergestellt sind. In dieser Hinsicht und ohne wohldurchdachte Programme zu verletzen, haben sich Provinzen
der Prüfung der Frage zugewandt, wie ihnen zugeteilte und
von ihnen zu verwaltende Mittel zu nutzen sind. Diese Mittel
können den Kommunen relativ kurzfristig zur Verfügung gestellt werden.

Diese Dinge führen uns immer wieder zurück zu der dringenden Notwendigkeit eines systematischen Qualifizierungsprogrammes und einer Orientierung des öffentlichen Dienstes in Richtung der Kultur der Arbeit unter und des Kontakts mit den Menschen. Darin besteht eine der Hauptaufgaben, die wir hinsichtlich der zahlreichen, sich in den örtlichen, bei den Wahlen im November herausbildenden Regierungsstrukturen unverzüglich in Angriff nehmen müssen.

Indem wir alle Südafrikaner im Alter von achtzehn Jahren und darüber auffordern, sich registrieren zu lassen, möchten wir erneut darauf hinweisen, daß praktische und auf dieser Ebene geleistete Arbeit RDP zu einer lebenden Realität werden läßt.

Wenn ich nun von der Planung zur praktischen Arbeit übergehe, so gehören dazu auch die Belange der Sicherheit. Wie wir zu den Feierlichkeiten anläßlich des Tages der Freiheit andeuteten, arbeiten das RDP-Büro und das Ministerium für Sicherheit an Plänen, der Ausbildung mehr Mittel zufließen zu lassen. Gleiches bezieht sich auf die Besetzung, die Ausrüstung und die Höherstufung solcher Bereiche, die früher vernachlässigt wurden, sowie auf die Verbesserung der Arbeitsbedingungen der Polizei.

Es wird ein kommunaler Wachdienst als Teil der RDP-Führungsprojekte ins Leben gerufen, und dies wird die Bildung kommunaler Polizeiforen, von denen es heute insgesamt etwa 500 gibt, beschleunigen. Das noch ausstehende neue Polizeigesetz dürfte ein beachtlicher Beitrag dazu sein, allen diesen Programmen Struktur und Form zu verleihen.

Ganz gewiß hat die Öffentlichkeit ein Recht auf die Frage nach dem Fortschritt hinsichtlich des kommunalen Sicherheitsplanes, der im März in Kraft treten sollte. Besonders trifft das auf Regionen zu mit einem hohen Anteil an Gewaltverbrechen – am westlichen Kap, in KwaZuluNatal, am östlichen Kap und in Gauteng. Es hilft uns nämlich überhaupt nichts, wenn wir Absichtserklärungen verkünden und dann Handlungsbedarf haben.

Auf einer seiner letzten Sitzungen bekräftigte das Kabinett die Bedeutung der Durchsetzung dieser Pläne. Es wies die zuständigen Institutionen an, deren Verwirklichung dringend in Angriff zu nehmen.

Daher möchte ich der Öffentlichkeit gegenüber die Versicherung abgeben, daß sich der kommunale Sicherheitsplan auf seinem Wege befindet. Auf Grund von Bummelstreikaktionen einiger Mitglieder der Polizeikräfte, insbesondere in den von mir erwähnten Gebieten, mußte es zu Verzögerungen kommen.

Wie mir mitgeteilt wurde, sind die Probleme nunmehr gelöst, und ich zweifle keinen Augenblick an der Begeisterung der Polizei, den Plan in die Tat umzusetzen. Die Polizeikräfte können sich dessen sicher sein, daß sie im Lande Kommunen finden werden, die bereit sind, die Ärmel hochzukrempeln und die Probleme anzugehen. Wir sind außerdem davon überzeugt, daß wir innerhalb und außerhalb der Regierung der Nationalen Einheit die Unterstützung aller politischen Parteien genießen. Sie alle wollen der Verwirklichung eines von der breitesten Öffentlichkeit getragenen Planes behilflich sein, anstatt ihn zu sabotieren.

Und es entspricht auch diesem Geist, wenn wir hoffen, daß die derzeitigen Verhandlungen zwischen der Regierung, als Arbeitgeber, und dem öffentlichen Dienst zu Lösungen führen, die sowohl den Parteien als auch – was noch wichtiger ist – der Öffentlichkeit zum Nutzen gereichen.

Wir haben diese Gebiete angesprochen, nicht weil sie die einzigen wären, denen wir unsere Aufmerksamkeit zuwenden müssen. Zum Teil nämlich gibt es davon kritische Lektionen zu beherzigen, die unserem gesamten Regierungsprogramm zugute kommen. Und zum anderen handelt es sich dabei um ernsthafte Anliegen der Öffentlichkeit.

Wir haben Mängel angesprochen, nicht weil es keine Erfolge gäbe, sondern weil unsere Errungenschaften uns mit dem Willen erfüllen, noch besser zu arbeiten.

Beim Eintritt in das Zweite Jahr der Freiheit sollten wir uns so wenig wie möglich von Symbolik leiten lassen und uns mehr auf die ernsthafte Arbeit konzentrieren.

Und in diesem Zusammenhang habe ich Berichte von Ministerien und Provinzen analysiert, und ich möchte diese dazu beglückwünschen, wie aufrichtig sie Rechenschaft über ihre Tätigkeiten abgelegt haben.

Durch das Kabinettssekretariat und andere Strukturen im Präsidialamt werden wir uns stets dafür einsetzen, daß die Einschätzungen unserer Leistungen und unserer Schwächen dem Kabinett, der Legislative und der breiten Öffentlichkeit in ehrlichem Geiste vorgelegt werden. Unter anderem kann dadurch auch rechtzeitig eingegriffen werden, so daß die Regierung insgesamt am gleichen Strang zieht und als wirksame Maschinerie funktioniert.

Der Fortschritt, den wir nicht nur beim Aufbau der Nation und bei der Versöhnung erzielen, sondern auch bei der Herausbildung einer guten Regierung, und unser ständiges Eingehen auf die Bedürfnisse der Bevölkerung – das alles sichert uns die anhaltende Wertschätzung und das Vertrauen in die Menschlichkeit der einzigartigen Leistung Südafrikas. Zu solch kritischen Fragen, wie die nach der gesellschaftlichen Entwicklung der Welt, bei der die Vereinten Nationen an der Spitze stehen, bei Fragen nach nuklearer Abrüstung und der Lösung von Konflikten, wird unsere Stimme immer deutlich zu vernehmen sein.

Und bei diesen und anderen Fragen wird unsere Politik stets auf die Interessen Südafrikas, die legitimen Forderungen der Entwicklungsländer nach gleichberechtigten internationalen Beziehungen und das Recht der Menschheit auf eine bessere Welt gerichtet sein. Dies sind die moralischen und das Wohl der Menschheit stützenden Grundsäulen unserer Außenpolitik.

An diesem 50. Jahrestag des Sieges über Nazismus und Faschismus und die Bildung der Organisation der Vereinten Nationen bekräftigen wir erneut mit der Welt unsere Ablehnung jeglicher Formen des Rassismus sowie ethnischer und religiöser Intoleranz. Innerhalb unserer eigenen Region und unseres Kontinents werden wir uns weiterhin mit anderen zusammen für die Beseitigung der Geißel des Konflikts einsetzen und gewährleisten, daß sich Afrika wahrhaftig seiner gemeinsamen Renaissance zuwendet.

Unser Land ist unumkehrbare Schritte in Richtung einer

tiefgreifenden, die Menschen in den Mittelpunkt stellenden und erfolgreichen Demokratie gegangen. Mehr als alles andere bestätigen die Gutwilligkeit und das Aufwallen der Emotionen an unserem Tag der Freiheit, daß wir zu dieser Fahrt aufgebrochen sind mit der begeisterten Unterstützung und dem aktiven Engagement der gesamten Nation.

Ich hoffe, daß wir mit dieser Debatte die Grundlage für noch größere Leistungen schaffen, allerdings nur dann, wenn wir uns auf die wirklichen Anliegen der Nation konzentrieren. Wir können und dürfen nicht fehlen.

Biographie
Nelson Rolihlahla Mandela »Madiba«

Präsident: Afrikanischer Nationalkongreß
Mitglied: Nationales Exekutivkomitee, ANC
Mitglied: Nationales Arbeitskomitee, ANC

Mandelas Worte »Der Kampf ist mein Leben« dürfen nicht leicht genommen werden.

Nelson Mandela personifiziert den Kampf. Nachdem er fast drei Jahrzehnte seines Lebens hinter Gittern verbrachte, führt er immer noch mit außergewöhnlich großer Energie und Spannkraft den Kampf gegen die Apartheid an. Er hat für seine Mitmenschen sein Privatleben und seine Jugend geopfert und bleibt Südafrikas bekanntester und beliebtester Held.

Mandela hat eine Reihe von Positionen im ANC innegehabt: ANCYL-Sekretär (1948), ANCYL-Präsident (1950), ANC-Präsident von Transvaal (1952), Stellvertretender Nationaler Präsident (1952) und ANC-Präsident (1991).

Er wurde am 18. Juli 1918 in Qunu nahe Umtata geboren.

Sein Vater, Henry Mgadla Mandela, war Chefberater des amtierenden Obersten Häuptlings von Thembuland, David Dalindyebo. Als sein Vater starb, wurde er das Mündel des Häuptlings und für das Amt des zukünftigen Häuptlings aufgebaut.

Mandela immatrikulierte an der Healdtown Methodist Boarding School und begann dann seine Studien für einen Baccalaureus Artium-Grad in Fort Hare. Als Mitglied des Rates der Studentenvertretung (SRC) nahm er 1940 an einem Studentenstreik teil und wurde aus der Lehranstalt ausgeschlossen, zusammen mit dem inzwischen verstorbenen Oliver Tambo.

Er schloß seine Baccalaureus-Ausbildung auf dem Korrespondenzweg von Johannesburg aus ab, machte eine kaufmännische Ausbildung und schrieb sich dann an der Universität Witwatersrand zur Erlangung des Legum Baccalaureus ein.

Im Jahre 1944 half er bei der Gründung der ANC-Jugendliga, deren Aktionsprogramme 1949 vom ANC übernommen wurden.

Mandela wurde zum »Nationalen Freiwilligen in Führerposition« der 1952er Widerstandskampagne gewählt. Er bereiste das Land und organisierte den Widerstand gegen diskriminierende Gesetzgebung.

Ihm wurde für seine Rolle in der Kampagne eine zur Bewährung ausgesetzte Freiheitsstrafe auferlegt. Kurze Zeit später wurde er gemäß einer gerichtlichen Verbannungs-Verfügung für sechs Monate in Johannesburg arrestiert. In dieser Zeit arbeitete er den »M-Plan« aus, nach dem die Vertretungen des ANC in im Untergrund arbeitende Zellen aufgesplittert wurden.

Bis 1952 hatten Mandela und Tambo die erste schwarze Anwaltspraxis im Land aufgemacht, und Mandela war sowohl Präsident des ANC in Transvaal als auch Stellvertretender Nationaler Präsident.

Ein Antrag des Anwaltsvereins von Transvaal, Mandela aus der Anwaltsliste zu streichen, wurde vom Höheren Berufungsgericht (Supreme Court) abgelehnt.

Nachdem Mandela durch ständige Verbannungen gezwungen war, offiziell aus dem ANC auszutreten, analysierte er in den 50ern die Bantustan-Politik als einen politischen Schwindel. Er sagte Massendeportationen, politische Verfolgungen und Polizeiterror voraus.

In der zweiten Hälfte der 50er war er einer der Angeklagten im Hochverrats-Prozeß. Mit Duma Nokwe führte er die Verteidigung.

Als der ANC im Jahre 1960, nach dem Massaker von Sharpeville, verboten wurde, kam er bis 1961 in Haft und ging dann in den Untergrund, um eine Kampagne für eine neue nationale Konvention anzuführen.

Unter seiner Führung wurde im selben Jahr der bewaffnete Flügel des ANC (MK) aufgebaut, der eine Sabotage-Kampagne gegen die Regierung und Wirtschaftseinrichtungen startete.

Im Jahre 1962 verließ Mandela zu einer Militärausbildung in Angola das Land und um die Ausbildung für andere Mitglieder des militanten ANC-Flügels zu arrangieren.

Nach seiner Rückkehr wurde er wegen illegalen Verlassens des Landes und wegen Anstiftung zum Streik verhaftet. Er führte seine eigene Verteidigung. Im November 1962 wurde er verurteilt und für fünf Jahre hinter Gitter gebracht. Während er seine Strafe verbüßte, wurde er im Rivonia-Prozeß wegen Sabotage angeklagt und zu lebenslanger Haft verurteilt.

Zehn Jahre vor seiner Inhaftierung hatte sich Mandela gegen die Einführung einer Bantu-Erziehung ausgesprochen und empfohlen, Aktivisten der Gemeinden sollten »jedes Haus, jede Hütte und jedes wackelige Gebäude zu einem Lernzentrum machen«.

Robben Island wurde ein Lernzentrum, und Mandela war eine Zentralfigur in den organisierten Klassen für politische Erziehung.

Im Gefängnis machte Mandela bei seinen politischen Prinzipien niemals Zugeständnisse und war für die anderen Gefangenen immer eine Quelle der Kraft.

Während der 70er Jahre lehnte er einen Straferlaß ab, der ihm angeboten wurde, wenn er die Transkei anerkennen und sich dort niederlassen würde.

In den 80ern wies er wieder P. W. Bothas Freiheitsangebot zurück, das ihm gemacht wurde, wenn er auf Gewalt verzichten würde.

Bereits seit 1986 stand Mandela in Kontakt mit Regierungsvertretern, darunter Justizminister Kobie Coetsee, Verfassungsminister Gerrit Viljoen, Präsident Pieter W. Botha und später Präsident Frederik W. de Klerk. Dessen Abkehr von der Apartheid und konsequente Hinwendung zu einem neuen Südafrika führte zur Freilassung Nelson Mandelas am 11. Februar 1990.

Es ist bezeichnend, daß Mandela und seine Vertreter kurz nach seiner Freilassung am Sonntag, dem 11. Februar 1990, sich mit der Einstellung des bewaffneten Kampfes einverstanden erklärten.

Mandela kehrte auf die politische Bühne Südafrikas zurück und engagierte sich in den folgenden vier Jahren für die politische und gesellschaftliche Normalisierung der Verhältnisse im Land. Zunächst als Vizepräsident und später als Präsident des ANC, arbeitete er eng mit Präsident de Klerk und anderen führenden Politikern zusammen, um in langwierigen Verhandlungen aus Südafrika einen demokratischen Staat zu machen.

Am Ende standen eine neue, demokratische Verfassung für den Übergang und freie und faire Wahlen, aus denen der ANC als Sieger und Nelson Mandela als Staats- und Regierungschef hervorgingen. Eine Regierung der nationalen Einheit soll Garant dafür sein, daß Mandelas größter Wunsch in Erfüllung geht: die Versöhnung innerhalb der Bevölkerung und die Schaffung einer in Harmonie lebenden Gesellschaft.

Mandela wurden von mehr als 50 internationalen Universitäten ehrenhalber verliehene akademische Grade zuteil, und er ist Rektor der Universität of the North.

Dr. Carlos Saúl Menem
Staatspräsident der Republik Argentinien

CARLOS SAÚL MENEM

Botschaft des Präsidenten

Die großen Umwandlungen, die wir Argentinier im Juli 1989 in Gang gebracht haben, sind tiefgreifend und unumkehrbar. Wir haben damals zu einer Zeit die Regierung übernommen, als das Land eine der größten Krisen seiner Geschichte erlebte. Jahre andauernder politischer Konfrontationen und Spaltungen und eine tiefe soziale Krise hatten, verursacht durch mehrere aufeinanderfolgende Wellen von Hyperinflation, ihren Höhepunkt erreicht. Wir waren an einem Punkt angelangt, an dem sogar in Kürze unsere Existenz als Nation auf dem Spiel zu stehen drohte. Ein Land, das innerhalb weniger Jahrzehnte einen Platz unter den vielversprechendsten Ländern der Erde eingenommen hatte, erlebte einen Kollaps, und die Welt sah mit Überraschung und Entsetzen, wie wir Jahr für Jahr neue Negativrekorde aufstellten.

So geschah es im wirtschaftlichen Bereich, wo Investitionen und Wachstum ausblieben angesichts einer Inflation, die im Jahre 1989 bei jährlich über 5000 Prozent lag, und angesichts einer Wirtschaftspolitik, die durch perverse Regulierungsmechanismen die Privilegien und Gewinne einiger weniger schützte. Der Staat war bankrott, fast niemand zahlte mehr seine Steuern, Kredite gab es praktisch nicht, die Devisenreserven betrugen gerade 200 Millionen Dollar, der Verwaltungsapparat arbeitete ohne Budget, und als logische Konsequenz befanden sich die lebenswichtigen Bereiche Justiz, Sicherheit, Erziehung und Gesundheit in einem Zustand, der sich rapide verschlechtert hatte.

Ich wollte nicht der Präsident einer neuen Enttäuschung sein. Aber um dies zu vermeiden, mußten wir uns der Realität stellen. Deshalb brachte ich ganz klar zum Ausdruck, daß wir eine Formel anwenden mußten, die sich aus diesen drei Elementen zusammensetzte: Arbeit, Arbeit und nochmals Arbeit. Mein Glaube daran, daß die liegengebliebenen Aufgaben sofort in Angriff genommen werden mußten, war noch bestärkt worden, als ich während des Wahlkampfes durchs Land reiste. In jedem Winkel unseres Landes, mit jedem Händedruck, der mich mit einem anderen Argentinier verband, fühlte ich, daß die Hoffnung, wir könnten alle gemeinsam ein Land aufbauen, in dem es sich zu leben lohnte, noch immer in den Seelen von Millionen unserer Landsleute lebte.

Unverzüglich legten wir dem Kongreß zwei grundlegende Gesetze zur Verabschiedung vor, die den wirtschaftlichen Notstand ausriefen und die Reform des Staates in Gang setzten. Diese Gesetze waren die ersten Werkzeuge, mit denen wir an unsere Aufgabe herangingen: das gigantische Netz staatlicher Defizitbetriebe und Steuerungsorgane, die eine Quelle der Korruption waren und gleichzeitig Privatinitiativen erstickten, abzubauen. Einheimische und ausländische Unternehmer investierten ihr Kapital, weil sie an unser Projekt glaubten, und heute bieten Telekommunikation, Energieversorgung, Transport- und Kommunikationsmittel sowie unzählige Industriebetriebe, die jahrzehntelang von den Interessen der Bürokraten, die gerade an der Macht waren, gelenkt wurden, Güter und Dienstleistungen höchster Qualität. Sie ersetzen alte Technologien durch neue und machen Gewinne, ohne den Steuerzahler einen Centavo zu kosten. Gleichzeitig wurde die Anzahl der Staatsbediensteten von über einer Million auf nur dreihunderttausend reduziert.

Das Konvertibilitätsgesetz hat diesen Prozeß ergänzt. Die Regierung könnte nie wieder Geld in Umlauf bringen, um ihr Rechnungsdefizit zu decken, wenn die Banco Central nicht über die erforderlichen ausländischen Reserven verfügt, um jeden Peso zu decken, der in Umlauf ist. Seit 1991 ist der Staatshaushalt positiv, und die Steuerhinterziehungen sind spürbar zurückgegangen. Der Wechselkurs wurde auf Beschluß des Nationalkongresses festgeschrieben, und es wird nicht mehr das einfache und kurzlebige Mittel der Abwertung

angewandt, um unproduktive Firmen auf Kosten ständig sin-
kender Löhne und Gehälter des Volkes zu schützen.

Mit einer drastischen Senkung der Zölle und der Abschaffung von verzerrenden Steuern konnten wir unsere Wirtschaft dem internationalen Handel und internationalen Investitionen öffnen. Die Gründung der Zollunion Mercosur mit
Brasilien, Paraguay und Uruguay ist der Weg, den wir gewählt haben, um unsere Integration in die Weltwirtschaft zu
vertiefen. Der Horizont unserer Betriebe hat sich erweitert:
Ihnen steht nun ein Markt mit 200 Millionen Verbrauchern
und einer jährlichen Produktion im Wert von 750 Millionen
Dollar offen. Diese Perspektiven werden sich in Zukunft noch
erweitern, da weitere Bruderländer dem Regionalabkommen
beitreten wollen. In diesem Jahr wird der Mercosur auch den
Rahmen für Verhandlungen mit der Europäischen Union, den
ersten zwischen zwei übernationalen Wirtschaftsvereinigun-
gen, festlegen und gleichzeitig das im Dezember auf dem Gipfel der amerikanischen Präsidenten in Miami gesteckte Ziel
in Angriff nehmen, in den ersten Jahren des nächsten Jahrzehnts eine Freihandelszone von Alaska bis Feuerland zu
schaffen.

Die wirtschaftlichen und sozialen Ergebnisse sind sichtbar.
1994 lag der Anstieg der Verbraucherpreise unter 4 Prozent
pro Jahr, und seit 1991 hatten wir ein jährliches Wirtschaftswachstum von 7 Prozent, das ist die höchste Wachstumsrate
unter den westlichen Ländern. Die Zahl der argentinischen
Haushalte, die unter Armut leiden, ist drastisch zurückgegangen, und die staatlichen Sozialausgaben sind um 21 Prozent höher als der Durchschnitt der Jahre 1980 bis 1988.

Auf diesen neuen Grundlagen, die das permanente Durchein-
ander definitiv beendet haben, konnten wir Argentinier unser demokratisches Zusammenleben vertiefen, und nun können wir jenseits der Parteienunterschiede in den großen
Fragen zusammenarbeiten, die definitiv den Weg des Aufschwungs und des Wohlstands sichern, den wir wieder be-
schritten haben. Die wesentliche Frucht dieser Erneuerung
des politischen Dialoges war das Abkommen zwischen den

beiden Parteien, von denen sich die immense Mehrheit der Argentinier vertreten fühlt, das die Reform der Verfassung ermöglichte. Jetzt sind unsere Institutionen auf dem neuesten Stand und können erfolgreicher die komplexesten Herausforderungen, vor die uns das Ende dieses Jahrhunderts stellt, angehen.

All diese Veränderungen haben Argentinien klar eine neue Position auf dem internationalen Parkett gegeben. Heute genießen wir deutliche Anerkennung in allen Foren, und unser Land erweckt Vertrauen und Berechenbarkeit, weil wir entschieden die westlichen Werte der Demokratie und die Achtung der Menschenrechte vertreten. Unsere Streitkräfte waren im Golfkrieg präsent und beteiligen sich an den Friedensmissionen der Vereinten Nationen, während wir die diplomatische Verhandlung als einzigen möglichen Weg für die Diskussion unserer Forderungen wählen.

Unsere Wiederwahl am 14. 5. 1995 mit 51 % der Stimmen, d. h. mit einem besseren Ergebnis als bei den Wahlen 1989, spricht für die breite Zustimmung und den Glauben der argentinischen Bevölkerung an unsere Politik.

Zweifelsohne gibt es noch viel zu tun, aber jetzt sind wir Argentinier besser in der Lage, die noch bestehenden Schwierigkeiten zu meistern, da wir vor allen anderen Dingen das Vertrauen in uns selbst, in die Früchte unserer Arbeit und in unsere Schaffenskraft wiedererlangt haben. Wir haben aufgehört, das »Es-geht-nicht«-Land zu sein, und heute wissen wir, daß unsere Anstrengungen Tag für Tag dazu dienen, ein gerechteres und solidarischeres Vaterland zu errichten.

Biographie
Dr. Carlos Saúl Menem

Dr. Carlos Saúl Menem wurde am 2. Juli 1930 in Anillaco, einem Dorf der Provinz La Rioja, geboren. Er ist Sohn des Saúl Menem und der Muhibe Akil, ein syrisches Einwanderungspaar.

Nach der Primar- und Sekundarschule in seiner Heimat ging er nach Córdoba, eine mittelländische Provinz Argentiniens, wo er die juristische Fakultät an der staatlichen Universität absolvierte.

Am 27. Juli 1955 promovierte er als Jurist in dieser Provinz und kehrte unmittelbar danach in seine Heimat zurück.

1958 kandidierte Dr. Menem als Vertreter seines Bezirks »Castro Barros« für den Abgeordnetensitz seiner Provinz La Rioja.

Der argentinische Präsident ist ein Mensch klarer Überzeugungen mit einer bemerkenswerten politischen Laufbahn, die mit der Vollendung seines Studiums 1955 beginnt.

Sein erstes professionelles Engagement war schon in diesem Jahr die Verteidigung von politischen Gefangenen nach dem militärischen Staatsstreich, mit dem die verfassungsmäßige Regierung des General Perón, Gründer der Bewegung, für die sich Menem schon als Jugendlicher eingesetzt hatte, gestürzt wurde.

1972 kehrte der Gründer der Partei »Partido Justicialista« nach Argentinien zurück, und Dr. Menem kandidierte für das Amt des Gouverneurs in seiner Heimatprovinz La Rioja. Am 11. März 1973 wurde er mit 67 Prozent der Stimmen gewählt und gestaltete während seines Mandates eine wichtige Entwicklung in dieser Provinz, die von den Regierungen meist vergessen wurde.

Während seiner Amtsausübung in den schwierigen Jahren der letzten Militärdiktatur, die er ohne rechtlichen Grund in Haft verbrachte, vollendete Dr. Menem nicht nur sein politisches Profil, sondern besonders seine menschlichen Eigenschaften.

Am 30. Oktober 1983 führte ihn das Volk von La Rioja nochmals an die Regierungsspitze dieser Provinz, mit über 54 Prozent der Stimmen. 1987 wiederholte er diesen Sieg, diesmal mit 63 Prozent der Stimmen.

Neben anderen wichtigen internationalen Ämtern übte er das des Vizepräsidenten der Konferenz Populärer Parteien Lateinamerikas (COPPAL) aus.

Er ist Autor der Bücher »Argentinien, jetzt oder nie«, »Argentinien im Jahre 2000«, und in Zusammenarbeit mit Dr. Eduardo Duhalde, ehemaliger Vizepräsident Argentiniens, schrieb er »Die Produktive Revolution«. Zusammen mit Dr. Roberto Dromi, ehemaliger Minister für Staatliche Dienstleistungen, veröffentlichte er »Die Umwandlung des Staates und die Nationale Transformation«.

Das argentinische Volk wurde von seiner Botschaft überzeugt und erteilte ihm im Mai 1989 die Verantwortung der Regierung der Nation, in der Überzeugung, daß seine Vorschläge den einzigen Weg für den Wiederaufbau Argentiniens wiesen.

Von Anfang an stützte Menem seine Politik auf drei elementare Prinzipien: die nationale Versöhnung, die Reorganisation des Staates und die wirtschaftliche Stabilität als Meilenstein für das Wachstum und die Einbeziehung Argentiniens in die Erste Welt, sowie die Integration Amerikas.

In der Außenpolitik erreichte Menem gute Beziehungen mit der Ersten Welt und eine fruchtbare Zusammenarbeit mit den Präsidenten der Vereinigten Staaten von Amerika.

Vor diesem Hintergrund und im Rahmen der Rückkehr Argentiniens in die Staatengemeinschaft schickte seine Regierung mit der Zustimmung und Billigung des Kongresses zwei Kriegsschiffe in den Golf, um die von den Vereinten Nationen beschlossene Seeblockade zu unterstützen. Heute ist Argentinien mit einem bedeutenden Kontingent von Blauhelmen in Bosnien präsent.

Präsident Menem vertritt die Überzeugung, daß die Welt zu einem System von Interrelationen neigt, und fordert ständig die regionale Integration. So haben sich die politischen und wirtschaftlichen Beziehungen mit den Ländern Lateinamerikas, wie Brasilien, Uruguay und Paraguay, verstärkt. Diese Länder haben mit der Republik Argentinien ein Abkommen zur Schaffung eines gemeinsamen Marktes in Südamerika (MERCOSUR) unterzeichnet – vergleichbar der Europäischen Wirtschaftsgemeinschaft –, das Anfang 1995 in Kraft getreten ist.

Frei von Dogmen führte Präsident Menem ein hartes Programm wirtschaftlicher Umstrukturierung ein, um dem Staat neue Dimensionen zu geben, wie z. B. Rationalisierung der öffentlichen Ausgaben, Privatisierung von verlustbringenden staatlichen Betrieben, Senkung der Inflationsraten unter Berücksichtigung der Industriebedürfnisse, Förderung des internationalen Handels, Erhöhung des Bruttoinlandsproduktes mit dem Ziel, den Lebensstandard der Bevölkerung zu verbessern.

Das Konvertibilitätsprogramm der Währung, welches vom Kongreß gebilligt wurde, ist ein Beispiel für die Bemühungen der Regierung, diese Ziele zu verwirklichen.

Im April 1991 trat dieses Wirtschaftsprogramm in Kraft, und wurde seitens der Bevölkerung mit großer Genugtuung aufgenommen. Es schaffte eine schnelle Desindexierung der Wirtschaft, die Wiedereinführung der Kredite für Investitionen und Konsum, die Senkung der Zinsen auf ein Niveau, das es schon seit drei Jahrzehnten nicht mehr gab, und ermöglicht die für den Wachstumsprozeß unverzichtbare Stabilität.

In diesem Rahmen sind wichtige Verträge über Unternehmenszusammenschlüsse, die die Bedingungen für die Ankurbelung der Wirtschaft zum Ziel haben, vereinbart worden.

Menem, ein 65jähriger Mann aus der Provinz La Rioja, hat den ein halbes Jahrhundert dauernden Frustrationen in Argentinien ein Ende gesetzt. Der Prozeß ist hart und manchmal schmerzhaft, doch er hat die Zustimmung der Bevölkerung, die ständig ihren Präsidenten ermutigt, seinen Kampf nicht aufzugeben oder seinen Kurs zu ändern, in der Überzeugung, daß er nicht nur der Richtige, sondern der Einzige ist.

Dr. Ernesto Zedillo
Präsident der Vereinigten Mexikanischen
Staaten

Ernesto Zedillo

Mexiko: Herausforderungen und Antworten an der Schwelle zum 21. Jahrhundert

Nachdem Mexiko viele der nach der Revolution gesteckten Ziele erreicht hat, befindet es sich nun in einem großen Umwandlungsprozeß in Politik, Wirtschaft und im sozialen Bereich, um so den Erwartungen einer pluralen und weitgehend modernen Gesellschaft sowie den Herausforderungen an der Schwelle zum 21. Jahrhundert Rechnung zu tragen.

Im vorliegenden Aufsatz wird in Kürze auf die Herausforderungen, denen sich Mexiko stellt, und auf die wichtigsten Merkmale der Reformbereitschaft der Regierung und der Mexikaner eingegangen.

Demokratische Weiterentwicklung

Aus persönlicher Überzeugung hat meine Regierung, der breiten nationalen Forderung Rechnung tragend, die Förderung der politischen Entwicklung als fundamentale Aufgabe übernommen. Die Tragpfeiler ihrer Politik sind: Demokratie, Föderalismus und Republikanismus; sie kommen in einem realen Gleichgewicht der Kräfte zum Ausdruck. Wir müssen die Konsolidierung der Demokratie vollenden, um den politischen Akteuren Sicherheit und Vertrauen zu geben und die Bürger an einem aktiven und friedlichen politischen Leben intensiv zu beteiligen. Die Bundesstaaten und Gemeinden müssen gestärkt werden, weil der Föderalismus den Ausdruck und die Förderung regionaler und lokaler Möglichkeiten zuläßt. Schließlich ist das Gleichgewicht der Kräfte unerläßliche Voraussetzung für die uneingeschränkte Ausübung der in der Verfassung festgehaltenen Grundrechte und sozialen Rechte, um einem Machtmißbrauch von seiten der Behörden vorzubeugen.

Um dem langen Reformprozeß Auftrieb zu geben, hat die Bundesregierung die politischen Kräfte des Landes einberufen, um die für die uneingeschränkte demokratische Entwicklung Mexikos erforderlichen Umwandlungen zu diskutieren. Das wichtigste Element stellt eine endgültige Wahlreform dar – »endgültig« nicht, um zukünftigen Anpassungen eine Absage zu erteilen, sondern um der Unzufriedenheit und den Kontroversen über das Wesentliche ein Ende zu machen. Die Wahlreform soll den Wahlorganen uneingeschränkte Autonomie und allen konkurrierenden Parteien gerechte Bedingungen für die Wahl gewährleisten.

Das föderalistische Ideal ist tief in unserer Geschichte verwurzelt und seit der Unabhängigkeitsbewegung von 1810–1821 gegenwärtig. Im 19. Jahrhundert wurde der Föderalismus eingeführt – zunächst mit geringem Erfolg, weil es in der ersten Hälfte des Jahrhunderts Bürgerkriege um gerade diese Entscheidung gab: Einführung des Zentralismus oder des Föderalismus? Später, nachdem die föderalistischen Liberalen in dem von Kämpfen und der Intervention der Franzosen verwüsteten Land gesiegt hatten, mußte die Entscheidung gefällt werden, daß die Gegebenheiten eine starke Zentralregierung erforderlich machten. Es handelte sich um die Regierung von Porfirio Díaz, die nach fast dreißigjähriger Herrschaft von der Mexikanischen Revolution gestürzt wurde. Die Geschichte schien sich nach der Revolution zu wiederholen, und die politischen, wirtschaftlichen und sozialen Erfordernisse führten in der Praxis zur Ablehnung eines wirklichen Föderalismus. Durch den Druck der Bundesstaaten und der Gemeinden, aber auch aufgrund der Überzeugung der mexikanischen Regierung, daß die Verzerrungen, zu denen der politische, wirtschaftliche und administrative Zentralismus geführt hat, beseitigt werden müssen, hat sich allerdings in den letzten Jahren ein Dezentralisierungsprozeß vollzogen, der nun neuer Impulse bedarf. Daher werden in der Folge unmißverständliche und umgehende Gesetzesvorschläge zum Aufbau eines neuen Föderalismus eingereicht werden, der der Demokratie größeren Halt gibt, einer ausgewogeneren und gerechteren Weiterentwicklung Vorschub leistet und die Einheit der Nation stärkt, indem er ihre Vielfalt anerkennt. Der neue Föderalismus wird von der mexikanischen Regierung bis hin zu den Bundesstaaten und Gemeinden eine tiefgreifende Umverteilung der Macht, der Kompetenzen und der Mittel verlangen.

Die Verfassung definiert unsere Regierungsform als repräsentative, demokratische und föderale Republik, die in Exekutive, Legislative und Judikative aufgeteilt ist. Die Gesetzgeber von 1917 wandten eine bekannte politische Theorie an, die für das Gleichgewicht der Kräfte in einer präsidialen Republik eintritt. Dieses republikanische Gleichgewicht erfordert sowohl eine starke Legislative als auch eine starke Judikative zur Überwachung der Exekutive und Kontrolle der Verfassungsmäßigkeit von Gesetzen bzw. Regierungsakten. Zu Beginn meiner Amtszeit bemühte ich mich mit Erfolg um eine neue Arbeitsweise der gesetzgebenden Gewalt. Vor kurzem machte ich den Vorschlag, die Kontroll- und Überwachungsbefugnisse der Exekutive zu verstärken, die somit einen unabhängigen Organismus innerhalb der Legislative bildet, um ihre Funktion besser wahrnehmen zu können. Ich habe regelmäßig Zusammenkünfte mit den Vertretern aller parlamentarischen Fraktionen abgehalten, um offen, respektvoll und konstruktiv über Belange von nationalem Interesse zu diskutieren.

Das System der Prozeßvollmachten und der Rechtsprechung ist im Hinblick auf ein neues Mexiko geschaffen worden. Das Bevölkerungswachstum, die zunehmende Verstädterung, neuartige Straftaten und neu in Erscheinung getretene kriminelle Organisationen, die es – wie zum Beispiel im Drogengeschäft – vor kaum zwanzig Jahren noch nicht gab, und die sich daraus ergebenden Konsequenzen erforderten die Neuorganisation der Judikative und des Systems der öffentlichen Sicherheit.

Im Falle der Judikative muß sich eine Veränderung vollziehen, die nicht nur ihre verfassungsgemäße Rolle als eine Gegengewalt zu Exekutive und Legislative stärkt, sondern auch

die notwendigen legalen und finanziellen Mittel sowie das
Personal zur Verfügung stellt, um der Forderung der Bevölkerung nach einer schnellen und wirksamen Rechtsprechung
gerecht zu werden, bei der Übereinstimmung herrscht zwischen dem Inhalt eines Gesetzes und dessen konkreter Anwendung und in der Gerechtigkeit und Billigkeit vereint sind.
Diese Veränderung kann nicht von heute auf morgen stattfinden. Sie ist eine mühselige und langwierige Aufgabe, in der
es unweigerlich Erfolge, aber auch harte Proben und schwierige Situationen geben wird und deren Vollendung sehr viel
Zeit in Anspruch nehmen wird. Sie ist eine Aufgabe, die von
so großer Bedeutung für unsere Gesellschaft ist, daß sie mich
an jedem Tag in meinem Amt beschäftigen wird. Der erste
Schritt in diese Richtung war die Durchführung einer Verfassungsreform, die die Judikative modernisieren und sie für ihre Aufgaben besser qualifizieren soll.

Im Bereich der öffentlichen Sicherheit und der Prozeßvollmachten gilt es, die Polizei und die der Staatsanwaltschaft
zugehörigen Behörden zu modernisieren. Zu diesem Zweck
habe ich dem Kongreß ein Gesetz vorgelegt, das die Koordination zwischen dem Bund, den Bundesstaaten und den
Kommunen regelt, mit dem Ziel, ein nationales System der
öffentlichen Sicherheit auf einer soliden juristischen Basis zu
gestalten; in den nächsten Monaten werde ich dem Kongreß
außerdem eine Gesetzesinitiative gegen die organisierte Kriminalität vorlegen, um den Kampf gegen den Drogenhandel
zu verstärken, der heute eine der gefährlichsten Bedrohungen für die nationale Sicherheit, das gesellschaftliche Wohlergehen und die öffentliche Ordnung ist.

Nachhaltiges wirtschaftliches Wachstum

Die Wirtschafts- und Finanzkrise, die Ende 1994 ausbrach,
hat den Lebensstandard der Bevölkerung gravierend verschlechtert und vieles gefährdet, was durch die Arbeit von
Millionen Mexikanern im Laufe vieler Jahre geschaffen wurde. Der Pessimismus, den diese Krise bei den Bürgern her

vorrief, konnte deshalb entstehen, weil der während fast eines ganzen Jahrzehnts für die Reform unserer wirtschaftlichen Strukturen unternommene Einsatz die Hoffnung auf Wachstum, vermehrte Schaffung von sicheren Arbeitsplätzen und steigende Einkünfte genährt hatte. Die Mexikaner engagierten sich in Erwartung eines Wachstums, das nicht eintrat.

Sicherlich gab es Ursachen für die außerordentliche Schärfe, mit der die Krise ausbrach. Eine davon war die Finanzierung eines hohen und über Jahre wachsenden Leistungsbilanzdefizits in der Zahlenbilanz durch Zuflüsse von kurzfristigem Auslandskapital. Hinzu kommt, daß langfristige Projekte mit kurzfristigen Instrumenten finanziert, die Aufwertung des realen Wechselkurses über ein vernünftiges Maß hinaus ermöglicht wurden und in der Finanzpolitik nur langsam oder auf sehr riskante Weise auf die Veränderungen im In- und Ausland reagiert wurde, wie zum Beispiel bei der Umstellung der Inlandsschulden auf Dollar, die eine Zunahme der Tesobonos voraussetzte.

Weitere Faktoren trugen zur Verschärfung der Krise bei. So war es zum Beispiel erstmals der Fall, daß Kapital über mehrere Jahre hinweg größtenteils nicht über Banken ins Land floß, was letztlich seine Volatilität verschärfte. Auch die Welle der Gewalt, die 1994 das Land erschütterte, wie zum Beispiel der bewaffnete Aufstand in Chiapas und die Ermordung des Präsidentschaftskandidaten der Regierungspartei, war beispiellos.

Jedoch wäre die Krise trotz der angeführten zahlreichen negativen Umstände nie so heftig ausgebrochen, wenn nicht die Bildung von Kapitalrücklagen vernachlässigt worden wäre. Während 1988 die Ersparnisse der Mexikaner noch fast 22 Prozent des Sozialprodukts betrugen, verringerte sich diese Zahl im Laufe der Jahre allmählich auf unter 16 Prozent im Jahr 1994.

Obwohl wir in diesen Jahren so viele finanzielle Mittel aus dem Ausland wie nie zuvor zur Verfügung hatten, führten die mangelnden inländischen Reserven dazu, daß die ertragreichen Investitionen hinter den Erwartungen zurückblieben. Wenn die ausländischen Reserven kurzfristig auch eine wichtige Ergänzung der inländischen Rücklagen sein können, so hängt langfristig die Investitionshöhe im wesentlichen von den inländischen Ersparnissen ab. In den letzten Jahren verminderten sich in Mexiko die internen Rücklagen aufgrund eines beträchtlichen Rückgangs der privaten Kapitalrücklagen. Tatsächlich ermöglichte die staatliche Steuerordnung eine beträchtliche Steigerung der öffentlichen Rücklagen. So gab es also ausländische und staatliche Rücklagen. Jedoch gingen die privaten Rücklagen zwischen 1988 und 1994 um ca. sieben Prozent des Bruttoinlandsproduktes zurück. Wenn in diesen Jahren die inländischen Rücklagen zumindest konstant geblieben wären, hätte eine beträchtlichere Steigerung der Investitionen, eine größere Produktivität der Wirtschaft und ein beständiges Wachstum stattgefunden.

Aufgrund der Größe des entstandenen Ungleichgewichts konnte das Leistungsbilanzdefizit (das auf fast acht Prozent des Bruttoinlandsproduktes gestiegen war) nicht mehr mit ausländischen Mitteln finanziert werden. Außerdem spitzte sich das Problem durch die Erhöhung der Zinsen auf dem Weltmarkt zu, was eine Verlagerung der Investitionen in Industrieländer und andere aufstrebende Märkte mit einem günstigeren Risiko-Rendite-Verhältnis zur Folge hatte.

Der geringere Zufluß von ausländischen Mitteln ließ bei den in- und ausländischen Investoren den Eindruck entstehen, daß das Wechselkursrisiko des Landes gestiegen sei. Um die Devisen zurückzuhalten, beschloß die Regierung die Ausgabe eines wachsenden Teiles der Staatsschuld an Tesobonos mit Dollar-Renditen und sehr kurzer Fälligkeit. Leider sorgten neuerliche negative politische Ereignisse Ende 1994 für wachsende Spekulationen gegenüber der Landeswährung. Die Kapitalflucht in Verbindung mit dem Versiegen der internationalen Reserven gipfelte Ende Dezember in der Abwertung des Peso. So setzte ab dem 22. Dezember das System des freien Wechselkurses ein.

Die Abwertung verstärkte die Erwartungen, daß die Regierung hohe Zahlungen für den kurzfristigen Schuldendienst vornehmen müßte, was zu großer Unsicherheit auf den mexikanischen und ausländischen Finanzmärkten führte.

Angesichts dieser Probleme setzten wir ein hartes, aber unaufschiebbares Wirtschaftsprogramm in Gang. Das Risiko der vollständigen Zahlungsunfähigkeit mußte abgewendet und eine Situation geschaffen werden, die den Abzug von Kapital in großen Mengen stoppen und die Stabilität auf den Finanz- und Devisenmärkten wiederherstellen sollte. Ebenso wichtig war es, das gravierende Ungleichgewicht in der Leistungsbilanz der Zahlungsbilanz schnell und nachhaltig zu bereinigen. Dies sollte mit den geringstmöglichen Belastungen für die Unternehmen und den Arbeitsmarkt verbunden sein. Auch mußte vermieden werden, daß das Land in eine unkontrollierbare Inflation-Abwertungs-Spirale geriet.

Um diese Ziele zu erreichen, sah das Anpassungsprogramm verschiedene, sicherlich schmerzhafte Maßnahmen zur Stärkung der Staatsfinanzen vor. Dazu gehörten auch die Ausarbeitung einer Strategie zur Bereitstellung ausländischer Finanzmittel, um den Verlust an kurzfristigem Kapital für das Land auszugleichen und um die Entwicklung umzukehren. Außerdem erachtete man die Umsetzung von Sonderprogrammen für wichtig, welche die Auswirkungen der Rezession und der Inflation mildern sollten.

Zur Konsolidierung der Staatsfinanzen erhöhte man den allgemeinen Mehrwertsteuersatz von zehn auf 15 Prozent, die Preise und öffentlichen Gebühren wurden angepaßt und eine Verringerung der Staatsausgaben um zehn Prozent für dieses Jahr festgelegt. Zur Stabilisierung der Finanzmärkte wurde ein Hilfspaket der internationalen Finanzgemeinschaft im Wert von ungefähr 50 Milliarden Dollar ausgehandelt. Bisher wurde jedoch nur die Hälfte der bereitgestellten Mittel in Anspruch genommen.

Im Rahmen der Sonderprogramme zur Krisenbewältigung wurden Maßnahmen zur Unterstützung des Bankensystems eingeleitet, wie zum Beispiel Programme zur vorübergehenden Kapitalbildung, Mechanismen zur Liquiditätssicherung in Form von ausländischen Devisen für Wechselbanken, Gesetzesreformen zur Förderung der ausländischen und inländischen Investitionen im Bankensektor und Umstrukturierungsprogramme für den fälligen Portefeuillebestand. Um die schwierige Situation, in der sich die Schuldner im Bankensystem befanden, abzumildern, schufen die mexikanische Regierung und die Handels- und Entwicklungsbanken ein Hilfsprogramm, das besonders für die Schuldner mit Verpflichtungen niedriger und mittlerer Höhe bestimmt ist, wobei dem Agrarsektor besondere Vergünstigungen eingeräumt wurden.

Dank des schnellen Handelns, mit dem man den Problemen begegnete, und der strukturellen Stärke der mexikanischen Wirtschaft sind trotz der gravierenden Auswirkungen der Krise wenige Monate danach ermutigende Zeichen einer Erholung zu erkennen. So ist die Gefahr eines Finanzkollapses, die Anfang 1995 noch bestand, abgewendet. Die Situation auf den Finanzmärkten hat sich stabilisiert, und das Ungleichgewicht in der Leistungsbilanz wurde korrigiert. Der Wechselkurs, der im März bei über 7,5 Pesos pro US-Dollar lag, hat sich in den letzten drei Monaten bei durchschnittlich 6,2 Prozent eingependelt. Der Banken-Zinssatz, der ebenfalls im März auf fast 110 Prozent gestiegen war, fiel auf unter 40 Prozent, wenn er auch weiterhin sehr hoch ist. Von Januar bis März 1995 betrug der Handelsüberschuß fast 3700 Millionen Dollar, was eine deutliche Verbesserung im Vergleich zum Defizit von fast 10 400 Millionen Dollar darstellt, das im entsprechenden Vorjahreszeitraum registriert wurde. Im ersten Halbjahr 1995 betrug das Exportwachstum im Vergleich zum Vorjahreszeitraum mehr als 32 Prozent, während die Importe gleichzeitig um ungefähr sieben Prozent zurückgingen. Die monatliche Inflationsrate, die im April bei acht Prozent lag, zeigt seitdem einen eindeutigen Abwärtstrend; im August betrug sie schon 1,7 Prozent. Als Ergebnis der strikten Disziplin des Staatshaushaltes in den ersten sechs Monaten dieses Jahres betrug der reale Zuwachs bei den Steuereinnahmen 300 Prozent gegenüber dem entsprechenden Vergleichszeitraum des vergangenen Jahres.

Die momentane Situation ist jetzt stabiler, und der Weg, der vor uns liegt, wird immer klarer. Die Finanzkrise Mexikos ist ein Beispielfall für die neuen Herausforderungen, denen man sich in einer Welt mit wachsender gegenseitiger Abhängigkeit gegenübersieht. Die Situation, in der sich Mexiko befindet, ist nicht einzigartig und betrifft alle aufstrebenden Volkswirtschaften und folglich auch das internationale Finanzwesen in seiner Gesamtheit. Wenn uns nicht die Auswirkungen klar werden, welche die schmerzhaften Erfahrungen Mexikos hatten, laufen wir Gefahr, daß das, was für uns schon Vergangenheit ist, zum Vorboten für kommende Krisen in anderen Staaten und nicht allzu ferner Zukunft wird. So können aus den Erkenntnissen Mexikos viele interessante Lehren für zahlreiche Länder gezogen werden.

Nachdem die schwierigsten Situationen der Finanzkrise zu Beginn des Jahres überwunden sind, ist das Hauptziel der Regierung im Bereich der Wirtschaftspolitik nun die Förderung eines kräftigen und nachhaltigen Wachstums. Diesem Ziel dienen die Gesetzesreformen, die auf die Ankurbelung der privaten, sowohl inländischen als auch ausländischen, Investitionen für Eisenbahn, Telekommunikation, Häfen, Flughäfen, sekundäre Petrochemie, Erzeugung und Verbreitung von elektrischer Energie sowie die Versorgung und Speicherung von Erdgas abzielten und die der mexikanische Kongreß auf Initiative der Bundesregierung beschließen wird.

Um die Schaffung von Arbeitsplätzen zu fördern, wurde außerdem ein Deregulierungsprogramm beschlossen, das die lästigen Formalitäten, die kleinste, kleine und mittelständische Unternehmen sowohl bei ihrer Gründung als auch im täglichen Betrieb erledigen müssen, erleichtern. Man arbeitet auf ein Regelwerk hin, dessen Schwerpunkt auf dem Verbraucherschutz und der Förderung anstelle der Behinderung von privaten Initiativen liegt.

Im nächsten Jahr, also 1996, müssen sich eine generelle Erholung einstellen und die Grundlagen geschaffen werden für ein dynamisches und nachhaltiges Wachstum, das wir uns für die folgenden Jahre vorgenommen haben. Um die Voraussetzung für ein nachhaltiges mittel- und langfristiges Wachstum zu erreichen, werden Strukturreformen vollzogen, die ständige Anreize für die private inländische Kapitalrücklagenbildung schaffen. Vor diesem Hintergrund zeichnet der Nationale Entwicklungsplan die Prinzipien für eine umfassende Strategie zur Förderung der inländischen Reservenbildung auf. Der Reform des Gebührensystems und des Beitragssystems für Renten und Wohnbeihilfen wird besondere Bedeutung beigemessen.

Die wirtschaftliche Reaktivierung bedeutet nicht die Lockerung der wirtschaftlichen Disziplin. Damit die Erholung eine solide Grundlage hat, muß für gesunde Staatsfinanzen, eine der notwendigen Verringerung der Inflation entsprechende Geldpolitik und eine Wechselkurspolitik, welche die permanente Steigerung des Exports fordert, gesorgt werden. Um letzteres zu erreichen, werden wir weiterhin mit anderen Ländern und Regionen über Abkommen zur Handelsliberalisierung und zum Schutz von Investitionen verhandeln.

Nachdem die aktuelle Krise überwunden ist und sich die wirtschaftliche Erholung konsolidiert hat, wird es mit Hilfe der Förderung privater Reservenbildung möglich sein, gleichbleibende wirtschaftliche Wachstumsraten von jährlich über fünf Prozent zu erreichen. Das Wirtschaftswachstum ist unerläßlich für die Sicherung gutbezahlter Arbeitsplätze, eines wachsenden Wohlstandsniveaus und letztendlich einer gerechten Verteilung, die notwendig ist für eine friedliche Entwicklung.

Die Sicherung unserer Selbständigkeit, die Durchsetzung neuer Gesetze und die Erlangung des wünschenswerten wirtschaftlichen und gesellschaftlichen Fortschritts sind auf der Basis von schnellem und nachhaltigem wirtschaftlichen Wachstums möglich. So wird meine Regierung alle erforderlichen wirtschaftlichen Reformen einleiten und sich von ihrer erfolgreichen Durchführung überzeugen.

Gesellschaftlicher Wohlstand für Mexiko

Im Bereich der Sozialpolitik hat Mexiko aufgrund seiner umfangreichen Bemühungen Fortschritte erzielen können. Dennoch existieren weiterhin Armut sowie individuelle und regionale Ungleichheiten.

Die aktuelle Wirtschaftskrise hat zu einer Senkung des Realeinkommens für die Mehrheit der Bevölkerung und zu einem Anstieg der Arbeitslosigkeit geführt. Wir haben jedoch Programme ausgearbeitet, um die sozialen Kosten zu verringern und die Auswirkungen der Rezession zu mildern. Mit zunehmendem Erfolg dieses Programms des wirtschaftlichen Ausgleichs wurden auch die sozialen Programme verstärkt. So wurde ein Programm für zeitweilige Beschäftigung sowie ein Programm für den Erhalt von Landwegen ausgearbeitet, die beide zusammen mehr als 710 000 Arbeitsplätze auf Zeit geschaffen haben, um hier nur ein Beispiel der zahlreichen Maßnahmen zu nennen.

Die soziale Entwicklung und andere Faktoren wie die Festigung der Demokratie und das Vorhandensein einer Wettbewerbs- und Wachstumswirtschaft stehen in einem gegenseitigen Abhängigkeitsverhältnis. Die Ausgrenzung verschiedener Bevölkerungsgruppen Mexikos von den Errungenschaften des Fortschritts und der Entwicklung ist unvereinbar mit der Konsolidierung eines pluralistischen, offenen und stabilen politischen Systems. Ebenso kann die Verbesserung der Lebensbedingungen der Bevölkerung nur durch ein stabiles Wirtschaftswachstum erreicht werden.

Die politische Verfassung Mexikos gewährt Garantien und individuelle Rechte, die sich auf die Chancengleichheit und auf die Verbesserung der Lebensbedingungen der Menschen beziehen. In Erfüllung dieses Auftrages hat sich der Nationale Entwicklungsplan für 1995–2000 zum grundsätzlichen Ziel gesetzt, die individuelle und gemeinschaftliche Chancengleichheit – in bezug auf materielle als auch auf geistige Werte – zu gewährleisten und zu erweitern. Hierfür wird die Regierung ihre Sozialpolitik im Rahmen von fünf Strategien entfalten: qualitative Verbesserung und räumliche Ausdehnung der Grundversorgung in den Bereichen Bildung, Gesundheit und Wohnungsbau; Harmonisierung des Bevölkerungswachstums und der räumlichen Aufteilung der Bevölkerung; Förderung einer ausgewogenen Entwicklung der Regionen; bevorzugte Behandlung von Bevölkerungsgruppen und Zonen mit den größten wirtschaftlichen und sozialen Nachteilen; Weiterführung einer Politik der umfassenden sozialen Entwicklung, die sich an den Prinzipien des neuen Föderalismus orientiert.

Als weiteres Instrument der Sozialpolitik hat meine Regierung das »Nationale Bevölkerungsprogramm« in die Wege geleitet, das zu garantieren versucht, daß alle Mexikaner in gleicher und gerechter Weise an den Errungenschaften der Entwicklung beteiligt werden, und gewährleisten soll, daß die territoriale Verteilung der Bevölkerung sich an die regionalen Entwicklungsmöglichkeiten anpaßt. Ziel auch dieses Programmes ist die Förderung der umfassenden Entwicklung der Familie: die Beteiligung der Frauen in gleichberechtigter Stellung gegenüber dem Mann; Verbesserung des Lebensstandards und des Wohlstandes der indigenen Bevölkerung und Entwicklung einer beständigen demographischen Kultur.

Im Bereich der Erziehung strebt Mexiko an, daß alle Kinder die Grundausbildung erhalten, die in Mexiko zehn Jahre umfaßt (Vorschule, Primar- und Sekundarstufe), sowie eine deutliche Verbesserung der Qualität der Grundausbildung, der mittleren und der mittleren-technischen Ausbildung. Um die Nachfrage nach qualifizierten Arbeitskräften von seiten der Industrie besser decken zu können und um Anforderungen nach Aus- und Fortbildung der Arbeiter entsprechen zu können, werden wir eine Reform der Erziehungssysteme für die mittlere-technische und mittlere-höhere Ausbildung durchführen.

Wir werden die Aus- und Fortbildung der Produzenten in Landwirtschaft und Viehzucht verbessern, um ihnen bei der Technologisierung ihrer Betriebe zu helfen und so ihre Wettbewerbsfähigkeit zu verbessern. Darüber hinaus wurde der »Consejo de Normalización y Certificación Laboral«, eine Einrichtung zur Normung und Beglaubigung von Arbeits-Fachkenntnissen, gegründet, der an der Integration eines nationalen Aus- und Fortbildungssystems arbeitet.

Im Bereich des Gesundheitswesens wurde eine Reform durchgeführt, die eine bessere Versorgung der Bevölkerung mit niedrigeren Einkommen erlaubt und mit deren Hilfe die medizinische Versorgung auf jene 10 Millionen Mexikaner ausgedehnt werden kann, die bisher keinen Zugang zu den Leistungen des Gesundheitswesens hatten. Die Dezentralisierung und Integration der Versorgungsdienste wird die Effektivität der Mittel erhöhen.

Meine Regierung hat beschlossen, die urbane und regionale Entwicklung durch das »Programa de los 100 cuidades medias«, ein Programm zugunsten von 100 Städten mittlerer Größe (mit weniger als einer Million Einwohner), zu fördern. Dieses Programm umfaßt Aktivitäten zur Regulierung der Bodennutzung und der Bereitstellung von Bauland für den Wohnungsbau, die Verbesserung der Verwaltung und der Befugnisse der städtischen Behörden sowie die Bereitstellung von Grundleistungen (wie zum Beispiel Trinkwasser, Drainagesysteme und Stromversorgung).

Wir werden die Notprogramme im sozialen Bereich, die wir bereits begonnen haben, an die jeweiligen Entwicklungen anpassen und weiterführen, um so ein soziales Netz für die in Armut lebende Bevölkerung aufzubauen. Unter den Zielen, die wir uns für das Jahr 2000 gesetzt haben, sind folgende besonders hervorzuheben: Gewährleistung der Grundversorgung im Gesundheitswesen; Grundversorgung mit Nahrungsmitteln für Familien, die an Unterernährung leiden; tägliche Ausgabe von vier Millionen Schulfrühstücken; Neubau und Sanierung von 700 000 Wohnungen im Jahr; Trinkwasserversorgung für jede Gemeinde mit mehr als 1000 Einwohner; Stromversorgung für alle Gemeinden mit mehr als 100 Einwohnern.

Die Chancen der Globalisierung

Die Erde erscheint von Tag zu Tag kleiner. Die Kommunikationstechniken und die Globalisierung der Wirtschaft führten dazu, daß sich Waren und Personen mit immer größerer Leichtigkeit in der Welt fortbewegen. Die Probleme unseres Planeten sind so komplex, daß sie Staatsgrenzen überschreiten. Die Probleme eines Landes betreffen im allgemeinen auch seine Nachbarn und geben oft der ganzen Region oder sogar der ganzen Welt Anlaß zur Besorgnis.

Die steigende wirtschaftliche Interdependenz zwischen den Staaten darf jedoch nicht mit einer Aufgabe des Souveränitätsprinzips gleichgesetzt werden. Die Souveränität ist das höchste Gut der Mexikaner. Souveränität bedeutet für uns, die Fähigkeit zu bewahren, wirtschaftliche und innenpolitische Entscheidungen frei treffen zu können, unabhängig von anderen Ländern. In Ausübung unserer Freiheit schaffen und anerkennen wir persönliche Interessen, setzen wir uns gemeinsame Ziele und verteidigen das, was uns betrifft, und stärken den Platz Mexikos in der internationalen Staatengemeinschaft.

Die Beziehungen zwischen Mexiko und den Vereinigten Staaten haben für beide Länder vorrangige Bedeutung, nicht nur aufgrund ihrer Nachbarschaft, sondern auch aufgrund der Dynamik der gegenseitigen Kontakte und der Austauschsysteme, die beide Länder aufgebaut haben. Wir sind daher auf der Suche nach einem neuen Weg der Verständigung, der die Interessen Mexikos gegenüber dieser Nation zum Ausdruck bringt und fördert. Angestrebt wird eine Intensivierung der Konsultationen auf höchster Ebene in den folgenden bilateralen und internationalen Angelegenheiten: Schutz der Menschenrechte und der Arbeitsrechte der in die USA emigrierten mexikanischen Arbeiter sowie die Förderung ihrer Würde und ihres Ansehens; Ausbau der finanziellen, wirtschaftlichen, wissenschaftlichen und technologischen Kooperation, Einbringung neuer und effektiver Initiativen zur Bekämpfung des Drogenhandels sowie des Waffen- und Menschenhandels; Durchsetzung und Ausdehnung der Maßnahmen im Bereich des Umweltschutzes; Entwicklung von Sofortmaßnahmen zur Unterstützung der Grenzbevölkerung; Bekämpfung des Verbrechens und der Gewalt in den Grenzgebieten; Verstärkung der Aktivitäten zum gegenseitigen Kennenlernen der Kulturen beider Länder.

Im wirtschaftlichen Bereich haben wir unsere Zugehörigkeit zur Nordamerikanischen Freihandelszone erneut bekräftigt und unsere Entschlossenheit gezeigt, diese so gut wie möglich zu nutzen. Wir haben den Vertrag ratifiziert, da wir glauben, daß wir durch diese Freihandelszone größeren Wohlstand erreichen können.

Mit Kanada verbinden uns gemeinsame Interessen sowohl bilateralen als auch regionalen Charakters. Diese gemeinsamen Interessen müssen wir einsetzen, um unseren wirtschaftlichen Beziehungen neue Anregungen zu geben und eine bessere Koordinierung unserer Politik auf multilateraler Ebene zu erreichen. Wir werden vor allem unsere Beratungen bezüglich multilateraler Themen verstärken, insbesondere im Bereich der Entwicklungsförderung, der rechtlichen Zusammenarbeit im Bereich der Bekämpfung des Drogenhandels und im wissenschaftlichen, technischen und kulturellen Austausch.

Mit der Europäischen Union streben wir einen umfangreichen und weitreichenden Wirtschaftsvertrag an. Dieser Vertrag sollte einen geeigneten Rahmen für den Ausbau des Austausches von Waren, Dienstleistungen und Investitionen darstellen und eine progressive gegenseitige Liberalisierung beinhalten, in Übereinstimmung mit den bestehenden Bestimmungen der Welthandelsorganisation.

Bis zur Konkretisierung dieses Vertrages bauen wir weiterhin das Netz bilateraler Verträge mit verschiedenen europäischen Ländern zur Förderung und zum Schutz von Investitionen aus, die wir bereits unterzeichnet haben oder deren Unterzeichnung bevorsteht. Darüber hinaus werden wir das Konsultationssystem bezüglich bilateraler, regionaler und globaler Themen mit den Staaten der OECD und anderen strategisch wichtigen Ländern ausbauen bzw. neu aufbauen.

Spanien, als Mitglied der Europäischen Union, ist ein wesentlicher Partner Mexikos. Unsere Länder verbindet eine lange Geschichte und große Affinität. Unser Wunsch ist es, mit Spanien nicht nur auf bilateraler, sondern auch auf überregionaler, lateinamerikanischer Ebene zusammenzuarbeiten, um so neue Wege zur Sicherung des Friedens und der Entwicklung Lateinamerikas zu eröffnen.

Mit Deutschland wollen wir unsere fruchtbare Beziehung beibehalten und ausbauen. Mexiko anerkennt den herausragenden Beitrag, den deutsche Firmen wie Volkswagen, Daimler-Benz AG, Bayer, Hoechst und BASF für die wirtschaftliche Entwicklung verschiedener Regionen unseres Landes geleistet haben. Heute ist Deutschland der drittgrößte ausländische Investor in Mexiko; die Gesamtsumme des Handels zwischen beiden Ländern stieg aus diesem Grund in den letzten fünf Jahren von 1777 auf 3501 Millionen US-Dollar, eine Steigerung von 100 Prozent. Trotz dieser positiven Bilanz werden wir versuchen, die Handelsbeziehungen noch weiter auszubauen und die Zusammenarbeit im Bereich Wissenschaft, Kultur und Bildung zu steigern und zu diversifizieren.

In Mitteleuropa werden wir die Präsenz Mexikos sichern, indem wir die diplomatischen Instrumentarien und Verträge aktualisieren und so den wirtschaftlichen Handel und die technische und kulturelle Zusammenarbeit fördern. Durch unsere Position in der Europäischen Bank für Wiederaufbau und Entwicklung nähern wir uns ihren Projekten und Märkten an und sind in der Lage, mit diesen Nationen einen einträglichen Austausch aufzubauen.

Im bezug auf Lateinamerika haben wir versucht, unsere Beziehungen an zwei Achsen zu orientieren: 1. Stärkung der Mechanismen zur Konsultation und politischen Konzertierung, um den Frieden zu sichern und die Entwicklung zu fördern; 2. Schaffung einer Zone des freien Handels und der wirtschaftlichen Ergänzung, die die gesamte Hemisphäre umfaßt. Die Festigung der Demokratie in dieser Region erlaubt eine beständige politische Verständigung und eine engere Zusammenarbeit. Der Prozeß der Umstrukturierung und der Öffnung, dem sich unsere Volkswirtschaften unterzogen haben, bietet völlig neue Möglichkeiten der Integration. Der Abschluß von individuellen Freihandelsverträgen mit Chile und Costa Rica und im Rahmen der Dreiergruppe mit Kolumbien und Venezuela stärkt die wirtschaftlichen und freundschaftlichen Beziehungen und die Zusammenarbeit Mexikos mit Lateinamerika. Nun müssen wir die wirtschaftliche Integration mit der Region Mittelamerika und der Karibik ausbauen und festigen. Wir werden dabei die Fähigkeit

Mexikos nutzen, die Kräfte der anderen Länder zu mobilisieren, um gemeinsam diese Ziele zu verwirklichen und so unsere wirtschaftlichen und sozialen Entwicklungsmöglichkeiten zu steigern.

Der asiatische Pazifikraum hat sich zu einem der wichtigsten Wirtschafts- und Investitionsstandorte entwickelt, denn in dieser Region befinden sich einige der wichtigsten Volkswirtschaften der Welt. Mexiko hat sich vorgenommen, die Mitgliedschaft in den wichtigsten Wirtschaftsforen dieser Region, wie zum Beispiel der APEC, zu nutzen, um die finanziellen und Handelsbeziehungen zu dessen Mitgliedsländern zu fördern.

Im Mittleren Osten, einer Region die vor allem mittelfristige Wachstumsperspektiven bietet und die mit Mexiko durch bedeutende gemeinsame Themen verbunden ist, werden wir das Potential für eine wirtschaftliche und finanzielle Kooperation ausschöpfen. Zu Afrika möchte Mexiko seine traditionellen Bande erneuern, worunter auch die Eröffnung von neuen diplomatischen Vertretungen fällt.

Die internationalen Foren sind ein geeignetes Instrument, um die gemeinsamen Herausforderungen, die sich allen Nationen stellen, zu meistern. Vom Funktionieren dieser Foren und ihren Leistungen hängt die Gewährleistung des Weltfriedens und die Schaffung einer wirklichen Weltordnung ab.

Voraussetzung für den Weltfrieden ist ein Klima des Respektes und der Toleranz unter den Nationalstaaten. Mexiko erachtet es daher als notwendig, seine langjährige Mitwirkung am Friedensprozeß fortzusetzen und einen umfangreichen und realisierbaren Konsens zugunsten der Abrüstung und der Nicht-Verbreitung nuklearer und konventioneller Waffen sowie der Bekämpfung des illegalen Waffenhandels zu erreichen. Was unsere Außenpolitik betrifft, so versuchen wir eine Neuordnung der Organe und Entscheidungssysteme der internationalen – politischen und wirtschaftlichen – Organismen anzuregen, um das Gleichgewicht und die Verantwortlichkeiten unter den Ländern zu verbessern.

Die Verpflichtung, die Mexiko im bezug auf Demokratie, Einhaltung der Menschenrechte, Umwelt, Bekämpfung des

Drogenhandels und des Terrorismus eingegangen ist, spiegeln sich in den internationalen Positionen Mexikos sowohl auf bilateraler als auch internationaler Ebene wider. Wir werden gemeinsame Problemstellungen und konzertierte Aktionen vorschlagen, wenn die Natur der Probleme dies verlangt.

Mexiko im 21. Jahrhundert

Die heutige Gesellschaft Mexikos ist gekennzeichnet von einer Pluralität der Erwartungen und Meinungen. Es kann daher niemanden verwundern, daß die verschiedenen Bevölkerungsgruppen nicht immer einer Meinung sind hinsichtlich der Richtung der angestrebten Reform, der Geschwindigkeit, mit der diese Reform vollzogen wird und deren Umfang. Daneben gibt es auch Kräfte, die für den Erhalt des Status quo kämpfen. Die große Mehrheit der Mexikaner teilt jedoch die Überzeugung, daß wir unsere politischen Institutionen und unsere materiellen Lebensbedingungen durch produktive Arbeit, Sparsamkeit, Dialogbereitschaft und Beharrlichkeit perfektionieren können und dadurch als wohlhabenderes, gerechteres und demokratischeres Land in das 21. Jahrhundert gehen können.

Am Ende dieses Jahrtausends ist diese Welt noch weit davon entfernt, eine Welt des Wohlstandes, der Ruhe und der Freiheit zu sein, die unsere Vorfahren angestrebt haben und die auch wir heute anstreben. Die Frauen und Männer, die das Erbe dieses Planeten angetreten haben, müssen gemeinsam und im Geist der Toleranz und Brüderlichkeit lernen, daß der Austausch von Meinungen und Gütern einen fundamentalen Bestandteil unseres Lebens darstellt. Kooperation, und nicht Konfrontation, ist der Schlüssel zur Lösung der gegenwärtigen Herausforderungen. Mexiko wird weiterhin und mit all seiner Energie und seinem Streben auf eine bessere Zukunft setzen, für alle Bewohner seines Landes und der Erde.

Biographie
Dr. Ernesto Zedillo

Ernesto Zedillo Ponce de León wurde am 27. Dezember 1951 als Sohn des Rodolfo Zedillo Castillo und der Martha Alicia Ponce de León in Mexiko-City geboren. In der Hoffnung, bessere Möglichkeiten der Beschäftigung sowie der Ausbildung ihrer Kinder vorzufinden, zogen seine Eltern nach Mexicali, Baja California.

Im Elternhaus wurde ihm beigebracht, daß die Chance einer besseren Zukunft in der Ausbildung liege. Er hob sich daher in der Schule als ein außergewöhnlicher, lernbegieriger, disziplinierter und ehrgeiziger Schüler hervor.

Seine Eltern ermutigten ihn 1965, wieder nach Mexiko-City zurückzugehen. Er studierte Wirtschaftswissenschaften und sammelte wichtige Erfahrungen an verschiedenen Hochschulen im In- und Ausland, bei der Bank von Mexiko, in der öffentlichen Verwaltung und in Ministerien, bis er 1992 Erziehungsminister wurde.

Am 24. März 1994 wurde Ernesto Zedillo Präsidentschaftskandidat der PRI, der Partei, der er bereits seit zwanzig Jahren angehörte.

Im Dezember 1994 übernahm er das Büro des gewählten Präsidenten der Vereinigten Mexikanischen Staaten.

Ernesto Zedillo ist mit Nilda Patricia Velasco verheiratet und hat fünf Kinder.

Mohtarma Benazir Bhutto
Premierministerin der Islamischen Republik
Pakistan

BENAZIR BHUTTO

Die Rolle der Führerschaft in der heutigen Welt

Es gibt zwei Sichtweisen für die Geschichte, vor allem die heutige, und die sich schnell wandelnden nationalen und internationalen Szenerien. Entsprechend gibt es auch zwei Sichtweisen für die politische Verantwortlichkeit und die von den Führern beanspruchte Stellung bei der Gestaltung der Geschichte. Die zentrale Frage, die viele Historiker in der Vergangenheit bewegte, ist die Stellung, die mächtigen Führern bei der Entwicklung bedeutsamer Ereignisse beizumessen ist. Sind solche Führer lediglich Produkt der Geschichte, oder sind sie ihre Gestalter?

In Zeiten des Aufruhrs, wenn »der Drang nach grundlegender Veränderung mit Zerfall und Konflikt einhergeht«, wie Harold Laski sagt, besteht die Tendenz, diese Erscheinungen dem »willkürlichen Ermessen bösartiger Menschen« zuzuschreiben, anstatt »tieferen und von Personen unabhängigen Gründen, deren Kontrolle außerhalb ihrer Macht liegt und bei denen sie nichts weiter als flüchtige Symbole sind«. Das Bestreben, eine nationale Tragödie einigen wenigen Sündenböcken zuzuschreiben, ist verständlich. Ist es doch weitaus bequemer, direkte Verantwortung einzelnen Protagonisten anzulasten, anstatt kollektive Verantwortung für das Ereignis zu übernehmen. Diese weitverbreitete Tendenz ist zudem gefährlich, da die Aufgabenzuweisung an Einzelpersonen bei der Gestaltung historischer Prozesse dazu führt, die Menschen ihrer Bürgerrechte zu berauben und sie ihren Bürgerpflichten gegenüber unempfindlich zu machen. Noch grundlegender gesehen kann man gar zu der Ansicht kommen, daß ein gewisser Zug von deterministischem Fatalismus die menschliche Psyche befällt, wenn das Erscheinen und Abtreten von Königen und Herrschern als Organisationsprinzip für historisches Wissen und Studium dient. Die Menschen fühlen sich nicht mehr als Gestalter der Geschichte. Sie werden zu still Duldenden, rechtlosen Statisten und letztlich Opfern der Geschichte.

In einer Welt, in der außer der Demokratie alle anderen Experimente zur Organisation menschlicher Existenz versagt haben, bedeutet es Blasphemie, die Rolle der Führer zu rühmen und die Macht des Volkes herunterzuspielen. Schließlich bestimmt das Volk in freier Wahl seine Vertreter, welche die Regierung bilden. Diese ist tatsächlich die Regierung des Volkes, für das Volk und durch das Volk. Die gewählten Vertreter verkörpern die Wünsche und Hoffnungen des Volkes. Vom Volk werden die durch die Regierung zu lösenden politischen, wirtschaftlichen und sozialen Aufgabenstellungen gebilligt. Das Mandat ergeht durch das Volk, dem die Regierung letztendlich rechenschaftspflichtig ist.

Wenn das Volk in einem demokratischen System einen Führer wählt, so deswegen, weil es in ihm eine Person sieht, die nicht nur seine unmittelbaren Erwartungen, Bedürfnisse und Forderungen vertritt und artikuliert, sondern auch seine tieferen, inneren Träume und Hoffnungen auf eine bessere Zukunft. Ich möchte das als Akt des Artikulierens bezeichnen, bei dem der Führer die Führungsrolle und Verantwortung über solche Funktionen hinaus übernimmt, die man einem Verantwortungsträger zuschreibt. Rein politisch gesehen trägt dieser Akt des Artikulierens auch zur Bildung der Menschen bei, die man vertritt. Indem er ihre inneren Träume und Triebkräfte artikuliert, prüft und präzisiert der Führer sie auch ständig und stellt mitunter ihre Motive sogar in Frage oder erweitert zuweilen den Rahmen dieser Hoffnungen über das direkt Machbare hinaus. Somit ist eine wirkliche Führungsperson nicht nur Vertreter ihrer oder seiner Nation, sondern sie ist auch, im tieferen Sinne, als es die begrenzte orthodoxe Auslegung von Demokratie hergibt, Schöpfer der Nation und Gestalter der Geschichte.

Und damit komme ich zur zweiten Sicht auf die Geschichte und die politische Verantwortung. Von dieser Perspektive aus gesehen verändern wahre Führer und geniale Persönlichkeiten die Geschichte. Das ist ein Teil ihrer Mythologie und letztlich ihr Prüfstein. Auch ist es ihre endgültige und höchste Form, vollständig Verantwortung für ihre Taten zu übernehmen, durch die sie das Schicksal ihrer Völker verändern. Natürlich verleiht das den Führern gewaltige Macht, Macht allerdings ohne Schuld und Verantwortung ohne Tränen.

Die Aufgabe, eine Partei, Regierung und Nation zu führen, wäre widersprüchlich und reaktiv geblieben, wenn mich nicht eine Vision beseelt hätte. Wenn mir nicht schmerzlich die Not bewußt gewesen wäre, die nicht nur mich persönlich betraf, sondern in der unverminderten Dunkelheit des langwährenden Kriegsrechtes unter General Zia traumatisch die gesamte Nation heimsuchte. In jenen Tagen wurde der wahre Geist des Islams schändlich dem ruchlosen politischen Ziel der Selbsterhaltung des Zia-Regimes untergeordnet. Bei der Legitimierung seiner diktatorischen Herrschaft hat dieser selbsternannte »Messias« und »Retter« nicht nur den wahren Kern des Islam entstellt, sondern zugleich auch die Psyche der Nation im Innersten verstümmelt. Das war der schrecklichste Alptraum, aus dem sich das Land selbst erwecken mußte.

Mein erstes Anliegen bleibt es daher, unserem Volk wieder das wahre Wesen des Islams nahezubringen und die Nation von den fanatischen ideologischen Verzerrungen zu entledigen, die Zia dem nationalen Gebilde aufgezwungen hat. Diese Aufgabe ist um so wichtiger, als sich immer noch Anzeichen von Diktatur zeigen und Intoleranz weiter unsere ethnische Landschaft vergiftet. Die Kinder des Kriegsrechtes bedrohen nach wie vor die demokratischen Strukturen, indem sie offen für verfassungswidrige Methoden eintreten, um eine frei gewählte Regierung zu stürzen. Die schweigende Mehrheit des pakistanischen Volkes, die tolerant, schöpferisch, innovativ, fleißig und prinzipientreu ist, war allzu lange von einer lärmenden Minderheit des Zwangsregimes und der Intoleranz willkürlich geknebelt worden. Unter der Volksregierung gehen die Menschen nun daran, sich von den Gespinsten ideologischer Verzerrungen und Desinformation zu befreien, mit der diese Diktatoren unser nationales Bewußtsein schlau umgarnt hatten.

Die erzwungene Orthodoxie ist vom Volk entschieden abgelehnt worden. Die sogenannten »fundamentalistischen« Elemente üben keine Anziehungskraft auf die Wählerschaft aus. Nicht von ungefähr haben die religiösen Parteien fundamentalistischer Art bei den nationalen Wahlen eine drastische Niederlage erlitten, als sie nur eine Handvoll der 217 Parlamentssitze erhielten. Ungeachtet der grausamen Unterdrückung und finsterem Erbe der Diktatur entdeckt das Volk Pakistans bereits wieder sein wahres Vermächtnis. Allerorts sind deutliche Veränderungen erkennbar. Meine Vision von Pakistan schöpft ihre Stärke und Lebenskraft aus unserem reichen Erbe. Was ist unser Erbe der Vergangenheit?

Die Länder, die Pakistan jetzt umfaßt, waren die Zentren vieler reicher Zivilisationen im Altertum. Archäologische Funde geben Zeugnis davon, daß dieses Gebiet das Zentrum des Buddhismus war. Ashoka war das großartige Produkt dieser Erde. Späterhin wurde dieses Gebiet zur Heimat der mystischen Tradition eines toleranten Islam, der eng verwandt war mit dem später aufkommenden liberalen Humanismus. Die Gebiete des heutigen Pakistans waren Mittelpunkt und Kreuzweg mancher uralten großen Zivilisationen. Während die Große Fernstraße, die Kabul mit Kalkutta verband, durch dieses Gebiet verlief und den Okzident mit dem Orient zusammenführte, brachte die Seidenstraße den Norden und den Süden zusammen. Durch Handelsbeziehungen und tiefgreifende geschichtliche Bewegungen erfuhr dieses Gebiet zahlreiche und vielfältige kulturelle Einflüsse. Es gab den arabischen Einfluß, den iranischen, den zentralasiatischen und später den griechischen Einfluß, als Alexander der Große in diese Landgebiete kam. Diese Region war sozusagen ein »Schmelztiegel«, in dem all diese unterschiedlichen Kräfte wechselseitig aufeinander einwirkten und letztlich eine Synthese bildeten. Es war die Region, in der (gemäß einer berüchtigten Formulierung von Professor Huntington) »die zivilisatorischen Verwerfungslinien« einfach fortgeschmolzen sind. Das unweigerliche Ergebnis und Produkt war eine

Kultur der Toleranz und Innovation und ein Klima der Kreativität und Zufriedenheit. Das ist in Wirklichkeit unser kulturelles Erbe.

Mit der Besitzabtretung der Sowjetunion und dem Wiederentstehen zentralasiatischer Staaten als unabhängige und souveräne politische Einheiten, läßt Pakistan seine uralten kulturellen und Handelsbeziehungen mit Zentralasien wiederaufleben. Die erweiterte ECO (Organisation für Wirtschaftliche Zusammenarbeit) einschließlich Pakistan, Iran, Türkei, Afghanistan und zentralasiatischen Staaten bietet dem Unternehmergeist gewaltige wirtschaftliche Möglichkeiten. Pakistan hat eine ideale Lage, um diese Möglichkeiten nicht nur maximal nutzen zu können, sondern um in seiner Rolle wieder eine synthetische Wirkung auszuüben. Pakistan kann und wird nicht nur das Zentrum der wirtschaftlichen Erneuerung in dieser Region darstellen, sondern es wird auch Zentrum einer neuen islamischen Synthese und neuer globaler Harmonie. Die Pakistanische Volkspartei und die Regierung, die ich leite, sind bestrebt, Pakistan zu einem Modellfall in der gegenwärtig entstehenden neuen Welt zu machen, einem Modellfall der sich verändernden islamischen Gesellschaft, einem Grundpfeiler von Freiheit, Recht und Demokratie und einem Ansporn für die Frauen der ganzen Welt.

Es ist auch bedeutsam, daß der Architekt Pakistans, Mohammad Ali Jinnah, im öffentlichen Leben seiner Schwester stark den Vorrang einräumte. Auf diese Art wollte er den Ehrenplatz hervorheben, den die Frauen in Pakistan einnehmen sollten. Viele Jahre später, Mitte der sechziger Jahre, nominierten politische Parteien, einschließlich der religiösen, Miss Fatima Jinnah als ihre Kandidatin im Wahlkampf um den Posten des Staats- und Regierungschefs. Meine Wahl zur Premierministerin von Pakistan ist die Fortsetzung dieser edlen und aufgeklärten Tradition und entspricht genau der Stellung, die den Frauen im Sinne des Islam gebührt.

Im Bereich der nationalen Politik waren die bitteren Früchte des Totalitarismus und der faschistischen Regime in aller Welt Anlaß für den Begründer Pakistans, Mohammad Ali Jinnah, die Demokratie als einzige Alternative zu würdigen. In

seiner Ansprache vor der konstituierenden Nationalversammlung am 11. 8. 1947 sagte Jinnah: »Jeder von Ihnen ist,
ungeachtet seiner Zugehörigkeit zu einer Gemeinschaft, ...
ohne Ansehen seiner Farbe, Kaste oder seines Glaubens, erstens, zweitens und letzten Endes Bürger dieses Staates mit
gleichen Rechten, Privilegien und Pflichten«. So einfach ist
das. Ohne jeglichen Doppelsinn.

Auf dem Gebiet der Wirtschaftsführung hat meine Regierung den Weg schöpferischer Partnerschaft zwischen dem
privaten und dem staatlichen Sektor gewählt. Während die
innovativen Energien von Privatunternehmen vollständig von
den Fesseln staatlicher Restriktionen befreit wurden, hat der
Staat die Armen nicht im Stich gelassen. Wir konnten nicht
einfach mit ruhigem Gewissen das Vorhandensein einer rie-
sigen unteren Klasse akzeptieren. Gleichermaßen sind wir im
Zeitalter des ausgehenden Marxismus und Materialismus zu
der Erkenntnis gelangt, daß Elend und Leid nicht von Hunger
allein herrühren. Elend entsteht auch durch zerrüttete Familien, durch Kinder geschiedener Ehen und durch Drogen,
durch Ehebruch und Aids, Korruption und Verbrechen. Indem wir einen Ausgleich zwischen Materialismus und Gei-
stigkeit herstellen, suchen wir Halt bei den ewigen Prinzipien
des Islams – nicht eines Islams, der durch ungebildete Mul-
lahs fehlinterpretiert wird, sondern in seinem wahren Wesen.

Heute zeigt sich Pakistan als wahrhaft aufgeklärtes, fort-
schrittliches und zukunftsorientiertes Land mit einem klaren
Programm für soziale, wirtschaftliche und politische Umgestaltung. Dank der erzielten makroökonomischen Stabilität
und Finanzdisziplin ist Pakistan zum Modellfall für ein erfolgreiches IMF-Programm zur ökonomischen Umgestaltung
geworden. Unsere auf Abbau von Beschränkungen, auf Liberalisierung und Privatisierung abzielenden Programme sind
vollständig in die Praxis umgesetzt worden und beginnen
dank dem Zufluß ausländischer Investitionen Früchte zu tragen.

Zur vollständigen Beurteilung und Einschätzung des langen Weges, den wir zurückgelegt haben, kann man zur Ver-

anschaulichung unsere Erfolge jener tiefen Verzweiflung und Mutlosigkeit gegenüberstellen, die zum Amtsbeginn meiner Regierung im Oktober 1993 die wirtschaftliche Situation in Pakistan kennzeichneten. Pakistan stand damals am Rande des Zusammenbruchs, wobei die Devisenreserven auf kümmerliche 300 Millionen Dollar zusammengeschrumpft waren – kaum ausreichend zur Deckung des Imports für zwei Wochen. Unser Haushaltsdefizit war auf schwindelerregende 8 Prozent des Bruttoinlandproduktes aufgebläht. Das Geldangebot stieg in einem Verhältnis von über 20 Prozent an, was zu einer vernichtenden Inflationsspirale führte. Unser Zahlungsausgleichsdefizit lag bei 7,1 Prozent des Bruttoinlandproduktes. Unsere Infrastruktur befand sich in hoffnungslos verfallenem Zustand. Im lebenswichtigen Energiesektor waren die Aussichten für Industrie, Handel und Verbraucher aufgrund der Stromsperren sprichwörtlich finster. Mein Vorgänger nahm in drei Jahren mehr Anleihen auf, als alle vorhergehenden Regierungen von 1947 bis 1990 zusammen.

Die von mir geführte Regierung zeigte Weitblick, Mut und Entschlossenheit, um schwierige Entscheidungen zu treffen und die Entwicklung umzukehren. Zum ersten Mal wurden reiche Feudalherren in das Steuersystem miteinbezogen. Unsere Bundesbank wurde zu einer unabhängigen Institution umgestaltet. Das System der allgemeinen Verkaufsteuer wurde erweitert. Die Ergebnisse sind für jedermann klar sichtbar.

Die Zahlungsbilanz, als Ausdruck für die Stärke der Wirtschaft und das Vertrauen in sie, hat sich infolge der betont bedarfsorientierten Wirtschaftspolitik drastisch gewendet. In einem einzigen Jahr wurde das Defizit in der Zahlungsbilanz um die Hälfte verringert (von 7,1 Prozent des Bruttoinlandproduktes 1992/93 auf 3,6 Prozent des Bruttoinlandproduktes 1993/94, bzw. von 3,3 Milliarden Dollar auf 1,5 Milliarden Dollar). Das geringere Finanzdefizit wurde durch eine Welle privater Kapitalzuflüsse ermöglicht, dank derer die gesamte Zahlungsbilanz im Vorjahr einen Überschuß von 600 Millionen Dollar aufwies, wodurch Pakistan in die Lage versetzt wurde, sein Bruttodevisenaufkommen auf fast 3 Milliarden

Dollar zu erhöhen. Unser Haushaltsdefizit hat sich auf 5,8 Prozent des Bruttoinlandproduktes verringert, und wir planen, es im Lauf dieses Jahres weiter zu verringern. Die Bankanleihen zur finanziellen Stützung, die sich 1992/93 auf 64 Milliarden Rupien und 1991/92 auf 71 Milliarden Rupien beliefen, wurden auf 12,5 Milliarden Rupien beschränkt (gegenüber der IMF-Zielvorgabe von 20 Milliarden Rupien). Es ist beabsichtigt, die Bruttozuflüsse durch Portfolioinvestitionen und ausländischen Direktinvestitionen auf der Grundlage der effektiven Finanzflüsse im ersten Quartal 1994/95 auf 1,6 Milliarden Dollar zu erhöhen, verglichen mit einem Ist-Wert von lediglich 447 Millionen Dollar 1992/93. Als Ergebnis unserer weitsichtigen Energiepolitik liegen zur Errichtung von Kraftwerken Angebote für ausländische Investitionen vor, die das Vierfache unseres Bedarfs betragen. Bei dem Besuch des amerikanischen Energieministers wurden Zusagen für Projektmittel in Höhe von fast 4 Milliarden Dollar gegeben. Die Hopewell Corporation hat bereits ein MOU (memorandum of understanding) mit den Regierungen von Pakistan und Sindh zur Durchführung einer Reihe von Projekten unterzeichnet, deren Kosten sich auf rund 8 Milliarden Dollar belaufen, einschließlich der Errichtung eines Kraftwerkes mit einer Leistung von 5280 MW, das mit Brennstoff aus den kürzlich erschlossenen Thar-Coal-Vorkommen befeuert wird. Heute steht Pakistan bei der Energieerzeugung kurz vor einem gewaltigen Durchbruch. Die Finanzierung des Hub-River-Energieprojektes im Umfang von 1,2 Milliarden Dollar, eines der größten Kraftwerke im privaten Sektor weltweit, wurde kürzlich abgesichert, und der Bau verläuft nach Plan. Zur Zeit gestalten wir eine Politik, mit der wir Investitionen im privaten Sektor bei der Stromübertragung und -verteilung und für die Belieferung von Kraftwerken mit Brennstoff fördern wollen. Wir werden ein Paket von veranschlagten 5 Milliarden Dollar für Projekte der Energieübertragung, Ölpipelines, Ölterminals und zugehörigen Eisenbahnlinien anbieten.

Flankierend zu unseren mutigen Maßnahmen im Bereich der Makroökonomie hat unsere Politik der Privatisierung von staatlichem Vermögen eine überwältigende Reaktion gezeigt.

Als wir 2 Prozent der Aktien unserer Telecommunication Corporation auf dem Markt anboten, war das Aktienangebot fast um das Siebenfache überzeichnet, und das auch ohne Anreiz bezüglich des strategischen Investors. Das Ergebnis der Termingeschäfte betrug das Zweifache des Angebotspreises. Ermutigt durch die Reaktion auf dem Markt konnte ein weiteres, international aufgelegtes Angebot von 500 Millionen Dollar das Ergebnis von 900 Millionen Dollar verzeichnen, was eine Prämie von fast 100 Prozent widerspiegelte.

Gleichzeitig ist schon die erforderliche Gesetzgebung in Kraft gesetzt worden, um Pakistan zu einem investitionsfreundlichen Land zu machen. Es gibt keine Beschränkungen hinsichtlich der Ausführung von Gewinnen und Kapital aus Pakistan hinaus. Die Höchstgrenzen des Anteils ausländischen Aktienkapitals bei einem Unternehmen gehören der Vergangenheit an.

Unsere Erfolge auf wirschaftlichem Gebiet während der kurzen Spanne eines Jahres sprechen Bände dafür, welch großes Vertrauen internationale Investoren und Finanzinstitute in unsere Politik gefaßt haben, die sich durch Stabilität in der Makroökonomie, durch Klarheit, Kontinuität und Transparenz der Politik in den verschiedenen Wirtschaftszweigen auszeichnet. In dem von meiner Regierung verfolgten Reformprogramm gibt es keine Provisorien oder Ungereimtheiten; alle Bestandteile dieses Programmes sind auf die Gesamtvision eines Pakistans abgestimmt, das gut in die Weltwirtschaft integriert ist.

Da es strategisch am Kreuzweg der jungen unabhängigen zentralasiatischen Staaten, der Golfregion und Südasiens gelegen ist, bietet Pakistan den besten und ökonomisch günstigsten Zugang zu den Ressourcen und Märkten im Inneren Zentralasiens und bietet somit ideale Möglichkeiten und Bedingungen für Investitionen, die reiche Dividenden versprechen. Vielfach wird erwogen, Produktionsanlagen nach Pakistan zu verlagern, um Gewinne zu machen, die Pakistan durch die relativen Vorteile in vielen Bereichen bietet, wie beispielsweise niedrigere Lohnkosten, gute Leitungskapa-

zitäten und Fachkenntnisse und ein hochentwickeltes, fort-
schrittliches Banksystem als Voraussetzung für den Erfolg einer offenen, von administrativen Beschränkungen freien
Wirtschaft. Hier darf ich einfügen, daß Pakistan neben dem
potentiellen Markt von annähernd 57 Millionen Menschen in
Zentralasien, selbst einen großen, expandierenden Markt mit
einer Bevölkerung von 120 Millionen und eine hohe Zu-
wachsrate des Bruttoinlandproduktes aufweist. Pakistan ist
heute ein interessantes, sicheres und stabiles Land, mit dem
sich gute Geschäfte machen lassen. Neben seinen landschaft-
lich schönen, hochaufragenden Gebirgen bietet Pakistan
auch hochklassige Möglichkeiten und Gewinne. In Pakistan
investieren heißt in die Zukunft investieren.

Die Welt hat sich gewandelt, ist im Wandel begriffen und
wird sich weiter zum Guten hin wandeln, wie ich hoffe. Um
zu sichern, daß der globale Wandel in eine vorbestimmte und
gewünschte Richtung verläuft und nicht zur Anarchie dege-
neriert, müssen wir anfangen darüber nachzudenken, wie
die neue Welt nicht nach westlichen oder östlichen Konzepten zu gestalten ist, sondern nach globalen Konzepten, die
universell und nicht selektiv angewendet werden. Nur eine
solche Welt kann eine gerechte und stabile Welt sein.

In diesem globalen Dorf mit rasanten Kommunikationmög-
lichkeiten und wachsender gegenseitiger Abhängigkeit ist es
eine schwerwiegende Tollheit, Exklusivität sowie kulturelle
und zivilisatorische Verwerfungslinien zu fördern und propagieren. Wir müssen gemeinsam Extremismus und Diskriminierung in allen ihren Formen und Varianten bekämpfen. Ich
nenne Extremismus und Diskriminierung in einem Atemzug,
weil ich die Erkenntnis gewonnen habe, daß Entstehung von
Extremismus und sogenanntem Fundamentalismus historisch gesehen häufiger das Endergebnis und nicht der Grund
von Ungerechtigkeit ist. Damit wir diesen Dämon austreiben
können, müssen wir eine Welt der Chancengleichheit, gleicher Würde und gleicher wirtschaftlicher und politischer
Freiheit aufbauen.

Es stimmt mich daher unruhig, daß die Prinzipien globaler
Moral auf der ganzen Erde nicht universell, sondern selektiv

angewendet werden. Der Kommunismus ist nicht durch den Kapitalismus oder die Armeen der NATO besiegt worden. Er wurde von dem unbezähmbaren Drang nach Freiheit und Humanismus besiegt. Demokratie ist zweifellos der erste Schritt zur Befreiung der Menschheit. Freiheit und Selbstbestimmmung hängen von sozialer und wirtschaftlicher Gerechtigkeit ab und vor allem von universeller, nicht aber selektiver Geltung der Menschenrechte für alle Bürger der Welt.

Es ist schmerzlich zu sehen, daß unter diesem oder jenem Vorwand noch immer die abscheuliche Praxis »ethnischer Säuberung« in Bosnien toleriert wird. In gleicher Weise wird, während wir den Terror von Einzelpersonen verdammen, der von Indien entfachte Staatsterrorismus gegen das unschuldige Volk von Kashmir fortgesetzt.

Das Volk von Kashmir wünscht nichts weiter, als die Möglichkeit, sein Recht auf Selbstbestimmung wahrzunehmen. Dieses Recht wurzelt in der Geschichte und im internationalen Recht. Es war im Prinzip der Teilung immanent. Nicht nur Pakistan, sondern auch Indien haben das akzeptiert. Der Sicherheitsrat der Vereinten Nationen hat es anerkannt und in entsprechenden Resolutionen sanktioniert, die sowohl von Indien als auch von Pakistan gebilligt wurden. Kein Geringerer als der indische Premierminister Jawaharlal Nehru sagte einst: »Kashmir ist nicht Eigentum Indiens oder Pakistans. Es gehört dem Volk von Kashmir. ... Wir haben dem Volk von Kashmir klargemacht, daß wir das Ergebnis ihres Volksentscheides achten würden und daß ich ohne zu zögern Kashmir verlasse, wenn es uns dazu auffordern würden. Wir haben diesen Streitfall vor die Vereinten Nationen gebracht und unser Ehrenwort für eine friedliche Lösung abgegeben. Als große Nationen können wir nicht mehr davon zurücktreten.«

Kashmir ist nicht »nur ein weiteres Problem« zwischen Indien und Pakistan. Kashmir ist kein Streit um Landbesitz. Dort steht die Freiheit und Zukunft seines Volkes auf dem Spiel. Auch die Glaubwürdigkeit des Sicherheitsrates der Vereinten Nationen, sich an die eigenen Resolutionen zu halten. Es wäre falsch anzunehmen, daß die Resolutionen des Sicherheitsrates der UNO zu dieser Streitfrage ihre Bedeutung verloren haben. Das Recht auf Selbstbestimmung ist unveräußerliches Recht und vergeht nicht mit der Zeit, noch setzt der Lauf der Zeit internationale Abkommen außer Kraft oder entläßt einen Staat aus seinen Verbindlichkeiten und Verpflichtungen. Indiens Behauptung des Gegenteils ist nicht nur nach internationalem Recht unzulässig, sie ist auch gefährlich, weil sie fundamentale Prämissen und zentrale Regeln zwischenstaatlicher Beziehungen untergräbt. Sobald zugelassen wird, daß man die Unantastbarkeit von Abkommen und Verträgen untergräbt, würde das zwischenstaatliche System zerbröckeln und in einen Zustand der Anarchie und Gesetzlosigkeit zurückverfallen. Daher ist es für die internationale Gemeinschaft unabdingbar, Indien davon zu überzeugen, seine Versprechungen und internationalen Verpflichtungen einzuhalten. Eine weitere Verzögerung bei der Regelung der Kashmir-Frage nützt niemandem. Ihre Lösung wäre im Interesse aller. Der dauerhafte Friede zwischen Indien und Pakistan ist organisch und unabdingbar mit der Lösung dieser Frage verbunden. Die Lösung des Kashmir-Problems ist direkt mit der Frage der Nichtweiterverbreitung von Kernwaffen in dieser Region verbunden. Je eher dieser Streitpunkt gelöst wird, desto besser ist der Sache des Friedens und Fortschritts gedient.

In Pakistan selbst bleibt noch vieles zu tun übrig. Das Wichtigste ist jedoch, daß sich unter meiner Führung nicht nur die Regierung, sondern auch das Volk Pakistans der Respektierung der Menschenrechte, der Rechte der Frauen und deren vollständigen Mitwirkung an den politischen und wirtschaftlichen Entscheidungen des Landes und an der Wahrung der Rechte von Minderheiten gänzlich bewußt geworden sind und sich ihr unerschütterlich widmen. Wir stehen an der Schwelle eines neuen Zeitalters der Weltgeschichte. Uns winkt ein neues Paradigma der Humanität und Toleranz, damit wir uns seiner annehmen und die veralteten, sterilen Philosophien des Hasses und des Auserwähltseins überwinden, die von Faschisten in aller Welt propagiert werden. Die Rolle der Führerschaft und ihre letzte Prüfung in der Ära nach dem kalten Krieg muß zu einer Änderung in der Denkweise und

Einstellung führen. Eine Änderung, die der internationalen Solidarität gegen die Kräfte des Unrechtes, der Ungleichheit und Diskriminierung bedarf. Wir müssen eine endgültige Synthese unserer besten inneren Werte erreichen. Eine Synthese zwischen reich und arm, zwischen Ost und West, zwischen Nord und Süd sowie zwischen den Zivilisationen des Christentums, Judentums, Islams, Hinduismus und Buddhismus.

Die Konfrontation der Zivilisationen ist weder notwendig noch unausweichlich. Sie kann und muß abgewendet werden. Genau darin besteht die Rolle der Führerschaft in der heutigen Welt. Anderenfalls würde es nicht nur das Ende der Zivilisation bedeuten, sondern auch das der ganzen Welt.

Bei dieser Prüfung kann es sich die Führerschaft in der heutigen Welt nicht leisten zu versagen.

Biographie
Mohtarma Benazir Bhutto

Am 19. Oktober 1993 wurde Mohtarma Benazir Bhutto, im Alter von 40 Jahren, als Premierministerin von Pakistan vereidigt. Ihr wurde die seltene Auszeichnung zuteil, der zweite Premierminister in der Geschichte des Landes zu sein, der zweimal durch Wahlen in das höchste Amt gelangte. Ihr berühmter Vater, Zulfikar Ali Bhutto, war der erste.

Von Juli 1977 bis 1988, als Vorsitzende der Pakistan Peoples Party, hat Mohtarma Benazir Bhutto einen unnachgiebigen Kampf für die Wiederherstellung der Demokratie in ihrem Lande geführt. Viele Jahre lang mußte sie deswegen Gefängnishaft erdulden; sie mußte das Trauma der Hinrichtung ihres Vaters im April 1979 und den mysteriösen Tod ihres jüngeren Bruders Mir Shanawaz Bhutto erleben. Hinzu kam ihre Verbannung ins Ausland. Unterdrückung ertrug sie mit Mut und Entschlossenheit.

Sie wurde neunmal verhaftet und verbrachte mehr als fünfeinhalb Jahre unter Hausarrest oder im Gefängnis. Durch ihren Kampf für die Wiederherstellung der Demokratie in Pakistan, den sie aus ihrer Gefängniszelle heraus führte, wurde sie zu einem weltweit geachteten Symbol für das Ringen um Demokratie. Ihr Sieg bei den Wahlen vom November 1988 brachte die Pakistan Peoples Party an die Macht.

Sie spielte eine Schlüsselrolle bei der Bildung der Neun-Parteien-Allianz zur Wiederherstellung der Demokratie im Jahre 1981. Unter dem Namen »Bewegung zur Wiederherstellung der Demokratie« (MRD) mobilisierte die Allianz die Menschen, um die Regierung des Generals Zia ul Haq dazu zu drängen, Wahlen im Lande abzuhalten und die Regierungsgewalt an Vertreter des Volkes zu übergeben.

Die Antwort des Regimes auf den Aufruf zur Wiederherstellung der Demokratie bestand in einer langen Periode der Unterdrückung und der Verhaftung der politischen Führer. Auch Frau Bhutto wurde im März 1981 inhaftiert. Sie blieb bis Januar 1984 im Gefängnis und unterzog sich dann infolge einer ernsten Erkrankung einer medizinischen Behandlung im Vereinigten Königreich von Großbritannien.

Vom Exil aus setzte Frau Bhutto die Leitung des Widerstandes gegen das Militärregime in Pakistan fort. Sie entschloß sich auch, die PPP neu zu gliedern, mit dem Ziel, die Kommunikation und Diskussion an der Basis zu verbessern und Parteikader in den Entscheidungsprozeß einzubinden.

Frau Bhutto spielte auch eine entscheidende Rolle dabei, die Wiederherstellung der Demokratie in verschiedenen internationalen Foren zu fördern. Sie kehrte im April 1986 nach Pakistan zurück. Der Empfang, der ihr in Lahore bei ihrer Rückkehr aus dem Exil bereitet wurde, hat keine Parallele in der Geschichte.

Der Wendepunkt in der politischen Struktur des Landes kam mit dem Tod des Generals Zia ul Haq bei einem Flugzeugabsturz im August 1988.

Am 16. November 1988 wurden in Pakistan allgemeine Wahlen abgehalten. Die Pakistan Peoples Party erlangte dabei die relative Mehrheit der Sitze in der Nationalversammlung, und Frau Bhutto wurde von Präsident Ghulam Ishaq Khan mit der Bildung einer Regierung beauftragt.

Überzeugt davon, daß »Demokratie die beste Antwort sei«, entschloß sie sich, das Volk aus der Anarchie in die Demokratie zu führen. Sie setzte sich mit aller Kraft dafür ein, die verfassungsmäßigen Freiheiten wiederherzustellen. Sie hob das unter der Militärdiktatur verhängte Verbot von Studentenverbänden und Gewerkschaften auf, stellte unverzüglich die Pressefreiheit wieder her und stimmte der Trennung der richterlichen Gewalt von der Exekutive zu. Während ihrer 20monatigen Regierungszeit als Premierministerin wurden 8000 Grund- und Höhere Schulen errichtet und 4600 Dörfer im ganzen Land an das Elektrizitätsnetz angeschlossen. Die Erhöhung der Haushaltsmittel für diese Aufgaben machte es möglich, daß die Früchte der Demokratie und Freiheit auch den einfachen Bürger erreichen konnten. Ähnlich verfolgte ihre Regierung im außenpolitischen Bereich eine aktive und dynamische Politik.

In einer Rede, die sie während ihres Besuches in den Vereinigten Staaten im Jahr 1989 vor dem US-Congress hielt, rief Premierministerin Mohtarma Benazir Bhutto zur Bildung einer Vereinigung Neuer Demokratischer Staaten auf.

Obwohl Mohtarma Benazir Bhutto vom Volk zur Premierministerin Pakistans gewählt worden war und das Mandat hatte, dem Volk eine Legislaturperiode zu dienen, wurde ihre Amtszeit von hinterhältigen Intrigen überschattet. Vorboten von Diktatur und Kriegsrecht bedrohten von da an ständig das im Entstehen begriffene demokratische System.

Am 6. August 1990, nach weniger als der Hälfte ihrer Amtszeit, entließ Präsident Ghulam Ishaq Khan ihre Regierung in verfassungswidriger Weise und rief zu Neuwahlen auf.

Präsident und Übergangspremierminister stellten sicher, daß ihre Partei, die Pakistan People Party, nicht an die Macht zurückkehren konnte. Gleichzeitig strengte der Präsident eine Vielzahl von Verfahren gegen Mohtarma Benazir Bhutto an. Ihr Ehemann, Asif Ali Zardari, wurde verhaftet und auf Grund erfundener Anschuldigungen länger als zwei Jahre in Haft gehalten. Keine der Anschuldigungen konnte nachgewiesen werden.

Von 1990 bis 1993 war Mohtarma Benazir Bhutto Oppositionsführerin in der Nationalversammlung. Ihre Partei stellte die Unparteilichkeit der Wahlen von 1990 in Frage. Sogar Ghulam Mustafa Jatoi, der Übergangspremierminister, zweifelte an dieser Unparteilichkeit.

Im Juli 1993 entließ der Präsident von Pakistan Premierminister Mian Nawaz Sharif und rief zu Neuwahlen auf. Die Pakistan Peoples Party ging im Oktober 1993 in dieWahl mit dem »Programm der Erneuerung«. Das Programm sah eine dem Volk nahestehende Regierung vor und gab den sozialen Aufgaben Priorität; diese Regierung wurde im Oktober 1993 unter Frau Benazir Bhutto gebildet.

Premierministerin Benazir Bhutto wurde am 21. Juni 1953 in Karachi geboren. Nach ihrer Schulausbildung in Pakistan erhielt sie ihre Ausbildung am Radcliffe College und an der Lady Margret Hall in Oxford. In Oxford war sie die erste nicht britische Frau, die zur Vorsitzenden der »Oxford Union«, des berühmten Debattierklubs der Unversität, gewählt wurde. Damit setzte sie die lange Reihe bedeutender internationaler Führungspersönlichkeiten fort, welchen diese Auszeichnung während ihrer Studentenzeit zuteil wurde. Im Jahre 1977 schloß sie ihre Studien in Völkerrecht und Diplomatie an der Universität Oxford ab und kehrte anschließend nach Pakistan zurück.

Mohtarma Benazir Bhutto ist die Autorin zweier Bücher, »Foreign Policy in Perspective« (1978) und »Daughter of the East« (1988).

Mohtarma Benazir Bhutto erhielt den Bruno Kreisky Preis für Menschenrechte, der ihr 1988 in Wien verliehen wurde, 1989 wurde ihr der Honorary Phi Beta Kappa Award verliehen, überreicht vom Radcliffe College. Weiterhin wurde ihr die höchsten Orden der Länder Marokko und Frankreich verliehen sowie UNIFEM und die Ehrendoktorwürde der Universität Harvard. Ehrenmitgliedschaften wurden ihr auch von Lady Margaret Hall sowie von dem St. Catherine College, Oxford, verliehen. Sie ist die erste weibliche Absolventin von Harvard, die zur Regierungschefin eines Landes gewählt wurde. Mit 35 Jahren war sie die jüngste Regierungschefin der Welt und der erste weibliche Premierminister in der islamischen Welt.

Premierministerin Benazir Bhutto ist mit Herrn Asif Ali Zardari verheiratet; sie ist Mutter eines fünfjährigen Sohns, Bilawal, einer vierjährigen Tochter, Bakhtawar, und einer einjährigen Tochter, Asifa.

Herr Asif Ali Zardari, Mitglied der Nationalversammlung, stammt aus einer alten, einflußreichen Familie aus Nawabshah. Er gehört zum Stamm der Zardari und ist direkter Nachkomme des berühmten Pädagogen Khan Bahadur Hussain Ali Effendi. Sein Vater war Mitglied der Nationalversammlung in der PPP-Fraktion während der Regierungszeit von Premierminister Zulfikar Ali Bhutto.

Herr Asif Ali Zardari wurde am 26. Juli 1954 geboren. Er besuchte das Gymnasium in Karachi und das Cadet College Petaro. Er hat ein Diplom des »London Centre of Economics«.

Er heiratete Mohtarma Benazir Bhutto am 18. Dezember 1987. Asif Ali Zardari wurde zweimal in die Nationalversammlung gewählt. Er besitzt Ländereien in der Provinz Sindh sowie ein Bauunternehmen.

Prof. Dr. Tansu Çiller
Premierministerin der Republik Türkei

TANSU ÇILLER

Die gesellschaftliche und öko-
nomische Zukunft der Türkei

Im Verlaufe einiger weniger Jahre ist die Welt in einen Prozeß durchgreifender gesellschaftlicher, ökonomischer und
politischer Umwälzungen eingetreten. Das herausragendste
Merkmal dieses Prozesses ist die Konvergenz der Betrach-
tungsweisen zwischen den Gesellschaften hinsichtlich der
ökonomischen Entwicklung, der politischen Umstrukturierung und der gesellschaftlichen Veränderung. Ähnliche Ziele,
Ideale und Werte manifestieren sich mit großer Geschwindigkeit allumfassend und weitverbreitet sowie in grenzüber-
greifender Weise.

Im ökonomischen Bereich bringen diese Veränderungen
die Übernahme liberaler Doktrinen in Richtung eines markt-
orientierten Herangehens mit sich, während sie auf politi-
schem Gebiet Pluralismus und ein vom Volke durch seine Abstimmung getragenes parlamentarisches System einsch-
ließen. Dieser sich global durchsetzende Prozeß wird vom
technischen Fortschritt, vornehmlich auf den Sektoren der
Telekommunikation und des Transports, weitgehend befördert. Als Folge dessen ist zu beobachten, wie sich die Welt,
ungeachtet von Tendenzen einer zunehmenden Regionalisie-
rung, immer mehr zu einem einzigen, vereinheitlichten
Markt hin wandelt.

Es ist aus diesem Grunde für jeden Nationalstaat zwingend
erforderlich, sich diesen neu hervortretenden globalen wie
auch regionalen Gegebenheiten anzupassen und sich darauf
einzustellen. Die Türkei stellt dabei keine Ausnahme dar.
Tatsächlich hat die Türkei seit den frühen achtziger Jahren
eine nach außen gerichtete Wachstumsstrategie verfolgt. Wie
andere OECD-Länder, hat sich auch die Türkei im Verlaufe

des vergangenen Jahrzehnts beständig von dirigistischer Wirtschaftspolitik weg zu einer wettbewerbsorientierten Marktwirtschaft hinbewegt. In der eine Generation zurückliegenden Zeit wurde einer protektionistischen Wirtschaftspolitik und dem staatlichen Eingreifen in die Politik beträchtliches Gewicht beigemessen. Dies gehört nun weitgehend der Vergangenheit an. Das neue Schwergewicht liegt in der Türkei, wie anderswo auch, bei den Themen des Wettbewerbs, der globalen Ausrichtung, des technischen Fortschritts und der Dezentralisierung.

Im zweiten Halbjahr 1994 erließ die Türkische Große Nationalversammlung entsprechende Gesetze, welche es dem Staat ermöglichen, sich aus der Industrieproduktion sowie von einigen Zweigen des Dienstleistungssektors zurückzuziehen. Dies ist bisher einer der bedeutendsten Schritte, die Türkei in eine echte Marktwirtschaft umzuwandeln. Frühere Reformen beinhalteten die umfassende Liberalisierung des Devisenregimes, die Liberalisierung des Außenhandels und den Aufbau solcher Institutionen, wie sie für effektive Märkte der Finanzdienstleistungen benötigt werden.

Die Ergebnisse sind beeindruckend. Seit 1980 verfügt die Türkei über die am schnellsten wachsende Wirtschaft aller OECD-Länder. Die Exporte haben sich verfünffacht, und Industriewaren überflügeln den Export traditioneller Landwirtschaftsprodukte. Der private Sektor entwickelt sich gut, und die Vorzüge der Marktwirtschaft werden in der Türkei kaum ernsthaft in Zweifel gezogen. Dem auffallenden Anstieg des allgemeinen Wohlstandes kommt dabei vielleicht die größte Bedeutung zu. Es liegt noch nicht so lange zurück, da es sich bei der Türkei vorwiegend um eine Subsistenzwirtschaft handelte. Heute lebt die Mehrheit der türkischen Bürger in Städten und genießt dieselben Grundvorteile des modernen Lebens wie die Menschen in den entwickelten Ländern. Selbst auf dem Lande haben die meisten Familien heutzutage Zugang zu solch elementaren, infrastrukturellen Dienstleistungen wie Elektrizität und Telefon.

Natürlich ist der Weg, der zurückgelegt werden muß, noch lang. Doch wir sind stolz darauf, daß wir – trotz des relativ begrenzten Zuflusses ausländischer Investitionen und trotz eingeschränkten Zuganges zu moderner Technik – in der Lage waren, so viel für unsere Bevölkerung in weniger als einehalb Jahrzehnten zu erreichen. Während wir uns aber voranbewegten, hat sich das Tempo der Veränderung in der Welt ebenfalls beschleunigt. Überall wird bei den Finanzmärkten die Kontrolle aufgehoben. Die Elektronik läßt das tägliche Leben zu Hause und im Büro anders erscheinen. Regionale Gruppierungen, wie die Europäische Union, bauen ständig nationale Schranken ab. Die Türkei liegt dem übrigen Europa zu nahe, als daß sie sich aus diesen Veränderungen heraushalten könnte. Tatsächlich trafen wir unsere Entscheidung, der EU beizutreten, in den frühen sechziger Jahren, und wir möchten unser Wirtschaftsleben voll in das des Kontinents integrieren. Unser auf lange Sicht angelegtes Engagement für volle Mitgliedschaft ist nach wie vor stark, und das kürzlich erzielte Abkommen über eine Zollunion, welches am 6. März 1995 unterzeichnet wurde und am 1. Januar 1996 in Kraft treten wird, berücksichtigt nicht die längerfristigen Ziele der Türkei und sollte nicht als Ersatz für volle Mitgliedschaft betrachtet werden. Die Konvergenz zwischen der Türkei und der EU bietet beiden Seiten große Vorteile.

Es wäre jedoch unrealistisch, wollte man übersehen, welchen Herausforderungen die Türkei bei ihrer Vorbereitung auf den Eintritt in das nächste Jahrtausend gegenübersteht. Eine der markantesten besteht in der Bevölkerungszunahme des Landes. Die Türkei hat gegenwärtig eine Bevölkerung von 60,5 Millionen Menschen, die auf einer Fläche von 780 000 Quadratkilometern leben. In zehn Jahren wird die Bevölkerungszahl die 70 Millionen erreicht haben. Das bedeutet einen jährlichen Nettozuwachs von 1,6 Prozent. Diesem Aufwärtstrend liegen mehrere Faktoren zugrunde – eine hohe Geburtenrate, verbesserte medizinische Betreuung und niedrigere Sterblichkeitsraten sowie eine Bevölkerungseinwanderung.

Die Altersstruktur – das läßt sich voraussehen – neigt sich zu den Jungen und Jüngsten hin. Etwa ein Drittel aller Türken befinden sich im fünfzehnten Lebensjahr oder darunter. Den Bedürfnissen einer anwachsenden Bevölkerung gerecht zu werden und der steigenden Anzahl junger Menschen Arbeitsplätze zu bieten, fordert die Möglichkeiten der Türkei bis zum äußersten. Als Voraussetzung für ein lebensfähiges Wachstum muß unser Land der Bildung und Erziehung sowie der medizinischen Betreuung mehr Mittel zur Verfügung stellen.

Und dennoch sind wir davon überzeugt, daß die junge Bevölkerung der Türkei eine eindeutige Quelle der Stärke darstellt. Der Einfallsreichtum und der Schöpfergeist, worauf die ökonomische Dynamik der Türkei basiert, liegt gewiß in der Tatsache begründet, daß wir ein Volk junger Menschen sind.

Dessenungeachtet muß die Türkei auf dem Wege des Überganges des Landes zu einer auf dem Markt basierenden Wirtschaft eine angemessene physische wie gesellschaftliche Infrastruktur entwickeln. Das bedeutet, genauer formuliert, Investitionen auf dem Gebiet der Energie, des Transportwesens und der Telekommunikation sowie die Volksbildung und die medizinische Betreuung zu stimulieren.

Zur Energie: Im Verlaufe der bevorstehenden zwei Jahrzehnte wird der Bedarf an Primärenergie jährlich um ungefähr 5 bis 6 Prozent zunehmen. Die Nachfrage nach elektrischem Strom wird um 7 bis 8 Prozent ansteigen. Durch die Bevölkerungszunahme und das Wirtschaftswachstum werden diese Forderungen unvermeidlich. Die Energiepolitik der Türkei ist aus dem Grunde darauf gerichtet, diesen Bedürfnissen rechtzeitig sowie auf einer ökonomischen und dauerhaften Basis gerecht zu werden. Dies ist eine Branche, welche sich dem Privatsektor wie ausländischen Investoren gegenüber äußerst attraktiv darstellt. Die Türkei erkennt das und hat daran gearbeitet, geeignete gesetzliche Rahmenbedingungen, wie beispielsweise das Privatisierungsgesetz von vor kurzem, doch auch früher getroffene Maßnahmen, wie das Konzept Bauen-Betreiben-Übertragen, welches in den achtziger Jahren in der Türkei Gesetzeskraft erlangte, zur Ermutigung von Investoren zu schaffen.

Das Transportwesen ist gleichermaßen von Bedeutung. Die Türkei war schon immer, seit den Tagen, da die »Seidenstraße« nach China, hindurchführte, ein Durchgangsland zwischen den Kontinenten und Regionen. Der Zusammenbruch des Kommunismus hat zur potentiellen Bedeutung der Türkei als Transitroute noch beigetragen. Das Land kann dieser Rolle jedoch, ohne in die Infrastruktur des Transportwesens beträchtlich zu investieren, nicht gerecht werden. Von all dem ist die Trans-Europa-Autobahn, welche von West nach Ost über die gesamte Länge des Landes führt, das wichtigste Projekt. Es ist zum gegenwärtigen Zeitpunkt zur Hälfte fertiggestellt und sollte innerhalb eines Jahrzehnts vollendet sein.

Die Rolle der Türkei in der internationalen Luftfahrt müßte eine andere Bedeutung erlangen, wenn der Ausbau des »Istanbul Atatürk Airport« abgeschlossen ist. Gegenwärtig nimmt der Flughafen die 62. Stelle in der Welt ein, was den Passagierverkehr betrifft. Bis zum Jahre 2000 sollte er unter den ersten 35 rangieren. Die Türkei ist bemüht, ein effektiv integriertes System der Transportbranchen zu schaffen und damit höchste Effizienz und Produktivität zu gewährleisten.

In den achtziger Jahren gab es einen besonders auffallenden Fortschritt auf dem Gebiet des türkischen Fernmeldewesens. In der Zeit vor 1980 war der Fernsprechdienst in der Türkei beschränkt, teuer und technisch rückständig. Gegenwärtig verfügen, wie bereits festgestellt, die meisten Haushalte selbst in ländlichen Gemeinden über einen Telefonanschluß. Die Forderung des Privatsektors nach hochentwickelter Informationsdienstleistung ist die treibende Kraft für technische Veränderungen. Für die internationale und die Fernkommunikation werden Lichtleitfaserverbindungen und Nachrichtenverbindungen über Satellit geboten. Das digitale Telefonsystem wurde in manchen türkischen Großstädten früher als in westeuropäischen Städten eingeführt. Kabeldienste, die bis jetzt eine Auswahl von Fernsehkanälen anbieten, werden den Haushalten in größeren Städten von PTT zur Verfügung gestellt. Im Jahre 1994 wurde der erste Nachrichtensatellit der Türkei, TÜRKSAT, gestartet. Er wird nicht nur in der Türkei, sondern auch in vielen ihrer Nachbarländer und sogar in einigen fernen Ländern Mittelasiens das

Rundfunk- und Nachrichtenwesen revolutionieren. Bis 1996 soll sich ein zweiter türkischer Satellit auf seiner Umlaufbahn befinden und damit ein äußerst anspruchsvolles Kommunikationsprogramm zum Abschluß bringen.

Auf Grund seiner stürmisch wachsenden Bedeutung als Finanzzentrum, hat Istanbul einen äußerst wichtigen Rang im türkischen Fernmelde- und Transportwesen inne. Seinen Bedürfnissen kommt darum in der Investitionsplanung der Türkei auf diesen Gebieten besonderes Gewicht zu.

Das Hauptanliegen bei der Investitionstätigkeit der Türkei für die Erziehung und Bildung ist die Erhöhung der Qualität. Wir streben an, bis zum Ende des Jahrhunderts 75 Prozent der Schüler und Studenten eine höhere Schulbildung und 31 Prozent eine Hochschulbildung zu bieten. Zur Zeit gibt es in der Türkei 57 Universitäten mit einem Personalbestand von insgesamt 48 000 Wissenschaftlern.

Eine weitere Priorität des Landes besteht in der Erhöhung der Ausgaben für Forschung und Entwicklung. Bisher blieben die dafür bereitgestellten Mittel in ihrer Höhe gegenüber denen der anderen fortgeschrittenen Industrieländer stets zurück. Der Anteil der Ausgaben für Forschung und Entwicklung in der Türkei steigt jetzt an, und er soll in den ersten Jahren des nächsten Jahrhunderts etwa 1.5 Prozent vom Bruttosozialprodukt betragen. Wir erwarten davon eine angemessene Verbesserung in der Qualität der türkischen Technik, damit unsere Erzeugnisse auf den Weltmärkten konkurrenzfähiger werden.

Die Leistungen der Türkei für die Entwicklung der medizinischen Fürsorge sind ebenfalls ermutigend. In der Vergangenheit lagen die Ziffern der Sterblichkeit weit über und die der Lebenserwartung weit unter denen Nordamerikas und Westeuropas. Dieses Bild verändert sich jedoch in der Gegenwart. Bis zum Jahre 2000 sehen wir eine Lebenserwartung in der Türkei von knapp unter 67 Jahren bei Männern und 71 1/2 Jahren bei Frauen voraus. Zur gleichen Zeit werden alle Türken in das System der Sozialversicherung eingebunden sein. Die vordem sehr hohe Rate der Säuglingssterblichkeit wird dann ebenfalls auf 35 pro 1000 Geburten gefal-

len sein. Nach dem Jahre 2005 erwarten wir eine Säuglingssterblichkeit von weniger als 30 pro 1000 Geburten.

An dieser Stelle möchte ich darauf hinweisen, daß der Siebente Fünfjahres-Entwicklungsplan für den Zeitraum 1996
bis 2000 einen großen Beitrag leisten wird, die Türkei auf die
Jahre nach 2000 vorzubereiten. Im Gegensatz zu den vorherigen Plänen zeichnet diesen jedoch eine andere Herangehensweise aus. Neben den makroökonomischen Zielen kün-
digt der Siebente Plan in integrierter, logischer und umfas-
sender Form eine Reihe struktureller Reformmaßnahmen
(oder Strukturelle Reformprojekte, wie ich sie nenne) zu 20
Grundfragen des türkischen ökonomischen und gesellschaftlichen Lebens an, welche in 5 Themenkomplexe gegliedert
werden können. Es sind dies: (a) Die Erschließung menschlichen Potentials; (b) Strukturelle Anpassung an und Integrierung in die Weltwirtschaft unter besonderer Gewichtung der
EU; (c) Rationalisierung des staatlichen Sektors; (d) Wiederherstellung der regionalen Ausgeglichenheit; (e) Umwelt. Die
Verwirklichung dieser strukturellen Reformprojekte ist unabdingbar hinsichtlich der Integrierung der Türkei in die
Weltwirtschaft im allgemeinen und in die EU im besonderen.

Die Erschließung des menschlichen Potentials beinhaltet
Maßnahmen auf vier gesellschaftlichen Sektoren, nämlich
Bildung, Gesundheit, Familienplanung und Beschäftigung.
Die ersten drei davon habe ich im vorhergehenden bereits
erörtert. Ich möchte jedoch hinzufügen, daß von den gesellschaftlichen Sektoren die Bildung derjenige ist, dem wir die
größte Bedeutung beimessen. In der Planungstätigkeit für
den Bildungs- und Erziehungsbereich werden potentielle Anforderungen der türkischen Wirtschaft sowie der Europäischen Union mit berücksichtigt. Was die Beschäftigung betrifft, so ist die Senkung der Arbeitslosigkeit von höchster
Wichtigkeit, und das Schwergewicht wird auf strukturellen
Reformmaßnahmen zur Erhöhung der Flexibilität des Arbeitsmarktes liegen. Vor allem kommt es aber letztendlich
auf die Schaffung produktiver Beschäftigungsbereiche an.
Bei der Reform der Gesundheitsfürsorge wird ein wettbewerbsfähiges und sich selbst finanzierendes System ins Auge

gefaßt. Im Grunde geht es darum, daß der Staat die medizinische Betreuung nicht direkt zur Verfügung stellt, dafür aber die einzelnen Bedürftigen finanziell unterstützt.

Die zweite Kategorie von Reformen ist darauf angelegt, die Wirtschaft durch eine nach außen gerichtete Wachstumsstrategie wettbewerbsfähiger zu gestalten und besteht aus Maßnahmen in der Landwirtschaft, der Industrie, der Wissenschaft und der Technik, welche die Rolle des Staates in der ökonomischen Entwicklung, der Integrierung in die Weltwirtschaft, der Harmonisierung mit der EU und durch Finanzreformen verändern. In solch konventionellen Sektoren wie Landwirtschaft und Industrie müssen sich relative Vorteile, die in diesem Artikel bereits erwähnt wurden, weiterhin überhaupt erst einmal stärker durchsetzen. Andererseits wird sich der Staat entsprechend der heutigen Denkweise aus dem Wirtschaftsleben zurückziehen und Maßnahmen für ein reibungsloses Funktionieren der Marktwirtschaft einleiten. Dazu gehören insbesondere Maßnahmen zur Wettbewerbspolitik, zum Verbraucherschutz, zum Zugang zu und der Durchschaubarkeit von Informationen, zum Recht auf und den Schutz geistigen Eigentums usw. Alle dafür relevanten Gesetze werden vom Parlament bis zum Ende dieses Jahres verabschiedet. Der Integrationsprozeß der Finanzmärkte wird, beginnend mit der Börse von Istanbul, fortgesetzt.

Die dritte Kategorie bezieht sich auf die Reform der staatlichen Finanzen. Die Privatisierung steht auf der Tagesordnung ganz oben. Im Verlaufe des Zeitraumes des Siebenten Planes werden aus der Privatisierung öffentliche Einnahmen in Höhe von etwa 20 Milliarden US-Dollar erwartet. Weitere Maßnahmen beinhalten die Eingliederung der (verbleibenden) staatlich geleiteten Unternehmen, die Reform des staatlichen Sektors (sowohl auf zentraler als auch auf lokaler Ebene), eine Steuerreform insbesondere mittels der verbesserten Verwaltung öffentlicher Einkünfte, eine Reform der Sozialversicherung und die Aufwertung der Infrastruktur. Ich muß erwähnen, daß entsprechend der jüngsten Denkweise zur Bekämpfung von Ineffizienz und Verschwendung ein besser auf den Markt orientierter Weg eingeschlagen wird in Gestalt kaufmännischer Leitungstätigkeit, des erweiterten Wettbewerbs und der Einbeziehung der Verbraucher, was die Bereitstellung von Dienstleistungen betrifft.

Die vierte Kategorie betrifft die Minderung der regionalen Ungleichheiten innerhalb der Türkei. Im wesentlichen gibt es zwei Aspekte in dieser Frage: (a) Probleme der großstädtischen Räume; und (b) die Entwicklung zurückgebliebener Gebiete. Als spezielle Verwaltungs- und Organisationsstruktur von dezentralisierter Art muß das »Projekt Südost-Anatolien« – normalerweise unter seinen türkischen Anfangsbuchstaben als GAP bekannt – sowohl für (a) als auch für (b) geschaffen werden, und es müßte das Wirtschaftsleben der südöstlichen Provinzen stark verändern. Das GAP ist ein von 22 Stauanlagen des Euphrat, mit dem wichtigsten, dem »Atatürk-Hochdamm, gespeistes, integriertes Wasserkraft- und Bewässerungsprojekt. Das gesamte Projekt kostete insgesamt 31 Milliarden US-Dollar. Neben seinen 22 Staudämmen gehören dazu 19 Wasserkraftanlagen und zwei 22 Kilometer lange Bewässerungstunnel, welche Wasser vom Euphrat in die Ebene von Harran südöstlich der Stadt Urfa leiten. Vergangenen April waren wir als Türken sehr glücklich zu sehen, daß sich unser jahrzehntealter Traum erfüllte und der erste Wasserschwall vom Atatürk-Hochdamm die Ebene von Harran erreichte.

Das Bewässerungsprojekt allein wird die jährlichen Ernteerträge der Türkei, angefangen von Baumwolle bis hin zum Viehfutter, verdoppeln und in einigen Fällen verdreifachen. Auf Grund seines gewaltigen Einflusses auf die Region Südost, sieht der GAP-Plan Investitionen im Transportwesen, im Fernmeldeverkehr, in der medizinischen Betreuung, der Bildung und Erziehung sowie bei städtischen und ländlichen Projekten der Infrastruktur vor.

Insgesamt wird das GAP die türkische Erzeugung von Hydroelektrizität verdoppeln und die bewässerte Landfläche um 50 Prozent vergrößern. In der Region des GAP selbst wird eine Einkommensverdoppelung pro Kopf der Bevölkerung sowie die Schaffung von zwei Millionen neuer Arbeitsplätze in den kommenden zehn Jahren erwartet.

Dies wird zwangsläufig dramatische Auswirkungen auf die sozialen Probleme haben in einer Region, die seit 1990 von den Handelssanktionen der UN gegen Irak schwer betroffen ist. Und es müßte ebenfalls den Erfolg der Regierung in der Bekämpfung einer bösartigen terroristischen Organisation, die für viele Tausende Todesopfer verantwortlich ist, günstig beeinflussen. Durch die Förderung der Beschäftigungslage und des Wohlstandes in dieser Region werden soziale Spannungen abgebaut, und den Terroristen wird ihre weitere Unterstützung entzogen. In der Türkei war im vergangenen Jahrzehnt ein stetiger Trend in Richtung auf Recht und Ordnung sowie soziale Ruhe zu verzeichnen. Diese Entwicklung wird sich in den kommenden Jahren ohne Zweifel fortsetzen.

Schließlich steht als fünfte Kategorie der Schutz der Umwelt auf der Tagesordnung. Das ist ein Punkt, von dem sich alle Türken stark betroffen fühlen. Die Türkei ist entschlossen, im Umweltschutz keine Kompromisse einzugehen. Mittelfristig nehmen wir vornehmlich die effektive Umweltplanung und -kontrolle ins Visier. Es wird eine durchgängige Entwicklungsstrategie angewendet, um unser Land in die Lage zu versetzen, seine ökonomischen, gesellschaftlichen und ökologischen Ziele in einer zufriedenstellend ausgewogenen und integrierten Weise zu erreichen.

Im Verlaufe der Verfestigung des Friedensprozesses im Nahen Osten gelangt die Türkei zu der Auffassung, daß es zu äußerst interessanten Möglichkeiten des Handels und der wirtschaftlichen Zusammenarbeit zwischen Europa und dem Nahen Osten kommen wird. Türkische Geschäftsleute kennen sich auf dem Markt des Nahen Ostens bereits gut aus. Türkische Firmen sind Hauptlieferanten von Haushaltswaren und Nahrungsmitteln für den Nahen Osten, und türkische Auftragnehmer engagieren sich mit einer eindrucksvollen Palette von Projekten in der gesamten Region. Der Friedensprozeß verspricht neue Chancen für Gemeinschaftsunternehmen und Gesellschaften, und in vielen davon werden europäische und türkische Investoren zusammenarbeiten.

Ähnliche Möglichkeiten bestehen auch im Kaukasus, auf dem Balkan und in den Republiken der Turkvölker Mittelasiens – Gebiete, mit denen die Türkei gemeinsame, enge, historische und kulturelle Bindungen teilt.

Um die türkische Wirtschaft und die Marktchancen, welche diese bietet, besser zu verstehen, könnte es angebracht sein, einige Punkte dazu anzuführen:

Die Textilindustrie erbringt etwa 25 Prozent des Devisenanteils der aus Exporten erlösten Einkünfte. Andere Industriezweige mit hohem Potential sind Landwirtschaft und Nahrungsmittelverarbeitung, Fahrzeugbau, elektrische und elektronische Geräte, Eisen und Stahl, Chemie und nichtelektrische Maschinen. Diese Industriezweige stellen zusammen mit dem Tourismus vielversprechende Bereiche für direkte Auslandsinvestitionen dar.

Die entwickelten versorgungswirtschaftlichen Einrichtungen und das Transportwesen der Türkei schaffen, zusammen mit einem gut durchgestalteten Kommunikationsnetz und organisierten Industrieparks ein geschäftsförderndes Umfeld.

Es gibt fünf funktionierende Freizonen (nämlich, Mersin, Antalya, Ege, Istanbul und Trabzon) in der Türkei, und weitere vier sind geplant. Über 500 Firmen widmen sich in den Zonen der verschiedensten Aktivitäten, wie der Lagerwirtschaft, der Ausstellung, dem Verpacken, dem Handel, dem Bankgeschäft, der Versicherung, der Montage und der Zerlegung. Und die dort ansässigen Unternehmen unterliegen im Hinblick auf Fördermaßnahmen, Verpflichtungen und jeglicher Art von Vorteilsgewinnung der gleichen Behandlung, welcher Nationalität sie auch immer angehören mögen. Der Handel zwischen den Zonen und der Türkei gilt als Außenhandel. Die in die Freizonen gebrachten Handelsgüter können verarbeitet oder unverarbeitet ins Ausland geliefert werden. Die Möglichkeit des Verkaufs der in den Freizonen hergestellten Waren an die Türkei ist ein einzigartiges Charakteristikum, welches in anderen Freizonen gemeinhin so nicht existiert.

Im Rahmen der »Gesetzgebung für Auslandsinvestitionen in der Türkei« können sich Unternehmen mit ausländischem Kapital mit allen auf die Erzeugung von Waren und das Erbringen von Dienstleistungen gerichteten industriellen, kommerziellen, landwirtschaftlichen und anderen Aktivitäten beschäftigen, vorausgesetzt, derartige Aktivitäten entsprechen den in den ihnen vom Generaldirektorat Auslandsinvestitionen im Untersekretariat des Schatzamtes des Premierministers gewährten Genehmigungen und/oder Förderbescheinigungen erwähnten inhaltlichen Gegenständen. Es bestehen keinerlei Einschränkungen hinsichtlich des prozentualen Anteils an Aktien, die Ausländer besitzen dürfen. Jeglicher ausländische Partner sollte mindestens 50 000 US-Dollar an Eigenkapital einbringen. Im Ausland ansässige natürliche Personen und rechtsfähige Körperschaften können in der Türkei auf allen Gebieten, die dem türkischen privaten Sektor offenstehen, wenn dies kein Monopol oder ein besonderes Privileg mit sich bringt und nicht der nationalen Sicherheit und der öffentlichen Ordnung sowie den Interessen des Landes widerspricht, investieren, kommerzielle Aktivitäten betreiben, sich an Gesellschaften beteiligen, Aktien kaufen, Zweigniederlassungen eröffnen usw.

Es bestehen keinerlei Einschränkungen hinsichtlich des Transfers von Profiten, Zinsen, Darlehensrückzahlungen oder Rückführung von Kapitalien sowie von Gewinnen aus öffentlichen Mitteln, Erfüllungsgewinnen und Fördergeldern der Regierung.

Als MIGA- und ICSID-Mitglied hat die Türkei das Prinzip akzeptiert, daß bei Investitionen auftretende Streitigkeiten einem internationalen Schlichter vorgelegt werden. Darüber hinaus ist das »Abkommen der gegenseitigen Förderung und des Investitionsschutzes« mit 11 Ländern in Kraft. Verhandlungen, ähnliche Abkommen mit weiteren 31 Ländern abzuschließen, sind gegenwärtig im Gange. Die Türkei hat ebenfalls das »National Treatment Instrument« der OECD angenommen und ihre Absicht erklärt, ausländischen Investoren nationale Behandlung zu gewähren.

Die Türkei steht der dringenden Notwendigkeit gegenüber, ihren Export zu steigern. Die gegenwärtige ökonomische Umwelt, ihre qualifizierte Arbeiterschaft sowie das derzeitige, in Devisen ausgedrückte Lohnniveau wirken sich freundlich auf Exportfirmen aus. Ich denke, das jüngst geschlossene Abkommen mit der EU über eine Zollunion wird ebenfalls direkte Investitionen aus EU-Ländern stimulieren.

Die Erhöhungen der Ölpreise und die mögliche Trassenführung einer Öl-Pipeline durch die Türkei wird den mittelasiatischen Märkten eine stärkere Dynamik verleihen. Die Türkei ist auch ein Mitglied des Internationalen Konsortiums, welches gebildet wurde, um Öl in Aserbaidschan zu fördern. Ganz allgemein zeigt die Türkei bei der Stimulierung der Zusammenarbeit mit den Ländern der Turkvölker zur Realisierung von Investitionen auf dem Energiesektor vollen Einsatz.

Hinzu kommt, daß der Förderplan, der sowohl heimischen als auch ausländischen Firmen zur Verfügung stehe, lukrative Möglichkeiten mit sich bringt.

Im Ergebnis all der in der Türkei gebotenen Investitionsmöglichkeiten, stiegen die Investitionsgenehmigungen von 97 Millionen US-Dollar im Jahre 1980 auf 2,3 Milliarden US-Dollar im Jahre 1993. Die Gesamtsumme der genehmigten ausländischen Kapitalinvestitionen im Zeitraum von 1980 bis 1994 beläuft sich auf 13,9 Milliarden US-Dollar. Zwischen 1980 und 1994 bezogen sich 65 Prozent der Gesamtgenehmigungen auf die Industrieproduktion. Die größeren existierenden Investitionsprojekte von Auslandskapital wurden auf den Sektoren Transportausrüstungen, Gummi, Plastik, elektrische und elektronische Ausrüstungen und Textilien getätigt.

In den meisten Fällen hält man die Privatisierung für ein wichtiges Mittel, ausländisches Kapital anzuziehen. Ausländische Investoren sollten ermutigt werden, sich am Privatisierungsprozeß zu beteiligen, insbesondere in jenen Betrieben, in denen das Know-how einen entscheidenden Faktor für das Wohl und die Entwicklung des privatisierten Staatsunternehmens darstellt. Joint-ventures mit heimischen Gesellschaftern werden besonders gefördert, um ein geeignetes Klima für den Transfer von Hochtechnologie und die Schaffung von Arbeitsplätzen zu schaffen sowie der türkischen Wirtschaft neue Kapitalspritzen zuzuführen.

Im Jahre 2000 wird der Siebente Fünfjahrplan der Türkei erfüllt sein. Welches Bild wird die türkische Wirtschaft dann bieten? Das Bruttosozialprodukt pro Kopf der Bevölkerung sollte beträchtlich gestiegen sein. Auf die Industrie und den Dienstleistungssektor sollten mehr als 90 Prozent des im Lande verfügbaren Nationaleinkommens entfallen. Die jährlichen Einkünfte aus dem Tourismus sollten fast 10 Milliarden US-Dollar erreichen, und das gesamte jährliche Außenhandelsvolumen der Türkei sollte um 100 bis 110 Milliarden US-Dollar – oder die Hälfte des Bruttosozialproduktes – betragen.

Das globale Klima stellt sich in vielerlei Hinsicht ebenfalls ermutigend dar. Die Runde von Uruguay wurde erfolgreich abgeschlossen. In den entwickelten Ländern befindet sich die wirtschaftliche Genesung in vollem Aufschwung. In anderen Teilen der Welt verzeichnen die Entwicklungsländer ein rasches Wachstum, und das besonders aus dem Grunde, als sie gelernt haben, Strukturreformen und Stabilisierungsprogramme zu verwirklichen. Im Zuge der Ausdehnung des Welthandels scheinen ihre Perspektiven glänzender denn je zuvor. Und das betrifft auch die Türkei.

Die der Entwicklung des Landes zugrundeliegende Orientierung wird sich weiterhin vornehmlich nach dem Westen hin ausrichten, wie der Abschluß des Abkommens über die Zollunion mit der Europäischen Gemeinschaft zeigt, und weil der Handel mit den OECD-Ländern bereits etwa drei Fünftel des türkischen Außenhandelsvolumens beträgt. Es sollte nicht übersehen werden, daß jenes Abkommen mehr bewirkt, als nur die Zollsätze nach unten abzustufen; es bedeutet auch die Harmonisierung der Wirtschafts-, Handels- und Sozialpolitik.

Diese und andere Trends geben Anlaß zu dem starken Vertrauen darauf, daß die Türkei den Herausforderungen, die vor ihr stehen, begegnen kann und wird. Unser Land setzt große Erwartungen in seine Zukunft. Die Beschleunigung des Modernisierungsprozesses aber sollte ein Indikator dafür sein, daß sie jenen Erwartungen gerecht wird.

Biographie
Prof. Dr. Tansu Çiller

Professor Dr. Tansu Çiller, Premierminister der Republik Türkei und Vorsitzende der Partei des Wahren Weges, wurde 1946 in Istanbul geboren.

Sie studierte am Robert College und an der Universität des Bosporus, an der sie im Hauptfach Wirtschaftswissenschaften graduierte. Sie promovierte zum Doktor der Philosophie im Fach Wirtschaftswissenschaften an der University of Connecticut, bevor sie sich an der Yale University der weiteren akademischen Arbeit der Wirtschaftswissenschaften widmete.

Nach ihrer Rückkehr in die Türkei betätigte sich Frau Çiller in der Wissenschaft und arbeitete in den akademischen Kommissionen mehrerer Universitäten. 1978 wurde sie außerordentlicher Professor und 1983 ordentlicher Professor in der wirtschaftswissenschaftlichen Fakultät der Universität des Bosporus.

Im Jahre 1990 wandte sich Frau Çiller als Mitglied der Partei des Wahren Weges der Politik zu. Sie arbeitete eng mit dem damaligen Parteiführer Suleyman Demirel zusammen und half bei der Strategieplanung für die allgemeinen Wahlen von 1991. Sie wurde in den Vorstand der Partei gewählt und bekleidete die Position des stellvertretenden Parteivorsitzenden.

In den Wahlen von 1991 wurde sie als Abgeordnete von Istanbul ins Parlament gewählt und zum Staatsminister mit Verantwortlichkeit für die Wirtschaft in der von Demirel nach den Wahlen gebildeten Koalitionsregierung berufen. Rasch entwickelte sie sich zur prominentesten Persönlichkeit des Kabinetts. Ihre Beliebtheit innerhalb der Türkei und ihre breitgefächerten Kontakte zu anderen Führungspersönlichkeiten der westlichen Welt ließen sie bekannt werden.

Nach der dem Tod von Präsident Turgut Özal folgenden Wahl von Demirel zum Präsidenten der Republik im Juni 1993 beschloß Frau Çiller, sich um den Parteivorsitz zu bewerben. Am 13. Juni ging sie unter allen Mitbewerbern um die Führerschaft auf der Außerordentlichen Parteikonferenz der Partei des Wahren Weges als klare Siegerin hervor.

Am 14. Juni 1993 erhielt sie den Auftrag, eine Regierung zu bilden und wurde damit der erste weibliche Premierminister, den die Türkei jemals hatte.

Frau Çiller ist Autorin von neun Veröffentlichungen zum Thema Wirtschaftswissenschaften. Sie ist verheiratet und hat zwei Söhne. Frau Çiller spricht fließend englisch und deutsch.

Tomiichi Murayama
Premierminister von Japan

Tomiichi Murayama

Heisei 7, 50 Jahre Japan – Blick zurück und in die Zukunft

Programmatische Rede an das Abgeordnetenhaus

Einleitung

Dieses Jahr, Heisei 7 oder 1995, stellt einen Meilenstein dar; denn es bezeichnet das Jahr des 50. Jahrestages des Kriegsendes. Blicken wir zurück auf die vergangenen 50 Jahre und nach vorn, auf die vor uns liegenden 50 Jahre, so bleibe ich bei meinem Entschluß, meinen Beitrag zum Weltfrieden und zum Wohlergehen der Welt zu leisten und dafür zu arbeiten, daß Japan ein Land des Seelenfriedens und des Wohlstandes aller seiner Menschen zu werden verspricht. Darum besteht meine Hoffnung zum Jahresanfang darin, dieses Jahr zu einem Jahr des Überganges zwischen dem hinter uns liegenden und dem vor uns liegenden halben Jahrhundert zu gestalten.

Japans Nachkriegsperiode begann mit dem Schwur eines jeden einzelnen japanischen Bürgers, daß wir niemals wieder einen Krieg dieser Art führen dürfen. Es ist in der Tat all denen vor uns zu danken, daß sie während der langen Jahre der Erholung und während der Periode des raschen Wachstums sowie in der darauf folgenden Zeit der Veränderungen all ihr Denken und all ihre Energie auf die Erhaltung des Friedens und die Verbesserung des Lebensstandards Japans richteten, auf Grund all dessen wir in der Lage waren, aus der Asche des Krieges aufzuerstehen, um das größte Bruttosozialprodukt pro Kopf der Bevölkerung in der Welt zu verzeichnen. Diese Anstrengungen im höchsten Maße würdigend und der Segnungen des Friedens nach wie vor klar bewußt, glaube ich fest daran, daß es für Japan unabdingbar geboten ist, für die nächsten 50 Jahre sowie für eine Nation des Friedens zu kämpfen.

Nun, da wir uns dem 50. Jahrestages des Kriegsendes nähern, gehört die Weltordnung, welche auf dem Unentschieden zwischen den beiden Supermächten des Westens und des Ostens beruhte, der Vergangenheit an, und es sind strukturierte Veränderungen hier in Japan im Gange, die von einem totalen Umschwung in der gesamten Gesellschaft künden. Es ist für uns von wesentlicher Bedeutung, das politische, ökonomische und gesellschaftliche System, welches die lange Nachkriegszeit überdauert hat, zu überprüfen und uns auf einen neuen Weg in die Zukunft zu begeben.

Seit dem Beginn dieser Administration im Juni vergangenen Jahres habe ich all mein Bemühen auf die komplizierten Probleme gerichtet, die vor uns stehen, einschließlich der Einführung politischer Reformen, der Durchsetzung einer Steuerreform, der aktiven Beteiligung auf dem Weg hin zu einer Welthandelsorganisation, dem Voranbringen der Grundlagengespräche mit den Vereinigten Staaten und der Lösung solch noch immer seit dem Krieg anstehenden Fragen, wie die Erarbeitung und Verabschiedung eines *Hibakusha*-Hilfsgesetzes. Und ich glaube, diese Administration hat bei all diesen Problemen beträchtliche Fortschritte erzielt. Und dennoch ist es unumgänglich, daß wir uns den Anforderungen der Zeit mutig stellen und weitere Reformen zuwege bringen, wenn wir diese Art Regierung, die sich um die Menschen sorgt, und für die ich eintrete, zustande bringen wollen. Reformen müssen darum als die Wehen vor der Geburt einer neuen Gesellschaft betrachtet werden.

Und darin bestehen die vier Säulen der Art fürsorglicher Regierung, nach der ich strebe:

– Anstrengungen im Innern, um durch entschlossene Reformen eine freie und lebendige Sozioökonomie aufzubauen.
– Eine intellektuelle Tradition, die künftigen Generationen würdig ist.
– Eine Gesellschaft, in der die Menschen Seelenfrieden und Wohlstand haben können.
– Anstrengungen nach außen, um Japans Position gemäß zur Schaffung des Friedens in der Welt beizutragen.

Ich werde hinsichtlich der Verwaltungsreform und der anderen vor uns stehenden Probleme keine Mühen scheuen, und es ist meine Absicht, den Quantensprung zu vollziehen von der Reform zur Schöpfung, um die Aufgabe anzugehen, ein schöpferisches, fürsorgliches Land zu schaffen, welches über sich selbst hinauswächst.

Entschlossene Verwaltungsreform

Verwaltungsreform

Die Lage in Japan und anderswo hat tiefgreifende Veränderungen erfahren. Mit der vollen Ausbildung der japanischen Wirtschaft, dem rapiden Anstieg des Lebensalters der Bevölkerung, der Veränderung der Werte, der internationalen Umwälzungen und der Verwaltungssysteme, welche einst Japans Nachkriegsentwicklung trugen – mit all dem ist es heutzutage zu Verwerfungen gekommen, die es unmöglich machen, den Bedürfnissen der Bevölkerung damit zu begegnen, daß wir nach der alten Art und Weise verfahren. Wenn wir erreichen wollen, daß sich die Regierung flexibel mit den Veränderungen im 21. Jahrhundert auseinandersetzt, ist es unabdingbar, den Einfluß des Beamtentums auf die Tätigkeit des Privatsektors, auf die Beziehungen zwischen der Zentralregierung und Lokalverwaltungen und andere Fragen einer grundlegenden Überprüfung zu unterziehen. Tatsächlich hat die Regierung eine Verantwortung für die Zukunft, diese und weitere Anstrengungen zu unternehmen, um dem Wohlergehen des Einzelnen Priorität einzuräumen und eine freiere Gesellschaft mit einem Überfluß an Schöpfertum zu gestalten.

Fassen wir die Stoßrichtung dieser Reform in einem Satz zusammen: Es ist ein Wechsel weg vom Staatssektor und hin zum Privatsektor, vom Nationalen zum Lokalen. Im Verhältnis zwischen dem staatlichen und dem privaten Sektor bedeutet das Aufhebung der Kontrolle. Im Verhältnis zwischen Nationalem und Lokalem bedeutet das Dezentralisation. Und wenn es um das Vertrauen des Volkes geht, bedeutet das die

Erleichterung des freien Zuganges zum Informationsfundus
der Regierung und die Reformierung der Verwaltungsstrukturen und deren Unterstützung von besonderen öffentlichen
Körperschaften, für eine rationalisierte Verwaltung, die in
der Lage ist, in wirksamer Weise auf das von der Öffentlichkeit entgegengebrachte Vertrauen zu reagieren.

Eine Kommission für die Verwaltungsreform wurde kürzlich eingesetzt, und diese soll den Fortschritt der Verwaltungsreform überwachen sowie, unter anderem, das Rechtssystem und andere Systeme für die Gewährung freieren Zuganges zum Informationsfundus der Regierung studieren. Ich
beabsichtige die Verwaltungsreform zu fördern und nehme
die Meinungen dieser Kommission als Ansicht und als Stimme des Volkes entgegen.

Es ist außerdem von wesentlicher Bedeutung, daß wir das
Vertrauen der Bevölkerung durch die Schaffung einer programmatischen Politik sowie durch die Ausmerzung der Korruption gemäß der Stoßrichtung des neuen Wahlsystems wiederzugewinnen suchen, um eine bessere Abgrenzung der
Funktionen zwischen Politikern und Beamten zu schaffen,
damit die Politik bei der Förderung der Reform eine kräftigere Rolle spielen kann.

In Übereinstimmung mit dem Begehren von Japanern und
anderen nach Deregulierung, werden wir bis zum Ende dieses Finanzjahres beginnen, ein auf fünf Jahre angelegtes
»Aktionsprogramm zur Deregulierung« zu erarbeiten und
umzusetzen. Unsere Arbeit wird dabei von dem Grundsatz
ausgehen, das die ökonomische Kontrolltätigkeit im Prinzip
abgeschafft wird und daß nur Ausnahmegebiete kontrolliert
werden. Soziale Kontrollen sollen im Einklang mit ihren ursprünglichen Zwecken auf das notwendige Minimum beschränkt bleiben.

Die Basis demokratischer Regierung besteht im Streben
nach Stärkung der lokalen Autonomie und derem Funktionieren, damit das System der örtlichen Regierung in Übereinstimmung mit örtlichen Bedingungen spezifische Verwaltungen entwickeln kann. Getreu dem Grundsatz, daß die
Verwaltung so weit wie möglich von der den Menschen, de

nen sie dient, am nächsten stehenden örtlichen Regierung ausgeübt werden soll, müssen wir die Arbeitsteilung zwischen der nationalen Regierung und den lokalen Verwaltungen einer grundlegenden Überprüfung unterziehen. Und wir hoffen dabei, daß die lokalen Regierungen sich selbst reformieren, Vollmachten delegieren, die Regierungseinmischung abschaffen oder mildern und die Steuereinkünfte der lokalen Verwaltungen steigern. Im Einklang mit dem Ende vergangenen Jahres angenommenen Dokument »Grundzüge der Dezentralisierung« beabsichtige ich, ein Gesetz zu unterbreiten, welches die Grundprinzipien für die Förderung der Dezentralisierung der Macht, die Schaffung eines Rates zur Förderung der Dezentralisierung und anderes mehr darlegt.

Dieses Jahr bezeichnet den 110. Jahrestag der Begründung des Kabinettsystems in Japan. Meine Regierung beabsichtigt, die Arbeit mit der Überprüfung der Verwaltungsstruktur, der Stärkung der Funktionen des Kabinetts und der Förderung des Personalaustausches unter den verschiedenen Ministerien und Dienststellen fortzusetzen.

Indem wir uns erneut anschauen, ob es nicht einige gewisse öffentliche Einrichtungen gibt, die unfähig sind, unter den sich verändernden Bedingungen ihren Verantwortlichkeiten gerecht zu werden, sind wir entschlossen, alle besonderen öffentlichen Einrichtungen bis zum Ende des Finanzjahres einer Überprüfung zu unterziehen und bei der Durchführung ihrer Rationalisierung, einschließlich ihrer Abschaffung und Verdichtung, zur Verminderung der Verwaltung sowie als Antwort auf die Anforderungen der Zeit politische Führung auszuüben.

Unter der Voraussetzung des demokratischen Grundsatzes, daß die Regierung gegenüber dem Souverän, dem Volk, voll rechenschaftspflichtig ist und danach streben muß, dessen Vertrauen zu gewinnen, kommt der Frage der Erleichterung des Zuganges zum Informationsfundus der Regierung dringende Aufmerksamkeit zu. Darum erwarte ich von der Kommission für die Verwaltungsreform innerhalb der nächsten zwei Jahre Empfehlungen über rechtliche und andere Bedin-

gungen für die weitere Öffnung von Informationen, über die
die Regierung verfügt. Gleichzeitig werde ich systematisch
daran arbeiten, die stürmischen Fortschritte in der Informa-
tionstechnologie in den Verwaltungsapparat der Regierung
einzuführen und Informationssysteme besser zu nutzen für
eine effizientere und wirksamere Administration.

Die Verwaltungsreform ist eines der Hauptanliegen dieses
Kabinetts, und es ist meine Absicht, mich mutig und unnach-
giebig für eine wirkliche Reform einzusetzen, damit wir von
der Reform nicht nur reden, sondern sie tatsächlich verwirklichen.

Finanz- und Steuerreform

Japans Finanzlage wird strukturell immer härter, wie die
Tatsache belegt, daß der Wert der ausstehenden staatlichen
Schuldverschreibungen Ende vorigen Jahres die Höhe von
200 Billionen Yen erreicht hat und weiter wächst und daß der
Schuldendienst jetzt etwa 20 Prozent der Gesamtausgaben
beträgt und Ausgaben der Politik beeinträchtigt. Darum werden wir die Finanzreform einschließlich einer grundsätzlichen Überprüfung aller Ausgaben um so kräftiger vorantreiben und in der Tiefe die eigentlichen Gründe untersuchen,
auf denen unsere Systeme und unsere politischen Maßnahmen beruhen, um die Finanzpolitik in die Lage zu versetzen,
in geeigneter Weise auf die neuen Forderungen der Zeit zu
reagieren und die Schaffung einer reichen und lebensfähigen
Sozioökonomie zu begünstigen.

Während die Gesetzgebung zur Steuerreform mit dem Ziel,
eine lebensfähige Wohlstandsgesellschaft zu schaffen, voriges Jahr rechtsgültig wurde, beabsichtige ich, im Zuge der
Förderung der Verwaltungs- wie der Finanzreform auf nationaler und lokaler Ebene und unter Einbeziehung immer ehr-
geizigerer Zukunftsstudien über soziale Sicherheit gemäß
der Festlegungen dieser Gesetzgebung zur Überprüfung des
Verbrauchsteuersatzes und des lokalen Verbrauchsteuersatzes mich unermüdlich für eine vollkommenere Steuerstruk-
tur einzusetzen.

Für die Schaffung einer freien und lebendigen Sozioökonomie

Förderung der Reform der Wirtschaftsstruktur

Die japanische Wirtschaft entwickelt sich weiter und ist durch eine allmähliche Erholung gekennzeichnet. Dennoch ist das Bild der Arbeitslosigkeit düster, und die Kapitalinvestition kommt im allgemeinen nur schleppend voran. Darum werde ich unter Beachtung der Wechselkurse und anderer ökonomischer Trends in Japan und in Übersee damit fortfahren, mich für eine flexible Wirtschaftsführung einzusetzen, damit sich die aufknospende ökonomische Erholung konsolidiert.

Ein vertrauensvolles Reagieren auf Strukturveränderungen ist geboten, wollen wir optimistisch der ökonomischen Zukunft entgegensehen. Der Glaube an das Wachstum schwächt sich ab, und es macht sich ein Gefühl der Unsicherheit breit über unsere ökonomische Zukunft unter den Bedingungen eines sich verändernden Klimas, welches einhergeht mit schärferer internationaler Konkurrenz und die Besorgnis über eine industrielle Aushöhlung sowie die damit verbundene Arbeitslosigkeit zu einer Zeit, da die rapide Wertzunahme des Yen, die Kluft zwischen japanischen und überseeischen Preisen und andere Faktoren die japanische Wirtschaft zu einer kostenintensiven Wirtschaft gemacht haben. Und dennoch ist dies eine Ära ohne Grenzen, und die japanische Geschäftätigkeit hat sich ausgedehnt und dient der ganzen Welt. Es ist in dieser Situation von ausschlaggebender Bedeutung, daß Japan Strukturreformen durchsetzt, um eine freie, flexible, energievolle und schöpferische Wirtschaft aufzubauen und diese in die Lage zu versetzen, sich mit der übrigen Welt gedeihlich zu entwickeln.

Das bedeutet in erster Linie und ganz spezifisch, die Disparität zwischen japanischen und überseeischen Preisen zu reduzieren und zu korrigieren. Diese Unausgeglichenheit behindert ein besseres Leben und unterhöhlt die Wettbewerbsfähigkeit der japanischen Industrie. Ich habe die Absicht, durch die Erleichterung des Zuganges zu Informationen und die Förderung einer begrifflichen Veränderung der Geschäftswelt und der Verbraucher, ein Nachlassen der Regierungskontrollen und der strikten Durchsetzung des Antimonopolgesetzes sowie eines Drängens auf die Korrektur von gegen den Wettbewerb gerichteten Geschäftspraktiken auf diesem Gebiet aktive Anstrengungen zu unternehmen.

In diesem Zusammenhang werden wir ebenfalls jede Steuererhebung sorgfältig studieren und uns für eine umfassendere Aufklärung einsetzen, um Abgabenerhöhungen nicht so einfach Tür und Tor zu öffnen.

Dann kommen die Bemühungen um eine Umstrukturierung der Industrie. Während wir Firmen, die bestrebt sind, ihre Ressourcen in ihren jeweiligen Branchen mit höchstem Nutzen einzusetzen, voll unterstützen, engagieren wir uns ebenfalls in breitgefächerten Politikmaßnahmen, welche strukturell bedingter Arbeitslosigkeit begegnen, damit Veränderungen auf dem Arbeitsmarkt nicht notwendigerweise zu Arbeitslosigkeit führen müssen.

Da es nicht fest steht, welcher Industriezweig oder welche Industriezweige die japanische Wirtschaft auf ihrem Weg in die Zukunft voranbringen werden, ist es weiterhin wichtig, daß wir jene neuen Industriebranchen nähren, die neue ökonomische Möglichkeiten erschließen. In Verbindung mit Bemühungen darum, beispielsweise ein besseres Klima für die Beschaffung von Kapital zu schaffen, werden wir bei kleineren und mittleren Unternehmen und Neugründungen gleichzeitig die Forschung und Entwicklung sowie die Vermarktung unterstützen, so daß diese Firmen ihren unternehmerischen Geist, zur Strukturpolitik beizutragen trotz des Wertanstiegs des Yen und anderer Faktoren voll zum Tragen bringen können.

Unter diesen Gesichtspunkten wurde Ende vorigen Jahres die Zentrale für Umwandlung der Industrie und Arbeitsbeschaffung innerhalb des Kabinetts eingerichtet, und das gesamte Kabinett wirkt geschlossen für die Förderung der Umstrukturierung der Wirtschaft.

Landwirtschaft und Agrarpolitik

Außer der Erfüllung der für das Leben Japans so wichtigen Aufgabe der stabilen Versorgung des Landes mit Nahrungsmitteln, spielen die Land- und die Forstwirtschaft sowie die Fischerei weitere bedeutende Rollen, wie beispielsweise bei der Erhaltung der Umwelt und des Bodens. Gleichermaßen pflegen die Dörfer auf dem Lande die regionale Kultur und bieten Raum für Erholung und Behaglichkeit, wie das im dem beliebten *Furusato* besungen wird.

Während die Unterzeichnung des Abkommens der Runde von Uruguay für die japanische Landwirtschaft eine neue Lage geschaffen hat, werden wir in Verbindung mit Bemühungen, die Auswirkungen dieser Veränderungen zu minimieren, umfassende Maßnahmen zur Unterstützung der Standortbestimmung der japanischen Landwirtschaft und des Ackerbaues im Sinne ihrer Eigenständigkeit und ihrer Entwicklung im 21. Jahrhundert fördern. Dazu gehören die Begünstigung von Methoden zur effektiven und stabilen Führung von Landwirtschaftsbetrieben, die Verbesserung der Infrastrukturen der landwirtschaftlichen Produktion und die Neubelebung ländlicher Gebiete. In gleicher Weise soll das mit der Forstwirtschaft und der Fischerei geschehen.

Ich werde mich einsetzen für die Erhaltung und Verschönerung jener Wälder, welche die Grundlage unserer Wasserversorgung und unseres Grüns sind, und man könnte sagen, sie versinnbildlichen die Anmut Japans. Und ich werde mich ebenfalls bemühen, die Fischerei, dem Überfluß entsprechend, den der Ozean bietet, zu fördern und den Fischerdörfern neues und kraftvolles Leben zu verleihen.

Für die Schaffung einer künftigen Generationen würdigen intellektuellen Tradition

Die Förderung von Wissenschaft und Technik und besseres Nutzen von Informationen

Da Japan nicht mit Bodenschätzen gesegnet ist, muß es die Wirkung seiner menschlichen und intellektuellen Ressourcen, seiner Hauptschätze, steigern und dieses Erbe künftigen Generationen übermachen, damit diese eine im höchsten Maße kreative Gesellschaft des 21. Jahrhunderts schaffen können. Die Wissenschaft und Technik ist eine unerschöpfliche Quelle. In ihr liegt der Schlüssel für die Gestaltung unserer Zukunft sowie für den Aufbau einer intelligenten und dynamischen Sozioökonomie.

Auf dem Wege der Vervollkommnung der Bildung und der Forschung in Universitäten und Laboratorien sowie der verstärkten Kooperation zwischen der Industrie, der Wissenschaft und der Regierung werde ich jede Anstrengung unternehmen, um Japans Forschung und Entwicklung zu kräftigen und zu stärken und Japan zu einem Land zu machen, welches auf einer schöpferischen Technik basiert. Das kann beispielsweise geschehen durch das Bemühen, die schöpferische Grundlagenforschung zu vervollkommnen, Forschung und Entwicklung sowohl auf Gebieten, die eng mit dem Leben der Menschen verwoben sind, als auch auf Randgebieten voranzubringen und die internationale Forschungskooperation zu unterstützen, um der Flucht unserer jungen Menschen vor der Wissenschaft und Technik Einhalt zu gebieten, um Talente zu fördern und zu halten, um das Klima für Forscher freundlicher zu gestalten.

Es ist wichtig für Japan, entschlossene Anstrengungen für die bessere Nutzung von Informationen zu unternehmen. Dies ist ein Beitrag zur größeren Produktivität, der besseren Erschließung von Märkten und der Steigerung der Lebensqualität. Im Zuge der beabsichtigten umfassenden und systematischen Untersuchung und Verbesserung unseres Fernmeldesystems werde ich mich mit aller Kraft für die Einrich-

tung eines Lichtleitfasernetzes einsetzen, da mit der Nutzung
eines preisgünstigen Finanzierungssystems, der Verbesserung des allgemeinen Leitungssystems und anderer Technologien die Entwicklung der Informationstechnik und – mehr
noch – die bessere Nutzung der Information in der Industrie
sowie in Schulen, Krankenhäusern, Bibliotheken, Behörden
und in allen Bereichen des Lebens in Japan einen Aufschwung erfährt. Neben dem Entwurf einer grundlegenden
Politik, die alle diese Maßnahmen umfaßt, werden wir auch
in aktiver Weise offen sein für internationale Entwicklungen
in der Informationstechnik, wie der weltweiten Infrastruktur
der Information. Dazu gehört ebenfalls unsere Beteiligung an
der Ministertagung der G7 zum Thema Information.

Bildungsreform und Förderung der Kultur

Die Qualität seiner Bevölkerung kann über Wohl und Wehe
einer Nation entscheidend sein. Und die Bildung und Erziehung schöpferischer und fürsorglicher Persönlichkeiten ist
damit die direkte Grundlage für die Entwicklung einer Nation. Wenn wir das übermäßige Wettbewerbsdenken ab-
schwächen wollen, welches durch die Überbetonung der Bewertung nach Prozenten hervorgerufen wird und die Bildung
und Erziehung Japans in die Lage versetzen wollen, sich internationalen Maßstäben, der besseren Nutzung von Informationen und dem Fortschritt auf den Gebieten der Wissenschaft und Technik anzupassen, kommt es in beträchtlichem
Maße darauf an, daß wir von der Möglichkeit Gebrauch machen, Fragen der Bildung und Erziehung einer Prüfung zu
unterziehen sowie Reformen zu unterstützen, die eine at-
traktivere und fürsorglichere Bildung anstreben.
   Es gibt seit kurzem die ernste Besorgnis über Schikanie-
rei an den Schulen und Schulterror. Dies ist ein Problem, welches mir zu Herzen geht. Eine Gesellschaft kann man danach
beurteilen, wie sie ihre Kinder behandelt. Diese Frage geht
nicht nur die Erzieher, sondern die gesamte Gesellschaft an,
und es ist von ausschlaggebender Bedeutung, daß Elternhaus, Schule und Gemeinschaft zusammenwirken, damit die

Kinder wissen, daß die Menschen sich um sie sorgen, damit sie wiederum für andere sorgen können. Ich kann Ihnen versichern, daß die Regierung auch auf diesem Gebiete gemeinsame Anstrengungen unternimmt.

Ich denke, Japan muß danach streben, eine wirkliche Kulturnation zu werden, eine Kulturnation, in der die Menschen intellektuelle Erfüllung finden, in der sie durch aktives Schöpfertum und die Vermittlung von Kultur wie zivilisierte Menschen leben können. Und darum werde ich mich dafür einsetzen, die kreative Kunst, die Volkskultur und selbst den Sport zu fördern.

Der internationale Austausch und die Zusammenarbeit auf den Gebieten der Bildung, der Wissenschaft, der Kultur und des Sports ist äußerst wichtig in ihrer Ausstrahlung über die Ländergrenzen hinweg und für die Erzeugung eines Klimas der Freundschaft, des gegenseitigen Verstehens und der Achtung der Andersartigkeit und Vielfalt. In diesem Sinne werde ich mich innerhalb der Initiative für Frieden und Freundschaft fördernd für das Projekt der Einladung von 100 000 Austauschstudenten einsetzen, für die Einladungsprogramme Jugendlicher, für den Austausch von gemeinsamen Forschungsprojekten und Forschern sowie für die Restaurierung und Erhaltung von Kulturschätzen aus Übersee.

Für die Schaffung einer Gesellschaft, die den Menschen Seelenfrieden und Geborgenheit bietet

Stärkung des Systems der sozialen Sicherheit und der Beschäftigungspolitik

So wie im Leben eines jeden Menschen die Sonne scheint, so gibt es auch schwere Tage. So wie es mit Gesundheit gesegnete Menschen gibt, so gibt es auch solche, die krank oder elend sind. Die Grundkonzeption einer fürsorglichen Regierung besteht in der Schaffung einer Gesellschaft, in der alle Menschen ohne Unterschied ihres Ansehens oder ihrer Position füreinander da sind und im Sinne der Achtung ihrer

Menschenrechte ein angenehmes und erfülltes Leben führen
können. Auch gegenwärtig ist das Bestreben nach einer
Schaffung von Gemeinwesen, die von Fürsorge geprägt sind,
im Gange. Lokalverwaltungen sehen darauf, daß öffentliche
Institutionen und andere Einrichtungen alten und behinderten Menschen zugänglich sind. Ich werde mich bemühen,
mich an die Spitze dieser Initiative zu stellen, indem ich diesem Gedanken der Fürsorge in meiner gesamten Politik Ausdruck verleihe.

Im Zuge der Unterstützung des Neuen Goldenen Plans, der
die Verbesserung der medizinischen Betreuung der alten
Menschen zum Ziele hat, und um weiterhin die Rahmenbedingungen für die von alten Menschen mit Besorgnis be-
trachtete gesundheitliche Fürsorge zu vervollkommnen, er-
wäge ich die Einführung eines neuen Systems der staatlichen
Fürsorge, um damit eine Gesellschaft zu gestalten, in der die
Menschen ohne besondere Angst alt werden können.

Gleichermaßen beabsichtige ich durch die Förderung einer
umfassenden Politik zum Wohle der Kinder das Problem der
heutigen kleineren Familien anzugehen, um ein Klima zu
schaffen, in dem die Familien sich Kinder leisten und gesunde Kinder für die Zukunft aufziehen können.

Des weiteren werde ich ein breitgefächertes und umfassendes Programm entwickeln, in dem es unter anderem um
die Verbesserung von Fürsorgemaßnahmen und die Förderung der Beschäftigung von Behinderten geht und das dem
Grundgesetz für die Behinderten und das neue Perspektiv-
programm von Regierungsmaßnahmen für behinderte Menschen für deren größere Unabhängigkeit und Beteiligung an
Aktivitäten der Gesellschaft entspricht.

Die Gesundheit ist die wichtigste Voraussetzung für ein erfülltes und reiches Leben. Darum geht es um die perspektivi-
sche Stabilisierung der Krankenversicherung und die Vervollkommnung des Gesundheitswesens durch die Sicherstellung einer genügend hohen Anzahl von Pflegekräften und
anderem medizinischem Personal. Ich werde also meine Unterstützung richten auf die neue umfassende Zehnjahresstra-
tegie der Krebsbekämpfung sowie auf andere Maßnahmen

der Gesunderhaltung der Menschen. Ein weltweit Besorgnis erregendes Problem ist insbesondere Aids, und im Zuge einer engeren internationalen Zusammenarbeit werde ich mich mit Nachdruck für die Verbesserung der Behandlungsmöglichkeiten und die Aufklärung der Bevölkerung über diese Krankheit einsetzen.

Es gibt zur Sorge Anlaß, daß die Gesellschaft bestimmten Strapazen und Anspannungen ausgesetzt ist und sich schwach fühlt. Darum ist es wichtig, daß wir alte Menschen und Frauen, deren Möglichkeiten bisher etwas eingeengt waren, in die Lage versetzen, ihre Kenntnisse und ihre Kräfte besser anzuwenden. Ich werde also an der Schaffung eines breitgefächerten Angebotes von Arbeitsmöglichkeiten für die alten Menschen wirken. Das schließt die Fortführung des Arbeitsverhältnisses ein und hat für den Anfang des 21. Jahrhunderts die Schaffung einer Gesellschaft zum Ziel, in der die Menschen bis zum 65. Lebensjahr arbeiten können.

Damit die Arbeitsfreistellung von Müttern nach der Geburt in breiterem Maße gewünscht und angenommen wird, wird mir auch daran gelegen sein, die Erfordernisse des Arbeitsplatzes und der Familie besser in Übereinstimmung zu bringen. Dazu gehören Bemühungen, um einem System der Freistellung von Personen, die sich um die Fürsorge für und die Erziehung von Kindern kümmern, Gesetzeskraft zu verleihen. Außerdem werde ich mich für die Durchsetzung der Chancengleichheit einsetzen und überhaupt ein Klima fördern, in dem Frauen ihre Fähigkeiten zur Geltung bringen können.

Gestaltung einer Gesellschaft der Gleichberechtigung der Geschlechter

Die Gestaltung einer Gesellschaft der Gleichberechtigung der Geschlechter, in der Männer und Frauen nicht nur in der Arbeitswelt, sondern in allen Sphären der Gesellschaft gleich gestellt sind, ist ausschlaggebend für die Erhöhung des Schöpfertums und die Lebenskraft der künftigen Gesellschaft Japans. Was diese Administration betrifft, so unternehmen wir alle Anstrengungen für das Ziel, daß der Anteil der Frauen Ende dieses Jahres mindestens 15 Prozent der Mitglieder von Gremien beträgt, die in beratender Funktion für die Regierung tätig sind. Außerdem wirken wir für die allgemeine Gleichberechtigung in der Gesellschaft insgesamt. Es ist nicht von ungefähr, daß die Vierte Weltkonferenz der Frauen zu einem späteren Zeitpunkt in diesem Jahre in Peking stattfinden wird, und ich habe die Absicht, die Aktivitäten der Frauen, die sich für den Weltfrieden und die Entwicklung einsetzen, mit aller Kraft zu unterstützen.

Gleichklang zwischen Mensch und Umwelt

Die heutigen Umweltprobleme, die in ihrer Dimension die ganze Welt betreffen und sich auf die Zukunft wie die Gegenwart auswirken, gehen die gesamte Menschheit an. Es ist notwendig, daß wir unsere sozioökonomischen Aktivitäten und unsere Lebensart einer kritischen Prüfung unterziehen, um die Fülle, die wir von der herrlichen Natur ererbt haben, zu erhalten. Ich werde darum keine Mühen scheuen, um für die Schaffung eines besser ausgewogenen Wechselverhältnisses zwischen Mensch und Umwelt umfassende Maßnahmen zu erarbeiten. Dies geschieht im Rahmen des Grundlagenplanes für die Umwelt, der kürzlich mit dem Perspektivziel der Entwicklung einer die Umwelt nicht ungebührlich belastenden Recyclingwirtschaft erarbeitet wurde. Dabei geht es um die Förderung des Gleichklanges zwischen Natur und Gesellschaft sowie die Unterstützung von Volksbewegungen und internationalen Bemühungen für den Schutz der Umwelt.

Einhergehend mit der Förderung der Entwicklung von Recyclingtechnologien werde ich mich auch um die Zusammenarbeit mit Kommunen, Unternehmen und Verbrauchern bemühen. Wir müssen Systeme und Methoden für die Förderung des Recycling studieren, auf die Perspektive der Vermeidung von Abfall, den wir erzeugen, entsprechend reagieren und unsere Ressourcen effektiv einsetzen. Es ist gleichermaßen von entscheidender Bedeutung, daß wir durch die Entwicklung und die Nutzung neuer Energiequellen eine Politik der sauberen Energie begünstigen.

Verbesserung der sozialen Infrastruktur für eine ausgewogene nationale Entwicklung und einen höheren Lebensstandard

In unserem Kampf für die Erhaltung der Umwelt ist es gleichzeitig wichtig, für die Verbesserung der Umwelt zum Wohle der japanischen Lebensqualität zu wirken. Wenn sich eine Gesellschaft mit höherer Altersstruktur abzeichnet und wir uns ein reicheres Leben schaffen wollen, ist es unabdingbar, daß wir wirklich lebendige Gemeinwesen schaffen. Diese haben internationale Entwicklungen in Rechnung zu stellen und sich für eine ausgewogene nationale Entwicklung einzusetzen, welche sich auf lokale und regionale Werte und Traditionen stützt.

Indem wir die Wohnungssituation verbessern und Berufspendlern bessere Möglichkeiten schaffen, um das Verkehrsgedränge in den größeren Städten abzubauen, den städtischen Wohnungsbau fördern, die Verlagerung städtischer und industrieller Funktionen in umliegende Gebiete anstreben, dort lebensfähige Gemeinwesen entstehen lassen und die Hauptlinien des Transportwesens verbessern, wird eines meiner Hauptanliegen auch darin bestehen, Hokkaido und Okinawa zu entwickeln und zu modernisieren. Bei all dem werde ich mich für eine solide Verbesserung der Infrastruktur Japans im Sinne des im vorigen Jahr überarbeiteten Grundlagenplanes für die staatliche Investitionspolitik einsetzen.

Für Sicherheit im täglichen Leben

Die Garantie der Sicherheit im Alltagsleben ist eine entscheidende Voraussetzung für ruhiges Regieren. Im Juli wird ein Gesetz in Kraft treten, nach welchem die Produzenten für ihre Erzeugnisse haftbar gemacht werden können. Ich werde mich für eine umfassende Politik der Verbrauchersicherheit und der Hilfe für Verbraucher einsetzen, um so den Interessen der Verbraucher hinsichtlich der Erzeugnissicherheit besser gerecht zu werden.

In letzter Zeit ist es zu einer Serie von Gewaltverbrechen mit Feuerwaffen und zu häßlichen mit Rauschgift im Zusammenhang stehenden Verbrechen gekommen. Die Ziele waren stets einfache Menschen. Ich bin davon überzeugt, daß die Sicherheit der Bürger einer der wichtigsten Aspekte des japanischen Lebens ist, worauf wir stolz sein können. Darum werde ich mit allen Menschen weiterhin daran arbeiten, diese Tradition der sicheren Straßen zu erhalten.

Es ist wesentlich, daß wir die zahlreichen, miteinander in Verbindung stehenden politischen Strategien koordinieren und unsere Probleme in sauberer Weise zu lösen versuchen, wenn wir die drei politischen Ziele erreichen wollen – Schaffung einer freien und lebendigen Sozioökonomie; Herausbildung einer künftigen Generationen würdigen intellektuellen Tradition; Gestaltung einer Gesellschaft die den Menschen Seelenfrieden und Geborgenheit bietet.

Darum wird die Regierung rasch darangehen, einen neuen Wirtschaftsplan und einen umfassenden Plan der nationalen Entwicklung aufzustellen. Beide Pläne sollen die Richtlinien für die Schaffung neuer sozioökonomischer Strukturen sowie eines besseren Landes für das 21. Jahrhundert enthalten, und wir werden uns um die schöpferische Umsetzung dieser Planung bemühen.

Leistung eines Japans Position angemessenen Beitrages für die Schaffung des Weltfriedens

Die Friedensdemokratie kennzeichnet den 50. Jahrestag des Kriegsendes

Im Zusammenhang mit dem historischen 50. Jahrestag des Kriegsendes möchte ich erneut betonen, daß die japanische Außenpolitik auf unserer Entschlossenheit beruht, das in der Vergangenheit Geschehene nicht ohne Reue zu vergessen und alles in unseren Kräften Stehende für die Schaffung des Weltfriedens zu tun. Der Frieden, den Japan erstrebt, ist nicht ein durch Waffengewalt erzwungener Frieden, sondern Weltfrieden und Wohlergehen, der aus der Weisheit leidvoller Erfahrungen, aus der Spitzentechnik der Welt und aus ökonomischer Zusammenarbeit erwächst. Das ist in bestimmter Hinsicht ein Prozeß, der die, wie ich sie nenne, Regierung der Fürsorge über die gesamte internationale Gemeinschaft ausdehnt.

Im Zusammenhang mit dem Festhalten an den drei Prinzipien der Atomwaffenfreiheit wird sich Japan für die Verhinderung der Weiterverbreitung von Kern- und anderen Massenvernichtungswaffen und Raketensystemen einsetzen und sich der Weitergabe von konventionellen Waffen entgegenstellen. Die Resolution über nukleare Abrüstung zur endgültigen Beseitigung von Kernwaffen, die Japan voriges Jahr in die Vollversammlung der Vereinten Nationen einbrachte, wurde mit überwältigender Mehrheit angenommen, und ich will, daß sich Japan, als das einzige Land, welches zum Ziel eines Kernwaffenangriffs wurde, weiterhin aktiv für die unbefristete Verlängerung des Vertrages über die Nichtweiterverbreitung von Kernwaffen, den baldigen Abschluß eines umfassenden Vertrages zum Verbot von Kernwaffenversuchen einsetzt und weitere Abrüstungsinitiativen mit dem Ziel der Abrüstung und der schließlichen Beseitigung von Kernwaffen einleitet.

So wie Japan für die Abrüstung in der Welt eintritt, ist es nur natürlich, daß wir uns in unseren eigenen Maßnahmen selbst Zurückhaltung auferlegen. Ich möchte Japan und der ganzen Welt gegenüber bekräftigen: Japan wird weiterhin konstitutionelle Prinzipien achten und für die Vertrauensbildung mit seinen Nachbarn wirken. Angesichts der internationalen Lage wird Japan aber auch Anstrengungen unternehmen, die für das Land notwendige Mindestfähigkeit zur eigenen Verteidigung zu erhalten.

Zu den anderen, noch vom Krieg herrührenden Fragen möchte ich sagen: Mir ist völlig bewußt, daß der Krieg große Opfer forderte und beim japanischen Volk und bei den Völkern benachbarter asiatischer Staaten und anderswo Narben zurückließ. Wie ich aber in meiner Erklärung vom vergangenen August feststellte, ist es die Absicht der Regierung, sich in gutem Glauben für die Initiative für Frieden, Freundschaft und Austausch sowie für weitere aus der Kriegszeit stammende Probleme zu engagieren. An diesen Fragen gewissenhaft zu arbeiten, dessen bin ich mir sicher, das ist eine Möglichkeit für uns Japaner selbst, daß wir den Krieg in unserer Gedankenwelt richtig einordnen und einen Schlußstrich ziehen, und das wird zu einer Vertrauenssteigerung zwischen Japan und den asiatischen Nachbarstaaten sowie anderen Ländern führen.

Für die Vereinten Nationen ist dies ebenfalls ein denkwürdiges Jahr; denn es bezeichnet den 50. Jahrestag ihrer Gründung. Es ist wichtig, dieses historische Datum zum Anlaß zu nehmen, um die Funktionen der Vereinten Nationen zu stärken, damit sie unter anderem befähigt werden, den Weltfrieden und die Sicherheit zu erhalten sowie sich solchen globalen Fragen, wie der Umwelt, der Armut und der Flüchtlinge zuzuwenden und die Reform innerhalb der UN voranzubringen. Japan wird sich aktiv an der Diskussion um die Reform der Vereinten Nationen, einschließlich der Umstrukturierung des Sicherheitsrates beteiligen.

Obwohl der kalte Krieg vorbei ist, verbleiben überall in der Welt dennoch zahlreiche ungelöste Probleme und Unsicherheitsfaktoren. Die Aktivitäten der japanischen Selbstverteidigungskräfte bei der Mission zur Friedenserhaltung in Mosambik sowie bei der humanitären Hilfe für die Flüchtlinge von Ruanda sind weithin als bedeutsame Beiträge gewürdigt worden. Japan wird die Friedensbemühungen der Vereinten Nationen auch weiterhin mit Personal und anderen Ressourcen unterstützen. Dies wird einhergehen mit seinen diplomatischen Bemühungen, seiner humanitären Unterstützung und seiner Aufbauhilfe als Beitrag zur Verhinderung oder der Lösung regionaler Konflikte.

Für die weitere Entwicklung im asiatisch-pazifischen Raum

Mit der dynamischen ökonomischen Entwicklung und anderen Fortschritten in der asiatisch-pazifischen Region bildet sich ein gemeinsames Bewußtsein über die Notwendigkeit der intensivierten Interdependenz dieser Länder heraus. Darum wirkt Japan über den politischen und sicherheitspolitischen Dialog innerhalb des Regionalforums der ASEAN und über die Wirtschaftskonsultationen in der APEC und anderen Körperschaften für die Stärkung der Zusammenarbeit, um auf diese Weise Frieden und Wohlstand für die Region und damit für die gesamte Welt zu erreichen.

Japan wird in diesem Jahr in Osaka Gastgeber für die ASEAN-Tagungen sein. Im vollen Bewußtsein darüber, daß das Wachstum in dieser Region eng mit Japans eigenem Wohlstand verknüpft ist, beabsichtige ich alles in meinen Kräften Stehende zu tun, um die Liberalisierung des Handels und der Investitionstätigkeit und der Zusammenarbeit für die Stärkung der strukturellen Entwicklung dieser Region im Einklang mit der regionalen Entwicklung zu fördern.

Was die Situation auf der koreanischen Halbinsel betrifft, so hoffe ich, daß das vereinbarte Rahmenabkommen zwischen den Vereinigten Staaten und Nordkorea vom vorigen Oktober der Entspannung dort einen neuen Schub verleihen wird, obwohl man die Entwicklung weiterhin aufmerksam beobachten muß. Jetzt kommt es darauf an, daß Nordkorea nach Treu und Glauben und entsprechend den Festlegungen des Abkommens handelt, um die Befürchtungen der internationalen Gemeinschaft zur Frage seiner Kernwaffenentwicklung zu zerstreuen. Indem Japan seine engen Beziehungen mit der Republik Korea und den Vereinigten Staaten und anderen betroffenen Ländern fortsetzt, nimmt es sich vor, einen größtmöglichen Beitrag zum Frieden und der Stabilität auf der koreanischen Halbinsel zu leisten.

Ich beabsichtige ebenfalls, für die Stärkung unserer zukunftsorientierten Beziehungen mit der Republik Korea auf der Grundlage von Freundschaft und Zusammenarbeit einzutreten.

Wir wollen für die weitere Entwicklung unserer Beziehungen mit China wirken und die Zusammenarbeit mit China bei dessen Bemühungen um ein solides Voranbringen der Reformpolitik und der Öffnung fortführen. Gleichzeitig werden wir uns zusammen mit China aktiv mit den vor der internationalen Gemeinschaft stehenden Problemen auseinandersetzen.

Schaffung bilateraler Beziehungen des Vertrauens und der Zusammenarbeit

Auf unserem bilateralen Gipfeltreffen zu Beginn dieses 50. Jahres seit dem Ende des zweiten Weltkrieges stimmten Präsident Clinton und ich überein, daß Japan und die Vereinigten Staaten im Verlaufe dieser 50 Jahre ihre Beziehungen soweit entwickelt haben, daß unsere beiden Länder nun eine gemeinsame Verantwortung für Weltfrieden und Wohlergehen tragen. Bei diesem Gipfeltreffen besprachen wir ausführlich die künftige Zusammenarbeit zwischen Japan und den Vereinigten Staaten und einigten uns darauf, unsere Kooperation miteinander in Zukunft auf zahlreichen Gebieten auszubauen. Dazu gehören der Sicherheitsdialog, die Zusammenarbeit für den Erfolg der APEC, die Lösung globaler Fragen sowie die Unterstützung der Rolle der Frau in der weiteren Entwicklung. Gleichzeitig bekräftigten wir erneut, die japanisch-amerikanischen Sicherheitsvereinbarungen beizubehalten, welche die politischen Grundlagen dieser kooperativen Beziehungen darstellen. In diesem Zusammenhang beabsichtige ich, in Zusammenarbeit mit den USA weitere Anstrengungen zu unternehmen, um die Fragen hinsichtlich der Militärbasen auf Okinawa zu lösen. Die Beziehungen der Zusammenarbeit zwischen Japan und den Vereinigten Staaten sind von außerordentlicher Bedeutung nicht nur für unsere beiden Länder, sondern für die gesamte internationale Gemeinschaft, und ich will mich dafür einsetzen, diese Beziehungen weiter zu stärken.

Während die Tendenz nicht zu übersehen ist, in den Beziehungen zwischen Japan und den Vereinigten Staaten den Blick auf die ökonomischen Reibungen zu richten, sollte doch erneut festgehalten werden, daß unter den Bedingungen unserer äußerst engen wirtschaftlichen Beziehungen es im Interesse beider Länder liegt, die Gesamtbeziehungen sorgsam zu pflegen. Auf dem Erfolg dieses Gipfeltreffens weiterbauend, werden wir unsere Rahmengespräche, welche im Verlaufe des vergangenen Jahres beträchtlich vorangekommen sind, aktiv fortsetzen.

In Europa ist ein beständiger Fortschritt in Richtung auf die Erweiterung der Europäischen Union (EU) offenkundig. Im Zuge des Integrationsprozesses der EU und in dem Maße, wie die EU in internationalen Angelegenheiten größeres Gewicht erlangt, ist es für Japan sehr wichtig, seine Beziehungen mit Europa zu stärken. Die EU hat eine konstruktive Haltung eingenommen und betont die Notwendigkeit des Dialogs und der Zusammenarbeit mit Japan. Darum werde ich mich weiterhin um kooperative Beziehungen zwischen Japan und der EU auf den Gebieten der Politik und der Wirtschaft sowie in einer Vielzahl anderer Bereiche bemühen.

Während es notwendig ist, die turbulente Situation in Rußland aufmerksam zu verfolgen, bleibt es weiterhin geboten, daß wir ausgewogene Beziehungen zwischen Japan und Rußland sowohl auf dem Gebiet der Politik als auch der Wirtschaft entwickeln. Es ist besonders zu bedauern, daß die Frage der Nordterritorien, eine Frage von hervorragender Wichtigkeit zwischen unseren beiden Ländern, bis zum heutigen Tage ungelöst ist. Ich werde also auf dem Wege der Förderung des politischen Dialogs und anderer auf der Erklärung von Tokio beruhender Maßnahmen weitere Anstrengungen unternehmen, um dieses Problem zu lösen und die Beziehungen zwischen unseren beiden Ländern zu normalisieren.

Im Nahen Osten gedenke ich den Friedensprozeß zu unterstützen. Dies soll geschehen durch den politischen Dialog mit den Führern der betroffenen Parteien, durch die Beteiligung an multilateralen Verhandlungen sowie durch die Gewährung von Unterstützung, um den Fortschritt, welcher in den im Vorjahre erzielten wesentlichen Errungenschaften für den Frieden besteht, weiter zu fördern.

Japans Beitrag, die ganze Welt zu befähigen,
zusammen in Eintracht und Wohlstand zu leben

Heutzutage sind die Wirtschaftssysteme auf nationaler wie auch auf regionaler Ebene in einem immer größerem Maße aufeinander angewiesen und grenzenlos, und es ist den Staaten unmöglich, auf dem Wege der Konfrontation zu beiderseitigem Wohlstand zu gelangen. Japan wird in dieser Situation Anstrengungen unternehmen, um seine Wirtschaft auf dem Wege der Deregulierung und des Zuganges zu den Märkten mit den internationalen Normen in Einklang zu bringen. Dem entspricht auch, daß mit der Gründung der Welthandelsorganisation vom 1. Januar dieses Jahres eine zentrale Organisation für die weltweite Liberalisierung des Handels entstanden ist. Durch die Liberalisierung des Handels und die Aufstellung von Maßstäben im Handelsverkehr wird die Welthandelsorganisation der Weltwirtschaft beträchtlichen Nutzen bringen. Als eines der Länder, das aus dem freien Handel die größten Vorteile zieht, wird Japan unter anderem durch die Übernahme einer aktiven Rolle in der Welthandelsorganisation seinen Beitrag leisten für die weitere Stärkung des multilateralen Freihandelssystems.

Es gibt noch viele Nationen und Völker auf der ganzen Welt, die nicht in der Lage sind, von sich aus der Armut und der Stagnation herauszukommen. Als eine Nation des Friedens und als eine Nation, die eine internationale Gesellschaft der Fürsorge zu schaffen anstrebt, sollte Japan auf diesem Gebiet sein Äußerstes tun und die ökonomische Entwicklung dieser Länder aktiv unterstützen. Um einen seiner Position entsprechenden Beitrag zu leisten, beabsichtigt Japan darum, verarmten Entwicklungsländern und Schwellenländern oder Ländern, die sich im Übergang befinden, zu helfen. Dies hat zu geschehen in Übereinstimmung mit der Charta für staatliche Entwicklungshilfe, welche Anliegen der Entwicklung und des Umweltschutzes zusammenfaßt und die Rolle der nichtoffiziellen Organisationen berücksichtigt. Gleichzeitig werde ich weiterhin darauf hinwirken, japanisches Spezialwissen und japanische Technik einzusetzen, um eine aktive Anstrengung

einzuleiten für die Rahmenverständigung über solche globalen Problemen, wie Umwelt- und Bevölkerungsfragen sowie
deren gemeinsame internationale Anerkennung.

Schlußbemerkung

In dieses Jahr fällt der 50. Jahrestag des Kriegsendes, und
wir sind gerade noch fünf Jahre vom Beginn eines neuen
Jahrtausends entfernt. Es ist gewiß keine Übertreibung,
wenn man feststellt: Was wir in den diesem Jahrhundert verbleibenden Jahren tun, wird sich entscheidend darauf auswirken, ob das 21. Jahrhundert ein Jahrhundert der Hoffnung für die gesamte Menschheit ist oder nicht.
In dieser Schlußetappe auf das 21. Jahrhundert hin ist es
geboten, daß die Regierung sich ernsthaft damit auseinandersetzt, was für unsere Kinder und Kindeskinder zu tun ist,
daß wir kluge politische Antworten finden, daß wir mutig
voranschreiten, um sie in die Tat umzusetzen. Von diesem
Geiste beseelt beabsichtige ich, in offener und durchsichtiger
politischer Debatte für die Schaffung einer schöpferischen,
fürsorglichen Gesellschaft alle Anstrengungen zu unternehmen.
Für dieses Anliegen erbitte ich das Verständnis und das
Mitwirken des Volkes sowie meiner Kollegen Abgeordneten
des Abgeordnetenhauses.

Biographie
Tomiichi Murayama

Tomiichi Murayama, der am 30. Juni 1994 offiziell sein Amt
als Premierminister von Japan antrat, ist der Vorsitzende der
Sozialdemokratischen Partei Japans (SDPJ) – der zweitgröß-
ten Partei im Repräsentantenhaus, des Unterhauses des Abgeordnetenhauses (Diet).
Im August 1993 unterstützte er als Führer der größten Partei der Koalition die Koalitionsregierung von Premierminister

Morihiro Hosokawa und setzte sich dafür ein, die politischen Differenzen zwischen den einzelnen gewählten Parteien zu mildern.

Allerdings verweigerte sich Murayamas Partei im April 1994 als Folge der Wahl von Tsutomu Hata zum Premierminister der regierenden Koalition. Der Führer der Sozialdemokratischen Partei Japans sprach von »einem Zusammenbruch des Vertrauens unter den Parteien der regierenden Koalition.«

Anläßlich des durch den Rücktritt des Hata-Kabinetts Ende Juni ausgelösten Wechsels der politischen Macht erhielt Murayama von einer Dreiparteien-Allianz, zusammengesetzt aus der Liberaldemokratischen Partei (SDP), welche die größte Partei im Unterhaus verkörpert, der SDPJ und der Neuen Partei Sakigake, eine seit einem Jahr bestehende Gruppierung früherer LSP-Abgeordneter, für das Amt des Premierministers Unterstützung.

Tomiichi Murayama wurde am 3. März 1924 in einem kleinen Fischerdorf in der Präfektur Oita an der Küste der Beppu-Bucht von Kyushu geboren. Sein Vater, ein Fischer, verstarb, als Murayama 14 Jahre alt war. Das veranlaßte ihn, nach dem Abschluß der Grundschule die dörfliche Heimat zu verlassen und nach Tokio zu gehen. Obwohl er gezwungen war, neben der Schule für seinen Lebensunterhalt zu arbeiten, zeigte Murayama großen Lerneifer und widmete sich seinen Studien. Schließlich graduierte er im Jahre 1946 an der Schule für Politik- und Wirtschaftswissenschaften der Meiji-Universität. Als Universitätsstudent fühlte er sich von dem Gedanken einer Regierung der Volksherrschaft angezogen, und es entfaltete sich in ihm auch eine Vorliebe für die Literatur der Klassik und des modernen Dramas.

Nach der Graduierung kehrte Murayama in sein Heimatdorf zurück und trat der Japanischen Sozialistischen Partei (der heutigen SDPJ) bei. Dieser Entschluß hatte in ihm bereits gereift, als er sich als Universitätsstudent an den Demonstrationen für Demokratie während der unmittelbaren Nachkriegsperiode beteiligte.

Im Jahre 1951 wurde er Sekretär einer Gewerkschaftsorganisation für die Regierungsangestellten der Präfektur Oita, und in dieser Eigenschaft wurde er später als Kandidat für einen Sitz in der Stadtverordnetenversammlung der Stadt Oita aufgestellt, obwohl seine Wahlkampagne in einer Niederlage endete. Nachdem er seine Position durch einen Sitz im Vorstand von Japans größter Industriegewerkschaft, der Gesamtjapanischen Gewerkschaft für Mitarbeiter von Präfekturen und Stadtverwaltungen ausgebaut hatte, gelang ihm dank der stürmischen gewerkschaftlichen Unterstützung der Sieg in den Wahlen von 1955. Damit begab er sich auf eine lange politische Laufbahn.

Zwei Wahlperioden hindurch saß Murayama in der Stadtverordnetenversammlung der Stadt Oita, bevor er sich 1963 der Wahl für die Abgeordnetenversammlung der Präfektur Oita stellte. In diesem Amt blieb er drei Wahlperioden lang.

Im Jahre 1972 bewarb er sich zunächst um einen der vier Sitze des Ersten Bezirks der Präfektur Oita im Unterhaus des Abgeordnetenhauses und erzielte das höchste Wahlergebnis, obwohl er Neuling in der nationalen Politik war. Von den acht Wahlkämpfen um einen Sitz im Parlament, verfehlte er sein Ziel nur einmal, als er 1980 auf Grund einer ganz knapp unzureichenden Stimmenzahl herausgedrängt wurde.

Murayama war über lange Zeit Mitglied des Unterhausausschusses für Arbeits- und Sozialangelegenheiten und beteiligte sich an Debatten zur Gesetzgebung im Zuständigkeitsbereich sowohl des Ministeriums für Gesundheit und Fürsorge als auch des Ministeriums für Arbeit. Im Prozeß dieser Tätigkeit entwickelte er sich zu einer Autorität auf dem Gebiet der Renten-, der Gesundheits- und Fürsorgefragen, und sein Fachwissen wird parteiübergreifend anerkannt.

Murayamas Arbeit als Direktor des Etatausschusses des Unterhauses und Vorsitzender des Sonderausschusses für Preise hebt sich auf seiner Liste politischer Leistungen ebenfalls markant ab. In den achtziger Jahren geriet er mitten in eine politische Auseinandersetzung, da der sogenannte politische Neulings-Skandal zutage trat. Als Direktor des Sonderuntersuchungsausschusses zum »Neulings«-Fall stellte er sich an die Spitze von Bemühungen der Regierung, ausgestreuten Behauptungen über angeblichen Mißbrauch von

Einfluß nachzugehen und die Korruption unter den Abgeordneten auszumerzen. Bis zum Jahre 1991 trat Murayama im Abgeordnetenhaus dann nicht sonderlich hervor. In jenem Jahre aber wurde er in das politische Rampenlicht geschoben, als er zum Vorsitzenden des Ausschusses der SDPJ für Parlamentsangelegenheiten gewählt wurde und den von der Parteiführung vorgesehenen Kandidaten aus dem Felde schlug. Während dieser Zeit – und trotz der parlamentarischen Dominanz der Liberaldemokratischen Partei – gelang es dem Vorsitzenden Murayama durch seine standhafte Position, in allem stets die Wahrheit zu sagen und alle Versprechen zu halten, das Vertrauen seiner Partner in den anderen politischen Parteien Japans zu gewinnen. Insbesondere gegenüber der herrschenden LDP vertrat er den Standpunkt, daß beide Seiten jede Frage gewinnbringend besprechen könnten, und seine Haltung trug wesentlich dazu bei, ein die Parteien verbindendes Netz persönlicher und auf gegenseitigem Vertrauen beruhender Beziehungen zu knüpfen.

Obwohl Murayama gemeinhin dem rechten Flügel der Sozialdemokratischen Partei Japans zugeordnet wird, haben ihm seine liebenswürdige persönliche Art und seine ausgeglichenen Ansichten, gepaart mit seiner Entschlossenheit, sich von Parteihader fernzuhalten, doch zahlreiche Anhänger von der Linken wie von der Mitte der Partei gebracht. Daß seine Nominierung als Parteivorsitzender im September 1993 mit überwältigender Zustimmung aufgenommen wurde, widerspiegelte seine auf breiter Basis beruhende Beliebtheit innerhalb der Partei.

Als Führer der größten Koalitionspartei in Morihiro Hosokawas Koalitionsregierung spielte Murayama eine wichtige Rolle bei der Milderung der Differenzen unter den Parteien zu solch kritischen Fragen wie der Reformierung der Wahlgesetzgebung, der Änderung von Gesetzestexten zur Ermöglichung des überseeischen Einsatzes der Selbstverteidigungskräfte, des Angebotes des partiellen Zuganges zum japanischen Reismarkt und der Überarbeitung des Steuersystems.

Nach dem Aufstieg von Tsutomu Hata in das Amt des Premierministers zog Murayama seine Partei aus der regierenden Koalition zurück, als die Partei der Erneuerung Japans, die Neue Partei Japans und andere Parteien eine parlamentarische Gruppierung bildeten und die SDPJ davon ausschlossen. Mit der Unterstützung des Parteivolkes im Rücken argumentierte der SDPJ-Vorsitzende, Vertrauen bilde die Grundlage von Koalitionsregierungen, und Vertrauensbruch jeglicher Art könne nicht hingenommen werden.

Die derzeitige Regierung Murayama erwuchs aus einer breiten Übereinstimmung von grundlegenden politischen Fragen zwischen der LDP, der SDPJ und der Sakigake. Die Regierung basiert außerdem auf den seit langem gepflegten persönlichen Beziehungen der Führer jener drei Parteien.

Aus der Perspektive seiner persönlichen Geschichte und politischen Philosophie betrachtet, gehört Tomiichi Murayama gewiß zu den mit der Realität am dichtesten verbundenen Premierministern Japans. Als aufstrebender Politiker lebte er allein in einer Wohnung für Parlamentsabgeordnete, und derzeit residiert er in einem alten zweigeschossigen Haus in seiner Heimatstadt Oita. Eine seiner Lieblingsmaximen lautet: »Bleibe unter den Menschen, und lerne von ihnen.«

In der im hellen Rampenlicht stehenden rauhen Welt der Politik erfreut sich Murayama eines soliden Rufes der Bescheidenheit und der Aufrichtigkeit, und die Zuneigung, welche ihm von Freunden und Kollegen entgegengebracht wird, drückt sein Spitzname »Ton-chan« auf treffliche Weise aus.

Als Folge der zahlreichen Medienauftritte seit der Zeit der Wahl zum Vorsitzenden des Ausschusses der SDPJ für Parlamentsangelegenheiten im Jahre 1991 ist Murayamas Gesicht seinen Landsleuten wohlbekannt, und seine gütigen Züge – insbesondere das Markenzeichen, die langen, weißen Augenbrauen – haben ohne Zweifel zu seiner Ausstrahlung und seinem Image als ein Mann des Volkes beigetragen.

Zu seinen Büchern gehören »Anata no nenkin« (Deine Rente) und »Heiwa kenpo o mamoru tame ni« (Verteidigung der Verfassung des Friedens). Er und seine Ehefrau Yoshie haben zwei Töchter.

Baron Alexandre Lamfalussy
Präsident des Europäischen Währungsinstituts

ALEXANDRE LAMFALUSSY

Aufbruch in die Europäische Währungsunion

I. Grundlagen

Die Bildung einer Währungsunion in Europa ist eines der ehrgeizigsten politischen Ziele unserer Zeit. Für dieses Vorhaben gibt es kein vergleichbares geschichtliches Vorbild. Die manchmal in diesem Zusammenhang genannte Lateinische Münzunion, die von 1865 bis 1926 zwischen Belgien, Frankreich, Italien, der Schweiz und Griechenland bestand, hob im Kern auf eine vereinfachte Verwendung von Gold- und Silbermünzen in den beteiligten Ländern ab. Eine gemeinsame Währung wurde damit nicht angestrebt. Auch die Einführung einer gesamtstaatlichen Währung im Deutschen Reich nach der Reichsgründung von 1871 ist schon wegen der unterschiedlichen wirtschaftlichen und politischen Ausgangsbedingungen kein taugliches Modell für die europäische Währungsunion.

Der Wunsch nach monetärer Integration in Europa hat eigenständige Wurzeln. Er ist eng verknüpft mit dem im EWG-Vertrag von 1957 aufgeführten Ziel, einen Gemeinsamen Markt zu schaffen, also einen Wirtschaftsraum, in dem der grenzüberschreitende Güter-, Personen-, Dienstleistungs- und Kapitalverkehr keinen Beschränkungen mehr unterliegt. In dieses Konzept paßt der Gedanke, das Ganze durch eine gemeinsame Währung zu verklammern. In der Ursprungsfassung des EWG-Vertrags findet sich allerdings noch kein konkreter Hinweis auf eine Währungsunion. Dabei war den Vertragsunterzeichnern damals durchaus bewußt, daß die Vertragsvorgaben nur unter den Bedingungen einer stabilen Geld- und Währungsordnung zu erreichen sind. Die sechs Mitgliedstaaten sahen seinerzeit aber keine zwingende Notwendigkeit für eine eigenständige Währungsverfassung der

EWG. Das System von Bretton Woods mit seinen festen Wechselkursen erschien ihnen als solider Rahmen für den freien Geld- und Kapitalverkehr im künftigen Gemeinsamen Markt. Der EWG-Vertrag verpflichtete daher die Mitgliedsländer lediglich dazu, ihre Wirtschafts- und Währungspolitik zu koordinieren.

Die harmonischen Währungsverhältnisse, die zur Zeit des Abschlusses des EWG-Vertrags herrschten, waren nicht von Dauer. Das Gebäude der festen Wechselkurse zeigte von Mitte der sechziger Jahre an zunehmend Risse. Der Fixpunkt des Systems, der US-Dollar, geriet immer mehr in den Strudel des Vietnamkriegs. Die folgenden Dollarkrisen machten den Europäern schließlich bewußt: Stabilität im Währungswesen der EWG läßt sich auf längere Sicht nur durch eine Vergemeinschaftung der Wirtschafts- und Währungspolitik erreichen; eine bloße Koordinierung reicht dazu nicht aus. Dieser Erkenntnis folgten Taten. Eine Gruppe von Fachleuten unter der Leitung des damaligen luxemburgischen Premierministers Pierre Werner arbeitete 1970 einen Plan für die Verwirklichung einer Wirtschafts- und Währungsunion in drei Stufen bis Ende 1980 aus. Die monetäre Verflechtung sollte in der 3. Phase mit der Fixierung der Wechselkurse der EWG-Staaten vollendet werden; an die Einführung einer gemeinschaftlichen Währung dachte man nicht. Die Staats- oder Regierungschefs akzeptierten den Werner-Plan im Frühjahr 1971. Sie beschlossen, die Wirtschafts- und Währungsunion in der vorgeschlagenen Zeit zu errichten und setzten die 1. Stufe rückwirkend zum 1. Januar 1971 in Kraft.

Bei aller Kühnheit im Entschluß brachten die EWG-Staaten aber im weiteren nicht die Kraft auf, um zusammen die Hindernisse zu überwinden, die auf dem Weg zum Ziel lagen. Es gelang ihnen z. B. nicht, eine gemeinsame Antwort auf die Ölpreiskrisen der siebziger Jahre zu finden. Manche Länder versuchten den dadurch notwendig gewordenen Anpassungen auszuweichen, indem sie in der Lohn-, Geld- und Fiskalpolitik einen bewußt expansiven Kurs fuhren. Stark steigende Teuerungsraten waren die Folge. Andere Länder agierten vorsichtiger und ließen sogar sinkende Realeinkommen zu.

Zum Ausgleich für die erbrachten Opfer zogen in diesen Staaten die Preise nur relativ maßvoll an. Die unterschiedlichen Vorgehensweisen der einzelnen Länder führten zu einer deutlichen Vergrößerung des Inflationsgefälles zwischen den EWG-Partnern. Die Währungen der weniger stabilen Länder büßten dafür mit Kursverlusten an den Devisenmärkten. Unter diesen Umständen war nicht mehr daran zu denken, bis Ende 1980 in eine Wirtschafts- und Währungsunion einzutreten.

Die Idee, in Währungsfragen enger zu kooperieren, war trotz des Scheiterns des Werner-Plans nicht gestorben. Im März 1979 trat das Europäische Währungssystem (EWS) in Kraft. Nach den unruhigen Jahren an der Devisenfront wollten die Teilnehmerländer mit einem System fester, aber anpassungsfähiger Wechselkurse eine größere Währungsstabilität erreichen. Die Initiatoren des EWS waren jedoch nicht so ehrgeizig, darin den Vorläufer einer Währungsunion zu sehen. Dem EWS ist es in den sechzehn Jahren seiner Existenz weitgehend gelungen, die Zusammenarbeit im Währungsbereich in Europa zu vertiefen. Die vom Wechselkursmechanismus ausgehenden Anpassungszwänge haben dafür gesorgt, daß sich in den Mitgliedstaaten der Sinn für Geldwertstabilität geschärft hat. Das wird sichtbar in dem nachhaltigen Rückgang der Inflationsraten in der Europäischen Gemeinschaft in den letzten zehn bis zwölf Jahren. Allerdings hat das EWS auch viele Krisen erlebt. Sie rührten meist daher, daß an den Leitkursen oft zu lange festgehalten wurde, obwohl es genügend Gründe dafür gegeben hatte, sie neu festzusetzen.

Die Einheitliche Europäische Akte, die im Juli 1987 in Kraft trat, ergänzte und änderte den EWG-Vertrag von 1957 in wichtigen Bereichen. Sie ebnete damit den Weg für einen neuen Anlauf zu einer Währungsunion. Im Sommer 1988 setzten die Staats- und Regierungschefs den sog. Delors-Ausschuß ein, der seine Vorschläge für die Bildung einer Währungsunion im Frühjahr 1989 vorlegte. Das Gremium regte an, die monetäre Integration in drei Etappen zu vollziehen und eine Gemeinschaftswährung einzuführen. Anders als der Werner-Plan gaben die Ausschußmitglieder keinen

Zeithorizont für den Übergang in die 3. Stufe vor. Der Delors-Bericht war Arbeitsgrundlage für die Verhandlungen einer der beiden Regierungskonferenzen, die 1990/91 den *Vertrag über die Europäische Union* oder – im allgemeinen Sprachgebrauch – den *Vertrag von Maastricht* formulierten.

Der Vertrag von Maastricht ist der Schlüssel zur Währungsunion in Europa. Er enthält viele Regelungen darüber, wie sie zu erreichen ist; er läßt aber auch viele Detailfragen offen. Das Gerüst ist allerdings klar erkennbar: Die Währungsunion wird in drei Stufen verwirklicht. Die Mitgliedsländer der Gemeinschaft, die daran teilnehmen wollen, müssen die Eintrittsbedingungen in Form der Konvergenzkriterien erfüllen. Sie haben festgelegte Standards für die Preisstabilität, die öffentlichen Finanzen, die langfristigen Zinsen und die Wechselkursstabilität einzuhalten. Der erstmalige Übergang in die 3. Stufe ist 1997 möglich, als weiteren Termin nennt der Vertrag den 1. Januar 1999. Das Vertragswerk sieht zwei Institutionen vor: Das Europäische Währungsinstitut (EWI) und das Europäische System der Zentralbanken (ESZB), das aus der Europäischen Zentralbank (EZB) und den Zentralbanken der Teilnehmerländer besteht. Das EWI ist eine Einrichtung, die mit dem Beginn der 2. Stufe am 1. Januar 1994 gegründet wurde und im wesentlichen die Aufgabe hat, das ESZB vorzubereiten. Gemäß Art. 109 l des Vertrages wird das EWI »nach Errichtung der EZB liquidiert«.

II. Welche Chancen für die Währungsunion?

Der rechtliche Rahmen für die Währungsunion ist also mit dem Maastrichter Vertrag geschaffen worden. Für den Übergang in die 3. Phase kommt es im wesentlichen darauf an, daß zwei Bedingungen gegeben sind:

(a) Die technischen Grundlagen für den Übergang in die Währungsunion sind gelegt.

(b) Die Mitgliedstaaten erfüllen die Konvergenzkriterien.

(a) Das EWI und die Schaffung der technischen Voraussetzungen

Der Vertrag von Maastricht hat das EWI vor allem damit betraut, »bis zum 31. Dezember 1996 in regulatorischer, organisatorischer und logistischer Hinsicht« den Rahmen festzulegen, »den das ESZB zur Erfüllung seiner Aufgaben in der dritten Stufe benötigt.« Das EWI hat also die Verantwortung dafür, daß der Eintritt in die 3. Stufe von der technischen Seite her reibungslos verläuft. Mit einem Mitarbeiterstab von rd. 200 Personen ist das EWI eine relativ kleine Organisation. Man kann sie durchaus als eine Art »brain trust« bezeichnen. Das Personal ist zum weit überwiegenden Teil von den Zentralbanken der 15 Mitgliedstaaten entsandt. Die nationalen Notenbanken wirken an der Tätigkeit des EWI in Arbeitsgruppen und Unterausschüssen mit. Entscheidungen trifft der Rat des EWI, der aus den Gouverneuren der 15 Zentralbanken und dem Präsidenten des EWI besteht und in der Regel zehnmal im Jahr in Frankfurt am Main zusammentritt. Der vom Vertrag vorgeschriebene Stichtag, bis zu dem die Vorarbeiten abgeschlossen sein sollen, ist nicht mehr allzu fern. Das EWI hat sich daher einen Zeitplan gegeben, der festlegt, bis zu welchen Terminen welche Arbeiten zu erledigen und wann Beschlüsse durch den Rat zu fassen sind. Die Menge der klärungsbedürftigen Fragen ist groß. Wie so oft, wird erst bei näherer Beschäftigung mit bestimmten Problemen deutlich, daß der Teufel im Detail steckt. Die Arbeiten kommen dennoch gut voran. Von den Themen, mit denen das EWI im Hinblick auf die 3. Phase zu tun hat, seien die wichtigsten genannt: die Entwicklung einer geldpolitischen Strategie für das ESZB, die Auswahl der Instrumente für die Geldpolitik, die Herstellung der Grundlagen für einen unionsweiten Zahlungsverkehr, die Vorbereitungen für die Banknoten sowie die Lösung der Fragen im Zusammenhang mit der Einführung der Gemeinschaftswährung nach dem Eintritt in die Währungsunion.

Bei der geldpolitischen Strategie geht es vor allem darum, wie das im Vertrag normierte vorrangige Ziel der Arbeit des

ESZB – Preisstabilität – erreicht werden soll. Dafür stehen grundsätzlich zwei Möglichkeiten zur Wahl: Die direkte Ansteuerung durch Festlegung einer Obergrenze für die Inflationsrate (Beispiel Großbritannien) oder die indirekte Anvisierung durch Fixierung eines Wachstumslimits für ein Geldmengenaggregat (Beispiel Deutschland). Der EWI-Rat hat sich bisher noch nicht für die eine oder andere Option entschieden.

Ein Beschluß steht auch noch aus hinsichtlich der geldpolitischen Instrumente, die das EWI dem ESZB zur Auswahl vorschlagen will (über den Einsatz der einzelnen Werkzeuge entscheidet später der EZB-Rat in eigener Verantwortung und nach Maßgabe der jeweiligen Lage). Zur Debatte stehen die drei Grundtypen der Instrumente: Mindestreserven, »standing facilities« (z. B. Rediskont- und Lombardkredit) und marktmäßige Steuerungsmittel (z. B. Wertpapierpensionsgeschäfte).

Das EWI hat schon wesentliche Fortschritte gemacht, um ein effizientes System für grenzüberschreitende Großbetragszahlungen zu entwickeln. Ziel ist dabei, die nationalen Echtzeit-Bruttoabrechnungseinrichtungen zu vernetzen, um Zahlungen innerhalb der Währungsunion schnellstens ausführen zu können. Ohne ein solches System ließe sich die Geldpolitik der ESZB nicht in die Tat umsetzen.

Vorarbeiten sind vom EWI auch für die Banknoten der Gemeinschaftswährung zu leisten. Zwar wird die EZB nach ihrer Gründung selbständig über das endgültige Aussehen der Geldscheine befinden. Das EWI muß jedoch bereits Vorentscheidungen treffen wie z. B. über die Stückelungen und die Grundrichtung der Motive auf den Geldscheinen. Zur Wahl stehen bildliche Darstellungen wie Personen, Bauwerke oder Tiere oder als Alternative rein abstrakte Figuren. Ferner ist vorab zu entscheiden, ob die Banknoten für alle Länder auf beiden Seiten gleich gestaltet werden oder ob die Rückseite nationale Symbole tragen soll.

Das EWI wird bis Ende des Jahres 1995 seine Vorstellungen über das Szenarium für die unionsweite Verwendung der neuen Währung nach dem Eintritt in die 3. Stufe darlegen.

Drei Grundmodelle sind dafür in der öffentlichen Diskussion im Gespräch:

1. Einführung der Euro-Währung in der Art eines »Urknalls« oder »big bang« am Tag des Beginns der Währungsunion. Alle finanziellen Transaktionen finden sofort nur noch auf der Basis der Gemeinschaftswährung statt. Gleichzeitig wird das Bargeld in wenigen Tagen umgetauscht (Beispiel Währungsunion zwischen der Bundesrepublik Deutschland und der DDR am 1. Juli 1990).
2. Einführung der Euro-Währung in Form einer »steigenden Welle« oder »mounting wave«. Es wird dabei angestrebt, möglichst rasch einen großen Teil der finanziellen Beziehungen zwischen den Wirtschaftsubjekten in der neuen Währung zu regeln, um eine »kritische Masse« zu bilden, die bald auch den Rest der Volkswirtschaft veranlaßt, sich des Euro-Geldes zu bedienen.
3. Vollständige Einführung der neuen Währung in Urknall-Manier etwa drei Jahre nach Beginn der Währungsunion (»verzögerter Urknall« oder »delayed big bang«), da es ungefähr so lange dauert, bis – vom Eintritt in die Währungsunion an gerechnet – die neuen Banknoten in ausreichender Zahl für den Austausch gegen die nationalen Geldscheine zur Verfügung stehen.

Das EWI wird bei seiner Entscheidungsfindung für das Einführungsszenarium die Vor- und Nachteile der verschiedenen Konzepte abwägen. Dabei berücksichtigt es vor allem die Meinung der Kreditwirtschaft, die einen großen Teil der Kosten der Umstellung auf die neue Währung zu tragen hat. Das EWI will ein Szenarium vorlegen, das die Glaubwürdigkeit und die Unumkehrbarkeit der Währungsunion betont. Gleichzeitig soll es die Anpassungskosten für die Beteiligten möglichst gering halten und Wettbewerbsverzerrungen vermeiden, indem es die unterschiedlichen Bankenstrukturen in den Mitgliedsländern in Betracht zieht. Ferner soll der Zeitplan klar und nachvollziehbar sein, um zur Akzeptanz der Gemeinschaftswährung durch die Bevölkerung beizutragen.

(b) Die Erfüllung der Konvergenzkriterien

Die zweite der oben genannten Voraussetzungen für den Übertritt in die 3. Stufe ist von erheblicher Bedeutung. Es handelt sich dabei um die strikte Einhaltung der Konvergenzkriterien (Preis- und Wechselkursstabilität, gesunde öffentliche Finanzen, möglichst niedrige langfristige Zinsen) durch die Mitgliedstaaten. Diese Kriterien haben einen guten Sinn. Sie beruhen auf dem Grundgedanken, daß die Gemeinschaftswährung nur dann stabil sein kann, wenn die Währungsunionsländer ökonomisch auf einem ähnlichen Niveau stehen. Anderenfalls ist die Gefahr von Ungleichgewichten groß, die zu Spannungen oder gar zu einem Auseinanderbrechen der Union führen können. Das EWI und die Brüsseler Kommission werden 1996 im Vorfeld der Entscheidung des Europäischen Rats über einen Beginn der Währungsunion im Jahr 1997 je für sich einen Konvergenzbericht vorlegen. Darin geben sie für jeden EU-Staat exakt an, ob er die Kriterien erfüllt oder nicht. Das EWI wird dabei einen strengen Maßstab anlegen. Ein Land, das sich für die Währungsunion qualifizieren will, muß jedes Kriterium in vollem Umfang erfüllen; das schlechte Ergebnis bei einem Kriterium läßt sich nicht mit einem guten Wert bei einem anderen kompensieren.

Ein Blick auf die Konvergenzresultate des Jahres 1994 gibt einen Anhaltspunkt dafür, wie es um die Aussichten für eine Währungsunion schon im Jahr 1997 bestellt ist. Das wichtigste Kriterium der Preisstabilität wurde von den meisten Mitgliedstaaten erfüllt. Allerdings ist mit Besorgnis festzustellen, daß sich seit Anfang des Jahres 1995 der Preisauftrieb in verschiedenen Ländern wieder verstärkt hat. Weitgehend eingehalten wurde 1994 auch das Kriterium »langfristige Zinsen«. Ungünstig sah es dagegen bei den beiden Kriterien über die öffentlichen Finanzen aus (jährliches Defizit im Gesamthaushalt nicht über 3 Prozent des Bruttoinlandsprodukts – BIP –, Staatsschulden nicht über 60 Prozent des BIP). Nur drei der 15 EU-Länder wiesen Budgetfehlbeträge auf, die unter dem Referenzwert von 3 Prozent lagen, und nur vier Länder hat-

ten Staatsschulden unter der Marke von 60 Prozent. Die Zeit
ist zu kurz, als daß alle diese Länder ihre öffentlichen Finanzen noch bis zur Konvergenzprüfung im Jahr 1996 in Ordnung bringen können. Aus diesem Grund ist es kaum noch
möglich, daß es 1997 eine Mehrheit von EU-Ländern gibt, die
zum Sprung in die Währungsunion ansetzen kann. Für den
Übergang in die 3. Stufe im Jahr 1999 reicht es dagegen aus,
wenn eine Minderheit der Mitgliedstaaten die Konvergenzkriterien erfüllt. Da es sinnvoll ist, für die Währungsunion eine möglichst große Zahl von EU-Mitgliedern zusammenzu-
bringen, sind in manchen Ländern noch erhebliche Anstrengungen zur Sanierung der öffentlichen Finanzen vonnöten;
außerdem muß in den nächsten Jahren die Preisentwicklung
unter Kontrolle bleiben.

III. Die Akzeptanz der Währungsunion

Für die Gründung einer Währungsunion in Europa kommt es
nicht nur darauf an, daß sie von der technischen Seite her
einwandfrei vorbereitet ist und daß sich die Volkswirtschaften der dafür infrage kommenden Mitgliedstaaten ziemlich
im Gleichlauf befinden. Es ist auch erforderlich, die Bevölkerung vom Nutzen einer Gemeinschaftswährung zu überzeugen. Während des Ratifikationsverfahrens wurde der Vertrag
von den Parlamenten der zwölf Unterzeichnerstaaten meist
mit großer Mehrheit angenommen. In Frankreich, Irland und
Dänemark fanden zusätzlich Volksabstimmungen statt. Die
Ergebnisse sind bekannt: In Frankreich lagen die Ja-Stim-
men nur hauchdünn über den Nein-Stimmen. Die Dänen
lehnten den Vertrag zunächst ab. Erst nachdem sich das
Land eine Ausstiegsoption für die Währungsunion und andere wesentliche Bestandteile hatte zusichern lassen, fand das
Vertragswerk in einem zweiten Referendum eine knappe Zustimmung. Nur die Iren sprachen sich klar und deutlich für
Maastricht aus. Der Übergang in die Währungsunion müßte
daher, weil demokratisch legitimiert, ein Selbstläufer sein.
Die Wirklichkeit sieht allerdings anders aus. Die Debatte über

die Vorteile und die Nachteile des Verzichts auf die nationale
Souveränität in Währungsfragen ist noch nicht zu Ende. Sie
wird in den einzelnen Ländern unterschiedlich intensiv geführt. Sieht man sich die Umfrageergebnisse über die Akzeptanz einer Gemeinschaftswährung der letzten Zeit an, so
zeigt sich, daß eine einheitliche Währung vor allem bei der
Bevölkerung in Deutschland, Österreich und in Großbritanni-
en mehrheitlich auf Ablehnung stößt.

Das europäische Einigungswerk hat im Laufe der Jahrzehnte manche Veränderungen für den einzelnen Bürger mit
sich gebracht. Keine hat jedoch die Lebensumstände in so
spektakulärer Weise umgestaltet, wie es die Einführung einer
vollkommen neuen Währung tun wird. Nicht nur, daß der
Umgang mit anderen Geldscheinen Gewöhnung erfordert,
auch die Vorstellungen von der Höhe des Einkommens, vom
Wert eines Gutes oder des eigenen Vermögens, die sich normalerweise in der vertrauten Landeswährung ausdrücken,
sind zu korrigieren. Das dauert erfahrungsgemäß viele Jahre. Die Schritte zur Euro-Währung erfordern daher viel Fin-
gerspitzengefühl.

Was läßt sich tun, um dem Bürger die Angst vor dem Neu-
en zu nehmen? Einen wesentlichen Beitrag dazu müßte die
Politik durch intensive Aufklärungsarbeit leisten. Aber auch
andere Institutionen und Unternehmen, die von der Idee einer Währungsunion überzeugt sind, müssen sich stärker engagieren und die Zusammenhänge erläutern. Das ist keine
leichte Aufgabe. Nicht jeder Bürger hat in seinem Leben täglich mit Geschäften zu tun, bei denen die Nachteile sichtbar
werden, die – trotz EWS – mit dem Bestehen von vierzehn
Währungen in der EU verbunden sind. Am ehesten nimmt er
die damit einhergehenden Lästigkeiten bei Urlaubs- und Ge-
schäftsreisen in die Mitgliedstaaten wahr. Der Bargeldum-
tausch ist in der Regel teuer, und selbst beim Gebrauch von
unbaren Zahlungsmitteln wie Euro-Scheck und Kreditkarten
entstehen zusätzliche Kosten. Die Vereinfachungen und Einsparungen, die demgegenüber eine gemeinschaftliche
Währung bieten würde, lassen sich dem Einzelnen daher relativ einfach vermitteln. Verständnis ließe sich auch dafür

wecken, daß der europäische Binnenmarkt auf Dauer zerstört wird, wenn er weiterhin den preisverzerrenden Einflüssen ausgesetzt bleibt, die von größeren realen Wechselkursverwerfungen ausgehen. Einem Arbeitnehmer der deutschen Stahlindustrie könnte man dies z. B. mit Hinweis auf die Sicherheit seines Arbeitsplatzes veranschaulichen: Schon die verhältnismäßig leichte Abschwächung des französischen Franc gegenüber der D-Mark führt dazu, daß französischer Stahl in Deutschland zu einem attraktiveren Preis angeboten werden kann als deutscher Stahl gleicher Güte. Krasser fällt der rein wechselkursbedingte Preisvorteil für die italienischen Stahlproduzenten aus, weil die Lira im Verhältnis zur D-Mark noch stärker nachgegeben hat. Dem Stahlarbeiter an der Ruhr wird einleuchten, daß es in einer Währungsunion solche Preisvorsprünge der Konkurrenz nicht mehr geben würde, die sich weder mit der Produktivität, noch mit der Qualität der Ware begründen lassen. Derselbe Arbeiter wird ferner die positiven Folgen begreifen, die sich für ihn daraus ergeben können, daß die Währungsunion einen größeren Finanzmarkt mit sich bringt: Die Finanzierung seines Eigenheims kann sich im Prinzip verbilligen, wenn es mehr Anbieter von Finanzdienstleistungen gibt und darüber hinaus Ausländer verstärkt auf diesem Markt investieren, mit dem Effekt, daß die Zinsen sinken.

Von Kritikern ist oft zu hören, die gemeinsame Währung werde auf Dauer nicht so stabil sein wie die jetzigen Hartwährungen in Europa. Dabei werden Zweifel am Mut der EZB geäußert, ihre Stabilitätspolitik notfalls mit unpopulären Maßnahmen durchzusetzen. Daneben wird vor der Gefahr gewarnt, daß sich die finanzpolitische Disziplin, die für den Übergang in die Währungsunion Pflicht sei, später wieder lockere und damit der Geldwert gefährdet werde.

Die Sicherung der Kaufkraft einer Währung ist auch in den Ländern mit einer längeren Stabilitätstradition eine tagtägliche Herausforderung. Ideal wäre es, wenn Lohn-, Finanz- und Geldpolitik am gleichen Strang zögen und stets das Ziel stabilen Geldes im Auge hätten. Das ist aber nicht immer der Fall. Ein gutes Beispiel ist die Entwicklung in Deutschland nach der Wiedervereinigung: Hohe Lohnabschlüsse und enorme Defizite im Haushalt zur Finanzierung der Sanierung Ostdeutschlands führten zu einem raschen Anstieg der Inflationsrate, die ab 1991 über die – vorher durchweg höhere – französische hinausging. Die Bundesbank mußte geldpolitisch heftig bremsen. Der Preisauftrieb schwächte sich aber erst merklich ab, als auch auf der Lohnseite und in der Haushaltspolitik wieder Vernunft einkehrten. Es ist nicht ausgeschlossen, daß auch die spätere Europäische Zentralbank einmal vor ähnlichen Schwierigkeiten steht. Aber es ist nicht richtig, von vornherein zu unterstellen, sie sei zu schwach, um energisch für die Wiederherstellung der Preisstabilität zu kämpfen. Die Väter des Vertrags von Maastricht haben alles Erdenkliche unternommen, um das ESZB in die Lage zu versetzen, seinen Auftrag der »Gewährleistung der Preisstabilität zu erfüllen. So dürfen»weder die EZB, noch eine nationale Zentralbank noch ein Mitglied ihrer Beschlußorgane Weisungen von Organen oder Einrichtungen der Gemeinschaft, Regierungen der Mitgliedstaaten oder anderen Stellen einholen oder entgegennehmen« (Art. 7 der Satzung des ESZB). In dieser Klarheit ist die Unabhängigkeit nicht einmal im Gesetz über die Deutsche Bundesbank niedergelegt.

Abgesehen von dieser institutionellen Garantie ist zu betonen, daß Geldwertstabilität heute nicht mehr das Monopol eines einzigen Landes ist. Mittlerweile haben die Notenbanken aller EU-Staaten die Inflationsbekämpfung zum Hauptziel ihrer Geldpolitik erklärt. Die gesunkenen Preissteigerungsraten sprechen eine beredte Sprache. Mit einer durchschnittlichen Teuerungsrate in der EU von 3,2 Prozent im Jahr 1994 wurde ein im Vergleich zu früheren Zeiten relativ niedriges Niveau erreicht; 1980 lag die Inflationsrate in der Gemeinschaft z. B. noch bei 13,4 Prozent. Das heißt, daß die in den EZB-Rat einziehenden Gouverneure der nationalen Notenbanken genügend Erfahrung und den Willen mitbringen, um eine auf Stabilität zielende Geldpolitik zu betreiben.

Der Fortbestand der Währungsunion als einer Stabilitätsgemeinschaft hängt in der Tat mit davon ab, daß sich die finanzpolitische Disziplin der Finanzpolitik der Mitgliedstaaten nicht mit der Zeit lockert. Der Vertrag von Maastricht hat das Problem wohl erkannt. Er verpflichtet die Mitgliedstaaten ausdrücklich dazu, übermäßige Haushaltsdefizite zu vermeiden. Die Konvergenzkriterien für die öffentlichen Finanzen sind auch nach Eintritt in die Währungsunion stets einzuhalten. Für den Fall der Nichterfüllung sieht der Vertrag eine Reihe von Maßnahmen vor, die bis zur Verhängung von Geldbußen gegen das säumige Land gehen können. Manche Kritiker sehen in diesen Bestimmungen keine befriedigende Lösung. Sie weisen auf die Schwerfälligkeit des Sanktionsverfahrens hin und fürchten, daß aus politischen Gründen auf Konsequenzen ganz verzichtet werden könnte.

Es besteht aber die berechtigte Hoffnung, daß es gar nicht dazu kommen muß, eines Tages schweres Geschütz gegen einen Mitgliedstaat aufzufahren. Zunächst ist davon auszugehen, daß diejenigen Länder, die in die 3. Stufe eintreten, sämtliche Konvergenzkriterien erfüllen, also auch diejenigen über die öffentlichen Finanzen. Die Einhaltung der Kriterien setzt voraus, daß ein Land eine straffe Wirtschafts- und Finanzpolitik verfolgt. Was könnte ein einzelnes Teilnehmerland veranlassen, die erreichte finanzielle Stabilität nach Eintritt in die Währungsunion mutwillig wieder aufzugeben und in Laxheit zurückzufallen? Die Konjunkturentwicklung in der Währungsunion wird nicht stets in allen Mitgliedstaaten synchron verlaufen, aber sie wird wesentlich gleichförmiger sein als heute unter dem Regime von nationalen Währungen. Die USA als großer Wirtschafts- und Währungsraum sind dafür ein Anschauungsbeispiel. Falls es zu großen externen Schocks käme (Ölpreiskrisen der siebziger Jahre), würde die Währungsunion davon als Ganzes betroffen und nicht nur einer der Teilnehmerstaaten allein. Unter solchen Umständen müßten die Unionsländer gemeinsam Gegenmaßnahmen ergreifen. Es sind eigentlich nur extreme Ausnahmesituationen denkbar, in denen ein Mitgliedstaat der Währungsgemeinschaft völlig losgelöst von den Partnerstaaten einen expansiven Kurs in der Finanzpolitik wählt. Gleichwohl spricht vieles dafür, eine institutionelle Lösung zu finden, um die Fiskalpolitik der Mitgliedsländer zu koordinieren. Damit hätte die Europäische Zentralbank einen Partner, mit dem sie im Interesse der Geldwertstabilität den richtigen Mix zwischen Geld- und Haushaltspolitik herstellen könnte. Die Zukunft zeigt, welcher Weg dafür gefunden wird.

IV. Schlußbemerkungen

Eine Währungsunion in Europa war noch nie so zum Greifen nah wie jetzt. Die rechtlichen Grundlagen dazu sind durch das umfangreiche und nicht immer leicht zu lesende Vertragswerk von Maastricht gelegt. Ein Leitmotiv des Vertrags ist die Gewährleistung von Preisstabilität als Grundlage für Wachstum und Beschäftigung in der Union. Die künftige Europäische Zentralbank ist vom Vertrag ausschließlich auf dieses Ziel verpflichtet und mit entsprechender Unabhängigkeit ausgestattet worden. Die Währungsunion ist erreichbar. Das EWI wird rechtzeitig seine Vorarbeiten dafür abschließen. Die Mitgliedstaaten der EU müssen allerdings ihren Beitrag leisten, indem sie die Konvergenzbedingungen erfüllen. Eine Aufweichung dieser Konditionen darf es nicht geben. Die Bevölkerung kann für das Projekt gewonnen werden, denn die Vorteile überwiegen die Nachteile bei weitem. Käme die monetäre Integration nicht zustande, würde auch das auf anderen Gebieten bisher Erreichte gefährdet, vor allem der Binnenmarkt. Das will wohl hoffentlich niemand.

Biographie
Baron Alexandre Lamfalussy

1929	geboren in Ungarn, Belgischer Staatsangehöriger
1949–1953	Universität Löwen (»Licence en Sciences économiques«)
1953–1955	Nuffield College, Oxford (1957 D. Phil. Economics)

1955–1975	Banque de Bruxelles, volkswirtschaftlicher Mitarbeiter, dann Chefvolkswirt, ab 1965 Mitglied des Vorstandes, dann Vorsitzender des Vorstandes, 1975 Vorstandsmitglied der Banque Bruxelles Lambert
1961/62	Gastprofessor an der Yale University
1965/75	Lehrbeauftragter an der Universität Löwen
seit 1975	Professor an der Universität Löwen, z. Zt. beurlaubt
1976–1993	Volkswirtschaftlicher Berater, später Leiter der Währungs- und Wirtschaftsabteilung der Bank für Internationalen Zahlungsausgleich (BIZ) in Basel; 1981–85 Stellvertretender Generaldirektor und ab 1985 Generaldirektor der BIZ
seit 1994	Präsident des Europäischen Währungsinstituts

Zahlreiche Veröffentlichungen zu volkswirtschaftlichen und währungspolitischen Fragen, insbesondere auch zu Fragen der internationalen Zusammenarbeit von Zentralbanken und der internationalen und regionalen Währungssysteme.

Manfred Rommel
Oberbürgermeister der Stadt Stuttgart

Manfred Rommel

Das Mögliche und das Unmögliche in der Politik

1

In unserer Zeit, die von der Fiktion der Gleichheit regiert wird, und in der der Mensch mit Informationen unterschiedlicher Qualität geradezu überschwemmt wird, weiß niemand so genau, wer eigentlich herrscht. Aber jedenfalls herrscht Verwirrung. In dieser Verwirrung fühlen sich viele Menschen wohl, weil sie ihnen erlaubt, das, was sie gerade im Kopf oder nicht im Kopf haben, dahinzuplaudern oder hinzuschreiben, ohne zu riskieren, sich lächerlich zu machen oder beschimpft zu werden, es sei denn, sie entfernen sich zu weit vom gültigen Modetrend. Alle Meinungen halten sich für gleichwertig. Wer freilich an dieser Gleichwertigkeit Zweifel äußert oder gar das kritisiert, was im Modetrend liegt, gilt als intolerant. Er hat keinen Anspruch darauf, daß seine Meinung wenigstens geduldet wird. Er fällt dem Abscheu anheim. Wer aber im Modetrend liegt, hat auch das Recht, Schmerz zu empfinden, wenn er eine abweichende Meinung anhören muß, und diesem Schmerz durch Protest Ausdruck zu geben.

2

Es sollte einleuchten, daß in einer verwirrten Welt manches durch Realismus und durch intellektuelle Redlichkeit (intellectual correctness) verbessert werden könnte. Aber wir müssen das wollen. Daß wir, wenn wir es wollten, auch könnten, steht fest. Wir können unsere Fähigkeiten einsetzen, um Klarheit zu gewinnen, erstens über die Welt, wie sie ist, zweitens über die Welt, wie sie sein sollte und wie sie nicht sein sollte, drittens über die Welt, wie sie sein könnte und wie sie nicht sein kann. Die zweite Frage zu beantworten erfordert ethische Wertvorstellungen. Die dritte Frage bedarf der Aufgliederung: Die Welt könnte nämlich besser oder schlechter sein, als sie ist. Ein vernünftiger, vom Geiste der Aufklärung erfüllter Mensch würde über alle diese Fragen im Zusammenhang nachdenken und so zu seiner Meinung von der Welt kommen. Aber wer ist schon vernünftig, und wer handelt schon im Geiste der Aufklärung? Wir halten uns für vernünftig und für aufgeklärt. Aber wir sind es nicht. Im Gegenteil, wir neigen zur Irrationalität und Verdunkelung. Ängste, Wünsche und Gedanken lösen Massenphänomene aus: Bewegungen. Die hinten sind, glauben, die vorne wüßten, wo es hin geht, die vorne werden von denen, die hinten sind, geschoben und glauben, diese wüßten, wohin sie wollen.

3

Es geht mir weniger um Philosophie und Psychologie als um Politik. Der Politiker soll, wenn man von seiner Aufgabe absieht, den Medien Nahrung zuzuführen und seine Mitbürger zu unterhalten, verhindern, daß die Welt schlechter wird, und möglichst dafür sorgen, daß sie besser wird. Wer die Realität davon abhalten will, schlechter zu werden, oder dazu bringen will, besser zu werden, sollte sich eigentlich zunächst bemühen, sie zu erkennen. Das ist Realismus. Zur Realität gehört aber nicht nur das, was bereits besteht, sondern auch das, was möglich ist, aber gewiß nicht, was unmöglich ist. Es läßt sich natürlich darüber streiten, was möglich oder was nicht möglich ist. Der Streit über das Mögliche geht um etwas, was in der Gegenwart noch nicht besteht, aber in der Zukunft bestehen könnte. Und Prognosen komplexer Entwicklungen sind in der Regel nicht sicher, sondern allenfalls wahrscheinlich. Wahrscheinlich heißt aber, daß auch das Unwahrscheinliche möglich ist. Deshalb kann oft keiner der Streitenden den letzten Beweis führen, daß er richtig liegt. Aber wenn darüber gestritten wird, was möglich ist, dann werden wenigstens auch die Mittel und Wege in Betracht gezogen und nicht einfach ein Wunsch oder eine »konkrete Utopie« formuliert.

4

Nicht alles, was falsch ist, ist unmöglich, aber was unmöglich ist, ist immer auch falsch. Was somit falsch ist, wäre der Versuch, aus der Welt des Möglichen in eine Welt des Unmöglichen zu entfliehen, um zu versuchen, von dieser aus die Welt des Möglichen durch ihre Beschimpfung zu verbessern. Das versuchen immer wieder politische Literaten und Programmschmiede und große Redner, vor allem Autoren, die schnell erfolgreiche politische Bücher schreiben werden. Denn die wirkungsvollste Rede, das wirkungsvollste Buch wird nicht für, sondern gegen etwas geschrieben. Aber die Flucht in eine phantastische Welt verbessert mit Sicherheit nicht die Wirklichkeit, kann sie aber viel schlechter machen.

5

Gar nicht wenige Menschen, darunter auch viele gescheite, halten eine solche Flucht sogar für moralisch, und diejenigen, die diesen Fluchtweg nicht beschreiten, für kaltschnäuzig und deshalb für unmoralisch. Ein solcher Vorwurf schwingt auch in den Schlagworten mit vom »Totsparen« und »Kaputtsparen« sowie von der sozialen Kälte, die gerne gegen Versuche in Einsatz gebracht werden, die Finanzen eines Unternehmens, des Staates oder einer Stadt zu ordnen. Das hat mit der Neigung von uns Deutschen etwas zu tun, dem Traum eine wichtige Rolle einzuräumen, ja ihm sogar den Vorrang vor der Realität zu geben. Heinrich Heine schrieb in »Deutschland ein Wintermärchen«:

> *»Franzosen und Russen gehört das Land,*
> *das Meer gehört den Briten,*
> *wir aber besitzen im Luftreich des Traums,*
> *die Herrschaft unbestritten.«*

6

In seiner »Geburt der griechischen Tragödie« hat Nietzsche ausgeführt, daß diese aus zwei Prinzipien der Kunst entstanden sei: aus dem dionysischen des Rausches und dem apollinischen des Traums. Das mag gut sein für Tragödien, die im Theater aufgeführt werden, wo Rausch oder Traum jedenfalls nicht schaden, wenigstens nicht sehr. Wirken Rausch und Traum aber auf die Wirklichkeit ein, entsteht daraus regelmäßig etwas Schlechtes: nämlich eine wirkliche Tragödie. Dieses deshalb, weil das, was an Verbesserungen zu erzielen oder an Verschlechterungen abzuwenden möglich wäre, nicht erreicht wird mit der Folge, daß die Realität schlechter wird, als dies hätte sein müssen. Deshalb halten wir uns anstatt an Dionysos und Apollo besser an Fürst Bismarck und an seine Definition der Politik als der Kunst des Möglichen.

7

Die Schwierigkeit, die wir Deutsche haben, Traum und Realität zu unterscheiden, hängt auch mit unserer theoretischen Begabung und Neigung zusammen. Schiller schreibt in seinem Wallenstein: »Eng ist die Welt, und das Gehirn ist weit. Leicht beieinander wohnen die Gedanken. Doch hart im Raume stoßen sich die Sachen. Wo eines Platz nimmt, muß das andere rücken.« Dem Theoretiker erscheint weitaus mehr planbar und machbar als dem Praktiker. Dies zeigt sich besonders in der Politik, in der die Theorie ein wachsendes Übergewicht besitzt. Politik als Planung ist für den Theoretiker faszinierend. Einer sagt, wo es langgeht, und die anderen sollen es tun. Theoretisch klingt es plausibel, daß die Planwirtschaft der Marktwirtschaft überlegen sei. Die Planwirtschaft meidet den kräfteverzehrenden Wettbewerb. Es tun nicht viele dasselbe und arbeiten gegeneinander, sondern alle ziehen am gleichen Strang. Aus der Praxis wissen wir aber, daß die Planwirtschaft bürokratisch verknöchert, Initiative abtötet und daß sie deshalb dem sich selbst steuernden, die Initiative fördernden System der Wettbewerbswirtschaft weit

unterlegen ist. Viele Theoretiker legen auch gar keinen Wert
darauf, daß ihre Theorien in Kontakt mit der Wirklichkeit
kommen und ihre Pläne ausgeführt werden. Die letzte Phase
ist für sie die Veröffentlichung, Planung und Politik als Literatur.

8

Aus unserer theoretischen Neigung wiederum erklärt sich
die berüchtigte deutsche Bewunderung für Unverständliches
und Dunkles. Die Briten nennen etwas Unverständliches:
German metaphysics. Nietzsche schreibt, daß wir Deutsche
den, der im trüben fischt, gerne mit dem verwechseln, der
aus der Tiefe schöpft, und daß wir alles für tief halten, dessen Grund wir nicht sehen könnten. Hierzu gehört auch unsere Liebe für seltsame Formulierungen, die zwar nicht verstanden werden, aber Bewunderung und Applaus auslösen.
So zum Beispiel:»Deutsch sein heißt, eine Sache um ihrer
selbst willen tun« (Richard Wagner), oder:»Dieser Gedanke
trägt seine Begründung in sich selbst« (schön wär's) oder:
»Wer das Mögliche erreichen will, muß das Unmögliche anstreben.«

9

Wer träumt, wer Phantasien und Gedanken über die Sachen
stellt und dazuhin noch das Dunkle liebt, der hat große
Schwierigkeiten, sich in der Welt des Möglichen zurechtzu-
finden. Von Nietzsche stammt das Wort: Überzeugungen sind
größere Feinde der Wahrheit als Lügen. Recht hat er, denn
der Lügner weiß, daß das, was er sagt, nicht wahr ist, der
Überzeugte weiß das nicht. Wer nur denkt, daß er recht hat,
denkt nicht viel. Denken heißt, ergebnisoffen denken. Ein
Mensch, der ein Suchender ist und nicht einer, der meint,
schon gefunden zu haben, hat eine weitaus größere Chance,
der Wahrheit näherzukommen. Freilich kommt es darauf an,
was er sucht. Sucht er nur Bestätigung, dann sucht er nicht
die Wahrheit, sondern meint, die Wahrheit hätte er ja schon,

und er benötigte nur ein paar gute Argumente, um sie auch
anderen nahezubringen.

10

Absolute Wahrheiten zu finden, also solche Wahrheiten, die
ohne Voraussetzungen bestehen, ist schwierig und wenig
chancenreich, was durch die ganze Philosophiegeschichte
hindurchschimmert.

11

Aber absolut Falsches gibt es in Menge. Es lohnt sich deshalb,
nach absolut Falschem zu suchen und dieses aus der eigenen
Meinung und möglichst auch aus der Meinung anderer zu entfernen. Das führt zwar nicht zum Besitz absoluter Wahrheiten, verringert aber die Distanz zu ihnen. Und darauf kommt
es im praktischen Leben an, zu dem ja auch die Politik zählt.
Gerade auf dem Felde der Politik lassen sich wahre Schätze
heben an absolut falschen Aussagen, Theorien und Behauptungen, so daß durch deren Entlarvung und Vermeidung eine
tüchtige Strecke auf dem Wege zur Wahrheit zurückgelegt
werden könnte. Der kürzlich verstorbene britische Philosoph
Sir Karl Popper nennt diese Denkmethode Falsifikation. Und
da die Wahrheit die Realität ist, und da gute Politik dafür sorgen soll, daß sich die Realität nicht verschlechtert, sondern
möglichst verbessert, sollte es einleuchten, daß Politik um so
erfolgreicher sein kann, je besser sie die Realität kennt. Das
klingt ein wenig banal, aber viele Grundwahrheiten sind banal. Es empfiehlt sich jedenfalls, eine Sammlung gängiger und
üblicher Ungereimtheiten und Unrichtigkeiten anzulegen und
diese ständig durch neue Fundstücke zu erweitern. Einen
Grundbestand will ich durch diesen Aufsatz beisteuern.

12

Viele Bürger erwarten von einem Politiker, daß er so tut, als
ob er die Wahrheit kennt. Ein Politiker, der erkennen läßt,

daß er sich seiner Meinung nicht sicher ist, zieht sich leicht den Ruf zu, nicht entschlossen, nicht energisch und deshalb zur Führung ungeeignet zu sein. Es sollte aber nicht Offenheit in der Sache mit Entscheidungsschwäche durcheinandergebracht werden. Schon der große Kant hat gewußt, daß die Notwendigkeit, zu entscheiden, weiter reicht, als die Fähigkeit, zu erkennen. Gewiß sollte jemand keinen leitenden Posten einnehmen, der, von Zweifeln geplagt, hin- und herschwankt und lieber nichts tut, obwohl er weiß, daß Untätigkeit die schädlichste Variante möglichen Handelns ist. Aber weshalb sollte ein Politiker, der eine Entscheidung trifft, verschweigen, daß er sich nicht auf sicherem, sondern auf unsicherem Boden bewegt? Wer Zweifeln nachgeht, sich Kritik öffnet, die beste Variante sucht und dann die Entscheidung trifft, ist zur Führung besser geeignet als einer, der meint, er brauche keinen Rat, weil er schon alles wisse. Er hat auch größeres Selbstbewußtsein. Wer den Mut hat, seine Meinung zu ändern, wenn Argumente dies nahelegen, dessen Persönlichkeit ruht stärker in sich als die eines Menschen, der im Falle des Eingeständnisses eines Irrtums um seine Autorität fürchtet. Das Wort Konrad Adenauers, niemand könne ihn davon abhalten, jeden Tag klüger zu werden, weist in diese Richtung.

13

Hegel meinte, die Wahrheit liege im Ganzen. Recht hat er. Aber das Ganze ist schwer zu erfassen. Jedoch sollten wir wenigstens versuchen, die wichtigsten Voraussetzungen, Ursachen und Zusammenhänge zu erkennen, und nicht, wie wir dies häufig tun, einen Gedanken, eine Tatsache oder eine Entwicklung so behandeln, als ob sie für sich allein bestehen könnten. Das ist fast immer falsch. Auch in der Politik bestätigt sich die Erfahrung, daß auseinandernehmen leichter fällt als zusammenzusetzen. Das gilt besonders für eine Zeit, die mit der Arbeitsteilung so gute Erfahrungen gemacht hat. Es wird aber nicht nur die Arbeit geteilt, sondern auch die Verantwortung und die Sicht der Interessen. Letzteres nennt man freundlich »Individualismus«, obwohl das Wort »Egoismus« den Nagel besser auf den Kopf träfe. Die Summe aller Egoismen führt aber in die Welt des Unmöglichen. Eduard Spranger bezeichnet die Demokratie als die Staatsform, in der jeder ein Gewissen für das Ganze haben müsse. Gewissen für das Ganze heißt, wir Bürger sollen nicht nur an uns selber denken, sondern auch an die anderen. Aber in einem freiheitlichen Staat sind die Kräfte des Egoismus stark und die Versuchung der Politiker groß, an sie zu appellieren. So erklärt sich, daß politische Aussagen und Programme sich häufig mit einer Ausrichtung am Bedarf zufriedengeben.

14

Der Bedarf ist ein Teil der Wirklichkeit, aber nicht die ganze Wirklichkeit. Wenn ich nachweise, daß ein Mensch in der Wüste dringend Wasser braucht, habe ich damit nicht nachgewiesen, daß das Wasser da ist. Wenn ich beweise, daß ein Mensch dringend Geld braucht, habe ich ebenfalls nicht bewiesen, daß das Geld da ist. Oft ist es sogar so, daß etwas um so mehr gebraucht wird, je weniger es zur Verfügung steht. Ein drastisches Beispiel: Je schwerer ein Mensch krank ist, desto dringender bedarf er der Gesundheit, desto schwieriger ist es aber, seinen Bedarf zu erfüllen. Bedarf und Mangel treten meistens zusammen auf. In der politischen Praxis, aber noch häufiger in der politischen Literatur, begnügen sich die Akteure aber häufig damit, einen Bedarf festzustellen und seine Erfüllung zu fordern. Man müßte eben woanders sparen. Die Befriedigung des Bedarfs habe einfach Priorität. Werde er jetzt nicht befriedigt, trete in der Zukunft ein noch größerer Bedarf ein, dessen Befriedigung noch weit mehr koste. Freilich schafft diese Betrachtung keine Mittel, besonders kein Geld.

15

Das Ganze zusammenzudenken, Zusammenhänge zu erkennen und zu beachten, um so der Wahrheit näherzukommen, ist auch deshalb schwer, weil das Zeitalter der Arbeitsteilung auch das Zeitalter der Spezialisten ist. Die Versuchung für jeden Spezialisten ist groß, den Teil, für den er kompetent und verantwortlich ist, für wichtiger zu halten als jenen Teil, den er nicht kennt. Wer in der Wirtschaft Verantwortung hat, wird in der Regel die Finanzierung von Sozialausgaben oder von Aufwendungen für den Umweltschutz eher unter dem Kostenaspekt betrachten. Hingegen wird der Chef eines Sozialamtes oder einer karitativen Einrichtung oder der Leiter eines Umweltamtes eine andere Sicht der Dinge haben. Es wäre hilfreich, wenn der eine Spezialist auch die Aufgabengebiete anderer Spezialisten mitbedenkt. Niemand kann zum Spezialisten für alles werden, aber wir würden uns in der Welt des Möglichen besser zurechtfinden, wenn mehr in Zusammenhängen gedacht und die Spezialistenneigung, ihren Teil für das Ganze, jedenfalls aber für das Wichtigste zu halten, stärker zurückgedrängt würde. Die Arbeitsteilung findet nicht nur horizontal statt in Gestalt von sich immer stärker auffächernden Spezialgebieten, sondern auch vertikal in Gestalt der Hierarchie, die vom Spezialisten auf der unteren Stufe bis zum Generalisten auf der oberen führt. Mit der Zahl der Ebenen wächst die Gefahr, daß die Generalisten der oberen Stufe schließlich zu hoch in den Wolken schweben. Dies trifft auch auf politische Ebenen zu, und auch das ist eine Quelle vermeidbarer Fehler.

16

Wo auch immer die Politik spart, stets spart sie an der falschen Stelle. Ich darf hier ein Wort zum Begriff des Sparens sagen. Als Schwabe habe ich hierfür eine gewisse Kompetenz. Sparen heißt, Geld, das man hat, nicht ausgeben. Wer kein Geld hat und es deshalb nicht ausgeben kann, ist kein Sparer, sondern ein Realist. Bei der politischen Entscheidung, Ausgaben zu kürzen, geht es meistens nicht um Sparsamkeit, sondern um Realismus. Freilich erleichtert die Möglichkeit, Kredite aufzunehmen, der Politik, der Realität zu entfliehen, wenigstens zeitweilig. Aber es zeigt sich auch hier, daß die

Flucht aus der Realität zwar machbar ist, aber mit der Folge, daß sich der Flüchtling in einer neuen Realität wiederfindet, die schlechter ist, als sie es hätte sein müssen. Denn die wachsende Zinslast frißt schon nach wenigen Jahren den Finanzierungsspielraum auf, den eine jährlich sich wiederholende Kreditaufnahme hätte schaffen sollen. Noch schneller schwindet der Finanzierungsspielraum dahin, wenn solche öffentliche Investitionen finanziert werden, die laufende Folgekosten auslösen wie zum Beispiel Schulen, Theater, Kindertagesheime. Die in der politischen Diskussion während vieler Jahre übliche Gleichsetzung von privatwirtschaftlichen Investitionen mit öffentlichen Investitionen ist im übrigen ein gutes Beispiel dafür, wie durch die Verwendung des gleichen Begriffes für verschiedene Dinge ein erheblicher Realitätsverlust eintreten kann. Während sich privatwirtschaftliche Investitionen durch Erträge selber finanzieren (sollen), führen die öffentlichen Investitionen zu Folgekosten, die gerne übersehen werden.

17

Dies heißt nicht, um das nochmals zu betonen, daß an öffentlichen Einrichtungen kein Bedarf bestünde. In den sechziger Jahren und siebziger Jahren setzte sich die Bildungspolitik auf die Nummer eins der politischen Tagesordnung. Nach verschiedenen Ansätzen des Wissenschaftsrates und Bildungsrates erklang der Ruf nach einem Bildungsgesamtplan, der freilich zunächst als reiner Bedarfsplan gedacht war nach der Devise: Ist der Bedarf erst formuliert, ist er auch meistens finanziert. Aber dann wurde bemerkt, daß es mit der Formulierung des Bedarfs nicht getan ist, sondern daß auch die Prüfung der Frage nützlich wäre, ob und in welcher Höhe Mittel für den Ausbau des Bildungswesens bereitgestellt werden könnten. Zunächst gab es eine Tendenz, sich mit einer Prognose des realen Bruttosozialprodukts und des Steueraufkommens zufriedenzugeben. Aber schließlich kam es zur betrüblichen Einsicht, daß nicht nur nach Sozialprodukt und Steueraufkommen zu fragen war, wie von den Bedarfsplanern unterstellt, sondern auch nach dem Bedarf für andere Aufgabengebiete außerhalb der Bildung. Besonders schlaue Bildungspolitiker meinten: Bildung habe eben insgesamt Priorität. Das hieße aber, daß die am wenigsten dringliche Schule finanziert werden müßte, bevor für das wichtigste Krankenhaus oder die wichtigste Kläranlage Geld bereitgestellt werden könnte. Das aber wäre offensichtlich ein großer Unsinn. Beispielsweise ist der Schlaf für den Menschen lebensnotwendig. Aber er hat keine Priorität vor dem Essen. Denn das hieße: schlafend verhungern. Dies zeigt, wie nützlich und fruchtbringend es ist, über die Bedeutung des Wortes Priorität nachzudenken.

18

Viele Fehler werden gemacht durch Verzicht auf ein Ziel. Der Mensch, auch der Politiker, kann nämlich gut ohne Ziele leben, jedenfalls ohne strategische. Viele Fehler werden aber auch gemacht bei der Formulierung von Zielen. Diese müssen, sollen sie wirklich erreicht werden und nicht als ferne Hoffnung am jeweiligen Horizont flimmern, nicht nur am Bedarf oder am Wünschenswerten, sondern auch am Möglichen ausgerichtet sein. Das ist, wie am Beispiel des Bildungsgesamtplans demonstriert wurde, gar nicht so einfach. Deshalb reden viele Politiker und andere, die glauben, der Politik etwas sagen zu können, von Visionen, ein Wort, das aus Amerika in unseren Sprachgebrauch gekommen ist, und was so etwas wie Idealbild bedeutet. Ein amerikanisches Idealbild wird aber immer realer sein als ein deutsches, und deshalb sei der Hinweis gestattet, daß im Deutschen eigentlich unter Vision eine Unterart der Halluzination verstanden wird, also ein Trugbild. Ein solches Trugbild ist kein Ziel, das Orientierung gibt, sondern ein falsches Zeichen, das in die Irre führt. Solchen Trugbildern begegnen wir auf dem Felde der Politik in den Produkten der Nostalgie, also der Sehnsucht nach einer Vergangenheit, die es nie gegeben hat. Denn natürlich möchte niemand eine Lebenserwartung von 40 Jahren hinnehmen, bitter arm sein und auf die Segnungen moderner

Medizin und Zahnmedizin verzichten. Wir begegnen diesen Trugbildern auch in der Sehnsucht nach einer Zukunft, die es nie geben kann, nämlich nach einem Zustand, in dem alle Wünsche erfüllt sind, in einer Art verkehrtem Nirvana, das nicht durch Abtötung der Wünsche erreicht wird, sondern durch ihre Erfüllung.

19

Bei der praktischen Anschaulichkeit eines Familienbudgets kämen Denkfehler, wie sie sich auf höheren Abstraktionsebenen der Politik und Gesellschaft hartnäckig behaupten, kaum vor. Es würde niemandem einfallen, dann, wenn zur Anschaffung eines Klaviers kein Geld da ist, zu sagen,»Das stehen wir politisch nicht durch«, und das Klavier doch zu kaufen. Oder zu erklären, die Anschaffung des Klaviers sei unabweisbar. Oder zu verkünden, da man erst kürzlich einen Wohnwagen gekauft habe, müsse auch Geld für ein Klavier da sein.

20

Es liegt viel Unvernunft darin, daß wir, je grundsätzlicher eine Frage ist, desto eher dazu neigen, die zu ihrer Lösung nötige Denkarbeit einzustellen und uns statt dessen mit dem Kampf der sich widersprechenden Vorurteile abzufinden. Es würde sich doch lohnen, gerade über die großen Fragen nachzudenken. Zum Beispiel über die Frage, ob die gesellschaftlich wirksamen Kräfte realistisch denken, wenn sie unterstellen, daß der Staat bei Verschlechterungen im Zuge gesellschaftlicher Veränderungen stets als gut funktionierender Reparaturbetrieb zur Verfügung steht. Oder über die Frage: Wie verhält sich die Notwendigkeit, die Umwelt als natürliche Lebensgrundlage zu schützen, zur Notwendigkeit, die »künstlichen Lebensgrundlagen«, also die Arbeitsplätze, die Versorgung mit Gütern und Diensten, die Infrastruktur und das soziale Netz zu sichern? Oder über die Frage nach den Wechselwirkungen zwischen Wirtschaftspolitik, Sozialpolitik und Finanzpolitik? Es ist bemerkenswert, daß bei Meinungsumfragen die Fähigkeit, den wirtschaftlichen Aufschwung zu erreichen und die Fähigkeit, die Arbeitslosigkeit wirksam zu bekämpfen, jeweils einer anderen Partei zugetraut wird. Es fragt sich wirklich, ob wir Deutsche, bewußt oder unbewußt, davon ausgehen, daß sich die großen Fragen von selber lösen werden, im Sinne des fortschreitenden Bewußtseins des Hegelschen Weltgeistes.

21

Tucholsky meinte, wir Deutsche neigten dazu, moralisch zu werden, wenn wir mit wirtschaftlichen Erwägungen nicht weiterkommen, aber auch nur dann. Das ist gewiß übertrieben, läßt sich aber auch heute hin und wieder beobachten. Übliche Formulierungen, mit denen ein Mensch aus einer unbequemen Sachfrage aussteigt, sind:»Ich möchte meiner Betroffenheit Ausdruck geben«, oder:»Aus meiner Befindlichkeit heraus kann ich das nicht verantworten.« Das macht Eindruck. Aber in der Regel spricht hier nicht das Gewissen, sondern die Unlust daran, etwas Unangenehmes auch nur zu denken, geschweige denn zu vertreten oder zu tun.

22

Moral und Ethik sind als realitätsverändernde, aber nicht als die Grenzen des Möglichen sprengende Kräfte denkbar. Wer nur hundert hat, kann auch bei Anspannung aller moralischen Kräfte keine hundertfünfzig ausgeben. Das wäre contra naturam, also ein Wunder. Dennoch lieben vor der Realität fliehende Menschen Versuche, mit moralischen Argumenten die Realität auszuhebeln und so Unmögliches möglich zu machen. Wie bereits erwähnt, erfreut sich in der Politik besonderer Beliebtheit das Argument: Wenn für den Zweck A Geld da ist, dann muß auch für den Zweck B Geld da sein. Dieses Argument klingt gerecht. Es ist aber, wenn die Mittel nur entweder für A oder für B ausreichen, logisch falsch und fordert deshalb Unmögliches. Denn gerade weil das Geld für A ausgegeben wurde, fehlt es für B. Natürlich wäre es eine Gewissensberuhigung, wenn statt »entweder oder« gesagt werden könnte »sowohl als auch«. Aber wo dies nicht auszuführen möglich ist, muß eben die moralische Absicht der Logik weichen. Was abstrakt unlogisch ist, ist nämlich fast immer unwahr, und Unwahres zu behaupten, kann nicht moralisch sein. Oder, um es anschaulicher zu sagen: Falsch rechnen ist auch gelogen.

23

Die edelste Absicht wird nicht bewirken können, daß aus einer Flasche, die einen Liter faßt, zwei Liter ausgeschenkt werden, es sei denn, man denkt an die Bierflasche und an den ihr entströmenden Schaum. Die edelste Gesinnung schafft es auch nicht, daß, wo eine Million da ist, zwei Millionen ausgegeben werden. Auch wenn der Chef einer Firma ein gutes Herz hat: Wenn die Kosten die Erträge überschreiten und sich die Erträge nicht erhöhen lassen, muß er die Kosten senken, auch die Personalkosten. Tut er das nicht, geht die Firma mit allen Arbeitsplätzen unter. Selbst die Kirchen und die Gewerkschaften müssen Personal abbauen, wenn sie kein Geld haben, um es zu bezahlen. Aus den Evangelien wissen wir zwar von der himmlischen Brot- und Weinvermehrung. Aber erstens sind wir nicht zur Stiftung von Wundern befähigt wie Jesus Christus, und zweitens haben weder der Herr noch ein Heiliger jemals Geld vermehrt. Damit scheint mir die Erfolglosigkeit aller Versuche hinlänglich bewiesen zu sein, mit moralischen Argumenten fehlendes Geld herbeizuschaffen. Auch der Teufel hilft hier nicht, wie die traurige Geschichte der Goldmacher beweist. Friedrich der Große fragte einstens einen Pfarrer (!), der im Rufe stand, mit Geistern in Verbindung zu stehen: »Kann er Geister beschwören?« Der Pfarrer antwortete: »Jawohl, Majestät, aber sie kommen nicht.« Fazit: Auch wenn die Moral der Meister und der Intellekt der Diener sein sollte, die Moral muß sich dieses Dieners bedienen. Tut sie es nicht, beschädigt sie sich selbst, weil sie wirkungslos bleibt.

24

Wenn wir uns manche praktischen Beispiele von praktischen Versuchen, die Grenzen des Möglichen zu mißachten, vergegenwärtigen, könnten wir zum Schluß kommen, hier läge Dummheit vor. Aber dieser Schluß wäre falsch. Meist handelt es sich nicht um dumme Menschen, sondern um solche, die sich dumm stellen, und zwar, ohne das zu merken.

25

Jene moralischen Ästheten, die sich von solchen Entscheidungen mit Abscheu abwenden, die zwar unerfreulich, aber notwendig sein können, wie zum Beispiel Einschränkungen wünschenswerter sozialer, kultureller, gesundheitlicher Aufgaben, sind so gut nicht, für wie sie sich halten. Wenn sich einer angesichts eines unbequemen Problems mit den Worten »so nicht« aus der sachlichen Erörterung der realen Möglichkeiten verabschiedet und auf die Frage »wie dann?« die Auskunft verweigert, dann liegt darin eine »Realitätsverweigerung«. Auch dieses ist ein Versuch, durch eine Hintertür der Welt des Möglichen zu entfliehen.

26

Schlagworte sind Worte, die das Denken erschlagen. Zu einem solchen Schlagwort ist leider das Wort »Priorität« geworden. Wo es Priorität gibt, muß es auch Posteriorität geben, oder mit einem deutschen Wort gesagt, wo es Vorrang gibt, auch Nachrang. In der Politik wird diese Konsequenz häufig nicht gezogen. Mit dem Etikett »Priorität« werden gerne alle solchen Aufgaben versehen, für die man ungern die Finanzmittel begrenzt oder gar kürzt. Das Wort dient als eine Art Drudenfuß, der vor dem Mangel an Mitteln bewahren soll. So hat schließlich alles Priorität, was ein Widersinn und Unsinn ist. Diese Einsicht rumort im Unterbewußtsein herum, und deshalb wurde die Vokabel »hohe Priorität« erfunden. Eine entlarvende, aber doch auf ein gewisses Problembewußtsein hindeutende Wortprägung ist die »nachrangige Priorität«, die so etwas ist wie die trockene Feuchtigkeit oder die warme Kälte. Solche Wortschöpfungen, in gewisser Hinsicht auch das Wort »Minuswachstum« oder »Entdichtung« spiegeln die Neigung wider, klare Sachverhalte unklar zu definieren, um unbequemen Entscheidungen im Schutze eines Worte-Nebels ausweichen zu können.

27

Wer es nicht wahrhaben will, daß überall dort, wo Prioritäten sind, denklogisch auch Posterioritäten sein müssen, versucht, ob er sich dessen bewußt ist oder nicht, aus der Welt des Möglichen in die Welt des Unmöglichen zu entkommen. Das gleiche trifft zu auf diejenigen, welche sich der Prioritätensetzung durch die Klage zu entziehen versuchen, hier werde wieder einmal das eine gegen das andere ausgespielt. Auf den Fluchtweg aus der Welt des Möglichen begibt sich auch, wer Argumente, die ihn stören, weil sie richtig sein könnten, mit Verschleierungsvokabeln und Schlagworten niederzumachen versucht. Bewährte Schlagworte dieser Art sind die Begriffe »Verharmlosung« oder »Verniedlichung« auf der einen Seite und »Panikmache« oder »Angstmache« auf der anderen. Wenn jemand sich darauf hinzuweisen erlaubt, daß 0,1 Nanogramm Dioxin je Kubikmeter Abluft einer Müllverbrennungsanlage (0,0000000001 g) eine sehr geringe Menge ist und die Frage stellt, ob es wirklich im Interesse der Gesundheit notwendig ist, einen so niedrigen Höchstwert festzusetzen, dem wird mit diskussionsbeendender Wirkung das Bannwort »Verharmlosung« entgegengehalten. Wer aber der Besorgnis Ausdruck gibt, daß durch überzogene Umweltauflagen das wirtschaftliche Wachstum beschädigt, die Arbeitslosigkeit erhöht und das soziale Netz gefährdet werden könnte, oder wer gar zu sagen wagt, daß die Abschaltung der Kernkraftwerke schwerwiegende Schäden bewirken könnte, der wird mit dem Bannwort »Panikmache« ruhiggestellt.

28

Einen ähnlichen diskussionsverhindernden Charakter hat auch die Behauptung:»Deutschland ist ein reiches Land.« Reich ist, wer mehr hat, als er braucht. Das trifft aber auf die Bundesrepublik nicht zu: Im Gegenteil, wir glauben, weit mehr zu brauchen, als wir haben, auch wenn andere Länder viel weniger haben als wir. Mit dem Schlagwort vom »reichen Deutschland« werden eklatante Widersprüche übertüncht, zum Beispiel der Widerspruch zwischen der Kritik am »unbegrenzten« Wirtschaftswachstum oder dem »Wachstumsfetischismus« auf der einen Seite und der Forderung nach massiver Steigerung der Sozial-, Kultur-, Bildungs- und Gesundheitsausgaben auf der anderen Seite. Beides sind zwei Seiten der gleichen Medaille. Es empfiehlt sich, Widersprüche in der Gesellschaft von Widersprüchen im eigenen Kopfe zu unterscheiden. Der Begriff »Zwei-Drittel-Gesellschaft« beschreibt zwar ein soziales Phänomen, das in allen Staaten mit überdurchschnittlich hohem Sozialprodukt auftritt – Gleichheit ist in Ländern mit niederem Sozialprodukt leichter zu erreichen. Aber dieser Begriff findet auch als Schlagwort Verwendung, um bedarfsorientierte Forderungen moralisch zu untermauern. Die Antwort auf die Zwei-Drittel-Gesellschaft kann im übrigen kaum darin bestehen, daß die zwei Drittel auch verarmen. Dann wäre das Problem zwar statistisch gelöst, aber nicht real. Das benachteiligte Drittel würde es vielleicht mit Befriedigung aufnehmen, daß es den anderen zwei Dritteln auch schlecht geht, aber die Freude wäre dadurch getrübt, daß die zwei einst reichen Drittel dem armen Drittel nicht mehr so helfen könnten wie bisher mit der Folge, daß es dem armen Drittel noch schlechter geht. Die ehemals reichen zwei Drittel wären auch nicht zufrieden, weil sie verarmt sind.

29

Solche Schlagwörter enthalten nicht nur sachliche, sondern auch moralische Kritik: Wer anders denkt, liegt nicht nur falsch, er ist auch schlecht. Sie sind Verunglimpfungsmittel

und Denkverhinderungsinstrumente. Zu diesen Mitteln und
Instrumenten zählen auch die vielen im Namen der Moral erhobenen Vorwürfe an die Finanzpolitiker, sie wollen an den
Frauen sparen, an den Kindern sparen und an den Arbeitnehmern sparen, und sie seien deshalb frauenfeindlich, kin-
derfeindlich und arbeitnehmerfeindlich. Alle diese Be-
schimpfungen gehören zum Thema: Flucht aus der Wirklichkeit. Im übrigen war in modernen Zeiten Finanzpolitik schon
immer der oft mißlungene Versuch einer Minderheit, eine
Mehrheit davon zu überzeugen, daß sich hundert nicht so teilen lassen, daß sechs je fünfundzwanzig bekommen.

30

Oft erklingt angesichts der schmerzlichen Grenzen der Welt
des Möglichen der Kampfruf: Druck machen. Das ist unvermeidlich, und gewiß auch gelegentlich berechtigt, denn im
lauten Getöse gerät manches stille Anliegen in Vergessenheit
und ins Hintertreffen. Doch dieses Druckmachen sollte nicht
der übliche Umgang der Bürger mit seinen Politikern werden. Denn wenn der Druck von allen Seiten kommt, bewegt
sich gar nichts mehr, es steigt nur noch die Atü-Zahl. Wer
Druck macht, hält sich meist für aufrichtig, denn er tut seinen Gefühlen keinen Zwang an und sagt, was er denkt. Wer
aber seinen Gefühlen keinen Zwang antut und sagt, was er
denkt (auch, wenn er nichts denkt), ist noch lange nicht auf
dem Wege zur Wahrheit. Wer aber daran zweifelt, daß er die
Wahrheit bereits besitzt, sie noch sucht und nicht einfach
herausläßt, was ihm gerade einfällt, der zieht sich leicht den
unverdienten Ruf zu, verschlagen zu sein. So kommen gelegentlich Politiker zu großem Ansehen, die die Wahrheit nicht
in der Mitte zwischen den Extremen vermuten (wo sie meistens ist), sondern glauben, sie bereits im Extrem zu besitzen.

31

Die Realitätsnähe der Politik wird nicht gerade gefördert von
den vielen guten Menschen, die so gut sind, daß sie vor lau-

ter Gefühl nicht mehr zum Denken kommen, und die so apo-
diktisch und oberflächlich wie ein Fernsehkommentator zu
kompliziertesten Sachverhalten Stellung nehmen. Ganz abgesehen davon, daß das Gefühl eine höchst zweifelhafte
Quelle der Moral ist: Solche Stellungnahmen sind sehr populär in unserer Schlagwort-Welt, die, vom Fernsehen geprägt, alles auf eine kurze Formel bringen will und weder
Zeit noch Kraft hat, um nach Voraussetzungen und Ursachen
zu fragen und Zusammenhängen nachzugehen. Diese Voraussetzungen, Ursachen und Zusammenhänge machen aber
die eigentliche Wirklichkeit aus. Zu Recht hat Einstein darauf hingewiesen, der Intellekt könne nicht herrschen, sondern nur dienen, und er sei nicht wählerisch in der Wahl seines Herrn; der Intellekt sei gut für Mittel und Wege, aber
nicht für Werte und Ziele. Aber ein Wert, der sich seines Dieners nicht bedient, bewirkt nichts und stellt sich damit selber in Frage. Ein Beispiel für unzulänglichen Einsatz des
dienenden Intellekts ist die Behauptung, eine bestimmte
Ausgabe finanziere sich selbst, weil im Falle, daß sie unter-
bleibt, in der Zukunft ein weit größerer Finanzbedarf ent-
stünde. Freilich ist durch den Hinweis auf den künftigen Bedarf nicht nachgewiesen, daß das Geld da ist, um die Ausgabe zu finanzieren. Allenfalls kann dieser Gesichtspunkt bei
der Prioritätensetzung im Rahmen vorhandener Mittel eine
Rolle spielen.

32

Als eine Politik, die sich selber finanziert, wird auch eine
präventive Sozialpolitik empfohlen, da vorbeugen besser
und auch billiger sei als heilen. Das ist im Prinzip richtig. Insoweit ist eine gute Sozialpolitik vor allem eine gute Wirtschaftspolitik, da diese für Arbeitsplätze und für angemessene Bezahlung sorgt. Die Wirtschaftspolitik ist hier aber nicht
gemeint. Gedacht ist vielmehr an Hilfen für Gefährdete, die
bewirken sollen, daß diese nicht zu Sozialfällen werden.
Aber die Kosten dieser vorbeugenden Sozialpolitik müßten
zusätzlich zu denen der heilenden Sozialpolitik aufgebracht

werden; allenfalls könnte man hoffen, daß sich letztere im Laufe der Zeit vermindern. Es ist auch schwer, im Einzelfalle vorausdenkend festzustellen, wer zwar jetzt noch kein Sozialfall ist, dies aber künftig werden könnte, und diesem gezielt die präventive Sozialpolitik zugute kommen zu lassen. Bei besonderen Fallgruppen mag das möglich sein. Auf keinen Fall kann aber der Gedanke der präventiven Sozialpolitik dazu herhalten, unter der Devise »Vorbeugung« Geld auszugeben in der irrigen Meinung, es liege Rentierlichkeit vor. Es liegt auf der Hand, daß es die öffentliche Hand überforderte, wenn sie Reiche förderte, damit sie nicht arm, Gesunde, damit sie nicht krank, und Starke, damit sie nicht schwach werden.

33

Wie oben vordemonstriert ist die Wirtschafts- und Sozialpolitik ein besonders ergiebiger Aufenthaltsort von Denkfehlern und eine wahre Fundgrube von »Know-how-not«. Das zu erkennen ist in unserer Gegenwart besonders nützlich, in der die Wirtschaft immer mehr zur Weltwirtschaft wird und ihre Regeln weltweit gelten, was die wenig beachtete Folge hat, daß die Gesetzgebung eines einzelnen Staates sie nicht ändern kann. Die einzelnen Staaten können entweder diese Regeln akzeptieren oder als weltweite Wettbewerber ausscheiden, eine für ein rohstoffarmes und sozial fortgeschrittenes Land wie die Bundesrepublik sehr harte Alternative. Die Weltwirtschaft ist Marktwirtschaft, aber keine soziale oder ökologische Marktwirtschaft, sondern schlicht eine Wirtschaft, die dem Gesetz des Wettbewerbs folgt. Nach diesen Gesetzen gewinnt der bessere, bei gleicher Qualität der billigere Konkurrent. Wettbewerb ist das Darwinsche survival of the fittest. Europa, auch die Bundesrepublik, muß sich seinen sozialen und ökologischen Standard dadurch erkaufen, daß es auf dem Weltmarkt mit neueren und besseren Produkten und Diensten in Erscheinung tritt als die Konkurrenten.

34

Das ist eine klare, aber gar nicht so angenehme Botschaft aus der Welt des Möglichen. Zu Produktivitätssteigerungen zwingt der Wettbewerb. In wachsender Quantität und Qualität wird menschliche Kreativität investiert, um sie zu erreichen. Produktivitätssteigerung heißt mehr produzieren mit weniger Arbeitskräften. Inwieweit durch neue Produkte dieser Verlust von Arbeitsplätzen ausgeglichen und zusätzliche geschaffen werden können, vermag niemand vorauszusagen. Jedenfalls ist auch der internationale Wettbewerb zwar nur eine Methode, aber eine Methode, die im Begriffe ist, sich zum Selbstzweck zu erheben. Einen globalen, das Zusammenwirken aller Industriestaaten voraussetzenden Versuch, den Wettbewerb an dieser Karriere zu hindern und ihn zum Mittel im Dienste humaner und ökologischer Zwecke zu machen, wäre geboten. Er wäre angesichts der unterschiedlichen Interessen der in Konkurrenz stehenden Staaten schwer zu verwirklichen, aber ich würde ihn noch der Welt des Möglichen zuordnen.

35

Der Versuch, Realitäten und logische Zusammenhänge nicht zu akzeptieren und gegen diese eine Vorstellung von einer besseren künftigen Gesellschaft durchzusetzen, ist besonders eindrucksvoll in den kommunistischen Ländern gescheitert. Ich will mich nicht mit der Philosophie von Marx und Lenin befassen, ihrem utopischen Gehalt und der Neigung ihrer Gläubigen, zur Erreichung ihres erhabenen Zwecks fast jedes Mittel als gerechtfertigt anzusehen. In vielerlei Hinsicht ist der Kommunismus ein Aufstand des Unmöglichen gegen das Mögliche. Es genügt ein Hinweis auf die Innenpolitik der DDR. Der Zusammenbruch des Staatssozialismus der DDR erfolgte aus folgenden Gründen: Erstens: Diktatur der Theorie über die Praxis; Folge: Bürokratische Versteinerung. Zweitens: Initiative wurde nicht belohnt, sondern gefürchtet, denn Initiative braucht Freiheit. Folge:

Rückschrittlichkeit. Drittens: Es wurde versucht, gegen die Gesetze der Logik Politik zu machen, zum Beispiel Dienste, Leistungen und Waren zu Preisen abzugeben, die unter den Kosten lagen. Folge: Es stimmte nichts mehr, denn Adam Riese ist stärker als jede Ideologie. Viertens: Neues wurde geschaffen um den Preis der Vernachlässigung des alten, so im Wohnungsbau, im Straßenwesen, bei der Abwasserbeseitigung, in der Energieversorgung. Folge: Alles verfiel. Fünftens: Unangenehme Tatsachen wurden durch Verleugnung beiseitegedrängt, zum Beispiel die wachsende ökologische Verwüstung. Folge: Es wurde noch schlimmer. Sechstens: Der Mensch sollte sich der Politik anpassen und nicht die Politik dem Menschen. Folge: Die Zustände waren unmenschlich. Siebtens: Als man entdeckte, daß die Weichen falsch gestellt waren, versuchte man, diesen Mangel durch erhöhte Geschwindigkeit auszugleichen. Folge: Die Pleite kam plötzlich, fast über Nacht.

36

Eine Politik, die das Beste in der Welt des Möglichen bewirken will, muß sich auf die Suche nach der Wahrheit begeben. Bei dieser Suche hilft es, wenn beweisbare Unwahrheiten erkannt, genannt und ausgesondert werden. Das ist die schlichte Quintessenz meiner Betrachtungen. Wer die Wahrheit sucht, muß auch bereit sein, Meinungen zu ändern. Das fällt nicht leicht. Aber da das in den Naturwissenschaften und der Technik ständig gelingt (worauf deren Fortschritt beruht), ist es auch in der Politik möglich. Die Unwahrheit wird auch Lüge genannt. Der Mensch kann sich selber anlügen oder andere anlügen. Lügt er andere an, ist das die größere Sünde. Lügt er sich selber an, ist das die größere Dummheit.

Biographie
Manfred Rommel

Manfred Rommel wurde am 24.12.1928 in Stuttgart als Sohn des damaligen Hauptmanns und späteren Generalfeldmarschalls Erwin Rommel und dessen Ehefrau Lucie Maria geboren. Den verschiedenen Stationen der Laufbahn seines Vaters folgend, wuchs er in Dresden, Goslar, Potsdam, Wiener Neustadt und Ulm auf. Nach Verpflichtung zum Luftwaffenhelfer, Reichsarbeitsdienst und französischer Kriegsgefangenschaft, 1947 Abitur in Biberach/Riß und anschließend Studium der Rechtswissenschaften in Tübingen. Von 1956 bis 1970 bekleidete er verschiedene Ämter im Innenministerium und Staatsministerium Baden-Württemberg. 1971 wurde er zum Ministerialdirektor, 1972 zum Staatssekretär im Finanzministerium Baden-Württemberg ernannt. Seit 1975 ist Manfred Rommel Oberbürgermeister der Landeshauptstadt Stuttgart. In dieser Eigenschaft war er von 1977 bis 1995 abwechselnd Präsident bzw. Vizepräsident des Deutschen Städtetags. 1991 wurde er zum ersten Präsidenten des Gesamtdeutschen Städtetages nach der Wiedervereinigung gewählt.

Teil II

Giovanni Agnelli
Präsident der FIAT S.p.A.

GIOVANNI AGNELLI

Steigerung und Erhaltung der Wettbewerbsfähigkeit der europäischen Industrie

Die Steigerung und die Erhaltung der Wettbewerbsfähigkeit der europäischen Industrie ist mit der Umsetzung zweier bedeutender Ziele verknüpft: Integration und Zusammenarbeit. Diese beiden Zielsetzungen gilt es im europäischen Raum zu verfolgen, im jeweiligen Land sowie in der Organisation des industriellen Systems. Integration sieht eine aktive Beteiligung am Einigungsprozeß vor. Dies bietet auf der einen Seite Gelegenheit zur Entwicklung, bringt andererseits die große Verantwortung mit sich, an dieser Entwicklung mitzuwirken.

Zusammenarbeit ist nicht immer leicht zu verwirklichen. Das Bewußtsein, ein Gefühl der Zugehörigkeit zu einer großen Gemeinschaft schaffen zu müssen und dabei örtliche Besonderheiten zu wahren, kann Raum für Widerstände entstehen lassen. Man darf aber auch nicht vergessen, daß gerade die Dynamik der Konfrontation und Versöhnung von Allgemeinem und Besonderem, von gemeinsamen und unterschiedlichen Elementen einer Kultur Form verliehen hat, die von Europa aus in die Welt vorgedrungen ist und dabei zum Gut der Menschheit und zum Motor seines Fortschritts geworden ist. Wir müssen lernen, gemeinsam zu wachsen und Veränderungen wahrzunehmen: Herausforderungen des Moments anzunehmen, flexibel zu werden, auf Neuerungen zu setzen, zu riskieren. Denn nur so kommen wir voran. Sonst gehen wir zurück. Nur wenn wir unsere Wettbewerbsfähigkeit stärken, können wir über unseren Kontinent hinausschauen, werden wir zu Protagonisten in einem neuen Prozeß, dem der Globalisierung.

Gegenwärtig besteht in Europa die Gefahr der Uneinigkeit. Die Idee von einem einigen Wesen scheint eine greifbare Gefahr, an der sich nationale Egoismen wieder entzünden. Zu offensichtlich ist die europäische Unfähigkeit, der schweren Krisen auf eigenem Grund und Boden Herr zu werden, angefangen beim Krieg in Ex-Jugoslawien bis hin zu den krisenähnlichen Zuständen in vielen Ländern Osteuropas. Wir fragen uns daher, ob das vielgerühmte geeinte Europa nicht nur ein Traum von Geschäftsleuten und Banken ist.

Möglich wäre es. Wir sollten allerdings nicht außer Acht lassen, daß die Gemeinschaft gerade durch die Förderung der wirtschaftlichen Entwicklung, der Öffnung der Märkte der einzelnen Länder, der Niederlassungen und durch Investitionen seinen Bürgern immer Wohlstand und langanhaltenden Frieden gesichert hat.

Die steigende Arbeitslosigkeit, der Verlust der Stellung auf dem Weltmarkt, der Rückgang der gesamten Produktionskapazität zeigen, daß Europa die Grundlagen seiner Entwicklung und seiner Wettbewerbsfähigkeit dringend überdenken muß. Besonders die Automobilindustrie muß sich mit diesem Problem auseinandersetzen. Diese ist, gegenwärtig mit einem alleinigen Anteil von 9 Prozent an der Industrieproduktion der Gemeinschaft (ein Anteil, der höher ist als der jedes anderen Industriezweigs), von entscheidender wirtschaftlicher Bedeutung für unseren Kontinent. Sie ist Arbeitgeber von 2 Millionen Menschen in der Konstruktion und Produktion von Zubehör (über 8 Prozent der Beschäftigung in der Verarbeitung) und von weiteren 4–5 Millionen Menschen in den Bereichen Dienstleistung, Wartung, Vertrieb und Instandsetzung. Zur Schaffung eines echten europäischen Produktionssystems müssen wir jedoch noch einige Schritte nach vorn unternehmen. Wir müssen z. B. ein gesellschaftliches Gemeinrecht schaffen, das Investitionen und die Gründung von Niederlassungen in anderen Ländern erleichtert, sowie ein Steuersystem, das die Besteuerung der Einkommen von Unternehmen und der finanziellen Erträge in Einklang bringt. Europa sollte sich in diesem kritischen Moment auf dem Weg zu einer einheitlichen Währung positiv entscheiden.

Den Termin im Jahre 1999 noch einmal zu verschieben, könnte ein schwerer Fehler sein. Aber die Beschränkung auf einen zu kleinen harten Kern wäre für den Erhalt des europäischen Zusammenhalts nicht ausreichend. Theoretisch könnten zwei unterschiedliche Geschwindigkeiten einen Schritt nach vorn bedeuten, als Stimulus für die Länder außerhalb des harten Kerns, die anderen in einer möglichst kurzen Zeit einzuholen. Aber wenn eine solche Phase nicht sorgfältig gesteuert würde, könnten die außenstehenden Länder in einen negativen Strudel geraten, der sie vom Herzen Europas entfernt und sie somit auf wachsende Schwierigkeiten bei der eigenen wirtschaftlichen Sanierung stoßen. Es ist nicht klug, auf diese Weise der Überprüfung der Bedingungen, die über die Aufnahme in den »harten Kern« entscheiden, zu sehr vorzugreifen. Jedes einzelne Land soll sein Möglichstes tun, sich den Vorgaben von Maastricht bis zum Jahr 1999 so gut wie möglich anzunähern.

Und hier nun der Fall Italien. Italien ist, nach dem allgemeinen Gefühl der öffentlichen Meinung, das am meisten europäisierte Land. De facto, nach dem konkreten Verhalten, ist es am weitesten von Europa entfernt.

Man fragt sich also, ob es für Italien von Vorteil ist, an diesem Prozeß teilzunehmen und ob es für Europa vorteilhaft ist, daß Italien am gemeinsamen Zug angekoppelt bleibt. Mir scheint, daß es hinsichtlich unserer Vorteile keine Zweifel geben kann. Teil von Europa zu sein bedeutet, allen unseren Bürgern die Möglichkeit zu geben, Bürger des größten integrierten Systems der industrialisierten Welt zu sein. Wir dürfen die Rolle, die Europa bei der Unterstützung des wirtschaftlichen und sozialen Wandels unseres Landes bereits gespielt hat, nicht unterbewerten.

Zu einem entscheidenden Kapitel wurde Maastricht: Wie hart unsere Vorgaben auch sein mögen, sie haben gezeigt, daß sie funktionieren, indem sie uns drängten, Entscheidungen zu treffen, die unser politisches System autonom nicht hatte treffen können. Und Maastricht sowie dessen Herausforderungen der wirtschaftlichen Sanierung verdanken wir auch die Senkung der Inflation, die wichtige Einigung der sozialen Parteien hinsichtlich der Arbeitskosten sowie die bedeutende Verbesserung des Haushaltssaldos des Staates.

Was die Vorteile für Europa angeht, so bin ich überzeugt, daß sich auch die Europäer kein nordisches Europa vorstellen können ohne Italien: Weil dann, ich sage nicht, ein Markt, aber ein wesentlicher Beitrag an Kultur, Ideenreichtum, Phantasie, mediterranem Gefühl fehlen würde, grundlegende und eigenständige Bestandteile europäischer Kultur. Bleibt also die Tatsache, daß die effektive Integration unseres Landes nicht nur die Einhaltung finanzieller Vorgaben fordert, sondern auch jene Reformen, die unserer Wettbewerbsfähigkeit eine solide Grundlage geben und somit die Leistungsfähigkeit für die Weiterentwicklung. Vor allem müssen die Unternehmen von stabilen Anhaltspunkten ausgehen können, sei es die Finanzpolitik, sei es die Steuerpolitik, nach denen sie ihre Strategien richten und ihre Initiativen planen können. Viele Widersinnigkeiten unseres Steuersystems, das danach ausgerichtet ist, die Last für die Unternehmen zu vergrößern und vorwegzunehmen, müssen ausgeräumt werden, wie beispielsweise die Mechanismen der Regulierung und starken Einschränkung der Ermittlung von Instandhaltungskosten für ein Jahr, in dem Kosten für Sicherstellung der Produktion, Rückstellungen für die Tilgung von Krediten, Kosten für Repräsentanzen anfallen, von vielen Abgaben einmal abgesehen.

Als zweiter Punkt industrieller Politik muß die Arbeitslosigkeit überprüft werden: Diese muß flexibler, mobiler werden. Wir sehen, daß es in Italien noch heute Konfusion zwischen den Formen und dem Wesen des Arbeitsschutzes gibt: Es fällt schwer zu verstehen, daß man bei zu starker Betonung von ersteren letztendlich nur demjenigen schadet, den man schützen möchte. Nicht die Formen müssen geprüft werden, sondern das Wesen. Und das Wesen liegt meiner Meinung nach darin, eine möglichst große Zahl von Beschäftigten zu erhalten. Dies muß unser Ziel sein: Ganz bestimmt aus wirtschaftlichen Gründen, aber auch aus sozialen Erwägungen heraus, um zu vermeiden, daß einerseits durch ständigen Arbeitsplatzabbau riesige Randgruppen entstehen und andererseits fast unüberwindliche Hindernisse für die Beschäftigung junger Menschen geschaffen werden.

Ein Entwicklungsrückstand liegt in der Tatsache, daß die Arbeitsvermittlung von ungelernten Arbeitern durch Zeitarbeitsunternehmen nach unserer Rechtsprechung eine strafbare Handlung ist. Dies führt zu einer Bestrafung genau der Gruppe weniger qualifizierter Arbeiter, die geschützt werden sollte. Unklare Arbeitsverhältnisse sind überall in Italien illegale Praxis. Allein in der Lombardei sind, wie es aussieht, mindestens 300 000 Menschen betroffen. Hinzu kommt, daß die Neubetrachtung des Arbeitsmarktes, seiner Strukturen und der Rechte der Unternehmen kein rein italienisches Problem ist: Es ist ein Problem, das ganz Europa betrifft und für das Europa eine möglichst harmonische Lösung finden muß.

Überdies muß der »Wohlfahrtsstaat« als ein Eckpfeiler des sozialen Modells Europas überdacht werden. Die Rolle staatlicher Interventionen in die Wirtschaft muß gegenüber der Privatisierung von Industrie- und Dienstleistungsunternehmen verringert werden. Der Staat ist nicht mehr in der Lage, die sozialen Kosten zu tragen und ein Qualitätsminimum zu garantieren: Die Makroökonomie, die Teil eines nicht nur europäischen, sondern weltweiten Systems sein soll, stürzt die Erbringung staatlicher Dienstleistungen, die auf Kostendefiziten basieren, in eine Krise. Der Staat sieht sich heute gezwungen, seine Leistungen zu reduzieren, ein »trade-off« des Gemeinwohls wie Gesundheit, Renten, soziale Abschreibungen, Infrastruktur, Bildung, öffentliche Ordnung durchzuführen.

Europa – und besonders Italien – muß verstehen, daß es in seinem eigenen Interesse ist, das Gemeinwohl vom staatlichen Monopol zu trennen: Gefördert werden muß die Entwicklung realistischer Projekte, die »non governmental organisations«, die, wie in den Vereinigten Staaten, einen beachtlichen Teil der sozialen Dienstleistungen übernehmen, indem sie sich wie eine Zwischenstufe oder ein Filter zwischen Staat und Mensch stellen. Die Perspektive ist eine »wellfare society«, eine Gesellschaft, die in ihrer Zusammensetzung fähig ist, dem Gemeinwohl neue Wege aufzuzeigen, weniger passive, weniger verzweigte.

Die Industrie selbst muß sich schließlich in ihrem Innern nach Grundsätzen richten, die eine Beweglichkeit der Ressourcen beinhaltet sowie eine Überwindung der Starre. Wie bei allen Systemen basieren auch beim industriellen die eigene Kraft und die eigene Stärke auf einem Gleichgewicht, auf Harmonie und auf möglichst effizientem Zusammenwirken der eigenen unterschiedlichen Komponenten.

An dieser Stelle ist es angebracht, ein paar Worte über die Beziehungen zwischen den großen und kleinen Unternehmen zu sagen. In jüngster Zeit gab es wieder eine lebhafte Polemik darüber, daß kleine Unternehmen eher als große zu einer Weiterentwicklung beitragen. Es wurde offen gesagt, daß große Unternehmen ein Hindernis für die Entwicklung der kleinen darstellen. In den 80er Jahren hatte man die direkte Befürchtung, daß die globale Gestaltung der Märkte unausweichlich zu einer Verdrängung der kleineren Unternehmen geführt hätte.

Vor allem müssen wir die Tatsache berücksichtigen, daß die Großunternehmen, abgesehen davon, daß sie in bestimmten Bereichen unentbehrlich sind, ein wesentlicher Faktor bei der Verwendung finanzieller Mittel für die Einführung von Neuerungen sind.

Um das Beispiel FIAT zu nennen: 1993 haben wir 9000 Milliarden Lire in Anlagen, Forschung und Entwicklung investiert, das sind 16 Prozent unseres Umsatzes; Allein in der Forschung entsprechen unsere Ausgaben 10 Prozent des Gesamtaufwands von Italien. Darüber hinaus stellt ein Großunternehmen ein bedeutendes Laboratorium für die Entwicklung moderner Führungstechniken dar, eine »Fabrik« professioneller Kompetenzen und Managerqualitäten, die dann zur Belebung der Wirtschaft beitragen. Aber vor allem verstärkt das Großunternehmen, insbesondere im europäischen Bild, seine zentrale Rolle bei der Organisation eines Beziehungssystems mit anderen Unternehmen. Nun ist es aus der Wirtschaftsliteratur hinreichend bekannt, daß es nicht so sehr auf die Größe des Unternehmens ankommt, sondern vielmehr auf seine innovative Fähigkeit, die Fähigkeit ständig aufs Neue zu investieren. Diese sind die wahren Faktoren des Erfolgs.

Im Westen wächst man nicht »gegen« jemanden, man wächst gemeinsam, man wächst, weil man integriert ist, man wächst, weil man die unterschiedlichen Rollen einzelner zu würdigen weiß.

Dies ist auch in der Automobilindustrie so, in der das Gebot besonders für den erkennbar ist, der die Beziehungen zu den Zulieferfirmen beobachtet. Die Zulieferer – seien es nun große oder kleine Unternehmen – sind heute europäische und weltweite Spezialisten, mit denen man partnerschaftlich zusammenarbeitet, mit denen man gegenseitig Erfahrungen, Wissen und Know-how austauscht, was oft bis zur Planung der Produkte realisiert wird und, nach den Techniken des »just in time«, häufig auch »Colocation« einschließt. Sicherlich bringt all dies neue Herausforderungen mit sich, die einen großen Einsatz aller Beteiligten fordern. Aber auf diese Weise konnten viele kleinere Unternehmen ihre Wettbewerbsfähigkeit steigern und erhielten verstärkt Zugang zu internationalen Märkten.

Für FIAT hat die Geschäftsverbindung mit den Zulieferern heute fundamentale Bedeutung erlangt:

* sei es in bezug auf das Volumen, zu einem Zeitpunkt, da 70 Prozent der Bestandteile eines Kraftfahrzeugs von Fremdfirmen hergestellt werden;
* sei es in bezug auf das Know-how, da 55 Prozent seines Wertes Teile ausmachen, die gemeinsam in »codesign« entwickelt wurden;
* sei es, schließlich, in bezug auf »time to market«, das eben durch das »codesign« stark reduziert werden kann.

Sicherlich mußten wir eine strenge Auswahl der Besten treffen: Heute haben wir weniger als 400 Zulieferfirmen; 120 produzieren 90 Prozent der Teile, gegen etwa 800 im Jahre 1990; 88 Prozent garantieren uns exklusiv eine bestimmte Komponente.

Die gleiche Logik von Partnerschaft verbindet sodann die Großunternehmen mit den Vertriebsfirmen, die einerseits das letzte Glied einer Kette sind, die bis zum Kunden reicht, andererseits jedoch auch Sensoren, über die die mehr oder weniger bewußten Ansprüche des Kunden bis in das Herz des Unternehmens, die Produktion, gelangen. Zu diesem Zweck haben wir bei FIAT ein Programm der Bildung und Qualitätsverbesserung zusammengestellt, das für alle 50 000 Beschäftigten unserer Handelsorganisation in Europa von Bedeutung ist. Insgesamt gesehen, ist es unser Anliegen, eine Reihe ganz neuer Dienstleistungsarten zu schaffen, denn wir sind davon überzeugt, daß ein Kunde heute nicht mehr nur ein Kraftfahrzeug kaufen möchte, sondern auch einen Service, der ihn über die gesamte Lebensdauer des gekauften Produktes begleitet. Die Vielfältigkeit und die Qualität dieser Dienstleistungen haben eine Schlüsselfunktion bei der Zufriedenstellung des Kunden und genügen, um auf dem Markt zu bestehen, somit sehr hohen Ansprüchen. Die Harmonisierung der außerbetrieblichen Organisation ist ein wesentlicher Faktor bei der Erlangung einer besseren Qualität des Produkts. Sie wäre allerdings nicht ausreichend, wenn die Harmonisierung der internen Organisation nicht miteinbezogen würde.

FIAT hat auch in dieser Richtung etwas unternommen, und zwar mit Innovationen in einem besonders schwierigen Bereich: der Kultur der Menschen. Wir haben die Planungsmethode des »simultaneous engineering« entwickelt, bei der ein Team, das sich aus Spezialisten aller Bereiche – Marketing, Planung, Technologie, Einkauf – zusammensetzt, zusammenarbeitet, während sie früher getrennt tätig waren. Dies führte zu einer bedeutsamen Reduzierung des »time to market«. Mit der »integrierten Fabrik«, dessen bestes Beispiel der Standort Melfi in Italien ist, haben wir dann die Produktionsweise neu erfunden. Es handelt sich dabei um ein Organisationsmodell, das durch maximale Einbindung und maximale Verantwortung der Beschäftigten eine ständige Verbesserung der Produktion und Senkung der Kosten ermöglicht. Das Herzstück dieser neuen Unternehmensstruktur ist die Einheit Elementarer Technologien (*Unità Tecnologiche Elementari UTE)*, ein Team von 50–70 Personen, von denen jede für einen homogenen Prozeß oder ein bestimmtes Produkt verant-

wortlich ist. Im Rahmen ihres Aufgabengebietes sind sie unabhängig und haben Handlungsfreiheit; und alle sind gleichzeitig Produzenten und Kontrolleure der eigenen Arbeit. Damit ein solches Team funktionsfähig ist und die gesteckten
Ziele erreicht, bedarf es einer Beteiligung, die zweifellos auch
Änderungen der Entlohnungsmodalitäten, die stärker an die
Ergebnisse des Unternehmens gebunden sind, mit sich bringen. Investitionen, Innovationen in Qualität und Kultur der
Menschen sind für FIAT ein erfolgreiches Konzept.

Vor zwei Jahren steckten wir mitten in einer Krise des europäischen Marktes, die schwerste in der Nachkriegszeit, mit
einer Nachfrage, die im Durchschnitt um mehr als 16 Prozent
gefallen war, mit den Spitzenwerten von 25 Prozent in Spani-
en, 20,5 Prozent in Italien, mehr als 18 Prozent in Deutschland. Zur gleichen Zeit starteten wir eine große Reorganisation und ein intensives Investitionsprogramm zur Erneuerung unserer Produktion. Dieser Prozeß ist noch nicht
abgeschlossen. Wir haben unsere Pläne ausgeführt und ern-
ten heute die ersten Früchte.

FIAT Auto nimmt rapide wieder Positionen auf dem Markt
ein. Unsere Verkäufe wachsen schneller als die Gesamtnachfrage. Vor allem sind unsere Exporte in viele europäische
Staaten gestiegen: Jeweils um 30 Prozent mit Spitzenwerten
1994, von mehr als 80 Prozent in Spanien, 45 Prozent in
Frankreich, 32 Prozent in Großbritannien. Im ersten Quartal
1995 liegt unser europäischer Anteil bei 12,2 Prozent. Im
Jahr 1994 stieg der Umsatz von FIAT Auto um 32 Prozent,
heute bewegen wir uns etwa mit dem gleichen Rhythmus. Ein
Anstieg der Gesamtnachfrage zeigt sich augenblicklich weder
in Italien noch in Europa. Zweifellos sind wir vor allem durch
grundlegende Neuerungen des Unternehmens, wie ich sie
oben skizziert habe, wettbewerbsfähiger geworden, aber
zum Teil möglicherweise auch durch die Abwertung der Lira.

Ich möchte nun eine Betrachtung zum Zweck der Abwertung der Lira anstellen. Es heißt, daß diese eine wesentliche
Rolle bei der Verbesserung unserer Position auf dem Markt
gespielt hat; aber die Dinge liegen ein wenig anders. Die gesamte italienische Automobilindustrie – und mit ihr FIAT Au-

to – war lange Zeit, zwischen 1987 und 1992, mit einer weit
überbewerteten Lira gestraft, während sich die Kosten – im
Vergleich zu Herstellern in Ländern mit kontrollierter Inflation – in bestimmten Abständen verdoppelten, wenn nicht ver-
dreifachten. Im Herbst '92 hatte die plötzliche Angleichung
der Lira durch ihre Abwertung und den Austritt aus dem
EWS einen realistischeren und stabileren Wechselkurs geschaffen. Leider folgte dieser Angleichung eine letzte Phase
der Abwertung verbunden mit der schwierigen politischen
Übergangsphase, in der sich Italien zu diesem Zeitpunkt befand. Und die Lira befindet sich heute weit entfernt von dem,
was theoretisch – wenn man die »Grundpfeiler« der Wirtschaft betrachtet – ein vernünftiger Wechselkurs wäre. In bezug auf FIAT Auto muß man sagen, daß die Abwertung hinsichtlich des Volumens keine positiven Auswirkungen für uns
hatte: Tatsächlich haben wir gegenüber unseren Konkurrenten keine aggressive Preispolitik betrieben, weder in Europa
noch in Italien.

Die Wiedererlangung der Marktanteile (die uns die Rückkehr zum traditionellen Niveau von FIAT Auto erlaubt hat)
haben wir uns nicht mit einer »abgewerteten« Lira erkauft,
sondern mit dem »Wert« unserer Produktion, mit deren
Fähigkeit, den Qualitätsansprüchen der Verbraucher gerecht
zu werden. Die Ursache für den großen Erfolg des Punto –
mehr als eine Million Aufträge in 16 Monaten – ist die Tatsache, daß die Kunden seinen Wert in den Bereichen Ausstat-
tung, Komfort, Sicherheit, zudem Stil klar erkannt haben.

Ein weiterer wichtiger Grund für die Wende von FIAT Auto
ist unser großer Einsatz bei den Innovationen. In den 90er
Jahren haben wir 40 Tausend Milliarden Lire für Investitionen vorgesehen: Davon haben wir bereits 70 Prozent umgesetzt. Heute haben wir in Melfi den modernsten Standort in
Europa, der höchsten ökologischen Ansprüchen gerecht
wird: Augenblicklich produzieren wir dort mit 4100 Beschäftigten mehr als 1000 Fahrzeuge pro Tag. Bei voller Auslastung, wenn wir auch den »kleinen Lancia« dort produzieren,
werden dort 7000 Menschen arbeiten. In einem anderen
Werk in Pratola Serra sind die neuen 4- und 5-Zylinder-Mo-

toren für die Fahrzeuge der mittleren und gehobenen Klasse,
wie sie bereits in den Lancia »k« eingebaut werden, in Produktion gegangen.

Eine so umfangreiche Einführung von Neuheiten verleiht
der Steuerung unserer drei Marken, die jede einer genauen
Linie folgt, Substanz und Sichtbarkeit. Für den Alfa Romeo
heißt diese Linie »Sportlichkeit«, geprägt durch einen innovativen Stil, modernste Lösungen der Technik, kampflustiges
Fahrverhalten: Jedes dieser Merkmale findet man nicht nur
beim Coupé GTV oder Spider, sondern auch beim 145 oder
146. Beim Lancia hingegen setzen wir für einen ausgewählten Kundenkreis auf ein Höchstmaß an Eleganz, Komfort und
repräsentativem Aussehen von Fahrzeugen, die sich an die
Spitze einer bestimmten Klasse stellen, in der diese Marke
vertreten ist: Wie schon immer in seiner Geschichte, behält
der Lancia seine Vorreiterrolle bei den Innovationen. Die
Ausstrahlung des FIAT ist nach wie vor eher »allgemeiner«,
ausgelegt für das breite Publikum, das Stil verlangt, aber
auch Wendigkeit, repräsentatives Aussehen und gleichzeitig
auch Wirtschaftlichkeit, Komfort, aber auch Zweckmäßig-
keit. Ich muß hinzufügen, daß der Prozeß der Erweiterung
der einzelnen Klasse noch nicht abgeschlossen ist. Was den
Alfa betrifft, so sind wir in einer guten Position: In zwei Jahren werden eine neue Limousine und ein neuer Mittelklassewagen auf den Markt kommen, und diese Marke wird ein so
weitgefächertes und modernes Angebot bieten wie noch nie
in seiner Geschichte. Beim Lancia ist die Erweiterung des An-
gebots nach oben (mit dem »k«) bereits vollbracht und wird
Ende dieses Jahres, mit der Präsentation des Nachfolgers des
Y10, auch nach unten abgeschlossen. Für FIAT bilden die
»Zwillinge« Bravo und Brava ein wesentliches Kernstück –
revolutionäre Fahrzeuge, an Technik und Motorisierung
gänzlich neu. Unser kontinuierliches Streben, die Wettbewerbsfähigkeit durch Innovation, Kostensenkung und Erhöhung der Flexibilität zu steigern, hatte eine Beschleunigung unserer Entwicklung zur Folge.

Europa bleibt unser wichtigster Markt, aber wir können
nicht an den europäischen Grenzen halt machen. Wir müssen

unsere Präsenz in jenen Bereichen verstärken, die ein Maximum an Leistungsfähigkeit in der Entwicklung der Motorisierung bieten.

Schauen wir, was sich in den vergangenen fünf Jahren auf internationalem Niveau getan hat. Insgesamt gesehen ist die internationale Nachfrage konstant geblieben: 34 800 000 Fahrzeuge 1990; etwas weniger als 34 600 000 im Jahre 1994. Die Vereinigten Staaten haben in etwa ihren Anteil gehalten; der europäische Anteil dagegen sank merklich (von 15 auf 13,4 Millionen) und blieb mehr oder weniger auf seinem Niveau. Auch in Japan gab es eine konjunkturelle Verminderung um fast eine Million Fahrzeuge. Ein Wachstum ist in Lateinamerika zu verzeichnen, wo sich das Volumen fast verdoppelt hat, und in Asien (Japan ausgeschlossen), wo die Verkäufe um 52 Prozent zugenommen haben.

Diese Märkte werden in Zukunft eine bedeutende Rolle spielen. Folglich wird sich die Expansionsstrategie von FIAT Auto in den nächsten zehn Jahren in zwei Richtungen orientieren: Erstens gilt es, unsere Stellung auf dem europäischen Markt zu stärken. Zweitens wollen wir über unseren Kontinent hinauswachsen, nicht nur durch den Export unserer Produktion, soweit dies möglich ist, sondern auch durch Produktion vor Ort, in eigenen Niederlassungen oder Joint-ventures und durch die Vergabe von Lizenzen: Dies ist es, woran wir bei FIAT Auto gegenwärtig arbeiten. Man muß sagen, daß unsere Ausgangsposition sehr gut ist. 1990 haben wir außerhalb Europas 200 000 Fahrzeuge hergestellt; 1994 waren es fast 900 000. Wir haben einige Standorte: Polen, die Türkei, aber in erster Linie Brasilien. Diese wollen wir vervielfachen. Ein Schritt in diese Richtung ist beispielsweise eine Investition in Höhe von 600 Millionen Dollar, mit der wir in Argentinien ein neues Werk errichten, das neueste Technologie und Organisationsstrukturen, die für Melfi entwickelt worden waren, einführen wird. Darüber hinaus schauen wir mit großer Aufmerksamkeit auf den Mittelmeerraum (Marokko), Südafrika, mit besonderem Interesse auf Asien, und hier vor allem Indien und China.

Auf diesen neuen Märkten wollen wir einen Weg einschlagen, der sich von der traditionellen Vorgehensweise der Automobilhersteller unterscheidet. Wir werden keine Modelle anbieten, die auf den weiterentwickelten Märkten bereits der vorhergehenden Generation angehören. Wir werden unsere neueste und modernste Produktion anbieten: Also die gleichen Fahrzeuge, die wir für Europa produzieren, oder neue Fahrzeuge, die speziell für die neuen Märkte entwickelt wurden. Dies ist bei dem »178« der Fall, das erste »world car« von FIAT, eine Serie von Fahrzeugen mit Fließheck und Stufenheck, Station wagon, pickup, Lieferwagen. Dieses Fahrzeug geht Anfang 1996 in Brasilien in Produktion; Wir rechnen damit, Ende desselben Jahres mit seiner Produktion in Argentinien zu beginnen. Aber wir führen auch vielversprechende Verhandlungen über eine Produktion in anderen Ländern.

Wir möchten ein echtes und eigenständiges globales Produktions-Netzwerk errichten, unterteilt in verschiedene Stätten, angesiedelt in mehr als 10 Ländern auf drei Kontinenten. Wenn diese Projekte Form angenommen haben, wird die Geschäftstätigkeit von FIAT Auto noch besser verteilt sein als bisher: Etwa ein Drittel in Italien, ein Drittel in Europa und ein weiteres Drittel in der restlichen Welt. Wir sind davon überzeugt, daß eine solche Verteilung die größte Ausgewogenheit besitzt, um eine solide Perspektive für die Entwicklung des Konzerns zu gewährleisten. Wir denken, daß unser Konzept nicht individuell für uns angelegt ist. Die gesamte europäische Automobilindustrie wird ähnliche Initiativen – mit auf den jeweiligen Hersteller abgestimmten Interpretationen – ergreifen müssen. Abgesehen von Innovationen in Produkt und Technologie handelt es sich hier um eine »philosophische« Innovation, die auf diesem Sektor ein Überleben mit Profit ermöglichen wird. Sicherlich wird es nicht einfach werden. Wie auch in anderen Bereichen der Industrie, wird die Globalisierung der Märkte auch in der Automobilindustrie nicht zu einer Verringerung der Zahl der Konkurrenten führen; Eventuell werden neue und sehr aggressive hinzukommen, wie beispielsweise die Koreaner.

Abschließend möchte ich meine Meinung zum Ausdruck bringen, daß der Konzern eine rapide Wendung vollzogen hat, die in erster Linie durch Strategien bewirkt wurde, die Anfang der 90er Jahre eingeleitet wurden und die auf einer Reduktion des break even, auf Innovationen von Technik und Produkt, auf der Globalisierung beruhen. Solange diese positive Entwicklung anhält, rechnen wir damit, auch in nächster Zukunft erfolgreich auf Märkten operieren zu können, die immer schwieriger werden und von sehr harter Konkurrenz geprägt sind.

Biographie
Giovanni Agnelli

Er wurde am 12. März 1921 in Turin (Italien) geboren.

Er genoß eine klassische Erziehung am Gymnasium »Massimo d'Azeglio« in Turin und machte sein Examen in Rechtswissenschaften an der Universität von Turin.

Während des Zweiten Weltkrieges war er Kavallerie-Offizier bei den italienischen Expeditionsstreitkräften an der russischen Front, war in der »Lodi« Panzer-Aufklärungseinheit in Tunesien und in der »Legnano«-Division des italienischen Befreiungscorps. Für seinen Einsatz in Tunesien wurde er mit der Tapferkeits-Medaille ausgezeichnet.

Nach Kriegsende kam er als Vizepräsident zu Fiat. 1963 wurde er Vorstandsvorsitzender und 1966 Vorsitzender des Board of Directors.

Er ist Präsident des IFI (Istituto Finanziario Industriale – Industrie-Finanzinstitut), IFI International, der Giovanni Agnelli-Stiftung und des Verlags Editrice La Stampa S.p.A.

Er ist Mitglied des Verwaltungsrates von Eurofrance sowie Mitglied des Internationalen Beratungsausschusses der Chase Manhattan Bank, des atlantischen Beirates der Vereinigten Technologie-Gesellschaft, der Beratungsstelle von Petrofina.

Außerdem ist er Mitglied der Beratungsstelle von Bilderberg Meetings, der europäischen Industriellen-Konferenz, der internationalen Industrie-Konferenz von San Francisco, Vizepräsident der Gesellschaft für Währungseinheit in Europa, Mitglied des Beirates der Europäischen Bank für Wiederaufbau und Entwicklung, Ehrenpräsident des Rates für die Vereinigten Staaten und Italien.

Von Mai 1974 bis Juli 1976 war er Präsident der Confindustria, der Spitzenorganisation der italienischen Arbeitgeberverbände.

Im Juni 1991 wurde er zum Mitglied des italienischen Senats auf Lebenszeit ernannt.

Er ist außerdem Mitglied: bei der Jury für den Pritzker Architektur-Preis, beim Präsidentschaftsrat des Museums für Moderne Kunst in New York, ein korrespondierendes Mitglied der Akademie für politische Wissenschaften des Institut de France.

Edwin Lewis Artzt
Chairman of the Executive Committee of the
Board of Directors The Procter & Gamble
Company

EDWIN LEWIS ARTZT
Werben um die Verbraucher der Welt
Grundregeln des Erfolgs auf dem Weltmarkt

Die Globalisierung der Märkte wird wahrscheinlich mehr als alles andere das Tempo des wirtschaftlichen Wachstums im 21. Jahrhundert bestimmen. Unternehmen, die sich im Weltmaßstab nicht zu behaupten vermögen, werden sich immer weniger in der Lage sehen, auf lokaler Ebene zu konkurrieren. Und Regierungen, die den freien Handel mittels künstlicher Barrieren, eines unwirtlichen Investitionsklimas oder dem Wettbewerb zuwiderlaufender Binnensubventionen einschränken, begeben sich praktisch auf den Weg des sicheren Verfalls. Demzufolge wird die länderübergreifende ökonomische Entwicklung zu einem zunehmend wichtigeren Faktor sowohl im Wirtschaftswettbewerb als auch in der Gestaltung der staatlichen Politik.

Die Auswirkungen des globalen und multiregionalen Wettbewerbs sind bereits spürbar. Schätzungen der Konferenz der Vereinten Nationen zu Handel und Entwicklung zufolge, gibt es auf der Welt mindestens 37 000 transnationale oder globale Unternehmen. Zusammengenommen erbringen diese Firmen Jahresumsätze in Höhe von nahezu sechs Billionen US-Dollar. Das entspricht mehr als einem Viertel der weltweit in den Ländern verfügbaren Nationaleinkommen. Und sie investieren über zwei Billionen US-Dollar direkt in die Wirtschaften, in denen sie sich dem Wettbewerb stellen.

Das im Jahre 1837 in den Vereinigten Staaten von Amerika begründete Unternehmen P&G (The Procter & Gamble Company) gehört heute zu den 50 größten Produktionsfirmen der Welt. Das Unternehmen bringt mehr als 300 Marken auf den Markt, darunter die Waschmittel »Ariel« und »Tide«, die

Shampoos »Pantene Pro-V« und »Vidal Sassoon«, die Er-
zeugnisse der Frauenhygiene »Always« und »Whisper«, die
»Pampers«-Wegwerfwindeln, die Kosmetika »Oil of Olaz«,
»Max Factor« und »Ellen Betrix«, die Wäschepflegemittel
»Meister Proper«, »Lenor« und »Downy« sowie die Mittel ge-
gen Husten und Erkältungsvorbeugung »Vicks«.

Die Globalisierung seiner geschäftlichen Aktivitäten gehört
seit dem letzten Jahrzehnt zu den strategischen Hauptanliegen von P&G, und bei allem, was das Unternehmen heute
auch tut, hat es die gesamte Welt im Blick. Das beginnt bei
der Entwicklung und der Fertigung neuer Produkte und
reicht bis zur Promotion und Vermarktung neuer Markenartikel. Während der längsten Zeit seiner hundertachtundfünf-
zigjährigen Geschichte war P&G jedoch kein globales Unternehmen. Es war bestenfalls eine amerikanische Firma, die
bescheidene, doch wachsende Auslandsbeziehungen unter-
hielt.

Das Tempo der sich verändernden Weltsicht von P&G ist
symptomatisch dafür, wie stürmisch sich die ökonomische
Globalisierung vollzieht. Noch bis zum Jahre 1985 verfolgte
Procter & Gamble solide Aktivitäten in nur 26 Ländern. Davon handelte es sich bei der überwiegenden Mehrheit um die
vorrangigen Industriemärkte Europas und Japans. Innerhalb
von zehn Jahren und auf Grund einer Reihe von Akquisitionen und einer stürmischen geographischen Ausdehnung
konnte das Unternehmen seine Präsenz mehr als verdoppeln.
Es erstreckte seine internationalen Aktivitäten auf 57 Länder,
darunter solche Entwicklungsmärkte wie China, Brasilien
und Indien. Durch diese ausländischen Ableger bietet P&G
heute seine Markenartikel über vier Milliarden Verbrauchern
in mehr als 140 Ländern an. Mit seinen Jahresumsätzen, welche 33 Milliarden US-Dollar übersteigen, leistet P&G einen
bedeutsamen Beitrag für die Entwicklung lokaler und regionaler Wirtschaftssysteme rund um die Welt.

Und – das ist am wichtigsten – es gibt keinen Weg zurück.
P&G könnte einfach nicht konkurrenzfähig bleiben, vervollkommnete es nicht ständig seine Fähigkeit, sich im weltweiten Wettbewerb zu behaupten. Alle Hauptkonkurrenten des

Unternehmens sind in der Tat global oder betreiben ausge-
dehnte internationale Aktivitäten. Unilever, eine anglo-nie-
derländische Firma, ist ein Faktor auf praktisch jedem Markt
in der Welt. Die deutsche Gesellschaft Henkel ist in Europa
sehr stark. KAO hat eine führende Position in seinem Stamm-
land Japan und überall in Asien. Colgate und Kimberly Clark
reichen über die Vereinigten Staaten hinaus und nach Europa und Lateinamerika hinein. Und selbst lokale Erzeuger von
Markenartikeln, die sich einst noch nicht einmal mit Regionen, sondern mit einzelnen Märkten begnügten, expandieren
jetzt weit über ihre Stammhäuser hinaus. Für ein Unternehmen wie Procter & Gamble ist es darum zwingend geboten,
die Fähigkeit zu besitzen, Kopf an Kopf mit diesen Gesellschaften zu konkurrieren, wo immer diese ihre Wirtschaftsaktivitäten auch betreiben.

P&G sieht seine globalen Operationen als immer größeren
Bestandteil seines internationalen Geschäfts an. Das Unternehmen erwartet, daß in fünf Jahren, zum Anfang des 21.
Jahrhunderts, 60 Prozent seiner Gesamtumsätze aus internationalen Geschäftsabschlüssen resultieren, und daß knapp
zwei Drittel der Beschäftigten von P&G außerhalb der Vereinigten Staaten von Amerika leben und arbeiten werden. Infolgedessen werden sich die strategischen Beiträge der internationalen Operationen von P&G erhöhen. Und will man aus
diesen Beiträgen den größtmöglichen Nutzen ziehen, kommt
es für P&G darauf an, nahtlos und ohne Brüche wie eine
wirklich globale Organisation zu agieren.

Prinzipien für effektive Globalisierung

Ausgehend von der Bedeutung der Globalisierung für unser
Unternehmen und für Länder, in denen wir uns dem Wettbewerb stellen, möchte ich die Prinzipien erläutern, auf Grundlage derer sich Procter & Gamble in der Weltwirtschaft erfolgreich behauptet.

Jedes unserer Geschäfte ist einzigartig. Es geht ein auf bestimmte Verbraucherwünsche, welche je nach Kategorie und

von einem Land zum anderen variieren. Trotz dieser Unterschiedlichkeit haben wir begriffen, daß die gleichen Grundprinzipien auf eine erfolgreiche Globalisierung praktisch der gesamten Geschäftstätigkeit anwendbar sind:

- Bringe nach Möglichkeit Produkte auf den Markt, die eine Diskontinuität in dem bestehenden Wettbewerbsumfeld darstellen.
- Begreife die Bedürfnisse der Verbraucher eines jeden Marktes.
- Richte bewährte globale Erfolgsmodelle – einschließlich der Technologie, der Rohstoffquellen und der Marktstrategien – nach örtlichen Bedürfnissen aus.
- Verfolge weltweit reichende Strategien schneller als die Konkurrenz.
- Begründe wirkungsvolle Organisationen an Ort und Stelle, welche von einer globalen Planung geleitet werden.

Diese Prinzipien bilden die Grundlage für den globalen Erfolg von P&G. Vielleicht läßt sich ihre Wirkungsweise am besten darstellen, wenn wir uns eine der erfolgreichsten globalen Geschäftsaktivitäten von P&G, den 25-Milliarden-US-Dollar-Markt der Waschmittel, näher betrachten.

Das Fenster der Diskontinuität

Das komplizierteste Hindernis, welches dem Betreten neuer Märkte in neuen Ländern im Wege steht, ist nicht die Handelspolitik. Es ist eingefleischte Treue zu Markenartikeln. Die Verbraucher gehen nicht gern von ihren alten, liebgewordenen Artikeln zu neuen Produkten über. Das trifft insbesondere auf unbekannte ausländische Erzeugnisse zu.

Bringen technische Veränderungen einmal die Diskontinuität von bestimmten Produkten auf einen bewährten Markt, so kann es mit der Treue zu alten Markenartikeln rasch vorbei sein. Und während dieser Übergangszeit öffnet sich das Fenster der Chance dafür, daß neue Produkte unter einmalig günstigen Bedingungen in den Markt dringen können. Dies war der Fall mit dem Geschäftsprojekt Waschmittel von P&G Ende der achtziger Jahre.

Zahlreiche Beobachter halten Haushaltswaschmittel für ein ausgereiftes und etwas stagnierendes Geschäft. Die Erfahrungen von P&G sind anders. Jahrzehntelang haben wir gesehen, wie Innovationen diese Kategorie immer wieder neu definieren und zu Wachstum bei den Marktanteilen und den Marktgrößen führen. Dies hätte auf der Grundlage vergangener Trends nicht vorausgesehen werden können. Der Schlüssel lag stets in neuen Erzeugnissen, welche spürbar besser sind als jene, an die die Verbraucher bisher gewöhnt waren.

»Tide«, die größte Waschmittelmarke von Procter & Gamble in den Vereinigten Staaten, repräsentierte diese Art von Innovation, als der Artikel in den vierziger Jahren als erstes synthetisches Hochleistungswaschmittel eingeführt wurde. »Tide« reinigte die Wäsche weit besser als die Seifenprodukte, die es damals gab. Die Verbraucher stürzten sich auf das neue Mittel, und bald schaltete die gesamte Industrie von Seife auf synthetische Waschmittel um.

Unilever bahnte den Weg in die sechziger Jahre, als es das flüssige »Wisk« in den USA einführte. Den Verbrauchern gefiel die Möglichkeit der Vorbehandlung hartnäckiger Flecken mit »Wisk«. Trotzdem aber reinigten flüssige Mittel nicht so gut wie Pulver. Das Ergebnis war, daß flüssige Waschmittel bis in die achtziger Jahre kein größeres Marktsegment errangen, bis zu dem Tag, als die europäischen Forscher von P&G ein Flüssigprodukt erfanden, welches ebensogut wie Pulver wusch. Diese Innovation stellte eine merkliche Leistungsverbesserung dar und etablierte die P&G-Marken »Vizir« und »Ariel« als die führenden Erzeugnisse des Segments der flüssigen Waschmittel überall in Europa und »Liquid Tide« als die Marke Nummer eins in den USA.

In den späten achtziger Jahren kam es zu einem weiteren Durchbruch, der die Kategorie der Waschmittel erneut revolutionierte: Es erschien ein wirkungsvolles und hochkompaktes Waschmittel auf dem Plan.

Das Konzept eines Kompaktwaschmittels war nicht neu. P&G versuchte es in den Vereinigten Staaten während der fünfziger Jahre mit »Dash«. In den siebziger Jahren hatte KAO in Japan ein Kompaktprodukt eingeführt, und Unilever hatte ebenfalls eine Kompaktversion seiner Marke »ALL« in die USA gebracht. Die Verbraucher blieben jedoch skeptisch; denn die Kompaktprodukte erwiesen sich gegenüber traditionellen Waschmitteln in Großpackungen als minderwertiger.

Das änderte sich im Jahre 1987, als es KAO wiederum versuchte – diesmal mit einem Kompaktwaschmittel, welchem mehr Reinigungskraft als dem Konkurrenzerzeugnis in der Großpackung innewohnte. Die Verbraucher mochten das neue Produkt. Innerhalb nicht einmal eines Jahres gewann KAO einen nie dagewesenen Marktanteil von 30 Prozent, und es wurde offenbar, daß das neue Kompakterzeugnis den gesamten japanischen Waschmittelmarkt umgestalten würde.

Die Verbraucher waren von diesem neuen Erzeugnis begeistert; denn es bot die richtige Kombination von Vorteilen: Eine gute Waschleistung, einen Deckel, mit dem die Packung wieder verschlossen werden konnte, einen Löffel für die genaue Dosierung und eine Packung, die viermal kleiner war als die herkömmlichen Waschpulverschachteln. Damit war es leichter zu transportieren und viel leichter zu lagern und bot somit einen Hauptvorteil für Verbraucher mit beengtem Wohnraum.

Die Kompaktrevolution wies P&G in Japan auf eine Gelegenheit hin. Sie stellte eine Diskontinuität dar, und Diskontinuität öffnet ein »Fenster der Chance« für die Einführung neuer Marken. Zu jener Zeit war die einzige Waschmittelmarke von P&G auf dem japanischen Markt »Cheer«, welches einen bescheidenen Marktanteil von gerade zehn Prozent erobert hatte. Die Herausforderung für P&G bestand darin, ein ausreichend höherwertiges Erzeugnis als »Kaos Attack« hervorzubringen, um damit die Einführung einer bedeutenden neuen Marke zu rechtfertigen. Wir wußten, daß darin der einzige Weg bestand, um unseren unbefriedigenden zehnprozentigen Anteil am japanischen Waschmittelmarkt zur Marktführung zu verwandeln.

Die Forscher von P&G stellten sich der Herausforderung. Sie vervollkommneten eine Kompaktformel, welche jedem anderen Produkt auf dem japanischen Markt überlegen war, und das Unternehmen führte rasch eine neue Marke, »Ariel« genannt, ein, um damit die neue Technologie auf den Weg zu bringen. Wir wandten die Formel auch auf »Cheer« an.

Letztendlich schaltete der gesamte japanische Waschmittelmarkt auf Kompaktprodukte um, und das wirksamste Erzeugnis, »Ariel«, wurde zum Marktführer.

Dies war ein imposanter Umschwung für die relativ junge japanische Organisation von P&G. Im Erfolg in einem Lande allein aber bestand nicht unser Ziel. Wir wollten dieses Produkt auch anderswo einsetzen.

Globalisierung der Diskontinuität eines Produkts

Wie aus den Globalisierungsprinzipien von P&G hervorgeht, ist die weltweite Verbreitung eines diskoninuierenden Produkts nicht so einfach wie die bloße Wiederholung einer erfolgreichen Produkteinführung in einem Lande nach dem anderen. Die Bedürfnisse der Verbraucher sind von Land zu Land unterschiedlich. Darum ist es von so ausschlaggebender Bedeutung, die Konsumenten eines jeden Marktes zu verstehen und selbst die besten Ideen auf die lokalen und regionalen Unterschiede hin zuzuschneiden.

Was die Kompaktprodukte betrifft, so mußten wir auf drei Fragen Antworten finden, bevor wir die Erzeugnisformel wirkungsvoll globalisieren konnten.

Die erste Frage: Würden die Verbraucher in anderen Teilen der Welt dieselben Vorteile der Kompaktwaschmittel sehen, die die Japaner sahen? Ein Hauptvorteil war für die japanischen Konsumenten die kompakte Größe des Erzeugnisses. In Europa aber und in den Vereinigten Staaten, wo die Wohnmöglichkeiten weniger eingeengt sind, bestand eine geringere Wahrscheinlichkeit dafür, daß der Bonus der knapperen Größe in gleicher Weise ansprechend sein würde.

Dies bedeutete, daß das Produkt die Konsumenten vornehmlich kraft seiner Waschüberlegenheit gewinnen müßte, und das ließ die Absatzchancen weniger offensichtlich erscheinen.

Die nächste Frage bestand darin, ob eine einzige, weltweit angewandte Kompaktformel unterschiedlichen Verbraucherwünschen gerecht werden könnte. Die Gewohnheiten und die Bedingungen des Wäschewaschens gehen rund um die Welt weit auseinander. Diese reichen von den Bedingungen der Handwäscherei in Peru bis zu den hochtechnisierten Waschmaschinen mit »Kochwäsche«-Einstellung in Deutschland. Wir hatten in jahrelanger Arbeit Hunderte von Formeln und Formelpaketen entwickelt, und damit den unterschiedlichen Bedürfnissen zu entsprechen, und es war darum geboten, eine Standardformel den lokalen Verhältnissen anzupassen. Andernfalls hätten wir riskiert, Millionen treuer Verbraucher zu verlieren.

Die dritte Frage war, ob sich der Übergang zu Kompaktprodukten nachteilig auf die Produktions- und Absatzsysteme auswirken würde. Die Firma hatte Milliarden von Dollar in diese Systeme investiert und befand sich mitten in einer gewaltigen Umstrukturierung der Produktion, welche bedeutende Kostenvorteile versprach. Das Umschalten auf Kompaktprodukte würde Hunderte Millionen Dollar auf diese Investitionen aufschlagen und ein ohnehin schon kompliziertes Programm weiter erschweren. Zur Rechtfertigung dieser Mehrausgaben mußten wir sicher gehen, daß sich der Übergang zu Kompaktwaschmitteln relativ rasch finanziell auszahlen würde.

Dies waren bedeutende Hindernisse, doch es gab ebenso bedeutende Vorteile.

Was am schwersten wog: Kompakterzeugnisse beinhalteten eine Reihe von Vorteilen für die Verbraucher. Sie reinigten besser, sie waren in der Anwendung bequemer, sie waren umweltverträglicher und boten den Konsumenten einen höheren Wert.

Zweitens: Kompaktprodukte waren für die Einzelhändler attraktiv; denn dieser Kundenkreis erhoffte sich höhere Profitraten durch niedrigere Kosten für die Warenbewegung und eine bessere Auslastung der Lagermöglichkeiten.

Und drittens: Mit niedrigeren Kosten für Verpackung, Rohmaterial und Energie versprachen Kompaktprodukte eine kostengünstigere Herstellung.

Was für das Unternehmen bei konventionellen Waschmitteln auf dem Spiele stand, war gewaltig, und es gab in der Tat viel einzubüßen. Doch wir ließen uns vom Erfolg der Kompaktprodukte in Japan davon überzeugen, daß das Zeitalter der konventionellen Waschmittel zu Ende ging. Je länger wir warteten, desto größter würden unsere Verluste sein.

Europa

Die Expansion begann in Europa. Von Anfang an war es klar, daß das Produkt irgendwie so angelegt sein müßte, daß die europäischen Verbraucher es akzeptieren würden. Dies war notwendig; denn europäische Waschmaschinen unterscheiden sich von jenen, die in anderen Teilen der Welt im Gebrauch sind. Es handelt sich dabei um von der Vorderseite her zu beschickende Maschinen mit kleinen Schubladen für das Waschmittel im Oberteil. Unglücklicherweise erwiesen sich diese Schübe als anfällig. Hochkonzentrierte, körnige Waschmittel führten leicht zu Verstopfungen, und das stellte für die neuen Kompaktprodukte ein offensichtliches Problem dar.

Die Lösung zogen wir aus den mehrere Jahre zurückliegenden Lehren im Zusammenhang mit flüssigen Waschmitteln, nämlich die eingebaute Dosierungsvorrichtung der Waschmaschine mittels getrennter Dosierungsvorrichtungen zu umgehen. Den Packungen von sowohl »Ariel« als auch »Vizir« – zwei der erfolgreichsten europäischen Marken für flüssige Waschmittel von P&G – lagen Dosierungskugeln bei. Die Verbraucher füllten diese Spender mit flüssigem Waschmittel und gaben sie, zusammen mit der Wäsche, direkt in die Waschtrommel. Die Dosierungskugel war in ihrer Zeit eine glänzende Idee. Sie überwand ein schweres Dosierungsproblem von flüssigem Waschmittel bei Waschmaschinen älterer

Typen und setzte die Verbraucher in die Lage, die überragende Reinigungskraft von »Ariel« und »Vizir« zu erleben. Das Ergebnis: Marktführerschaft für P&G in der Kategorie flüssiger Waschmittel.

Und warum nun nicht die gleiche Art von Dosierungsgerät für Kompaktgranulat entwickeln und wiederum die Probleme der in die Waschmaschinen eingebauten Spender umgehen? Diese speziell umgeänderte Anwendungsmöglichkeit funktionierte. P&G führte weit vor der gesamten europäischen Konkurrenz Kompaktprodukte mit einem »Dosierbeutel« und einem Löffel für die genaue Bemessung der Dosierung ein. Infolgedessen konnten sich die Verbraucher von der nie dagewesenen Waschleistung der neuen Kompaktwaschmittel von P&G überzeugen; das Unternehmen stabilisierte seine Führungsrolle auf dem europäischen Waschmittelsektor und sicherte sich Anteile in praktisch jedem Land, in dem die neuen Erzeugnisse auf den Markt gebracht wurden.

Die Vereinigten Staaten

Rasches Handeln war nun angezeigt in dieser globalen Expansion; denn der größte Waschmittelmarkt von P&G war während der Ausdehnung der Aktivitäten in Japan und in Europa schutzlos liegengelassen worden. Zum Glück für uns betrieben weder KAO noch Henkel Waschmittelgeschäfte in den USA. Und Unilever, welches mit dem Übergang von »Ariel« als Kompaktprodukt in Europa überrumpelt worden war, erwies sich als noch langsamer als wir in unseren Bemühungen, uns des US-Marktes anzunehmen. Wir hatten Glück. Der US-Markt lag ungestört vor uns. In Zukunft aber werden wir uns ohne Zweifel schneller als bisher bewegen müssen, wenn es um die Diskontinuität von Produkten geht. In unserem Industriezweig ist sich jedermann voll bewußt, was sich im Zusammenhang mit Kompaktwaschmitteln ereignete.

Ohne mich entschuldigen zu wollen, möchte ich auf einige mildernde Faktoren innerhalb der US-Organisation hinweisen. Für P&G stand in den Vereinigten Staaten viel auf dem

Spiel. Mit acht namhaften Waschmittelmarken, einschließlich
»Tide« und »Cheer«, besaß P&G einen Anteil von 50 Prozent
vom Waschmittelmarkt der USA, verglichen mit 25 Prozent in
Europa und zehn Prozent in Japan. Und wenn nicht der Übergang des gesamten US-Marktes von konventionellen zu kom-
pakten Waschmitteln vollzogen werden könnte, würden wir
letztendlich vor einem komplexen und kostspieligen Wild-
wuchs von Produktarten stehen.

Die Tatsache, daß es ausgeschlossen war, die Produktion
einzustellen und alle Waschmittellinien von P&G in den USA
von heute auf morgen auf die neue Formel umzustellen, erschwerte den Prozeß weiterhin. Wir mußten die Umstellung
in den Griff bekommen und gleichzeitig unsere existierenden
Waschmittel liefern.

Um den Markt in die Richtung der Kompaktprodukte zu
lenken ohne die bestehende Geschäftätigkeit zu gefährden,
beschloß unser Management in den Vereinigten Staaten, eine
»kritische Masse« von vier Marken – »Tide«, »Cheer«, »Oxy-
dol« und »Gain« – auf einmal umzustellen. Gleichzeitig begann es im Interesse eines ausreichenden Lagerbestandes
mit der Umstellung der Produktionsstätten eine nach der anderen.

Es gab mehrere Wege zum Erfolg: Das Produkt mußte
rasch in die Lager; durch Werbemaßnahmen, mit denen 90
Prozent der Verbraucher in den ersten 90 Tagen zu erreichen
waren, mußte ein Verbraucherbewußtsein geschaffen werden; die Konsumenten mußten zum Probieren gewonnen und
dafür Muster bereitgehalten werden, mittels derer das Produkt auf schnellstem Wege in die Haushalte gelangte.

Die amerikanischen Konsumenten reagierten sehr positiv
auf die Kompaktprodukte. Innerhalb von 18 Monaten nach
der Einführung der Erzeugnisse setzte sich das Gesamtvolumen der Waschmittel von P&G auf dem amerikanischen
Markt zu 98 Prozent aus Kompaktprodukten zusammen.

Es herrschte eine lebhafte Konkurrenz. Unilever brachte
eine neue Marke, »Wisk Power Scoop«, mit ähnlichen Eigenschaften wie die Kompaktprodukte von P&G und stellte seine
anderen Marken nach Kompaktformeln um. Colgate führte

»Fresh Start« ein, und kleinere Hersteller von Markenartikeln begannen auf der Bildfläche zu erscheinen. Indem sich
P&G aber als erste Firma dem US-Markt zuwandte und die
Neueinführungen rasch und effektiv vornahm, baute das Unternehmen seine Führungsrolle in der amerikanischen 4-Mil-
liarden-Dollar-Kategorie der Waschmittel aus.

Der Griff nach dem Rest der Welt

Mit erfolgreichen Expansionen in Japan, Europa und den
USA begann P&G in anderen Teilen der Welt vorzudringen:
Lateinamerika, Indien, China, Osteuropa. Bis 1994 war das
Waschmittelvolumen von P&G weltweit auf Kompaktproduk-
te umgestellt worden und hatte sich zu einem fast 4 Milliar-
den US-Dollar betragenden Geschäft entwickelt.

Es folgten weitere Innovationen – kompakte Flüssigwasch-
mittel, farbschützende Technologien, vervollkommnete Fleck-
entfernungstechnologien. Und zum Zeitpunkt, da dies nieder-
geschrieben wird, kommen zehn neue Technologien mit nie
vorher erreichter Fleckentfernungs- und Reinigungskraft hinzu. Das jüngste Produkt wurde in Europa erstmals als »Ariel
Futur« eingeführt und wird jetzt überall in der Welt angeboten.

Das Bemerkenswerte an dieser Geschichte ist, daß die globale Organisation von P&G einen peinlichen und fast kata-
strophalen Erstschlag eines Konkurrenten in Japan in einen
weltweiten Erfolg verwandelte. Dies gelang P&G, indem es
aus den Möglichkeiten, die einer Produktdiskontinuität auf einem ausgereiften Markt innewohnen, Kapital schlug. Heute
verkauft keine andere Gesellschaft so viele Waschmittel an so
viele Verbraucher in so vielen Ländern wie Procter & Gamble.

Lehren der erfolgreichen Globalisierung

Was lehrt uns dieses Beispiel? Unternehmen, die sich dem
globalen Wettbewerb stellen, können aus der Erfahrung von
P&G vier Lehren ziehen.

1. Eine Produktdiskontinuität braucht man nicht zu erfinden, um damit zu gewinnen.
Wir sind mit neuen Produkten gern die ersten, und gewöhnlich schaffen wir das auch. Es gelingt jedoch keiner einzigen Firma, den Markt mit guten Ideen in den Griff zu bekommen. Ein Mensch erfindet den Motorflug, doch ein anderer läßt das Flugzeug Wirklichkeit werden. Es kommt darauf an, zuerst da zu sein mit der in der richtigen Weise kommerziell auszubeutenden Idee im Zusammenhang mit einem diskontinuierenden Produkt. Es kommt nicht darauf an, wer den ersten Sprung wagte.

2. Die falsche Vorgehensweise kann eine großartige Idee abtöten, und die richtige Vorgehensweise kann sie zu Leben erwecken.
Jeder größere Hersteller hatte über die Jahre ein Waschmittel aus Kompaktprodukt herausgebracht – und alle versagten, weil sie nicht in der rechten Weise vorgingen. Ich will mich nicht auf technische Erklärungen einlassen, aber es ist nunmehr eine historische Tatsache, daß erfolgreiches Vorgehen zu einem Erzeugnis führt, welches die Verbraucher für merklich besser halten, als das, welches sie bisher benutzten.

3. Globalisierung ist ein Balanceakt.
Man muß sowohl über eine Produktionstechnologie als auch eine Wirkung auf die Konsumenten verfügen, um überall anzukommen. Doch alles kann man nicht standardisieren. P&G balancierte zwischen der Konzentration seiner Organisation auf das, was die Verbraucher eint – die Notwendigkeit eines Produkts mit überlegenen Eigenschaften zu einem vernünftigen Preis –, und auf die Unterschiedlichkeit, um in der Lage zu sein, auf individuelle Verbraucherwünsche einzugehen – von der Spenderkugel als Dosierungsgerät in Europa bis zu Versionen des Produkts für die Handwäsche in Indien.

4. Geschwindigkeit ist entscheidend.
Nach Japan war P&G das erste Unternehmen, welches Kompaktprodukte in jedem wichtigen Land der Welt auf den

Markt brachte. Zum Teil war da Glück im Spiel. In erster Linie aber lag der Erfolg darin begründet, daß P&G über einen globalen Strategieplan verfügte, der darauf abzielte, die Konkurrenz überall auf den Märkten aus dem Felde zu schlagen. Ohne einen solchen Plan und ohne ein solches Ziel kann die Globalisierung für jedes Unternehmen zu einem langwierigen Prozeß werden.

Diese Prinzipien bilden die Grundlage für eine effektive Globalstrategie. Sie werden im kommenden Jahrhundert, in einem Zeitalter, da die geographischen Trennlinien immer schwächer hervortreten, an Bedeutung gewinnen.

Herausforderungen der Globalisierung

Die ökonomische Globalisierung wird den Konkurrenzdruck, dem die Unternehmen wie die Länder ausgesetzt sind, verstärken. Die Führungskräfte der Wirtschaft und der Politik könnten sich versucht sehen, nach protektionistischen Maßnahmen als Mittel gegen diesen Druck zu greifen. Dem müssen wir jedoch widerstehen. Wir müssen unsere Kräfte einen, um den freien Handel in der ganzen Welt zu befördern. Dies ist auf lange Sicht der einzige Weg, von dem wir erhoffen können, daß er uns die ökonomischen Herausforderungen des 21. Jahrhunderts bestehen läßt.

Es wurden in den letzten Jahren große Fortschritte bei der Beseitigung der Handelsschranken erzielt: Die Ratifizierung des Allgemeinen Zoll- und Handelsabkommens (GATT) sowie des Nordamerikanischen Freihandelsabkommens, die andauernde Schaffung eines einheitlichen europäischen Marktes, die Verhandlungen über regionale Handelsabkommen in Asien und Lateinamerika.

Dies sind wichtige Errungenschaften. Sie werden die weltweite Entwicklung wirtschaftlicher Aktivitäten, die Entwicklung unterentwickelter Märkte und die Expansion lokaler und regionaler Wirtschaften ermöglichen. Die Welt hat sich selbst ein Fenster der wirtschaftlichen Chancen geöffnet. Wir sind dafür verantwortlich, dafür zu sorgen, daß es sich nicht schließt.

Biographie
Edwin Lewis Artzt

Edwin L. Artzt wurde im Januar 1990 Chairman of the Board and Chief Executive von Procter & Gamble. Unter der Führung von Artzt stiegen die Umsätze des Unternehmens von 21 Milliarden US-Dollar 1988/89 auf fast 32 Milliarden US-Dollar während des letzten zwölfmonatigen Berichtszeitraumes, dem Kalenderjahr 1994. In der gleichen Periode haben sich die Gewinne mehr als verdoppelt. Sie wuchsen von 1,2 Milliarden US-Dollar auf 2,43 Milliarden US-Dollar. Die Aktiengewinne pro Stammaktie stiegen von 1,78 auf 3,40 US-Dollar.

In der Zeit der durch Artzt ausgeübten Führungtätigkeit haben sich die Gewinne von Procter & Gamble mit einer Wachstumsrate von 14 Prozent erhöht. Die Wachstumsrate der Realerträge (ausschließlich der Inflation) betrug 10 Prozent und damit mehr als das Doppelte des historischen Durchschnitts des Unternehmens.

Die Wachstumsrate der Erträge des Unternehmens spiegelt sich auch wider im Wachstum des Kapitalmarktwertes und der Aktienpreise von P&G. In der Zeit, seit Artzt Chief Executive ist, ist der Kapitalmarktwert von Procter & Gamble von 24,3 Milliarden US-Dollar auf 46,1 Milliarden US-Dollar angestiegen. Das ist eine Zunahme um 22 Milliarden US-Dollar. Der Preis der P&G-Stammaktien ist nach dem Splitting des Aktienkapitals und entsprechenden Angleichungen im Mai 1992 von $35^1/_8$ US-Dollar auf $67^1/_4$ US-Dollar angestiegen.

Im Verlaufe der Ausübung seiner Position als Chief Executive hat Artzt sich vornehmlich auf den Innovationsfluß, die Verbesserung der Effizienz der Produktion, die Erschließung der Weltmärkte und den Ausbau der Organisation konzentriert. Im Ergebnis dessen bieten die Marken von P&G den

Verbrauchern einen höheren Wert, und das Unternehmen ist
schlanker, schneller beweglich und im Weltmaßstab konkurrenzfähiger geworden.

Unter der Führung von Artzt

- hat P&G in buchstäblich jeder Kategorie neue Erzeugnisse
  und Produktreihen, einschließlich »Pentene Pro-V«-
  Haarpflegemittel, »ColorGuard«-Waschmittel sowie neue
  weichere und kräftigere Papierprodukte, wie »Charmin Ul-
  tra« und »Extra-Durable Bounty« eingeführt. Zu den neu-
  en Marken gehören »Aleve«, »Olay Bar«, »Olay Body
  Wash« und »Crest Complete«. »Pantene« ist zum führenden Haarpflegemittel der Welt geworden; »Always/Whis-
  per« ist in der Welt die Nummer 1 der Frauenhygiene, und
  »Ariel« hat seine Marktführerschaft in Europa ausgebaut;
- P&G hat umfassende Maßnahmen eingeleitet, um den Wert
  seiner Erzeugnisse den Verbrauchern gegenüber zu erhöhen
  und seine Wettbewerbsfähigkeit zu stärken. Dazu gehören:
- Weitreichende Maßnahmen im Sinne der Preisgestaltung
  von P&G-Erzeugnissen, welche eine radikale Überarbeitung der Promotionsprogramme und der Praktiken des Unternehmens beinhalteten.
- Einführung neuer und effizienterer Systeme der Logistik
  als Bestandteil eines das gesamte Unternehmen erfassen-
  den Maßnahmenkatalogs zur Beseitigung von Kosten, die
  sich nicht auf den Wert auswirken.
- 1993 angekündigte weltweite organisatorische Umstruktu-
  rierungsmaßnahmen und Fertigungsstabilisierung, um die
  Kosten zu reduzieren und die Produktionsabläufe zu rationalisieren. Diese Anstrengungen zur Umstrukturierung
  werden 1995/96 Nettoeinsparungen von 500 Millionen US-
  Dollar erbringen, und ein Drittel davon konnte allein im ersten Jahr erzielt werden.
- P&G hat seine Geschäftstätigkeit auf zehn neue Länder
  ausgedehnt, einschließlich Argentinien und die Staaten
  Osteuropas. Gegenüber Brasilien, China und Indien wurden die Geschäftstätigkeiten aktiviert. P&G hat 21 Akquisitionen durchgeführt; dazu gehören Max Factor, Betrix und

Giorgio Beverly Hills. Das bietet P&G in der weltweiten
Kosmetik- und Duftstoffbranche, welche 25 Milliarden US-
Dollar repräsentiert, beträchtlich mehr Betätigungsraum.
Auch auf dem Sektor von Papiertüchern und Papiergewe-
ben hat sich P&G durch den Erwerb von VP Schickedanz in
Europa zum ersten Mal seit 1994 auf den Raum außerhalb
Nordamerikas ausgedehnt.
– Mit der Entwicklung des P&G-College und neuer Berufs-
planungs und -bildungssysteme ist die Organisation gestärkt worden. Artzt ist Vorreiter für die Idee der Flexibilität des Arbeitsplatzes. Im September 1994 erhielt P&G
den Preis »Opportunity 2000« vom Arbeitsministerium.
Das ist der von der US-Regierung vergebene höchste Preis
für Gleichberechtigung am Arbeitsplatz. Im Januar 1995
wurde Artzt mit dem Preis »Martin-Luther-King-Salut an
die Großartigkeit« geehrt.

Als gebürtiger New Yorker graduierte Artzt 1951 an der Universität Oregon. Er trat 1953 in die Werbeabteilung von Procter & Gamble ein und stieg im Jahre 1965 zum Werbe-
manager Papier auf. 1968 wurde er Manager Nahrungsgüter,
und 1969 wurde er zum Vizepräsidenten dieser Sparte gewählt. 1970 übernahm er die Verantwortlichkeit für den Kaffee und wurde danach im selben Jahre zum Vizepräsidenten
und Geschäftsführer der Gruppe gewählt. Ihm unterstanden
die Nahrungsmittel, Kaffee und, bald darauf, Körperpflege-
mittel.
Artzt arbeitete von 1972 bis 1975 im Vorstand des Unternehmens und ging dann nach Brüssel, um die Verantwortung
für die Europa-Aktivitäten von P&G von 1975 bis 1980 zu
übernehmen. Im Jahre 1980, nach der Rückkehr in die Vereinigten Staaten, wurde er in den Vorstand als Executive Vice
President mit der Gesamtverantwortlichkeit für die internationale Geschäftätigkeit des Unternehmens wiedergewählt.
1984 wurde er zum Vice Chairman of the Board and President von Procter & Gamble International ernannt.
Artzt hat seine hohen Führungsqualitäten auch in Wirtschaftsaktivitäten außerhalb von P&G eingebracht. Er ist Di-

rektor im Aufsichtsrat von American Express, Delta Airlines, GTE Corporation und Teradyne.

Er ist ebenfalls ein einflußreicher Fürsprecher des Welthandels. Insbesondere setzt er sich mit Nachdruck ein für die Unterstützung des Nordamerikanischen Freihandelsabkommens und das Allgemeine Zoll- und Handelsabkommen (GATT). Außerdem ist er Mitglied des Beraterausschusses Präsident Clintons zu Handelspolitik und Wirtschaftsverhandlungen.

Auf dem Gebiet der Wirtschaft und der Regierung hat er im Vorstand des Wirtschaftsausschusses von Cincinnati (Cincinnati Business Committee) und im Treuhändervorstand des Kunstinstituts von Cincinnati (Cincinnati Institute of Fine Arts) gearbeitet. Er übt eine Funktion aus bei den Lebensmittelproduzenten von Amerika und ist Mitglied des Vorstandes des Wirtschaftsausschusses.

Weiterhin ist er Mitglied von: The Business Round Table (Runder Tisch der Wirtschaft), dem Emergency Committee for American Trade (Notstandskomitee des amerikanischen Handels), dem Direktorium des American Enterprise Institute for Public Policy Research – AEI – (Institut amerikanischer Unternehmen zur Erforschung von Fragen der staatlichen Politik), dem American Institute for Contemporary German Studies – AICGS – (Amerikanisches Institut für zeitgenössische deutsche Studien), dem Treuhandvorstand des Committee for Economic Development (Ausschuß für wirtschaftliche Entwicklung), dem Board of Overseers of the Executive Council on Foreign Diplomats (Aufsichtführender Vorstand des Exekutivrates Ausländische Diplomaten), Internationaler Berater des Center for Strategic and International Studies – CSIS – (Zentrum für strategische und internationale Studien), und Mitglied des Council on Foreign Relations (Rat für Auslandsbeziehungen).

Artzt ist ein Verfechter der wirtschaftlichen Ausbildung. Er gehört zum Vorstand der Inspektoren der Anderson Graduate School of Management UCLA, zum Gouverneursvorstand des Joseph H. Lauder Institute of Management and International Studies (The Wharton School and the School of Arts and Sciences), und er ist Mitglied des Aufsichtführenden Vorstandes der Wharton School, Mitglied des Internationalen Beraterausschusses des Babson College, Mitglied des Konsultativrates der Emory Business School, und Mitglied des Treuhänderischen Stiftungsvorstandes der Universität Oregon.

Auf dem Gebiet des Gesundheitswesens ist er im Vorstand der Stiftung Junge Diabetiker tätig.

Außerdem ist Artzt Mitglied folgender Institutionen: Queen City Club, Commercial Club und Camargo Club.

Artzt wurde am 15. April 1930 geboren. Im Jahre 1950 heiratete er Ruth Martin, und sie haben fünf Kinder: Wendy, Karen, William, Laura und Elizabeth.

Werner M. Bahlsen
Sprecher der Unternehmensleitung der
Bahlsen KG

WERNER M. BAHLSEN

Familienunternehmen –
Die Herausforderung von Kontinuität und Wandel

1. Epochen der Pionierunternehmer

Wenn wir die letzten 100 Jahre unserer Wirtschafts- und Industriegeschichte aus der Helikoptersicht überblicken, so lassen sich zwei Zeitabschnitte erkennen, in denen der Erfindergeist und der unternehmerische Wagemut Einzelner das gesellschaftliche Bild ihrer Epoche besonders geprägt haben: die Jahre zwischen 1880 und 1910, deren erste Hälfte – nomen est omen – als Gründerzeit bekannt ist, und die beiden Jahrzehnte zwischen 1945 und 1965, in denen ein zerstörtes und geteiltes Deutschland das vielzitierte Wirtschaftswunder vollbrachte und sich quasi aus dem Nichts heraus zu einer der führenden Industrie- und Wirtschaftsmächte der Welt entwickelte. Die Zeit dazwischen war geprägt durch zwei von Deutschland ausgehenden Weltkriegen, einem Jahrzehnt der geistig-kulturellen Hochblüte – die 20er Jahre – und des geistigen Niedergangs – die Jahre des Nationalsozialismus.

In den Gründerjahren entstand aus den allerkleinsten Anfängen eines Ladengeschäfts, einer Familienwerkstatt oder einer Zwei-Personen-Partnerschaft eine Vielzahl von Unternehmen, die heute als Aktiengesellschaft Weltruhm besitzen. Als Beispiele seien die Kapitalgesellschaften Bosch (1886), Daimler-Benz (1890) und Nestle (1905) genannt.

Einige dieser Unternehmen sind heute noch als Familienunternehmen erhalten geblieben: Bahlsen (1889), Dr. Oetker (1891), Miele (1899). Viele der klingenden Namen haben als Unternehmerfamilien deutsche Wirtschafts- und Sozialgeschichte geschrieben, weil sie es einerseits verstanden haben, Kontinuität und Wandel ihrer Unternehmen über mehrere Generationen zu meistern oder in ihren Unternehmen vor dem 1. Weltkrieg eine vorbildhafte Sozialpolitik einzuführen, die erst nach dem 2. Weltkrieg allgemeine gesetzliche Grundlage wurde (Bosch, Rathenau, Krupp). Nicht zu verschweigen jene Unternehmer, deren Förderung von Kunst und Wissenschaft dafür gesorgt haben, daß Deutschland sein Ansehen als abendländische Kulturnation in der ersten Hälfte dieses Jahrhunderts nicht verloren hat (Karl Sprengel, Walter Rathenau, Robert Bosch, Philip Reemtsma, Eduard Freiherr von der Heydt).

Die Zeit von 1945 bis 1965 ist neben dem Wiederaufbau zerstörter Unternehmen durch ein vergleichsweise rasantes Pionierschaffen gekennzeichnet. Als Beispiel für viele: der 1980 verstorbene Unternehmer Heinz Breuninger begann 1946 aus den Trümmern seines Kaufhauses mit einer Bauchladen-Lizenz der amerikanischen Besatzungsbehörde den Wiederaufbau seines in der Branche noch heute führenden Unternehmens. Viele Pioniere, Erfinder und Unternehmer begannen wiederum aus allerkleinsten Anfängen mit Ausdauer, Fleiß und Risikobereitschaft, die Fundamente ihrer Firmen zu legen. Auch hier ein Beispiel für viele: der mit über 5000 Patenten erfindungsreichste deutsche Unternehmer Artur Fischer hatte nach mühseligem Ablaufen der Besatzungsbehörden endlich eine Betriebserlaubnis erhalten und begann in seinem württembergischen Heimatort in einer Wellblechgarage. Heute blühen mehr als eine Gemeinde von dem Steueraufkommen und der Wirtschaftskraft der Fischerwerke. Stellvertretend für viele der Nachkriegsunternehmer stehen die Namen Max Grundig, Josef Neckermann, Heinz Nixdorf.

Mit anderen Worten: Nicht etwa die großen anonymen Aktiengesellschaften unter der Leitung von angestellten Managern, sondern die Unternehmer der Familien- und Mittelstandsbetriebe waren die Architekten des Aufschwungs in der Zeit des nahezu ungebremsten Wirtschaftswachstums bis zum Beginn der 70er Jahre. Ihr Handeln war vor allem getragen von einem starken Willen zum Erfolg, von hoher Risikobereitschaft, starkem persönlichen Einsatz und robuster Durchsetzungskraft. Die meisten Unternehmer führten allein, entschieden vieles selbst und konnten schlecht delegieren. Mit ruhe- und rastloser Energie trieben sie ihre Unter-

nehmen voran und taten in jenen Jahren das einzig Richtige:
Sie befriedigten die ungesättigte Nachfrage der Märkte. Es
waren eigenwillige Persönlichkeiten, die von ihren Mitarbeitern geachtet, oft bewundert und manchmal auch gefürchtet
waren. Aber ihre Blütezeit war die Phase des Aufbaus und
ungebremsten Wachstums. Als der Club of Rome mit den
»Grenzen des Wachstums« 1972 zum ersten Mal warnend
seine Stimme erhob und als nur ein Jahr später als bestäti-
gende Antwort die erste Ölkrise ausbrach, war das rasche
Ende einer Pioniergeneration eingeläutet, denn nun begann
eine Zeit des Umbruchs, die offensichtlich mit dem bisherigen
Führungsstil nicht zu bewältigen war.

2. Krise und Umbruch in den siebziger und achtziger Jahren

Zwischen 1975 und 1985 vollzog sich ein dramatischer
Wechsel, der für die Familienunternehmen durch mehrere
Ereignisse gekennzeichnet war:

- die Väter- und Pioniergeneration hatte ihre natürliche Al-
  tersgrenze erreicht und trat ab
- eine umfassende Sättigung der Nachfrage führte von
  Wachstumsmärkten zu stagnierenden Märkten mit einem
  harten Verdrängungswettbewerb
- die großen und finanzstarken inter- und multinationalen
  Unternehmen begannen ihre Stellung am Markt auszubau-
  en, indem sie die kleineren Konkurrenten aufkauften
- eine neue Generation mit anderen Wertvorstellungen trat
  in die Unternehmen ein. Sie ließ sich nicht mehr nach Be-
  fehl und Gehorsam führen und rief nach einem anderen
  Führungsstil. Die in den 70er Jahren in – sprichwörtlich –
  allen Unternehmen entstandenen »Führungsleitlinien«
  sind Ausdruck dafür.

Das Zusammenspiel dieser Faktoren führte dazu, daß die alten Führer mit der neuen Situation nicht mehr klarkamen

und daß viele auf Familienkapital basierende Unternehmen in Bedrängnis gerieten und mehrheitlich in fremde Hände übergingen. Dornier, Grundig, Horten, Neckermann, Nixdorf stehen beispielhaft für viele andere mit gleichem Schicksal. Dem zeitlichen Zusammentreffen des Generationenwechsels mit dem Übergang zum Verdrängungswettbewerb läßt sich jedoch auch eine positive Seite abgewinnen: Die neuen Marktbedingungen erforderten neue Analyse- und Führungsinstrumente, veränderte Marktstrategien und Investitionsüberlegungen sowie Konsolidierungs- und Entwicklungsmaßnahmen, die dem Handeln der Entrepreneure der ersten Stunde nicht lagen. Im Verdrängungswettbewerb wird nach anderen Regeln gespielt als in Wachstumsmärkten. So war es für viele Unternehmen ein glückliches Zusammentreffen zweier Ereignisse und durch das Auftreten einer neuen Führungsgeneration wurde »Schlimmeres« verhindert. Die Geschichte von Firmengründungen zeigt immer wieder, daß es dem Pionier selten gelingt, einen Stilwechsel in der Führung seines Unternehmens durchzuführen, wenn dieses einmal eine kritische Größe erreicht hat, veränderte Wettbewerbssituationen antrifft oder sich aus anderen Gründen strategisch repositionieren muß. Verharrt der Pionierunternehmer in solchen Situationen an der operativen Spitze, trägt er zum Niedergang seines Unternehmens oft soviel bei wie er vorher für seinen Aufbau bewirkte.

Die Konsequenz wäre ein Herausnehmen des Kapitaleigners aus der operativen Führung des Unternehmens zur rechten Zeit. Da die Kontrollorgane von Familienunternehmen allerdings mit weniger Einfluß ausgestattet sind als in fremdgeführten Aktiengesellschaften und der Kapitaleigner eine nahezu unbeschränkte Machtposition innehat, gestaltet sich der Führungswechsel ungleich schwieriger. Der Strukturwandel in allen Branchen unseres Industrie- und Wirtschaftslebens ist in vollem Gange. Zusammenschlüsse, Akquisitionen, strategische Allianzen sind an der Tagesordnung in diesem Wirtschaftskampf um Märkte, Kunden und Verbraucher. Dies bedeutet eine besondere Herausforderung für ein Familienunternehmen: es sieht sich einerseits dem Trend zur Internationalisierung und zu externem Wachstum gegenüber und ist andererseits eingeschränkter in seinen Kapitalbeschaffungsmöglichkeiten, wenn die Familie den bestimmenden Einfluß nicht verlieren will. Um ihre Position in der Auseinandersetzung mit den internationalen Großunternehmen zu behaupten, bleiben den Familienunternehmen nur kluge David-Strategien, um zu überleben.

Eine dieser strategischen Möglichkeiten sehe ich darin, den Wertewandel unserer Gesellschaft in unseren Unternehmen zur unternehmenserneuernden Gestaltungskraft werden zu lassen. Ausgangspunkt für diesen Wandel waren die 68er Unruhen in den Universitäten und damit das Aufstehen der ersten Nachkriegsgeneration gegen die Geistes- und Wertewelt ihrer Väter. Diese 68er Generation und ihre Nachkommen, die einer reinen Friedens- und Wohlstandsepoche entstammen, wirken heute in unseren Unternehmen als Manager und Nachwuchsführungskräfte. Wer regelmäßig Bewerbungs- und Mitarbeitergespräche führt, stellt fest, daß diese jüngeren Kollegen mit einem anderen Lebensverständnis und anderen Wertvorstellungen der Welt der Arbeit gegenübertreten als ihre älteren Kollegen.

Die greifbaren Unterschiede sind:

- das Engagement in der Arbeit wird maßgeblich davon bestimmt, ob sie als sinn- und bedeutungsvoll erlebt wird
- das Bedürfnis nach Selbstverwirklichung – wie auch immer geartet – in- und außerhalb der Arbeit tritt in den Vordergrund
- die örtliche Mobilität ist geringer
- Berufs- und Karriereplanung wird durch eine stärker partnerschaftlich orientierte Lebensführung beeinflußt
- das ökologische Bewußtsein ist ausgeprägter.

Diesen Werten stärker Raum zu geben und sie zum lebendigen Bestandteil einer Unternehmens- und Führungskultur werden zu lassen, dürfte einem Familienunternehmen dann ungleich leichter fallen als einem Großunternehmen nationaler, europäischer oder übernationaler Ausrichtung, wenn die Führung die Bedeutung des Wertewandels einmal erkannt und akzeptiert hat. Die stärker personenbezogene Ausrichtung eines Familienunternehmens mit einer klaren und kurzen Entscheidungsstruktur an der Spitze hat eine stärkere Kulturprägung als die anonyme Kapitalgesellschaft. Das führt zu stärkerer Identifikation, Loyalität und Verbundenheit der Mitarbeiter mit dem Unternehmen.

Überdenkt man diese neue Wertorientierung, so kommt man leicht zu dem Schluß, daß Unternehmenskulturen, Organisationsstrukturen, Führungsprinzipien und -systeme anders zu gestalten sind als, sagen wir, noch vor 30 Jahren. Dies wiederum dürfte in einem Familienunternehmen leichter zu realisieren sein als in den Führungsbürokratien eines Großkonzerns. Ich sage dies immer unter der Voraussetzung, daß diese Veränderungen bei den Unternehmensträgern erkannt und akzeptiert werden – wohl wissend, daß sich einige Familien in diesen Punkten ebenso schwer tun wie die Konzerne. Was auf der einen Seite erstarrter Konservativismus oder interne Familienfehden mitunter verhindern, kommt auf der anderen Seite oft aufgrund eines bürokratischen Führungsverständnisses und – mit Rücksicht auf die persönlichen Interessen – unterentwickeltem Entscheidungsmut nicht zustande.

3. Die Turbulenz wird größer:
Herausforderungen der neunziger Jahre

Ob aufgrund der Wiedervereinigung und der Öffnung von Europas Osten eine neue Epoche der erfolgreichen Pioniere in diesen Wirtschaftsräumen angebrochen ist, wird sich erst in Zukunft zeigen. Einiges spricht dafür.

In der Bundesrepublik tun wir uns allerdings noch schwer, die Integration der alten und neuen Bundesländer zu bewältigen. Es sieht zwar danach aus, daß wir die materiell-wirtschaftliche Einheit bis zum Jahr 2000 vollziehen werden, aber danach werden wir wohl noch eine Generation benötigen, um die geistig-kulturelle Wiedervereinigung herzustellen, um die Versäumnisse aus den ersten Jahren »der Eingliederung« aufzuarbeiten und die in dieser Zeit neu entstandenen Gräben zu schließen. Neben dieser nationalen Aufgabe und der Ausgestaltung des europäischen Hauses gibt es globale Herausforderungen, wie die Verknappung der Ressourcen, das Problem der Überbevölkerung und der damit einhergehende Raubbau an der Natur. Viele dieser Probleme werden uns in das nächste Jahrtausend begleiten.

Bei dem Versuch der Bewältigung sind wir in den hochentwickelten Industrieländern durch drei Mangelerscheinungen beeinträchtigt: die Ressourcen Zeit, Geld und Arbeit werden auf unabsehbare Zeit knapp bzw. teuer bleiben. Mit anderen Worten: Eine rasante technologische Entwicklung führt zu immer kürzeren Produktzyklen, kürzeren Investitionszeiträumen, sprich größeren Umrüstungsaufwendungen, und stellt größere Anforderungen an die Anpassungs- und Steuerungsfertigkeiten qualifizierter Führungskräfte und Fachleute.

Dies heißt nichts anderes, als daß der Wandel rasch und permanent bleibt und daß die Turbulenzen eine Dauererscheinung sein werden – Belastung und Bedrohung für existierende Unternehmen, aber auch Nährboden und Chance für neue Existenzgründungen durch wendige, kreative und mutige Entrepreneure.

Aber neben dieser Chance für den Einzelnen stellt sich die grundsätzlichere Frage, ob es einen generellen Ausweg aus dieser von vielen zu Recht als bedrohlich bezeichneten Situation gibt. Ich meine, ja!

Zunächst geht es doch einmal darum, einen allgemeinen Konsens darüber herzustellen, daß wir uns in einer existenzbedrohenden Umbruchsituation befinden und daß es allein auf uns Menschen ankommt, ob und wie wir den Gefahren entrinnen. Dieser Konsens scheint mir gegenwärtig noch nicht weit verbreitet.

Es geht darum, bei jedem diese Betroffenheit in die Erkenntnis der Mitbeteiligung an dieser Situation zu überführen und bei vielen die Energien dafür zu wecken, uns aus der Bedrohung zu befreien. Schließlich müssen diese positiven Energien dafür genutzt werden, ganzheitliche Lösungs-

ansätze zu entwerfen und kreative Lösungen zu finden und
zu verwirklichen.

Dieser modellhafte Prozeß liegt hinter jeder geistigen Bewältigung und Erneuerung von Krisen, Umbruchphasen und
Turn-around-Situationen, sei es bei Individuen, Gruppen und
Unternehmungen; und ich sehe keinen Grund, warum er sich
nicht auch auf die größeren sozialen Gebilde anwenden ließe.
Damit er erfolgreich sein kann und in evolutionärer Form
verläuft, ist die visionäre Überzeugung bei den Vertretern,
Repräsentanten und Führern an der Spitze unserer Institutionen notwendig. Aber das allein genügt nicht. Wie wir aus
der Geschichte geglückter und mißglückter Veränderungsprozesse wissen, bedarf es einer Bewegung von Überzeugten,
Mitsteuerern und Helfern, die dem Prozeß Richtung geben,
ihn am Leben erhalten und immer wieder erneuern.

4. Hat das Familienunternehmen eine Zukunft?

Vor dem Hintergrund dieses nicht gerade ermutigenden
Szenarios habe ich dennoch keine Schwierigkeiten, diese
Frage mit einem klaren »Ja« zu beantworten. Und ebenso
kurz und bündig sind die Begründungen dafür:

– Den Entrepreneur, den unternehmerischen Pionier, den Erfinder mit kaufmännischem Blick, den Drang zur Selbständigkeit und Unabhängigkeit, unternehmerischen Wagemut,
  Risikobereitschaft und Weitblick wird es immer geben. Er
  wird immer den Weg einer eigenen Unternehmensgründung
  suchen.
– Pioniergeist und Unternehmertum gibt es immer nur in
  Personen und nicht in Institutionen. So sehr sich die
  Großunternehmen auch bemühen, Entrepreneurship, unternehmerisches Denken und Handeln und charismatische
  Führer mit Visionen aufzubauen, letztlich sind die meisten
  nicht darüber hinausgekommen, einige gute bis sehr gute
  Manager zu entwickeln. Und nicht selten sind es gerade die
  in den großen Institutionen nur mittelmäßig funktionieren-

den Manager, die irgendwann im Laufe ihres vierten Lebensjahrzehnts ausscheiden und sich erfolgreich als Unternehmer etablieren.

- Der Aufstieg von Unternehmen wie Rank Xerox, Texas Instruments und Apple sind beredte Beispiele für beide Begründungen: Der Riese IBM hatte z. B. weder die Bedeutung des Fotokopierers noch des Personalcomputers zur Kenntnis nehmen wollen, obwohl die Konzepte im eigenen Haus entwickelt oder ihm zur Vermarktung angeboten wurden. So entschlossen sich die Entwickler zur Selbständigkeit und begründeten Weltunternehmen.

- Unternehmensgründungen gibt es zu allen Zeiten, gerade auch in Phasen der Turbulenz, wenn auch die Zahl derer, die verschwinden, dann ebenso zunimmt. Mit anderen Worten: Chaos, Turbulenz und wirtschaftlicher Niedergang sind der Nährboden für Kreativität und schaffen das Treibhaus für Neugründungen.

- Wie die jüngste Entwicklung in den USA zeigt, kommt die Wirtschaft nicht ohne die Klein- und Mittelunternehmen aus: während die großen Konzerne einen massiven Personalabbau vornahmen, wurden gleichzeitig sieben Millionen neue Arbeitsplätze von kleinen und mittelgroßen Unternehmen geschaffen.

- Die Risikobereitschaft und die Reaktionsgeschwindigkeit nehmen mit der Größe des Unternehmens ab. Hier hat das kleinere Familienunternehmen einen strategischen Wettbewerbsvorteil.

- Es gibt immer Marktnischen und Nischenmärkte, die von Großunternehmen für uninteressant gehalten werden, die sich jedoch nicht selten zu blühenden Wachstumsmärkten entwickeln.

Von dorther ist es mir gar nicht bange um die Zukunft von Familienunternehmen. Eine gesunde Gesellschaft und Wirtschaft ist ohne ihre Existenz nicht denkbar.

Es gibt allerdings drei Voraussetzungen dafür, daß ein Familienunternehmen seine Existenz nicht gefährdet und über eine einzelne Generation hinaus sichert:

Zum einen gilt es, das Problem des Wachstums aus eigener Kraft zu meistern und eine zu starke Fremdverschuldung zu verhindern. Das bedeutet, daß ihm in seinem Größenwachstum engere Grenzen gesetzt sind als einer anonymen Aktiengesellschaft mit einem leichteren Zugang zum offenen Kapitalmarkt.

Zum zweiten ist es wichtig, daß der Generationenübergang rechtzeitig und richtig geregelt wird. Zu oft bringt ein Familienunternehmer seine Firma dadurch in unnötige Existenzgefährdung, daß er das Heft nicht rechtzeitig in die Hände der jüngeren Generation gibt oder die Nachfolge beim Vorhandensein mehrerer Anwärter nicht klar regelt.

Schließlich setzt dies voraus, daß die Nachfolgegeneration willens und fähig ist, die Führung zu übernehmen. Ist dies nicht der Fall, wird es umso bedeutsamer, die Nachfolgeregelung mit einem familienfremden Manager noch zu Lebzeiten des Amtsinhabers durchzuführen und dessen Einführung zu begleiten.

In den meisten Fällen ist es die Mißachtung eines dieser drei kritischen Punkte, wenn ein Familienunternehmen ungewollt und aus eigenem Verschulden aufhört zu existieren.

5. Bahlsen KG – ein Familienunternehmen stellt sich der Herausforderung

Die bisherigen Ausführungen sind grundsätzliche Reflektionen auf dem Hintergrund meiner Erfahrungen in unserem eigenen Familienunternehmen, das in den letzten zehn Jahren genau die dargestellten Prozesse des Generationenwechsels, des wirtschaftlichen Strukturwandels und der gesamtgesellschaftlichen Veränderungen zu bewältigen hatte. Auch wenn dieser Transformationsprozeß noch nicht abgeschlossen ist, so kann ich doch feststellen, daß wir das »Tal der Tränen« durchschritten und die wesentlichen Grundsteine für die Erneuerung des Unternehmens gelegt haben. Das Unternehmen befindet sich in einer Aufbruchphase, und ich will zeigen, mit welchen Schwierigkeiten wir konfrontiert waren und wie wir diese Phase durchlaufen haben.

Im Jahre 1985 starb »der Senior« des Unternehmens, Werner Bahlsen mit über 80 Jahren. Er hatte bis dahin das vom Vater gegründete Familienunternehmen zusammen mit einem Bruder und einem Neffen geführt und durch einen Gesellschaftervertrag bis über das Jahr 2000 geordnet, aber die Nachfolge in der Leitung des Unternehmens nicht mehr geregelt. Die Firma stellte sich nach seinem Tode in einem Kurzporträt wie folgt dar:

Das Kapital verteilte sich auf drei Familienstämme, wobei keiner über eine qualifizierte Mehrheit verfügte. Vier Familienmitglieder arbeiteten aktiv in leitenden Funktionen des Unternehmens.

Es gab einen Beirat – namhafte Vertreter aus Deutschlands Großindustrie, Wirtschaft und Politik – der noch vom Senior berufen war. Das Unternehmen produzierte süße und salzige Genußmittel: Backwaren, Schokoladen, Chips und Nüsse und erwirtschaftete im Jahre 1985 mit 8400 Mitarbeitern einen Umsatz in Höhe von 1,5 Milliarden DM.

Es operierte im wesentlichen in den Märkten Deutschland, westeuropäisches Ausland und USA und galt seit jeher in der Branche als eines der führenden Unternehmen mit einem sehr guten traditionsreichen Markenimage (gegründet 1889). Soweit das Kurzporträt.

Da sich weder die Kapitaleigner, noch der Beirat, noch die vier aktiven Familienvertreter auf eine klare Nachfolgeregelung festlegen wollten, kam es zu einem sechsjährigen Interregnum, in dem die geschäftsführenden Familienvertreter ihre jeweiligen Aufgabenbereiche führten, aber eine gemeinsame strategische Planung und Ausrichtung des Unternehmens unterblieb. Es herrschte ein Klima des Mißtrauens im Umgang miteinander und des gegenseitigen absichtlichen und unabsichtlichen Blockierens, das von den Mitarbeitern im Unternehmen sehr wohl wahrgenommen wurde. Die nichtaktiven Gesellschafter blieben davon nicht ausgespart, es bestand unter den Kapitaleignern ein Zustand der Verschlossenheit und der mangelnden gegenseitigen Akzeptanz. Die Situation spitzte sich eher noch zu, als 1991 der letzte der zweiten Generation, Klaus Bahlsen, starb und sein Kapitalanteil in eine Stiftung eingebracht wurde. Die Kapitalanteile der beiden verbleibenden Familienstämme lagen danach bei 56 Prozent bzw. 44 Prozent. Im Rückblick auf diese Jahre läßt sich sagen, daß der Machtkampf unter den Gesellschaftern im unterschwelligen Ringen mit zeitweilig unterschiedlichen Koalitionen im vollen Gange war – zum Schaden des Unternehmens, das in seinem Hauptmarkt Deutschland von seiner führenden Marktstellung von Jahr zu Jahr Anteile an die Konkurrenz verlor. Glücklicherweise waren in dieser Zeit die wichtigen Märkte profitabel, und wir konnten die Öffnung der osteuropäischen Märkte aktiv nutzen.

Eine Wende in der internen Machtauseinandersetzung kam aber erst dadurch zustande, daß sich der Mehrheitsstamm solidarisierte und sich, beginnend mit dem Jahr 1992, auf eine schrittweise Neustrukturierung des Unternehmens und in diesem Kontext auf eine Nachfolgeregelung einigte. Gerade noch rechtzeitig, denn der in dieser Phase wenig glücklich operierende Beirat schickte sich mit Unterstützung des Minderheitenstammes an, die Firma unter ein familienfremdes Management zu setzen, was über kurz oder lang vermutlich dazu geführt hätte, das Unternehmen unter den beherrschenden Einfluß eines Großkonzerns zu bringen – namhafte Vertreter hatten bereits an die Tür geklopft oder standen bereit.

Als Folge der Einigung im Mehrheitsstamm liefen zwischen Mitte 1992 und Mitte 1993 folgende Ereignisse ab: Das Einsetzen eines familienfremden Managements wurde verhindert. Der bisherige Beirat trat zurück, und ein neuer Beirat wurde berufen. Eine neue Unternehmensstruktur wurde verabschiedet mit einem Familienvertreter als Sprecher der Unternehmensleitung und drei weiteren Mitgliedern des obersten Führungsgremiums, wovon zwei Nicht-Familienmitglieder sind. Der Minderheitenstamm schied aus der operativen Führung aus und wechselte in den Beirat.

Bereits mit den ersten Schritten zur Umstrukturierung seit dem März 1992 hatten wir begonnen, zwei weitere Veränderungen anzuschieben: zum einen eine strategische Neuausrichtung des Unternehmens am Markt und zum anderen den

Beginn einer Umstellung unserer internen Unternehmenskultur und unserer Führungspraxis.

Mit der Einführung der jetzigen Unternehmensstruktur ab
Mitte 1993 – sie besteht im Kern aus zwei europäischen Un-
ternehmensbereichen (Süßgebäck und Snack) und dem Geschäft in den USA sowie den gruppenweiten Funktionen Finanzen, Personal und Öffentlichkeitsarbeit, die von der vier-
köpfigen Unternehmensleitung gesteuert werden – haben die
Neuausrichtung am Markt und die interne Kulturerneuerung
wesentlich an Dynamik gewonnen. Während wir glauben, die
Repositionierung unserer Produktpaletten in einem Zeitraum
von drei Jahren vollzogen zu haben, rechnen wir für die innere geistige Erneuerung mit einem Zeitraum von fünf bis
sieben Jahren. Dabei ging es und geht es im wesentlichen um
folgendes:

Erneuerung und Umsetzung eines Unternehmensleitbildes
der Bahlsen-Gruppe, Einführung neuer Führungssysteme
und -instrumente, Verjüngung der Führungsmannschaft und
Einführung eines ganzheitlichen Managemententwicklungs-
systems. Das Ziel besteht dabei darin, ein bisher patriarcha-
lisch geführtes Unternehmen zu einer lernenden Organisation zu entwickeln.

Während unsere Geschäftsplanung sich nach einem zykli-
schen Dreijahresplan vollzieht, wird unser prozeßorientier-
tes Veränderungsprogramm neben einem mehrjährigen
ganzheitlichen Denkhorizont jährlich überdacht, angepaßt
und erneuert. Dies geschieht aus der Erkenntnis, daß Veränderungsprozesse, die sich unter Beteiligung der Betroffenen
vollziehen, nicht über mehrere Jahre detailliert vorausplan-
bar sind und durch laufende Reflektion des Geschehens fein-
gesteuert werden müssen. Kulturen zu verändern ist nicht
leicht, geht nicht über Nacht und stößt – gerade in einem tra-
ditionsbewußten Unternehmen – auf Skepsis und Widerstand. So auch bei uns. Oft genug höre ich warnende Stimmen im Unternehmen oder den Ausdruck des Unverständnis-
ses für bestimmte Maßnahmen »gerade jetzt, wo wir uns alle
weiß Gott um das Geschäft kümmern sollten«.

Die darin enthaltene Kritik kann ich wegstecken und füh-

le mich durch diese Einwände eher in unserem Ansatz bestätigt als gebremst und entmutigt. Was diesen – meist älteren – Kollegen noch nicht klar geworden ist: Veränderung
der Unternehmenskultur geschieht nicht um seiner selbst
willen, sondern hat einen konkreten, direkten, unmittelbaren Zusammenhang mit unseren Geschäftsergebnissen. Es
drückt sich darin eine Veränderung im Verständnis darüber
aus, wie heute Unternehmensziele und Planzahlen zu erreichen sind. Es sind oft gerade die in der Vergangenheit erfolgreichen Führungskräfte, die ihre Erfolge mit herkömmli-
chem Führungsverständnis erreicht haben, die diese Veränderungen in den Werten und Lebensvorstellungen nur
schwer nachvollziehen und sich mit dem Umschwung
schwertun.

In dem Maße, in dem wir davon überzeugt sind, daß »People Management« und Prozeßsteuerung strategische Erfolgs-
faktoren unserer Zukunft bleiben, werden wir immer eine
Abwägung treffen müssen zwischen der Erkenntnis, daß
nachhaltige Veränderungen Zeit brauchen, und der Überzeugung, daß auch vor dem Hintergrund einer stolzen Tradition
mutige und mitunter radikal erscheinende Entscheidungen
vonnöten sind.

Insofern darf eine geistige Erneuerung unserer Unternehmen nicht vor den Türen der Vorstände stehenbleiben. Und
sie kann nur gelingen, wenn die Unternehmensspitze diese
Veränderungen will und bereit ist, mit den daraus resultie-
renden Konflikten umzugehen. Nur wenn sie selber mit in
das Boot des kontinuierlichen Lernens steigt und das vorlebt,
was sie von ihren Mitarbeitern fordert, und nur wenn sie in
ihrer Zukunftsausrichtung unbeirrt und standhaft bleibt,
wird es gelingen, die Nachhaltigkeit notwendiger Veränderungen sicherzustellen und die Herausforderung der nur
scheinbaren Diskrepanz von Kontinuität und Wandel zum
Wohl des Unternehmens und seiner Mitarbeiter zu meistern.

Biographie
Werner M. Bahlsen

13.4.1949	geboren in Göttingen
1968	Abitur in Hannover
1968–1970	Lehre als Konditor in Göttingen, Abschluß Gesellenprüfung
1970	Bankpraktikum in Hamburg
1970–1975	Studium der Betriebs- und Volkswirtschaftslehre in Zürich und Genf, Abschluß lic.oec. Praktikum in Industrieunternehmen in England Trainee in der US-Keksindustrie
1975	Eintritt in die Bahlsen International Holding AG
1978	Mitglied der Geschäftsführung der H. Bahlsens Keksfabrik KG, verantwortlich für die Kuchenproduktion
1981	Delegierter des Verwaltungsrates der Bahlsen International Holding AG
1987	zusätzlich Mitglied der Unternehmensleitung
seit 1993	Sprecher der Unternehmensleitung

Hans Graf von der Goltz
Aufsichtsratsvorsitzender der Delton AG

HANS GRAF VON DER GOLTZ
Aufschwung – und was dann?

Die sieben mageren Jahre sind kein biblisches Schreckens-
szenario, sondern sie bilden zusammen mit den sieben fetten
Jahren, denen sie folgen, eine einprägsame Metapher für ein
Gesetz des Lebens. Beide Perioden bedingen einander. Kein
Lebewesen kann nur einatmen. Niemand kann Nahrung auf-
nehmen, ohne zu verdauen. Einatmen und Ausatmen, Nah-
rungsaufnahme und Verdauung dienen dem einzigen Zweck,
einen Organismus am Leben zu erhalten. Sie sind kein Selbst-
zweck, wie die Auf- und Abschwünge der Konjunktur einer
Volkswirtschaft keinen Selbstzweck haben. Sie können die
Voraussetzung schaffen für die Erreichung bestimmter Ziele.
Ein Konjunkturaufschwung schafft Handlungsspielräume.
Ein Ziel an sich ist er nicht.

Daran zu erinnern scheint notwendig. Die Erfahrungen mit
der jüngsten Rezessionsphase ließen den Verdacht aufkom-
men, daß die Einsicht in diese einfachen Zusammenhänge
verlorengegangen ist. Sicherlich kam die Rezession ungele-
gen, da sie die Lösung der ökonomischen Probleme der Vereinigung in Deutschland nicht erleichterte. Zur Panik aber
bestand ebensowenig Anlaß wie zu Schuldzuweisungen an
die Adresse von Wirtschafts- oder Unternehmenspolitik.

Die Fanfarenklänge, die mancherorts aus unterschiedlichen Gründen den nur langsam in Fahrt gekommenen Kon-
junkturzug begleiten, lassen befürchten, daß wir im Aufschwung von ebensowenig Weisheit regiert werden wie im
Abschwung. Mehr Gelassenheit bei der Bewertung konjunk-
tureller Zyklen ist anzuraten. Denn ohne Gelassenheit wird
uns die nüchterne Analyse schlecht gelingen, die wir brauchen, wenn wir festlegen wollen, welche Ziele wir mit den

noch einmal gewonnenen Handlungsspielräumen erreichen wollen und können.»Noch einmal gewonnenen« – das soll nicht wie der Ansatz zu einem Kassandraruf klingen. Aber es schadet nicht zu unterstellen, daß die Zahl der Chancen, die uns noch gewährt werden, begrenzt ist.

Denn der Verfasser wird den Verdacht nicht los, es verbreite sich mit der manchmal an Wunschdenken grenzenden Interpretation noch immer bescheidener Wachstumszahlen einmal mehr jene fatale Als-ob-Mentalität, die wir uns schon in den vergangenen Jahrzehnten nicht leisten konnten. Wir leben, als ob die Welt in Ordnung wäre, als könnten wir uns alles leisten: eine schleichende Verminderung unserer Wettbewerbsfähigkeit, eine Auszehrung unseres Industriepotentials, die Lähmung unserer Forschungs- und Innovationskraft durch einengende Vorschriften, ein nicht mehr bezahlbares Sozialsystem, hohe strukturelle Arbeitslosigkeit. Und wir leben, als gäbe es keine Armuts- und Migrationsprobleme in der Welt, keine Umwelt-, Klima- oder Energiesorgen, und als ob es nicht eine immer länger werdende Liste wachsender Katastrophenpotentiale gäbe, die unser Überleben in Frage stellen.

Vor einigen Jahrzehnten mochte uns unsere Ignoranz entschuldigen. Inzwischen aber haben wir unsere Unschuld verloren. Wir wissen, was wir tun und finden doch die Kraft nicht, unseren Erkenntnissen gemäß zu handeln, unsere bequeme Als-ob-Mentalität in einer gemeinsamen Kraftanstrengung auf den Müll zu werfen und neue Lebensorientierungen zu suchen. Denn der Nebel unserer Bequemlichkeiten, das tief eingewachsene Geflecht vermeintlicher Ansprüche und Interessen, verstellt uns den Blick auf die Wand, auf der wir die Schriftzeichen längst lesen können. Vielleicht lesen wir sie sogar, aber wir fühlen uns nicht getroffen. Andere mögen sie etwas angehen, aber nicht uns. Andere, die doch bisher alles in der Welt trefflich zu unserem Vorteil richteten. Warum sollte man an diesem Zustand etwas ändern? Die Antwort ist einfach: Weil die Welt sich geändert hat. Oder besser: Weil wir die Welt verändert haben. Es nützt uns nichts zu sagen: das haben wir nicht gewollt. Wir haben sie verändert, und diese veränderte Welt kann sich uns, so wie wir bisher waren und handelten, nicht mehr leisten.

Ein Konjunkturaufschwung ist kein Allheilmittel für alle Probleme unserer Welt, aber er kann ihre Lösung erleichtern, indem er abfedert, was von uns vor allem gefordert wird: Verzicht. Das Wort allein schon klingt in unseren Ohren wie eine Zumutung. Vielleicht aber verstehen wir es nur falsch. Richtig verstanden kann unser Verzicht unseren Gewinn bedeuten. Den Gewinn allemal von Überlebenschancen für uns und für unsere Kinder, zum Preise von Verzicht auf Bequemlichkeiten, liebgewordene Gewohnheiten, Trägheiten, von Verzicht auf Überflüssiges. Das mag jeder für sich anders definieren, Verzichtbares findet sich im Leben fast jedes einzelnen wie sicherlich des ganzen Volkes. Verzicht bedarf der Einsicht, Einsicht in das, was wir zu gewinnen hoffen, wenn wir uns anders verhalten. Einsicht aber kommt selten von allein. Sie bedarf der Führung. Warum scheint es daran zu fehlen? Bringt unsere Zeit keine Führungspersönlichkeiten mehr hervor? Das ist nicht anzunehmen, und wir sollten uns abgewöhnen, Abstrakta und Klischees als Entschuldigung für unsere eigenen Defizite herhalten zu lassen. Führung ist bei uns schwer geworden. Das liegt nicht an den Führungspersönlichkeiten, sondern in erster Linie an uns. Wir haben uns in einem System von Abhängigkeiten, Fesseln, gegenläufigen Interessen verstrickt, in dem wir uns ständig selbst matt setzen. Führung, und das heißt vor allem die Durchsetzung unpopulärer Maßnahmen, läßt dieses System kaum noch oder nur um den Preis unvertretbar teurer Kompromisse »auf Gegenseitigkeit« zu. Wir finden kaum Widerspruch, wenn wir mit Churchill feststellen, die Demokratie sei die schlechteste Staatsform, abgesehen von allen anderen Staatsformen. Doch lassen wir es bei dieser Übereinstimmung in der Regel ohne weiteres Nachdenken bewenden. So als gäbe es Demokratie nur in einer allein gültigen, unveränderbaren Erscheinungsform, nämlich in der von uns entwickelten und praktizierten. Es heißt aber sicher nicht, das demokratische System in Frage zu stellen, wenn man Zweifel daran anmeldet, ob die in Deutschland gewachsene Ausprägung der Parteien-Demokratie den Anforderungen genügen wird, die in der Zukunft an uns herantreten werden. Es lohnte sicherlich, über Reformen nachzudenken. Denn auf die oft gehörte Ausrede, dieses oder jenes sei dringend geboten, politisch aber »nicht machbar«, dürfen wir uns nicht mehr einlassen. Unvergleichbares soll hier nicht miteinander verglichen werden. Dennoch könnte es hilfreich sein, sich daran zu erinnern, daß es auch bei uns weite, demokratisch verfaßte Lebensbereiche gibt, deren Erfolg wir unseren Wohlstand zu verdanken haben. Aller Skepsis und aller in jüngerer Zeit laut gewordener Kritik zum Trotz läßt sich zum Beispiel feststellen, daß das in unserem Aktiengesetz verfaßte System unserer Aktiengesellschaften, einer der wesentlichen Trägerinnen unserer Volkswirtschaft, erfolgreich gewesen ist, weil es Führung überwachte, aber nicht behinderte. Es war anpassungsfähig genug, um alle Stürme und den Wandel der Zeiten zu überstehen. Versagen, menschliches Fehlverhalten, Mißbräuche gibt es immer und überall. Soll man aber wegen unerfreulicher Einzelfälle ein ganzes bewährtes System in Frage stellen? Läßt sich die Qualität einer Schafherde allein an dem Vorhandensein einzelner schwarzer Schafe messen? Im Umgang mit Fehlverhalten, Pleiten oder Fällen von Wirtschaftskriminalität lassen wir häufig unseren »sense of proportion« vermissen. Wir haben uns angewöhnt, den Einzelfall zu verallgemeinern, ihn zum verbreiteten Skandal hochzuspielen, um sogleich nach dem Gesetzgeber rufen zu können. Und dieser nimmt den Ruf nur allzu bereitwillig auf in der Überzeugung, die Qualität seiner Arbeit und damit seine Chancen für seine Wiederwahl werden an der Zahl erlassener Gesetze gemessen. In dem sicherlich gut gemeinten Bestreben, einem populären Ruf nach weiterer »Demokratisierung« – sprich Überwachung – von Entscheidungsprozessen nachzugeben, neigt er dazu, unser System mit immer weitergehenderen Netzen von Berichtspflichten, Genehmigungsverfahren, Bürgerbefragungen und Kontrollmechanismen zu überziehen. Freiräume werden eingegattert. Handlungsspielräume von häufig kaum erkennbaren, weil schwer verständlichen Fußangeln umstellt, deren Nichtbeachtung fatale Folgen nach sich ziehen könne. Die Luft wird dünner für den schöpferischen Unternehmer, und doch erschallt landauf landab der Vorwurf, seine Kreativität und Risikofreude lasse mehr und mehr zu wünschen übrig. In dem Bemühen, das Auftauchen schwarzer Schafe zu verhindern, schafft man Schafherden ab und wundert sich, daß Wolle knapp wird. Hysterie war immer schon ein schlechter Ratgeber. Wenn sie sich aber paart mit unserem Hang zur Perfektion, so können Monster entstehen, die mit ihrem todbringenden Hauch bewährte funktionsfähige und vitale Organismen welken lassen. Hoffen wir, daß die Vernunft nicht auf der Strecke bleibt. Mit einer perfekten, alles umfassenden und kontrollierten Friedhofsordnung jedenfalls kann man sein Überleben nicht sichern.

Welches sind nun die Ziele, die wir uns setzen sollten? Was liegt auf unserem Tisch und wartet auf unsere Lösung? Lassen sich Prioritäten festlegen, da wir nicht alle Probleme auf einmal lösen können und dennoch erkennen müssen, daß jedes dieser Probleme eine Überlebensfrage beinhalten kann, das Überleben von Gemeinschaften, von Gesellschaften, von Systemen oder gar der Erde, der Menschen? Die Vorgaben der Herausgeber für die Länge dieses Aufsatzes zwingen zur Beschränkung, bestenfalls zu einer höchst unvollständigen Auflistung. Das ist gut so, denn jeder Versuch, alle Probleme, Konflikte, Gefährdungen, Unvollkommenheiten, Katastrophenpotentiale und ihre vielfältigen Verknüpfungen darzustellen, grenzt an Hybris. Begnügen wir uns also mit einigen Andeutungen, Ansätzen allenfalls einer Kategorisierung.

Obenauf auf unserem Tisch liegen die Probleme, die, ob hausgemacht oder nicht, von uns und von uns allein gelöst werden müssen. Sie lassen sich weder an andere delegieren, an supranationale Organisationen etwa, noch auf Kosten anderer lösen. Da gilt es zunächst einmal uns selber zu finden, unsere Identität und unsere künftige Rolle in der Welt. Die Symbolkraft das Abzugs der Westalliierten und der russischen Truppen aus Berlin ist, so ist zu befürchten, nicht mit ausreichender Deutlichkeit in das Bewußtsein unseres Volkes gedrungen. Für viele war es nichts als ein Medienspektakel. Spätestens aber von diesem Zeitpunkt an wird nichts mehr so sein, wie es einmal war. Wie aber wird es sein? Das liegt weitgehend an uns. Wir können uns an unsere Zukunft nicht vorbeidrücken, die Verantwortung für sie nicht mehr in den Händen anderer gut aufgehoben fühlen. Es gibt Ansätze der Definition, aber sie genügen noch nicht, verraten eher Ratlosigkeit. Auf Europa zu verweisen allein reicht nicht aus. Auch Europa hat Anspruch darauf zu wissen, mit wem es künftig zu tun haben wird. Vor allem aber müssen wir es selber wissen, wenn wir an die Lösung aller anderen Probleme, die auf unserem eigenen Tisch liegen, mit einiger Aussicht auf Erfolg herangehen wollen. An die Probleme des so nicht mehr bezahlbaren Sozialstaates, zum Beispiel. An das Problem der strukturellen Arbeitslosigkeit, ein internationales Phänomen, zugegeben, und dennoch ein Problem, das wir zuerst hier zu Hause zu lösen haben. Auch hier gibt es Ansätze, diskussionsfähige Denkanstöße. Bei ihrer Verwirklichung aber stehen wir uns, wie so oft, immer noch selbst im Wege.

Oder an das Problem der Staatsverschuldung, der zu teuren und deshalb auch im internationalen Wettbewerb nicht mehr konkurrenzfähigen öffentlichen Verwaltung. Auch hierfür gibt es Lösungsansätze, nachdenkliche Analysen, sogar beeindruckende Zeugnisse der Selbstkritik. Nur die Wege zum Handeln haben wir noch nicht freigemacht.

Oder an das Problem nachlassender Innovationskraft und Kreativität, diese durch die Kaskomentalität vieler kleiner Zwerge gefesselten Riesen, ohne deren Hilfe wir nichts in der Welt bewirken werden. Wenn wir uns nicht entschließen können zu akzeptieren, daß es technischen Fortschritt ohne Risiken nicht gibt, werden wir bald aufhören, ein Industrieland zu sein, werden wir uns von unserem Wohlstand verabschieden müssen. Fortschritt bedarf der Definition, der Zielsetzungen. Auch das ist eine Frage der Führung. Ohne Fortschritt aber wird uns die Anpassung an unsere sich ständig auch ohne unser Zutun verändernden Lebensbedingungen nicht gelingen. Der Weg zurück ins Paradies ist uns verschlossen.

Neben dem Packen hauseigener Probleme liegt das Bündel ungelöster Gemeinschaftsaufgaben, der Europäischen Gemeinschaft, der Nordatlantischen Gemeinschaft vor allem, die wir nicht nur als Mitglied, sondern aufgrund unserer Größe und geografischen Lage als unsere ureigenen Aufgaben zu betrachten haben.

Integrationsprobleme vor allem in Ost und West. Ihre Dimension allein könnte kleinmütige Geister verzagen lassen. Doch sie müssen gelöst werden. Der Preis wird hoch sein, aber nicht zu hoch, wenn wir bedenken, daß es darum geht, ein Netz politischer Lebensversicherungen zu knüpfen.

Und wenn wir nun aufblicken, ein wenig ratlos ob der Fülle der auf unserem Tisch liegenden Aufgaben, lesen wir andere unübersehbare Zeichen an der Wand, sehen wir nicht nur ein, sondern gleich mehrere Damoklesschwerter über unseren Häuptern: Katastrophenpotentiale, die das Überleben der Menschheit auf dieser Erde in Frage stellen, wenn es uns nicht bald gelingt, die sich langsam öffnenden Flaschen, in denen die Geister auf ihre Stunde warten, für immer zu versiegeln.

Bald? Niemand kann uns sagen, wieviel Zeit uns noch bleibt.

Da ist zum einen die globale Umweltproblematik. Niemand kann uns sagen, ob und wann eines der fragilen Gleichgewichte in unserem Ökosystem kippt. Und wenn es kippt, welches die Folgen sein werden. Könnte es zu Kettenreaktionen kommen? Es gibt vermutlich so viele ernstzunehmende Antworten, wie es seriöse Wissenschaftler gibt. Aber selbst wenn sie sich alle auf die vergleichsweise harmloseste aller Antworten einigen würden, müßte uns der Atem stocken.

Und dennoch gibt es Anlaß zu vorsichtigem Optimismus. Keine der großen Bedrohungen unserer Zeit ist bisher so tief in das Bewußtsein breiter Schichten der Weltbevölkerung gedrungen wie die Sorge um die Umwelt. Die Einsicht, daß wir alle Verantwortung für die Bewohnbarkeit unserer Erde tragen, greift um sich. Ohne diese Einsicht wären die Ergebnisse der Weltklimakonferenz von Berlin im April 1995 nicht möglich gewesen. So bescheiden sie waren, gaben sie doch Anlaß zur Hoffnung. Mehr und mehr fühlt der einzelne sich gefordert und verläßt sich nicht auf seine Regierung. Das stimmt zuversichtlich, auch wenn der »große Zahltag«, der Tag, an dem von dem einzelnen, von den Völkern und Völkergemeinschaften, Opfer gefordert werden, die tief in deren Wirtschafts- und Sozialsysteme eingreifen können, noch nicht gekommen ist.

Darüber hinaus bietet die Lösung der Umweltfragen dem schöpferischen Geist, der Innovationskraft von Forschung und Industrie ein weites Feld. Die Steigerung der Energie- und Materialeffizienz macht Fortschritte. Der Anteil umweltneutraler Energien wie der Solarenergie an der Energieversorgung wird in absehbaren Zeiträumen, und das heißt in einigen Jahrzehnten, signifikant zunehmen.

Das Rennen mit der Zeit können wir gewinnen, wenn wir unsere Kräfte zielgerecht bündeln. Und das heißt, wenn wir unsere Phantasie von überflüssigen Fesseln befreit arbeiten lassen. Wenn wir unsere Wirtschafts-, Steuer- und Subventionspolitik in den Dienst dieses Zieles stellen, haben wir die Chance, eines der Schwerter des Damokles abhängen zu können.

Das aber setzt Nüchternheit voraus und den Verzicht auf wohlfeilen Aktionismus. Vor nationaler Umweltpolitik ohne Augenmaß kann nicht nachdrücklich genug gewarnt werden. Die Bedrohung unserer Umwelt ist ein globales Problem. Deshalb stößt die Wirkung nationaler Lösungen an enge Grenzen. Sie können keine Inseln schaffen, bergen aber die Gefahr, die Grundlagen nationaler wirtschaftlicher Existenz zu zerstören. Jüngste Pläne für eine weitere drastische Besteuerung der Energie, zum Beispiel, lassen nichts Gutes ahnen. Auch durch hohe Steuern kann eine Umstellung der Versorgung auf erneuerbare Energiequellen nicht erzwungen werden, solange diese Quellen technisch nicht ausreichend zur Verfügung stehen.

Die Schaffung von Umweltparadiesen ist eine verständliche Wunschvorstellung. Das Paradies aber hatte nur zwei Menchen zu ernähren. Die Bedürfnisse einer modernen Industriegesellschaft vermag es auch dann nicht zu decken, wenn die Menschen bereit sind, für die Umwelt einen hohen Preis zu bezahlen. Preise müssen bezahlbar bleiben, sonst verlieren sie ihre Funktion. Eine Gefahr anderer Art fordert unsere Aufmerksamkeit: Das Thema »Umweltschutz« eignet sich wie kaum ein anderes für die Formulierung griffiger Forderungen. Sie erreichen das Herz, am kritischen Verstand vorbei. Dabei haben wir nur dann eine Chance, die komplizierten und vielschichtigen Probleme unserer Umwelt nach und nach zu lösen, wenn wir uns bemühen, unsere Lösungen auf sachliche Analysen, auf kritischem Abwägen aller denkbaren Folgen aufzubauen. Unser Gefühl ist auf diesem Gebiet ein untauglicher Ratgeber. Die Teilung der Welt in gut oder schlecht, schwarz oder weiß hat der Menschheit schon manche Katastrophe beschert. Sie ist der Nährboden für Manipulation und Demagogie, für Fanatismus, Pogrome und Kriege. Deshalb gilt es überall den Anfängen zu wehren. Selbsternannten moralischen Instanzen, die sich anmaßen, souverän darüber zu entscheiden, was richtig und was falsch ist, sollten wir mit Mißtrauen begegnen. Nicht immer ist eine emotionale Mobilisierung der Massen ein Sieg der Demokratie. Im Gegenteil: wenn zuständige, demokratisch legitimierte Instanzen wider besseres Wissen vor einer »Volksbewegung« dieser Art kapitulieren, bleibt die Demokratie auf der Strecke. Wer wagt es dann noch, den Mahner, den Andersdenkenden in Schutz zu nehmen? Wer sich nicht zum »guten«, zum »richtigen« Verhalten bekennt, wird zum »Volksfeind«. Das kann jeden treffen. Und am Ende einer solchen Entwicklung brennen die Scheiterhaufen.

Es bleiben uns noch andere Damoklesschwerter. Und auch sie werden wir nicht lange über uns schweben lassen können. Wegsehen nützt nichts. Gemeint sind die Katastrophenpotentiale, die sich aus Überbevölkerung und weltweiter Armut vor uns aufbauen. Es sind, ob wir das wollen oder nicht, unsere Probleme. Wenn wir, und das heißt die großen Industrienationen der Welt, sie nicht lösen, werden Wanderungsbewegungen unvorstellbaren Ausmaßes das politische, wirtschaftliche und soziale Gleichgewicht unserer Welt aus den Angeln heben.

Die UNO-Konferenz in Kairo im September 1994 brachte hoffnungsvolle Ansätze. Es gelangen ihr bemerkenswerte Analysen, und es gelang wohl auch, das Bewußtsein der Völker für die Dimension der globalen Gefährdungen zu schärfen. Das ist nicht wenig. Mehr zu erwarten, wäre unrealistisch gewesen, auch wenn unsere Ungeduld sich die weltweit verbindliche Annahme konkreter Maßnahmen gewünscht hätte.

Wir machen uns indessen etwas vor, wenn wir glauben, die Gefahren ließen sich mit wirksamer Familienplanung und effektiven Maßnahmen zur Empfängnisverhütung bannen. Solche Maßnahmen sind lebenswichtig, um die jährliche Vermehrungsrate, die man in den Entwicklungsländern auf etwa achtzig Millionen schätzen kann, deutlich zu vermindern. Doch sie geben bestenfalls die halbe Antwort auf unser Problem. Die andere Hälfte ist ökonomischer Natur. Das beginnt schon bei der einfachen Erkenntnis, daß eine Einschränkung des »Kindersegens« dort nicht erwartet werden kann, wo Kinder noch immer die einzige, zumeist trügerische Hoffnung auf eine Versorgung im Alter darstellen. Das hat wenig oder nichts mit kultureller Tradition oder religiösen Geboten zu tun. Es wäre also Wunschdenken anzunehmen, wir könnten unseren Beitrag zur Lösung der Probleme auf die Fortsetzung der ohnedies nicht immer erfolgreichen konventionellen Entwicklungshilfe und auf die kostenlose Verteilung empfängnisverhütender Mittel bescchränken. Damit werden wir Not und Hunger nicht besiegen. Damit werden wir den aus dieser Not erwachsenden latenten Wanderungsdruck nicht mindern. Obwohl heute schon Millionen von Menschen auf Flucht und Wanderschaft sind, hat die eigentliche Wanderungsbewegung vor allem von Süd nach Nord noch gar nicht richtig begonnen. Früher oder später jedoch können die Massen sich in Marsch setzen, denn »der Mensch ist ein eminent wanderungsbereites Wesen; die Vermehrungsrate sorgt bei fast drei Viertel der Menschheit für ununterbrochen anwachsenden Überbevölkerungsdruck«. (Hubert Markl in »Dauerlauf in die Sackgasse«, abgedruckt in »Die Zeit« Nr. 37/1994). Wie aber können wir die Men-

schen in ihren Heimatländern halten? Mit Machtmitteln sicherlich nicht. Es wird kaum etwas anderes übrig bleiben,
als in einer gigantischen Anstrengung aller Industrieländer
zu versuchen, die ökonomischen Überlebensbedingungen in
den armen Ländern zu verbessern. Reicht die Zeit? Die Frage dürfen wir uns nicht stellen. Sie rechtfertigt keinen At-
tentismus. Wir werden beim Wiederaufbau zum Teil verfal-
lener WIrtschaftsstrukturen helfen und vor allem unsere
Märkte öffnen müssen. Täuschen wir uns nicht: die konsequente Öffnung unserer Märkte allein schon fordert uns Opfer ab. Sie führt auch bei uns zu Verwerfungen und strukturellen Veränderungen in unserem Wirtschaftsgefüge. Wir
werden uns abgewöhnen müssen, die Konkurrenz aus »Bil-
liglohnländern« (die Erfindung dieses Ausdrucks allein zeigt,
daß wir noch einen weiten Weg in unserem Denken zu gehen
haben!) zu beklagen. Wir sollten sie begrüßen und als neue,
uns selbst revitalisierende Herausforderungen begreifen.
Weltweite Arbeitsteilungen, wie wir sie in der Nachkriegsära
gewohnt waren, wird es künftig immer weniger geben. Moderne Technologien und Kommunikationsmittel geben theoretisch schon heute nahezu jedem Standort seine Chance.
Verschiebungen im weltweiten Wohlstandsgefälle werden
die Folge sein. Das hat Auswirkungen, auch für uns. Sollten
wir sie fürchten?

Fürchten müssen wir nur die Folgen, wenn wir das Rennen
mit der Zeit in den Entwicklungsländern verlieren sollten.

Das ist alles nichts Neues? Richtig! Wenn das aber so ist, wie
rechtfertigen wir dann unser bisheriges Verhalten? Die be-
denkenlose Verschwendung unserer Ressourcen, während
vor unseren Augen der Turm der unbezahlten Rechnungen
immer höher wächst?

Der Aufschwung mag an Fahrt gewinnen, die Zahlen mögen besser werden. Freuen wir uns darüber! Und seien wir
dankbar für das Geschenk neu gewonnener Handlungsspielräume! Aber gehen wir weise mit ihnen um. Nutzen wir
das Geschenk wiederum nur zur Verteilung nicht lebensnot-
wendiger Wohltaten an uns selbst, versagen wir vor der Ge-

schichte, machen wir uns mitschuldig an der Zerstörung der Lebensgrundlagen unserer Kinder und Enkel. Denn das Gesetz des Einatmens und des Ausatmens entfaltet seine Kraft nur an einem gesunden Organismus, dessen Lebensbedingungen intakt sind. Für dessen Gesundheit aber kann und muß man etwas tun. Doch das erfordert Aufmerksamkeit und ständige Anstrengung. Einfach darauf zu vertrauen, das Füllhorn werde sich schon von selbst immer wieder über uns leeren, wäre leichtfertig. Warum eigentlich gerade über uns?

Biographie
Hans Graf von der Goltz

Geb. 22. September 1926 in Stettin, verheiratet, 3 Kinder.

1946–1948 Studium der Rechte, Universität München; 1948 Erste juristische Staatsprüfung in München, 1949–1952 Referendarzeit in München und Düsseldorf; 1952 Große juristische Staatsprüfung in Düsseldorf; 1952–1956 Deutsche Kreditsicherung KG, Düsseldorf; 1956–1959 International Finance Corporation, Washington, D.C.; 1959–1971 Klöckner & Co., Duisburg, zuletzt als Vorsitzender der Gesamtleitung mit Generalvollmacht.

1971: Eintritt in den Interessenbereich Dr. Herbert Quandt, Bad Homburg, als Generalbevollmächtigter von Dr. Herbert Quandt, von 1982 bis 1992 Testamentsvollstrecker nach Dr. Herbert Quandt, gemeinsam mit Frau Johanna Quandt.

Ab 1971 stellvertretender Vorsitzender, von 1978 bis 1979 Vorsitzender des Vorstands der VARTA AG, von 1979 bis 1983 Vorsitzender des Aufsichtsrats der VARTA AG, von 1983 bis 1993 stellvertretender Vorsitzender des Aufsichtsrats der VARTA AG. Von 1974 bis 1980 Mitglied des Aufsichtsrats der IWKA, Industriewerke Karlsruhe AG.

Von 1980 bis 1985 Vorstandsvorsitzender der ALTANA Industrie-Aktien und Anlagen AG. Seit 1985 Mitglied des Aufsichtsrats der ALTANA AG, von 1985 bis 1990 als Vorsitzender, seit 1990 als stellvertretender Vorsitzender.

Seit 1974 Mitglied des Aufsichtsrats der BMW AG, von 1980 bis 1993 als Vorsitzender, seit 1993 als stellvertretender Vorsitzender.

Seit 1991 Vorsitzender des Aufsichtsrats der DELTON Aktiengesellschaft für Beteiligungen.

Seit 1983 Mitglied des Aufsichtsrats der Dresdner Bank AG.

Veröffentlichungen:
1989 Der Rückweg, Kranich-Verlag, Zürich,
1990 Ein Abend in Berlin, Kranich-Verlag, Zürich,
1991 Der Zwilling, Roman, Engelhorn-Verlag, Stuttgart,
1992 Der Gefangene, Roman, Engelhorn-Verlag, Stuttgart,
1994 Der Schatten, Roman, Engelhorn-Verlag, Stuttgart,
1995 Das Mädchen hinter der Hecke, Roman, Engelhorn-Verlag, Stuttgart.

Kun-Hee Lee
Chairman der Samsung-Gruppe

Kun-Hee Lee
Die Zukunft und unsere Strategie

Die Proklamation des Neuen Managements

In einem Zeitalter der drastischen Veränderungen brauchen wir einen neuen Managementstil, um unser Unternehmen erfolgreich zu führen. Meine Proklamation des Neuen Managements im Juni vergangenen Jahres in Frankfurt, der Samsung-Zentrale in Europa, fand großen Anklang in der koreanischen Gesellschaft und großen Beifall bei den 180 000 Samsung-Mitarbeitern. Die Presse berichtete tagelang über das Neue Management, und es erschienen eine Anzahl von Büchern darüber. Aber meine Worte wurden auch regelrecht vermarktet und der Inhalt zum Teil verzerrt.

Mit dem Neuen Management kündigte ich das Ende des quantitätsorientierten Managements und zugleich den Anfang des qualitätsorientierten Managements an. Seit ich zum Vorstandsvorsitzenden ernannt wurde – nein, eigentlich schon davor –, habe ich alle Mitarbeiter von Samsung aufgefordert, sich am Qualitätsmanagement zu orientieren. Daraufhin haben wir partiell positive Änderungen erzielt, aber leider setzt Samsung immer noch auf das Managementkonzept von Quantität anstelle von Qualität. Ich mußte feststellen, daß bei Samsung eine negative Unternehmenskultur herrschte. Da erkannte ich die kritische Lage, in der sich Samsung befand.

Samsung ist eines der Unternehmen, die die koreanische Industrie vertreten. Samsung genießt das volle Vertrauen der Koreaner. Nach dem jährlichen Bericht eines renommierten Arbeitsvermittlungsmagazins steht Samsung seit 1987 auf Platz 1 der begehrtesten Arbeitsplätze bei Universitätsabsolventen. Samsungs Leistungsfähigkeit basiert in der Tat auf seinen hochqualifizierten Mitarbeitern, und Samsungs Produkte haben seit Jahrzehnten das Herz der Koreaner erobert. Die meisten Koreaner glauben, daß auch im Zeitalter der intensiven internationalen Wirtschaftskonkurrenz Samsung weiterhin als ein erfolgreiches Unternehmen bestehen wird. Wie enttäuscht wären die Koreaner, wenn Samsung entgegen allen Erwartungen im internationalen Konkurrenzkampf verlieren würde?

Bis 1960 befand sich Korea in den Trümmern des Krieges und im nationalen Chaos. Doch Korea kämpfte 30 Jahre lang selbstbewußt und zuversichtlich für den Fortschritt und erreichte ein außergewöhnliches Wirtschaftswachstum, ein beispielloses Wirtschaftswunder in der Weltgeschichte. Samsung war die treibende Kraft des nationalen Wachstumsprozesses. Wenn aber – bildlich gesprochen – der Anführer einer Herde die drastischen Veränderungen des nationalen und internationalen Umfeldes zu spät erkennt, versetzt er nicht nur sich selbst, sondern die ganze Herde in eine kritische Situation. Die Vorstellung, daß Samsungs Niederlage schwerwiegende Folgen nach sich ziehen würde, machte mein Herz schwer.

Bei dem bloßen Gedanken an eine solche Krise steht mir der kalte Schweiß auf der Stirn, und ich habe deshalb viele schlaflose Nächte hinter mir. Die Krise kommt auf uns zu wie ein Monster in 3D, aber Samsung hat noch nicht einmal angefangen, sich zu dieser Selbsterkenntnis durchzuringen. Als ich feststellen mußte, daß sich in unserem Unternehmen unmoralisches Handeln tief festgesetzt hatte, war ich nicht nur enttäuscht, ich war wirklich entsetzt.

Um eine Wende in der Entwicklung des Unternehmens einzuleiten, gab ich die Frankfurter Erklärung ab, d. h. die Erklärung des Neuen Managements. Die Proklamation war nicht geplant und war auch nicht das Ergebnis einer Sitzung des Führungspersonals. Als ich das Neue Management bekanntgab, überkam mich das Gefühl der absoluten Einsamkeit, das Gefühl, allein mitten im Wirbel der Veränderung und vor einem großen Berg der Verantwortung zu stehen. Zugleich wurde im Angesicht der Krisensituation in mir das Pflichtbewußtsein wach.

Ich versprach an diesem Tag vor allen Mitarbeitern Samsungs, daß ich für die erfolgreiche Durchführung des Neuen Managements meinen Ruf und mein Leben einsetzen werde. Ich forderte alle auf, alles um sich und an sich zu verändern, ihr Privatleben natürlich ausgenommen. Zugleich versicherte ich, daß ich als erster diese revolutionäre Änderung durchführen würde.

Es mag sein, daß die Proklamation des Neuen Managements nur eine kleine Stimme innerhalb der koreanischen Gesellschaft ist, aber für uns Betroffene hat sie eine wichtige Bedeutung – wie z. B. die Erklärung des Kommunistischen Manifests vor 150 Jahren. Die Menschheit hat schon immer, je nach der Situation, in der sie sich befand, die notwendige Erklärung abzugeben gewußt. So gesehen spiegelt die Proklamation des Neuen Managements das Wunschbild des Managements unserer Zeit wider.

Vor und nach der Frankfurter Erklärung hielt ich vor den Mitarbeitern Ansprachen und diskutierte mit ihnen intensiv darüber (in Stunden gerechnet sind es ein paar Tausend). Der Inhalt dieser Veranstaltungen wird bis jetzt zusammengetragen und verarbeitet. Ich habe jedesmal betont, daß die heutige Zeit von uns die Konzentration auf Qualität anstatt von Quantität verlangt und daß wir deshalb auch in unserem Managementkonzept den Schwerpunkt von Quantität auf Qualität verlegen müssen.

In dieser Zeit habe ich meine Meinung und Ansichten über eine breite Palette von Themen, von der Politik bis hin zu Wirtschaftsprognosen, offen dargelegt. Alle Samsung-Mitarbeiter arbeiten jetzt nicht mehr von 9 bis 18 Uhr sondern von 7 bis 16 Uhr. Nach 16 Uhr hat jeder Zeit, sich seinen Interessengebieten zu widmen. Diese Änderung der Arbeitszeit zeigt die aktive Teilnahme aller Mitarbeiter am Neuen Management. Seit der Einführung der geänderten Arbeitszeit haben alle Mitarbeiter diese auch eingehalten.

Ich vertrete die Meinung, daß meine Erklärung in Frankfurt nicht nur Samsung und Korea dienen soll, sondern im weitesten Sinne allen Menschen. Samsung ist nicht länger ein nur koreanisches Unternehmen. Mit dem Neuen Management will Samsung eine Führungsposition unter den internationalen Konzernen erobern.

Alle Menschen auf dieser Welt sind Samsungs Kunden. Damit meine ich: Die gesamte Menschheit ist der potentielle Kunde Samsungs. »Potentiell« deutet auf eine Möglichkeit hin, aber in diesem Fall verstehe ich die Möglichkeit als Wirklichkeit. Nur durch eine solche Denkweise kann man eine Möglichkeit zur Wirklichkeit machen.

Die Geschichte von Samsung

Samsung erzielte in den vergangenen Jahren ein gewaltiges Wachstum. Seit den 60er Jahren wuchs Samsung alle sechs Jahre um das 10fache. 1993 schließlich erzielte Samsung einen Jahresumsatz von 51,5 Milliarden US-Dollar und wurde in *Fortune* als Nr. 14 der weltgrößten Unternehmen vorgestellt. Samsung betätigt sich auf diversen Gebieten, wie z. B. Lebensmittel und Getränke, Kleidung, Papier, Handel und Vertrieb, Elektronik, Bauwesen, Schwermetall, Schiffbau, Chemie, Finanz, Presse, Freizeit usw., und in allen Gebieten war Samsung besonders erfolgreich. Wenn man sich vor Augen hält, daß in den 80er Jahren die durchschnittliche Wachstumsrate der 500 Weltunternehmen von Fortune 6,7% betrug und die von Samsung 23,7%, dann wird einem Samsungs rapide Wachstumsgeschwindigkeit sehr deutlich.

Das Prinzip der Diversifikation erfaßte nicht nur unterschiedliche Industriezweige, sondern auch die ausländischen Niederlassungen. Auslandsniederlassungen sind unabdingbar für ein globales Unternehmen. Auch bei einem Fußballspiel nimmt letzten Endes die Mannschaft, die das ganze Feld gut ausnutzt, eine vorteilhafte Stellung ein.

So hat es sich ergeben, daß Samsung in den Großstädten der ganzen Welt Vertretungen hat. Um dieses große System effizienter zu verwalten, haben wir jeweils in Frankfurt, Singapur, Tokio und New York die regionalen Zentralen für Europa, Südostasien, Japan und Amerika eingerichtet.

Samsungs Wachstum konnte auch nicht von der allgemeinen Konjunkturkrise aufgehalten werden. Das war ein
außergewöhnliches Phänomen in der Wirtschaft, aber für
uns war es keine Überraschung. Samsung konnte sich nämlich durch die »konzentrierte Diversifikation« auch in den
Krisenzeiten behaupten. Denn eine Konjunkturkrise befällt
selten alle Industriebereiche gleichzeitig. Auch in der Zeit der
schlimmsten Konjunkturkrise gibt es Industriezweige, die eine Hochkonjunktur genießen. Wir investierten in zukunfts-
trächtige Wirtschaftsbereiche, und zwar schneller als andere
Unternehmen. Wenn nach der Hochkonjunktur eine Flaute
zu erwarten war, wurde der Gewinn so schnell wie möglich
wieder in neuen vielversprechenden Industriezweigen angelegt.

Solch eine intensive Diversifikation war nur möglich, weil
folgende drei Faktoren vorhanden waren: ›präzise Konjunk-
turprognose‹, ›schnelle Durchführung der Diversifikation‹
und ›strategische Managementkooperation zwischen unseren verschiedenen Unternehmenszweigen‹. Gerade auf diese
drei Punkte hat sich Samsung schon seit langer Zeit konzentriert.

Allerdings kann man nicht leugnen, daß durch das häufige
Umsatteln auf Branchen mit Hochkonjunktur die Unternehmensstruktur von Samsung unübersichtlich expandierte. Als
Folge davon kommt es jetzt immer häufiger vor, daß Samsung
den Einstieg in wichtige Branchen zeitlich verpaßt. Aus diesem Grund haben wir in den letzten Jahren in verstärktem
Maße unsere Unternehmensstruktur neu organisiert.

Als jüngstes Projekt von Samsung kam die Produktion von
Personenkraftwagen dazu. Damit möchte ich aber von der
Zeit, in der wir durch intensive Diversifikation großes Wachstum erzielten, Abschied nehmen. Jetzt ist es höchste Zeit, uns
durch die Spezialisierung und die Konzentration auf die strategischen Branchen auf das kommende Jahrhundert vorzubereiten. Nur so können wir überleben.

Die Zukunft und unsere Strategie

Normalerweise werden ›derzeitige Unternehmensstrukturen‹ und ›derzeitige Managementmethoden‹ als ein Ergebnis der Vergangenheit angesehen. Bis heute war man der Ansicht, daß die Vergangenheit die Gegenwart formt. Aber die ›Gegenwart‹ des kommenden Jahrhunderts wird von der Zukunft bestimmt. In diesem Fall bedeutet die Gegenwart nicht, das was gerade passiert, sondern das, was auf einen zukommen könnte, also Möglichkeit und Potentiale. Die Gegenwart in diesem Sinne ist die Quelle der positiven Veränderung und die Geburtsstätte der unbegrenzten Möglichkeiten. Es wird der Zukunft mehr Bedeutung zugesprochen als der Vergangenheit. Genauso ist es heutzutage wichtig, was ein Unternehmen noch erringen kann und was es noch erreichen muß, nicht was es schon besitzt. Anders ausgedrückt: Die herkömmlichen Manager beschäftigten sich hauptsächlich mit der Verwaltung des Besitzes der Gegenwart und der Vergangenheit. Aber jetzt müssen sie die Strategie für die Gegenwart und die Zukunft aufstellen.

Früher, als noch mit Handfeuerwaffen gekämpft wurde, war es strategisch wichtig, dem Zielobjekt so nah wie möglich zu kommen und dann den Feind mit Patronen zu überschütten. Unbewegliche kleine Objekte werden auf diese Art und Weise angegriffen. Aber bei der Strategie für Kriege mit wärmegelenkten Raketen ist die Präzision von Bedeutung. Das heißt, mit dem Fernlenkgerät muß das Ziel ohne Fehler beim ersten Schuß getroffen werden, oder man wird selbst getroffen. Das ist eine sehr »konkrete« Angriffsmethode für stark bewegliche Objekte. Ähnlich sieht unser Unternehmensumfeld von heute aus. Durch die drastischen Veränderungen kann ein einziger Fehlschlag zum Untergang führen.

Die Aktivitäten der herkömmlichen Unternehmen basierten auf ihrer Leistung in der Vergangenheit und begrenzten sich meist auf das ›Wiederkäuen‹ der vergangenen Einsätze. Um etwas für die Zukunft zu planen, blickte man immer wieder in die Vergangenheit zurück. Aber ein Unternehmen in der Zeit der Diskontinuität muß als erstes an die großen Möglichkeiten der Zukunft denken.

Der enorme Erfolg von Samsung im Halbleiterbereich ist nicht das Ergebnis einer lückenlosen Verwaltung der Gegenwart und der Vergangenheit. Nur die unternehmerische Innovationskraft und das Interesse für die Zukunft machte den Erfolg möglich. Samsung beschäftigte sich schon in den 70er Jahren mit der Zukunft der Industriegesellschaft. So kamen wir auf die Halbleiter. Der Halbleitersektor mußte zahlreiche Hindernisse überwinden und unzählige Fehlschläge hinnehmen. Bis zu dem heutigen Erfolg war der Weg lang und mühsam. Aber wir haben nicht aufgegeben, nein, ganz im Gegenteil: Wir erhöhten jährlich die Investitionen in diesem Bereich. Vor kurzem entwickelte Samsung als erstes Unternehmen der Welt den 256-Mega-DRAM-Halbleiterchip. Damit hat sich Samsung zunächst seine Führungsposition in der Halbleiterindustrie gesichert.

In Zukunft wird es für Unternehmen wichtiger sein, sich auf ihre Stärken zu konzentrieren und diese zu Weltspitzenniveau zu entwickeln. Seine Schwächen auszugleichen, um wenigstens ein durchschnittliches Unternehmen zu werden, lohnt sich heutzutage nicht mehr. Ein mittelmäßiges Unternehmen kann nicht mehr überleben. Nur Unternehmen mit einer besonderen, einer unnachahmbaren Fähigkeit sind konkurrenzfähig.

Auf dem koreanischen Markt hat Samsung eine legendäre Erfolgsgeschichte verwirklicht. Aufgrund seiner ausgeprägten Individualität und seines Leistungsvermögens konnte sich Samsung bis jetzt an der Spitze behaupten. Aber auf dem internationalen Markt sieht die Situation anders aus. Wir müssen uns auf schmerzhafte Fehlschläge gefaßt machen. Aber ich bin der festen Überzeugung, daß Negativfaktoren auch gute Gelegenheiten für Veränderungen bieten. Sie lassen sich überwinden und können sogar zu einer Verbesserung führen.

Das Erkennen des Wesentlichen und das Denken in drei Dimensionen

In letzter Zeit ist das Einsatzfeld eines Unternehmens umfangreicher als je zuvor geworden. Und mehr Variable, deren Veränderungsmöglichkeiten kaum absehbar sind, müssen in Betracht gezogen werden. Die zwischenstaatlichen Grenzen wirken immer weniger als eine Handelsbarriere, und der Kontakt zwischen den Konzernen wird immer enger.

So sieht es aufgrund der Wiederbelebung des Marktprinzips äußerlich so aus, als ob politische Maßnahmen der Regierung und das Management eines Unternehmens immer weniger miteinander zu tun haben, aber in Wahrheit ist deren Wechselwirkung beachtlich. Politische Maßnahmen orientieren sich stärker an den Prinzipien des Managements. Das Management wiederum hat eine überdimensionale Größenordnung gewonnen, so daß es auf politische Maßnahmen Rücksicht nehmen muß. Es gibt immer häufiger Fälle, in denen die Auswirkungen von Unternehmensentscheidungen jene der politischen Maßnahmen übertreffen. Dieses Phänomen der gegenseitigen Durchdringung von Politik und Wirtschaft wird in Zukunft als ein heißes Thema zur Debatte stehen.

In der Vergangenheit war ein Unternehmen eine strukturierte Gruppe, die Wert auf ihre Selbstentfaltung legte. Deren Grenzen waren klar zu erkennen: Der Aufwand und die daraus folgenden Erträge konnten durch genaue Zahlen ausgedrückt werden. In den Augen eines außenstehenden Betrachters war ein solches Unternehmen wie ein Schauspieler auf der isolierten Bühne, eine alleinstehende Existenz, der man nur zuschauen konnte. Aber von nun an müssen die Unternehmen ein »Platz der Beteiligung« werden. Eine positive Entfaltung des Unternehmens ist erst dann gesichert, wenn sich das Unternehmen mit der Gemeinde am jeweiligen Standort, dem benachbarten Network und den Kunden als eine Einheit identifizieren kann.

In einer Zeit, in der der Wirkungskreis eines Unternehmens sich von Grund auf ändert, ist es wichtig, durch die komplexen äußerlichen Veränderungen hindurchzusehen und die grundlegenden Eigenschaften einer Sache erkennen zu können. Das ist der Grund, warum ich unsere Mitarbeiter immer wieder auffordere, sich eine grundlegende, eine dreidimensionale Denkweise anzueignen. Wenn man die grundlegenden Eigenschaften einer Sache nicht erkennt, ist ein souveränes Leben nicht möglich, und man bleibt immer eine außenstehende, passive Existenz. Wenn man z. B. das Prinzip einer U-Bahn nicht kennt, kann man nicht von »mit der U-Bahn fahren« sprechen, vielmehr ist es ein »von der U-Bahn gefahren werden«. Das Leben ist eben so.

Als Kind habe ich viele Sachen gekauft, die ich dann auseinandergenommen habe, um sie von innen zu betrachten. Und das prägt mehr als vieles andere. Durch solche Aktivitäten war es mir möglich, nicht nur Antworten auf Fragen zum äußeren Erscheinungsbild zu bekommen, sondern mir auch anzugewöhnen, in die Dinge hineinzusehen. Ich lernte daraus, daß jedesmal, wenn sich der Blickwinkel ändert, auch die Dinge anders aussehen, und daß man so das Existenzprinzip einer Sache zumindest für »eine kurze Zeit« erkennen kann.

Ich bin überzeugt davon, daß man erst die genaue Eigenschaft einer Sache erkennen kann, nachdem man diese Sache aus allen möglichen Blickwinkeln betrachtet hat. Wie z. B. die vielen Veränderungsmöglichkeiten einer Sache und die verschiedenen Bedeutungen eines Wortes je nach dem Kontext. Natürlich ist dies nicht die einzige Methode, sich der genauen Definition zu nähern, aber bestimmt die effektivste. Ich denke, wenn jemand schon dreimal mit Genuß ferngesehen hat und sich trotzdem nicht für das Innere des Fernsehers interessiert, kann er kein guter Manager sein.

Im Stande zu sein, eine Sache aus mehreren Blickwinkeln zu betrachten, nenne ich eine räumliche oder dreidimensionale Denkweise. Sich eine solche Denkweise anzugewöhnen verlangt übermenschliche Bemühungen, welche ich aber von Managern erwarte. Als das Haupt einer strukturierten Grup-

pe muß ein Manager in der Lage sein – und das mit höchster
Gewandtheit – zu wissen, beizubringen, zu handeln, Anweisungen zu geben und zu bewerten. Aus diesem Grund nenne
ich einen Manager einen »Allroundentertainer«.

Die grundlegenden Aktivitäten des Unternehmens

Unternehmen und Management sind eine charakteristische
Erscheinung unserer Zeit. Das Auftreten von Konzernen
könnte, von der Wichtigkeit her, sogar mit der Entwicklung
von Großstädten im Zuge der Industrialisierung verglichen
werden. Was ist nun die grundlegende Eigenschaft eines Unternehmens, das sich zum größten Produkthersteller unserer
Zeit entwickelt und diese Position gefestigt hat?

Seit der Geburt des Kapitalismus standen Unternehmen als
eine führende Gruppe der Gesellschaft an der Spitze von
ideologischen Auseinandersetzungen. Unternehmen haben
zu jeder Zeit gegen psychische und physische Einschränkungen kämpfen müssen, und deswegen waren sie auch die Bühne für Experimente des menschlichen Leistungsvermögens.
Unternehmen haben nicht nur eine avantgardistische, hoch
entwickelte Unternehmensstruktur und -kultur geschaffen,
sondern auch die materielle Basis des Wohlstands unserer
Gesellschaft.

Zwar haben sich die Unternehmen nicht direkt für den
Fortschritt der Geschichte oder das Wohl der Menschheit
ausgesprochen, aber letzten Endes haben die Unternehmen
einen großen Beitrag dazu geleistet. Unternehmen standen
neben der Kunst immer an der führenden Stelle unserer Gesellschaft. Wenn die Kunst auf persönlicher Ebene gewirkt
hat, dann hat das Unternehmen auf strukturierter und kollektiver Ebene gewirkt.

Wie man sieht, kann die grundlegende Aufgabe eines Unternehmens darin liegen, als Bühne für Experimente zu dienen. Aber man kann auch anders denken. Ich persönlich bin
der Ansicht, daß die grundlegende Aufgabe eines Unterneh-

mens in der jetzigen Zeit darin besteht, dem Verbraucher Produkte (bzw. Service) von Spitzenqualität so schnell und so preiswert wie möglich zur Verfügung zu stellen. Bei der Durchführung dieser Grundsätze können viele verschiedene Methoden angewandt werden. Aber die Grundeinstellung der Unternehmen wird sich in der nächsten Zeit wohl kaum ändern. Aus diesem Grund sollte sich ein Manager, welche Methoden er auch anwenden mag, die grundlegende Aufgabe eines Unternehmens, nämlich Produkte von Spitzenqualität schnell und preiswert anzubieten, einprägen.

Ein Manager, der sich einer solchen grundlegenden Eigenschaft des Unternehmens nicht bewußt ist, kann in der Flut der betriebswissenschaftlichen Theorien nicht standhalten. Man darf auch nicht vergessen, daß alle diese Grundsätze auf dem philosophischen Prinzip ›Der Mensch steht an erster Stelle‹ basiert.

Qualitätsmanagement

»Qualitätsorientiertes Management« wird meiner Meinung nach zukünftig einer der wichtigsten Begriffe des Managements werden, weil für die Menschen zunehmend die Zukunft, nicht die Vergangenheit, die Qualität und nicht die Quantität von Bedeutung sind.

Wie zuvor erwähnt, bewegt sich die Zeitachse immer mehr von der Vergangenheit in die Zukunft. Dies bedeutet für das Unternehmen, daß es sich auf Qualität anstatt auf Quantität konzentrieren muß. Die ›kontinuierliche Beständigkeit‹ der Vergangenheit rechtfertigt zwar eine auf Quantität basierende Denkweise, aber die ›Unbeständigkeit‹ der Zukunft fordert eine qualitätsorientierte Veränderung. Bis jetzt haben Unternehmen in Betracht des beständigen Umfeldes mehr Wert auf die Quantität gelegt. Aber im Zuge der vielfältigen Veränderungen, muß die Qualität an erster Stelle stehen.

Unternehmen, die in der Vergangenheit mit der Quantität gegeneinander konkurrierten, haben nun, unter dem Einfluß der Marktöffnung und des Informationsflusses, mit der Qualitätskonkurrenz begonnen. Die Quantität, einst die Quelle der Wettbewerbsfähigkeit, ist nun dem Veränderungsprozeß im Wege. Es ist, als ob jemand mitten im Wettrennen die Läufer zum Umkehren auffordert: Der bis dahin Schnellste ist nun der Letzte.

Ich sage meinen Mitarbeitern immer, mangelhafte Produkte sind wie Krebszellen. Magengeschwüre können geheilt werden, aber Krebs entwickelt sich immer weiter. Kümmert man sich nicht im Anfangsstadium darum, dann führt er drei oder fünf Jahre später zum Tod. Wird man im Anfangsstadium operiert, kann man völlig geheilt werden. Ist der Krebs aber bereits im dritten Stadium, indem er sich ausgebreitet hat, ist es zu spät. Auch eine Operation hilft dann nicht mehr.

Qualitativ nicht-optimale Produkte herzustellen wäre eine Sünde den Verbrauchern gegenüber. Ich finde, daß die Mitarbeiter sich nicht, wie früher üblich, beim Direktor oder Vorsitzenden des Unternehmens entschuldigen sollten, sondern bei den Verbrauchern. Wozu sich nach dem Vorsitzenden richten? Ich wünsche von meinen Mitarbeitern, daß sie größeren Respekt vor den Verbrauchern haben als vor mir.

Wenn das Unternehmen einen deutlichen Schwerpunkt auf Qualitätsmanagement setzt, dann heißt das, daß dieses Unternehmen Achtung vor den Menschen hat. Die Achtung der Menschen ist dann nicht nur ein Lippenbekenntnis, sondern eine tiefe Erkenntnis.

Denn Qualität bezieht sich nicht auf äußerliche Eigenschaften des Menschen, sondern auf die im Inneren eines Menschen vorhandenen Charaktereigenschaften wie Kreativität, Flexibilität, Einsichtsvermögen und ein warmes Herz für die Mitmenschen. Qualität ist im Willen und Geist des Menschen vorhanden.

Deshalb kann man ein qualitätsorientiertes Management konkret als humanes, an den Menschen orientiertes Management umschreiben. Die Erkenntnis dieser Tatsache wird ausschlaggebend sein für die Wettbewerbsfähigkeit des Unternehmens. Wenn ein Unternehmen nicht fähig ist, dies zu erkennen, wird es im zukünftigen Konkurrenzkampf untergehen.

Für eine erfolgreiche Zukunft

Die Aktivitäten der Unternehmen von heute haben eine globale Größenordnung. Das führt dazu, daß die Vorgehensweise bzw. Strategien der Unternehmen sich immer ähnlicher werden. Das heißt, in den Zeiten, als die Betätigungsgebiete verschieden waren, hatten die Unternehmen je nach den Besonderheiten ihrer Einsatzorte verschiedene Führungsmethoden. Aber jetzt ist die ganze Welt letzten Endes ein einziges wirtschaftliches Aktionsfeld geworden, und damit verschwinden die methodischen Unterschiede rapide.

Heute ist jedes Unternehmen bestrebt, die ihm offenstehenden, weltweiten Chancen wahrzunehmen. Hindernisse wie Ideologie und politische Systeme sind nicht mehr vorhanden. Jedes Unternehmen erfolgt die höchste Effizienz und setzt einen deutlichen Schwerpunkt auf »normgerechte Produkte«, »normgerechtes Marketing« und »normgerechte, qualifizierte Mitarbeiter«.

Aber die Globalisierung des Unternehmens bedeutet nicht ausschließlich ein Gleichwerden aller Unternehmen. Langfristig gesehen werden sich die Unternehmen nicht ähnlich, sondern sind bestrebt, ihre Individualität und ihre besondere Stärke zu entwickeln. Durch die grenzenlose Ausdehnung des Tätigkeitskreises der Unternehmen sind auch die Mittel im Kampf um die Konkurrenzfähigkeit vielfältiger geworden. Diese breitgefächerten Koordinierungsmöglichkeiten der Wettbewerbsmittel werden von den Unternehmen auf ihre besondere und charakteristische Weise wahrgenommen, um die Oberhand zu gewinnen.

Früher glaubte man an eine musterhafte und normgerechte Managermethode, aber die Unternehmen von heute schütteln diese herkömmliche Denkweise ab und eignen sich je nach Situation einen charakteristischen Managementstil an. Das heißt, eine Unterscheidung des Managementstils in ›japanisch‹, ›amerikanisch‹ oder ›europäisch‹ ist bedeutungslos geworden. Jedes Unternehmen hat seinen eigenen Managementstil. In Zukunft bedeutet Management, gegen die Lehren der herkömmlichen Betriebswissenschaft zu rebellieren.

In der ganzen Welt und in unserem Alltag treten dramatische Veränderungen ein. Den Grund für diese Unbeständigkeit suchte E. Toffler in dem schnellen Informationsfluß. Er vertrat die Theorie des revolutionären Bruches der Gegenwart mit der Vergangenheit und der Zukunft. Er war der Meinung, daß ein neues, vielfältiges Jahrhundert auf uns zukommt. Aber ich will nicht von einer derartigen radikalen Zäsur sprechen.

Es ist zwar wahr, daß wir uns in einer Zeit der rapiden Veränderungen befinden. Aber wir können aus der Geschichte etwas lernen, und ein offenes Ohr für die Klugheit unserer Vorfahren zu haben, ist hilfreich. Denn eine völlige Abwendung von der allgemeinen Menschlichkeit, die schon in den alten Weisheiten erwähnt wird, wird negative Folgen haben.

Im 21. Jahrhundert werden konträre Gefühle und Ereignisse wie Hoffnung und Besorgnis, Spaltung und Vereinigung koexistieren. Durch die Entwicklung und Anwendung der Spitzentechnologie wird ein reichhaltiges Leben höherer Dimensionen ermöglicht, aber zugleich wird auch Angst und Sorge wegen der zunehmenden Umweltzerstörung und des Verlusts der Menschlichkeit weit verbreitet sein. Zwar spricht Toffler von einer Spaltung der Menschheit, des Volkes und der einzelnen Personen durch den Informationsfluß, aber das ist sicher nur eine einseitige Betrachtung.

Die Informationsgesellschaft bewirkt nicht nur eine Spaltung und Heterogenität des Lebens und der Menschen, auch der Prozeß der Angleichung wird schneller vor sich gehen. Das heißt, in Zukunft werden wir heterogene und homogene Entwicklungen zur gleichen Zeit erfahren. Daher wird die Synergiewirkung der Bemühungen einer Gruppe von Menschen und die Dynamik einer Gemeinschaft ein beachtlicher Faktor in unserer Gesellschaft bleiben.

Die Zukunft ist eine Ära des perfekten ›Sich-etwas-Vormachens‹. Bis jetzt haben die Unternehmen dem Kunden vorgemacht, sie würden dem Kunden dienen, wobei sie doch ihrem Gewinn nachgegangen sind. In Zukunft läßt sich kein Mensch mehr mit solchem ›Theater‹ täuschen. Die Unternehmen müssen sich selbst vormachen, ›dem Kunden zu dienen‹. Dann aber muß sich das Unternehmen völlig in das Stück auf der Bühne hineinversetzen, weil es sonst die Zuschauer nicht beeindrucken kann. Wenn man einmal darüber nachdenkt, wird einem klar, daß dieses ›Sich-selbst-etwas-Vormachen‹ nicht mehr Theater ist, sondern identisch wird mit der Wirklichkeit. Nach diesem Muster muß das Unternehmen den Kunden, der Gesellschaft und der Umwelt gegenüber seine Verantwortung tragen und einen positiven Beitrag leisten. Dasselbe gilt auch für die Auslandsaktivitäten. Die internationalen geschäftlichen Aktivitäten sollten von dem Leitsatz geprägt sein, als ein verantwortungsbewußtes Unternehmen aufzutreten, das zum Wohlstand der regionalen Gemeinden beiträgt, in denen es tätig ist. Nur so kann man selbst Gewinne erzielen.

Ich werde die auf uns zukommende Krisensituation mit Ehrlichkeit und Offenheit angehen. Ich glaube an das berühmte Sprichwort:»Ehrlichkeit ist das beste Mittel«. Nach meiner persönlichen Erfahrung hat sich in einer schwierigen Lage die Ehrlichkeit als beste Lösung erwiesen. Deshalb frage ich mich, wenn ich in einer kritischen Lage bin, ob ich mir selbst gegenüber ehrlich bin.

In einer Zeit der Koexistenz von Spaltung und Vereinigung, der Globalisierung, der offenen Informationsgesellschaft und des perfekten ›Sich-etwas-Vormachens‹ muß das Unternehmen und dessen Führung die feste Überzeugung haben, daß das Wohlergehen der Kunden, der Geschäftspartner und der Mitarbeiter zugleich sein eigenes Wohl bedeutet. Mit dieser Überzeugung ausgerüstet können wir zuversichtlich einem neuen Zeitalter entgegengehen.

Biographie
Kun-Hee Lee

Lee Kun-Hee ist Chairman der Samsung-Gruppe, die unter den Firmen in der Welt den 14. Rang belegt.

Als dritter Sohn von Lee Byung-Chull, dem verstorbenen Gründer der Samsung-Gruppe, trat Kun-Hee Lee im Jahre

1987 dessen Nachfolge als Chairman an. Es ist sein Ziel, die Gruppe zu internationalisieren. Seinen Führungsstil hat man den »Geist der zweiten Gründung« genannt. Hierunter vereinigen sich im Prinzip drei Führungsstile: Orientierung auf den Menschen, Technologie und eigenkontrollierte Leitung.

Seine jüngsten Leistungen kamen in seiner Politik des »Neuen Management« zum Ausdruck, die bei der weltweiten Ausdehnung der Firmeninteressen und -strategien von Samsung wegweisend ist.

Kun-Hee Lee ist Vizepräsident des Koreanischen Arbeitgeberverbandes, Vizepräsident der Kommission für wirtschaftliche Zusammenarbeit zwischen Korea und Japan, Vorsitzender des Verbandes der Amateurringer Koreas und der Koreanischen Jugendliga. Für seinen Beitrag zum Amateursport wurde er 1982 mit der Medaille des Präsidenten geehrt. 1991 wurde er außerdem vom Internationalen Olympischen Komitee mit der Olympischen Verdienstmedaille ausgezeichnet.

Kun-Hee Lee hat an der George-Washington-Universität Betriebswirtschaftslehre studiert und von der Waseda-Universität Tokio einen B.A. in Betriebswirtschaft erhalten. Er wurde 1942 geboren und lebt mit seiner Frau, einem Sohn und drei Töchtern in Seoul. Er reitet gern, spielt Tischtennis und liest Bücher über High-Tech und Elektronik.

Helmut Maucher
Präsident der Nestlé AG

HELMUT MAUCHER

Globale Unternehmensstrategie

Globalisierung ist einer der meistgebrauchten Begriffe unserer Zeit. Er darf in keinem Artikel, keiner Rede oder keinem Seminar fehlen. Das ist auch ganz richtig, denn das Phänomen wird die wirtschaftliche und die politische Entwicklung der nächsten Jahre prägen. Mir scheint allerdings, daß der Begriff heute noch restriktiv für gewisse Unternehmenstätigkeiten und -bereiche verwendet wird, was den Blick auf eine viel umfassendere und damit auch folgenreichere Dimension verstellt. Ich nehme die Gelegenheit, meine Meinung zu diesem Thema zu schildern, gerne wahr, bin ich doch der Überzeugung, daß die Globalisierung eine der wichtigsten Entwicklungen der letzten Jahre darstellt und die Wirtschaft auf Dauer und sehr tiefgreifend verändern wird.

Die folgenden Überlegungen sind weitgehend von meiner Erfahrung als Chef der Nestlé AG geprägt. Seit bald vierzehn Jahren stehe ich nun einem Unternehmen vor, das sich wie wohl kaum ein anderes seit Jahrzehnten als global versteht und diesen Anspruch, zumindest von seiner geographischen Ausbreitung her, mit einer gewissen Berechtigung erhebt. Mit rund 500 Fabriken in über 70 Ländern, einem Umsatz von etwa 57 Milliarden Schweizer Franken und 210 000 Mitarbeitern in allen Kontinenten, und mit Tausenden von Produkten, die – vermutlich mit der Ausnahme Nordkoreas – überall erhältlich sind, scheint mir die globale Dimension ausreichend untermauert. Ich möchte im folgenden aufzeigen, daß eine kohärente Unternehmensstrategie den Aspekt der Globalität in allen Tätigkeitsbereichen umsetzen muß ... und daß dies keineswegs immer so leicht ist, wie es manchmal scheint. Dabei sei gleich gesagt, daß ich den Begriff als durchaus positiv auffasse; ich möchte sogar so weit gehen und behaupten, daß industriellen Unternehmen einer gewissen Größe Spitzenpositionen verschlossen bleiben, wenn sie den Sprung in die globale Dimension nicht schaffen.

Konkurrenz in neuem Rahmen

Der sanfte Zwang dazu geht von der Tatsache aus, daß sich das unternehmerische Tätigkeitsfeld auch für kleinere Gesellschaften in den letzten Jahren bedeutend ausgeweitet hat. Die Schaffung wirtschaftlicher Großräume – ich denke an Europa, an Nordamerika mit Mexiko, an Südostasien, das Pazifik-Becken, aber auch an Lateinamerika mit dem Mercosur- und dem Anden-Pakt – bringt neue Chancen für die Unternehmen. Einerseits führen solche Zusammenschlüsse zu einem beschleunigten Wirtschaftswachstum, zu neuer Nachfrage bei Investitions- und Konsumgütern, zum anderen erleichtern sie den Zugang zu neuen Märkten, indem Zölle und andere Handelshemmnisse entweder signifikant gesenkt werden oder ganz entfallen. In die gleiche Richtung geht das neue WTO-Vertragswerk, das weltweit wirkt und in einer Reihe von wichtigen Punkten, wie Patent- und Markenschutz, klare Verbesserungen bringt. Dies trifft für Gesellschaften aller Größenordnungen zu, während früher eine wirklich internationale, breit gespannte Tätigkeit vor allem den Großen vorbehalten war, die das Risiko eines Fehlschlages leichter verkraften und sich dank Erfahrung, Gewicht und Beziehungen rascher durchsetzen konnten als die anderen.

Dazu kommt der politisch-wirtschaftliche Neubeginn in Osteuropa mit seinem noch weitgehend ungedeckten Nachholbedarf bei den Infrastruktur-Aufgaben und dem klaren Willen der Bevölkerung, sich auch im Konsumverhalten westlichen Vorbildern anzunähern. Als Korrelat zu diesen neuen Möglichkeiten haben wir allerdings auch zur Kenntnis zu nehmen, daß die Konkurrenz ebenfalls globalen Charakter erhalten hat. In einer ganzen Reihe von Investitions- und Konsumgütern haben sich neue Anbieter eine praktisch unangreifbare Position aufgebaut, und wo man sich vor einigen Jahren noch hinter einem technologischen Vorsprung in Sicherheit wägte, muß man heute feststellen, daß die Grenzen auch in dieser Hinsicht völlig durchlässig geworden sind. Innovation, Kundennähe, Flexibilität und Qualität sind keinem bestimmten Kulturkreis vorbehalten und die Entwicklungs- und Schwellenländer spielen heute die Karte der »comparative advantages« zu Recht mit steigendem Selbstbewußtsein aus. In diesem Kontext ist auch die ideologische Neuausrichtung zu erwähnen, die im Laufe von wenigen Jahren eine ganze Reihe von historisch begründeten Haltungen zum Verschwinden brachte. Autarkie, Abkoppelung und wie die Schlagworte sonst noch hießen, stehen nur noch bei Dritt-Welt-Bewegungen und in westlichen Soziologie-Abteilungen hoch im Kurs. In den Entwicklungsländern sind sie längst von einer tiefgreifenden Welle der Liberalisierung und der Privatisierung abgelöst worden, die in großen Teilen Asiens und Lateinamerikas einen Wachstumsboom ohnegleichen hervorgerufen hat. In den industrialisierten Ländern ist die resignierende Beschränkung auf »qualitatives« Wachstum neuem Aufbruchswillen gewichen. Nicht ganz freiwillig allerdings, denn zusätzlich zum Druck der Umstrukturierung, die aufgrund der wirtschaftlichen Zusammenschlüsse und der wachsenden Konkurrenz notwendig wurde, brachte auch die gleichzeitige wirtschaftliche Abschwächung Tausende von Arbeitsplätzen zum Verschwinden. Die schmerzlichen Begleiterscheinungen – hohe Arbeitslosenraten, leere Staatskassen, schonungsloses Aufdecken der Nicht-Finanzierbarkeit vieler staatlicher Leistungen – haben in kürzester Zeit das Gerede vom Null-Wachstum zum Verschwinden gebracht, und die Regierungsmannschaften besinnen sich auf eine ihrer Aufgaben zurück, nämlich die Schaffung möglichst guter Rahmenbedingungen für die Wirtschaftstätigkeit.

»Think global – act local«

Ich habe diese etwas lakonische und im Kern durchaus richtige Devise auch folgendermaßen umschrieben: »Global Strategy – Local Commitment«. Diese Differenzierung trägt der Notwendigkeit Rechnung, auch in einzelnen Märkten über den jeweiligen Verhältnissen angepaßte strategische Vorgaben zu verfügen, die den Leitlinien des Gesamtunternehmens keineswegs in jeder Einzelheit zu folgen brauchen. Es ist aber augenscheinlich, daß ein Unternehmen, das sich auf lange Sicht in der Spitzengruppe seines Tätigkeitsbereiches behaupten will, sich in seiner Produkt- und Markenstrategie nicht mehr auf sein engeres Einzugsgebiet beschränken kann. Noch darf es einen Konkurrenten nur deshalb nicht zur Kenntnis nehmen, weil dieser sich auf einem anderen Kontinent im gleichen Feld breitmacht, möglicherweise sogar mit einer ganz anderen Technologie. Bei der heutigen Schnelligkeit der Entwicklungen, kann man ihn schon morgen vor der Haustüre finden, möglicherweise als Partner eines lokalen Unternehmens, oder aber seine Technologie wird zur allgemein akzeptierten Norm. Solche Entwicklungen haben sich beispielsweise in der Unterhaltungselektronik mehrmals abgezeichnet, und jeder Generationenwechsel verschärfte die Situation der Unternehmen, die auf das falsche Pferd gesetzt hatten. Wenn man also keine Nischen-Politik betreiben will, oder sich nicht auf die riskante Hoffnung auf den vermeintlichen technologischen Vorsprung verlassen will, dann wird man gut daran tun, seine strategischen Überlegungen über den nationalen oder kontinentalen Horizont hinaus zu machen. Mit welchem Produkt kann ich morgen wo und gegen wen bestehen, lautet die Grundfrage. Muß ich, um Erfolg zu haben, lokal produzieren; wo lassen sich in Herstellung, Verkauf und Vertrieb Synergieeffekte erzielen, Kosten einsparen, Forschungs- und Entwicklungskosten auf eine größere Anzahl verkaufter Einheiten aufteilen? Kann ich den Anwendungsbereich der Marke erweitern, um die Werbekosten besser zu rentabilisieren? Wo muß ich präventiv Produktbereiche belegen, um einen möglichen Mitbewerber nicht zu groß

und zu marktmächtig werden zu lassen? Wo und mit welchen
Produkten kann ich von steigender Kaufkraft und wachsenden Bevölkerungszahlen profitieren, um meine Marken und
mein Unternehmen in einem Zukunftsmarkt richtig zu posi-
tionieren? Wo brauche ich neue Kapazitäten, wo kann ich
mich darauf beschränken, einen Markt durch Agenten oder
eine kleine Verkaufsorganisation betreuen zu lassen? Kann
ich in nützlicher Frist einen neuen Produktbereich aus eigener Kraft erschließen, oder erreiche ich das angestrebte Ziel
rascher und günstiger mit einer Akquisition oder gar durch
ein Joint-venture mit einem Partner? Und wenn diese Lösung
gewählt wird, um welchen Partner handelt es sich, wo erschließen sich potentielle Konfliktfelder, und wo laufen unsere Interessen parallel? Wie weit geht seine Handlungsfreiheit
gegenüber seinen Kapitalgebern; kann er sich die gleiche
langfristige Betrachtungsweise erlauben, oder ist er dem
Druck der kurzfristig orientierten Investoren so stark ausgesetzt, daß er nach einigen Anlaufschwierigkeiten entmutigt
das Handtuch werfen wird? All diese Überlegungen führen
dazu, daß ich die Euphorie um Allianzen nicht teile. Wir sind
auf internationaler Ebene nur drei solcher Verbindungen mit
sehr sorgfältig ausgewählten Partnern eingegangen. Grund
dafür war die Einsicht, daß in den drei klar eingegrenzten
Tätigkeitsfeldern ein Joint-venture tatsächlich die beste Lösung darstellte und ein Alleingang zuviel Zeit und Geld geko-
stet hätte. Eine ganz zentrale Frage lautet schließlich: Ist die
historisch gewachsene Struktur meines Unternehmens, ist
sein Management-Stil der absehbaren Größe noch angepaßt,
läßt sich das Geschäft noch führen, und entspricht seine Kultur den erweiterten Tätigkeitsbereichen?

Überlegungen dieser Art lassen sich nicht auf einzelne Länder beschränken, noch machen sie Sinn, wenn nicht die Ressourcen des Gesamtunternehmens in die Rechnung einbezogen werden. Jeder Entscheid muß darauf untersucht werden,
ob er mit der Gesamtstrategie vereinbar ist, oder ob man damit nur einen taktisch wohl reizvollen, aber langfristig kräf-
te- und zeitraubenden Nebenkriegsschauplatz eröffnet. Es ist
also sicher falsch, sich die strategischen Grundlinien von Ein-

zelsituationen diktieren zu lassen; genau so gefährlich ist es aber, bei der Umsetzung der Strategie vor Ort streng nach Schema X vorzugehen, und sich damit der nötigen Flexibilität zu berauben, denn gerade bei Konsumprodukten spielt die Rücksichtnahme auf lokale Gewohnheiten, Kultur und sogar religiöse Vorschriften eine wichtige Rolle. Daneben gilt es auch, der Konkurrenzsituation und der Kundenstruktur in den einzelnen Ländern Rechnung zu tragen. Aus all diesen Gründen sind der Globalisierung strategischer Überlegungen gewisse Grenzen gesetzt.

Das Bestreben, in dieser wichtigen Frage ein gewisses Gleichgewicht beizubehalten, war mit ein Grund für die Einführung eines dezentralisierten Führungssystems mit traditionell starker Autonomie und breitem Entscheidungsspielraum der Länderchefs bei Nestlé. Weltweite Strategie, finanzpolitische Fragen, grundsätzliche Punkte der Markenpolitik und die Forschung sind dem Zentrum vorbehalten, das sich im Operationellen hingegen so weit wie nur möglich zurückhält. Während uns früher diese Wahl durch die Umstände – Distanzen, fehlende Kommunikationsmittel usw. – beinahe aufgezwungen wurde, stellt sich seit Jahren heraus, daß auch im globalen Wettbewerb jeder andere Führungsstil mehr Nachteile brächte. Einmal abgesehen von Motivation, Identifikation mit dem Unternehmen, der Schaffung überschaubarer und flexibler Einheiten, läßt sich mit der Dezentralisierung nämlich auch das Aufgehen im lokalen Kontext bewerkstelligen. Ich habe schon dessen Bedeutung für den Erfolg am lokalen Markt angesprochen. Es geht aber um mehr: Um langfristig ein Gefühl für das Land, seine Aussichten und seine voraussehbare Entwicklung zu bekommen, gibt es wohl kein besseres Mittel als lokal zu produzieren. Im täglichen Kontakt mit Behörden, Produzenten von Rohstoffen, industriellen Zulieferern, dem Handel, den Mitarbeitern und den Kunden baut sich das Unternehmen Kenntnisse und Erfahrungen auf, die dem bloßen Importeur kaum zugänglich sind. Mehr noch: Eine industrielle Präsenz ergibt eine viel breitere Spannweite von Kontakten und ein Profil gegenüber Behörden und Bevölkerung, die auf rein kommerzieller Basis nicht zu verwirklichen sind. Niemand kann die langfristige Bedeutung einer industriellen Investition ignorieren, noch das »commitment«, das dahinter steht. Auf die Dauer gesehen läßt sich im wirklich globalen Unternehmen der Konsumgüter-Industrie eine Vervielfachung der Produktionsstandorte nicht umgehen; wo ein Land von Umfeld, Struktur und Bevölkerungsgröße her eine industrielle Ansiedlung rechtfertigt, wird ein Entscheid in dieser Richtung wohl zur Regel werden.

Die Vorteile für das Gastland sind klar: Schaffung von Mehrwert an Ort und Stelle, Deviseneinsparung durch Importsubstitution, Transfer von industriellem, kommerziellem und Führungs-Wissen an die Mitarbeiter, um nur einige der klassischen Argumente für ausländische Direktinvestitionen aufzuführen. Insgesamt aber noch bedeutender ist die Effizienzsteigerung der einheimischen Wirtschaft, von Infrastruktur, Dienstleistungen, Zulieferbetrieben und Konkurrenten, die dank der Ansiedlung ausländischer Unternehmen und neuer Wettbewerbsituationen zustande kommt. Auch die einzelnen Behörden und Ämter, vom Industrieministerium bis zum Steuereinzieher, sehen sich unvermittelt mit neuen Methoden und Anforderungen konfrontiert und werden, oft allerdings mit zeitlicher Verzögerung, gezwungen, sich internationalen Gepflogenheiten anzunähern. Das Scheitern fast aller Staatsbetriebe und die astronomisch hohen Summen, die für den Schuldendienst und zur Refinanzierung aufgewendet wurden, aber auch über die Jahre entgangene Steuereinnahmen haben bei vielen Ländern zu einer Neubewertung ausländischer Direktinvestitionen geführt, und das Beispiel all jener Staaten, die durch eine Politik der Öffnung in kürzester Zeit leistungs- und wachstumsfähige Volkswirtschaften aufgebaut haben, ist in Entwicklungs- und Schwellenländern aufmerksam zur Kenntnis genommen worden. Es ist diese Effizienzsteigerung, dieser Zwang zur Rationalisierung und Verbesserung der Produktivität, die ein wirkliches Ausspielen der »comparative advantages« erst möglich machen.

Entgegen einer überholten Betrachtungsweise handelt es sich dabei keineswegs nur um niedrigere Löhne oder um »Sozialdumping«, wie es im protektionistischen Gedankengut

immer noch herumgeistert, sondern um Faktoren wie Alters-
aufbau der Bevölkerung, Verfügbarkeit von Arbeitskräften,
klimatische Bedingungen, Rohstoffe, Reglementierungsdich-
te, Technologiefreundlichkeit usw. Ein wirklich globales Unternehmen muß diese einzelnen Voraussetzungen und ihr
Zusammenwirken in ihren Einzelheiten kennen und in einer
langfristigen Perspektive beurteilen können. Nur dann kann
es in seinen Investitionsentscheiden die Ressourcen so einsetzen, daß geschäftlicher Erfolg – und damit der nötige cash
flow für die Investitionen –, Präsenz in den zukunftsgerichte-
ten Märkten und Risikostreuung gewährleistet sind.

Management und Mitarbeiter

Ich bin zutiefst davon überzeugt, daß dieses Verständnis und
diese Offenheit nur mit einem wirklich international zusam-
mengesetzten Management zu erreichen sind. Wenn ich mir
manchmal die recht vollmundigen Absichtserklärungen auch
großer Gesellschaften vornehme, werfe ich gerne einen Blick
auf die Zusammensetzung der Führungsmannschaft. Wenn
man da ein wenig am Lack kratzt, wird die Kluft zwischen
Wunsch und Wirklichkeit bald klar. Da ist weder auf der ersten, noch auf der zweiten oder gar dritten Stufe die Voraussetzung für wahre Internationalität erfüllt. Entweder ist der
Heimatmarkt, oft das Herkunftsland des Unternehmens, im
Gesamtumsatz noch so überwältigend wichtig, daß die »Auslandsaktivitäten« wirklich nur als Durchlauferhitzer für junge Manager dienen, die sich während zwei, drei Jahren ihre
Sporen in einem »hardship post« abverdienen müssen. Sich
vorzustellen, daß ihre ganze Karriere in einem anderen Kul-
turbereich verlaufen könnte, ist in dieser Situation natürlich
schwierig. Oder aber die grenzüberschreitenden Tätigkeiten
werden weitgehend als Auswuchs der Exportaktivität gedeu-
tet, ohne zu versuchen, in wichtigen Märkten eine eigene,
landesbezogene unternehmerische Identität aufzubauen. Für
die ausländischen Mitarbeiter ist es dabei auch klar, daß ihnen auf Stufe des Landesmanagements, ganz zu schweigen

vom Gesamtunternehmen, ab einer gewissen Stufe der Weg nach oben verschlossen bleiben wird.

Nestlé hatte das Glück, in einem kleinen Land beginnen zu müssen, das bei aller Knorrigkeit traditionell und gezwungenermaßen eine sehr weitgehende Öffnung nach außen entwickelt hatte. Schon die Gründerpersönlichkeiten – Heinrich Nestlé, geboren in Frankfurt, und die amerikanischen Brüder Page – brachten eine internationale Dimension, die bis heute erhalten blieb. Nestlé hatte Italiener und Franzosen an der Spitze und wird heute von einem Deutschen geleitet. In der Generaldirektion sind sechs verschiedene Nationalitäten vertreten, und am Sitz arbeiten Mitarbeiter aus über 60 Nationen. Die Nestlé-Chefs in den verschiedenen Ländern sind oft, aber keineswegs in der Regel, Bürger des betreffenden Landes, und bei der Zusammensetzung des lokalen Managements achte ich sehr darauf, daß wo immer möglich ein internationaler »mix« zustandekommt. Das erhöht die Kreativität, bringt eine neue Sicht der Dinge und frische Ansätze zur Problemlösung in eine Führung und erlaubt es uns, auch auf zweiter und dritter Ebene Persönlichkeiten heranzuziehen, die dank ihrer Erfahrung und der Vielfalt der Fragen, mit denen sie sich auseinanderzusetzen hatten, vielseitig einsetzbar und lernfähig bleiben. Wir haben vor einigen Jahren auch damit begonnen, Mitarbeiter bis hinunter zur Stufe Gruppenchef in einer Fabrik zwischen den einzelnen Ländern auszutauschen. Bei allen Schwierigkeiten, die sich dabei stellen – vom Erhalt von Arbeitsbewilligungen bis hin zur Unterbringung, Familiennachzug und Sprache – hat sich dieses Vorgehen doch weitgehend bewährt. Es erlaubt uns, ein sehr rasches Expansionstempo vorzulegen, ohne durch die Notwendigkeit, unsere Leute erst einmal auszubilden, übermäßig gebremst zu werden. In einem Land wie China beispielsweise, wo der Mangel an genügend ausgebildetem Personal der unteren Führungsstufen das gewichtigste Hemmnis für den Ausbau unserer Aktivitäten bildet, hat sich diese Praxis eingespielt. Wir betreiben heute vier Fabriken und bis in die absehbare Zukunft wird jedes Jahr eine weitere dazukommen. Ohne den Einsatz von Mitarbeitern aus Japan, den

Philippinen und anderen Ländern Asiens läßt sich ein solcher Wachstumsrhythmus nicht bewältigen. Längerfristig aber noch wichtiger ist die internationale Erfahrung, die sich hier ansammelt, und der »esprit de corps« unter unseren Leuten, die eine spätere, noch weit intensivere Zusammenarbeit unter unseren einzelnen Operationen erleichtern werden. In einer Epoche, da praktisch überall auf der Welt größere Wirtschaftseinheiten im Entstehen sind und das innerregionale Zusammenwirken eine ständig größere Bedeutung erhält, sind dies genau die Elemente, die uns gegenüber den Mitbewerbern den organisatorischen und zeitlichen Vorsprung sichern werden. Neben dem Personalaustausch im Rahmen einer bestimmten Weltgegend messen wir auch unserem internationalen Trainingszentrum eine große Bedeutung zu. Hier bringen wir Mitarbeiter aus ganz verschiedenen Gegenden und Kulturen für mehrwöchige Kurse und Seminarien zusammen. Die gemeinsame Arbeit fördert nicht nur das Verständnis für andere Kulturkreise, sondern hilft unseren Mitarbeitern, die Nestlé-Welt und ihre »corporate culture« besser zu verstehen. Diese Unternehmenskultur – jemand hat sie einmal als »Summe aller Selbstverständlichkeiten in einem Unternehmen« definiert – ist natürlich ein Kern-Element der Kohäsion in einer Gesellschaft, die weltweit tätig ist und einen dezentralen Führungsstil pflegt. Aus diesem Grunde haben wir die faß- und definierbaren Elemente der Unternehmenskultur auch auf die wesentlichen und ganz zentralen Aspekte beschränkt.

Kapital und Investoren

Wenn wir unsere Verkäufe in der ganzen Welt realisieren, unsere Mitarbeiter in aller Herren Länder rekrutieren, entspricht es der Logik, auch bei den Besitzern des Unternehmens eine möglichst große Universalität anzustreben. Je nach Herkunftsland eines Unternehmens können sich dabei gewisse Probleme stellen. In der Schweiz hatte sich beispielsweise, als Konsequenz der Kleinheit des Landes, die

Gewohnheit herausgebildet, gewisse Titelkategorien nur
Schweizer Bürgern oder Schweizer Institutionen zugänglich
zu machen. Zusätzlich dazu zwang das Fehlen klarer Über-
nahmeregelungen die Unternehmen zu einer rigorosen Vin-
kulierungspolitik mit einem sehr breiten Entscheidungsspielraum für den Verwaltungsrat. Nestlé hat hier, aufgrund seiner globalen Ausrichtung, als erstes großes Schweizer
Unternehmen einige entscheidende Schritte gemacht, zuerst
mit der Öffnung des Namenskapitals für alle Investoren, dann
mit der Schaffung einer auch international breit eingeführten
Einheitsaktie. Angesichts der sich abzeichnenden Gesetzgebung wird dann auch die Frage der bis jetzt auf drei Prozent
festgesetzten Stimmrechtslimite von 3 Prozent neu zu überdenken sein. Gleichzeitig mit diesen Entscheiden erfolgte
auch die Kotierung unserer Titel an den Börsen von London
und Tokyo und die Einführung von »American Depositary Re-
ceipts« in den USA, von vielen Beobachtern als Vorstufe zu einer Kotierung des Titels an der amerikanischen Börse betrachtet. Die Konsequenz dieser Maßnahmen war eine sehr
rasche Internationalisierung des Aktionariates. Einer der
Vorteile einer global tätigen Gesellschaft ist es ja, sich bei der
Kapitalbeschaffung die Zinsunterschiede und die Kursper-
spektiven der verschiedenen Währungen zunutze machen zu
können, ganz allgemein, sich Kapital dort zu beschaffen, wo
es langfristig am günstigsten ist. Nestlé hatte seit jeher das
Glück, über ein breit gestreutes Spektrum von Investoren,
darunter auch sehr viele individuelle Anleger, zu verfügen.
Mit der Internationalisierung beteiligten sich vermehrt auch
große institutionelle Investoren an der Gesellschaft. Mit der
zunehmenden Bedeutung dieser Investorengruppe und gewissen allgemeinen Tendenzen in der Finanzwelt haben heute Begriffe wie »share value«, der langfristige »return« für
den Investor und »corporate governance« einen erhöhten
Stellenwert. Globale Unternehmen haben sich mit diesen
Strömungen auseinanderzusetzen, und es muß ihnen gelingen, auch diese divergierenden Erwartungen und Zeithori-
zonte unter einen Hut zu bringen. Natürlich bin ich an der
Präsenz großer institutioneller Anleger im Kapital der Firma

interessiert, und sei es bloß wegen der beeindruckenden Mittel, welche auf diesem Weg mobilisiert werden können. Wir sind allerdings darauf bedacht, daß diese Anleger mit uns die langfristigen Interessen des Unternehmens teilen und keine nicht-ökonomischen Ziele verfolgen. Eine weitere Frage in diesem Zusammenhang stellt sich für internationale Gesellschaften natürlich mit der Kotierung an verschiedenen Börsen und all den Konsequenzen, die sich daraus für Rechnungslegung und Berichterstattung ergeben. Ist der »vorauseilende Gehorsam« beim Eingehen auf die Forderungen beispielsweise der Securities Exchange Commission der USA wirklich der Weisheit letzter Schluß, zumal ein unvoreingenommener Vergleich mit internationalen Normen keine signifikanten Vorteile für den Informationsgrad und damit die Entscheidungsfindung der Aktionäre aufzeigt? Es mag ja sein, daß für ein Unternehmen der Zugang zu diesen Kapitalquellen so lebenswichtig ist, daß ihm bis auf weiteres das Führen einer parallelen Buchhaltung zumutbar erscheint.

Ich bin da sehr viel zurückhaltender und weit mehr auf eine wirkliche Internationalisierung des Aktionariats bedacht: Das schafft breite Abstützung im globalen Maßstab, mehr Ausgewogenheit beim Zeit- und Erwartungshorizont und nützliche Kontakte in Weltgegenden, in denen der Zutritt nicht immer sehr leicht zu finden ist. Wenn aber in fernerer Zukunft tatsächlich etwas mehr Flexibilität beim amerikanischen Gesetzgeber zu spüren ist und man sich über den Atlantik hinweg auf gegenseitige Anerkennung der respektiven Normen einigt, wird bestimmt auch unsere Gesellschaft den Weg nach New York antreten. Damit ändert sich für die großen Anleger nicht viel: Schon heute stellen amerikanische Investoren die drittgrößte Gruppe bei unseren Aktionären, und weder die Anwendung der »International Accounting Standards« noch unsere Abwesenheit am Haupttableau von New York bildeten ein ernstzunehmendes Hindernis.

Den globalen Wettbewerb suchen

Die letzten Jahre haben gerade den europäischen Gesellschaften eindrücklich gezeigt, wie wichtig eine breite internationale Abstützung für Wachstums- und Gewinnperspekti-
ven sein kann. Konjunkturzyklen sind in Dauer und Frequenz
immer noch unterschiedlich, trotz der immer engeren Ver-
knüpfung der Volkswirtschaften, und ein wirklich globales
Unternehmen kann sich der Wachstumsimpulse in anderen
Weltgegenden bedienen, um vorübergehende Schwächen anderswo aufzuwiegen. Und da gerade in Kontinenten wie Asi-
en und Lateinamerika die dynamischsten Schwellenländer zu
finden sind, bietet sich hier eine ausgezeichnete Gelegenheit,
die notwendigen Risiken einer globalen Aktivität breiter zu
streuen und sie damit leichter tragbar zu machen. Diese Faktoren spielen auch bei der Verwundbarkeit der Währungen
vieler dieser Länder eine Rolle: Je mehr Währungen mein
Korb umfaßt, desto weniger kann eine plötzliche Abwertung
einer bestimmten Devise meinen Umsatz und Gewinn ernsthaft tangieren.

Nestlé ist natürlich nicht auf einen Sprung in diese globale
Dimension hineingewachsen. Europa, die USA, Teile von Lateinamerika und Länder wie Australien oder Südafrika wurden bereits im ausgehenden 19. und in den frühen Jahren des
20. Jahrhunderts erschlossen. Die Vorgehensweise folgte dabei oft dem folgenden Schema: Zuerst wurde ein lokaler
Agent mit dem Import und dem Vertrieb eines begrenzten
Sortimentes betraut. Nach einigen Jahren baute Nestlé sein
eigenes Vertriebssystem auf und verbreiterte die Palette.
Dann folgte eine Produktion vor Ort, mit einem ständig wachsenden Anteil an lokaler Wertschöpfung. In den Jahren nach
dem Zweiten Weltkrieg setzte die Expansion wieder ein und
umfaßte zusätzlich Südasien, Südost-Asien und den schwarz-
afrikanischen Raum. Die spezifische Situation der Entwicklungsländer erforderte dabei ein neues Vorgehen. In den letzten Jahren verfolgten wir dort eine Doppelstrategie. Einerseits finden unsere traditionellen Produkte eine ständig
wachsende Nachfrage, die auf demographischen Zuwachs

und steigende Kaufkraft zurückgeht. Daneben entwickeln wir, auf Basis lokaler Rohstoffe, Produkte, die auf den Geschmack und spezifische Bedürfnisse des Landes zugeschnitten sind. Verzicht auf allzuviel »convenience« und einfachere Verpackungen tragen dazu bei, diese Produkte einem größeren Teil der Bevölkerung zugänglich zu machen und erhöhen unseren Umsatz. Mit dem frühzeitigen Beginn seiner Globalisierung hat Nestlé bereits eine recht ausgewogene Verteilung des Umsatzes in den verschiedenen Weltgegenden erzielt und sich starke Positionen in den Ländern mit den kräftigsten Wachstumsraten gesichert. Die aus dieser Politik resultierende Wachstumsdynamik wird erst ansatzweise verstanden, aber ich zweifle nicht daran, daß sie von zunehmender Wichtigkeit bei der Beurteilung der Gesamtperspektiven für das Unternehmen ist.

Ein letztes Argument sei schließlich angeführt. Als Nestlé 1985 den amerikanischen Nahrungsmittelhersteller Carnation übernahm, stand auch die Idee dahinter, daß wir uns in den USA nicht mehr auf eine Nischenposition beschränken konnten. Nestlé hatte sich in einigen Gebieten festgesetzt, doch war ihre Produktepalette praktisch seit Anfang an auf einige Spezialitäten begrenzt. Es fehlte vor allem die Dimension, um sich mit den großen lokalen Mitbewerbern messen zu können. Für ein globales Unternehmen stand es außer Frage, daß es sich auch auf diesem sehr umkämpften, anspruchsvollen und rasch reagierenden Markt bewähren mußte und daß sich dieser Lerngang im ganzen Unternehmen bemerkbar machen würde. Im Hintergrund stand natürlich die Erkenntnis, daß es auf die Dauer nicht angehen könnte, sich ausgerechnet in der Welt größter und leistungsfähigster Volkswirtschaft mit einer Nische zu bescheiden, einigen unserer großen amerikanischen Konkurrenten aber vielerorts als marktmächtiger Mitbewerber zu begegnen. Nach einigen Jahren der Reorganisation und der Restrukturierung durch eine Mannschaft, die zum guten Teil von Carnation stammte, war diese Aufgabe bewältigt. Keine Business School und kein Seminar wäre in der Lage gewesen, uns die Erfahrung in so kurzer Zeit und in dieser Breite weiterzugeben. Manche dieser Kenntnisse fließen auch in die anderen Zonen ein, ebenso wie wir Erfahrungen und Prozeduren aus irgendeiner Weltgegend – natürlich mit der nötigen Flexibilität – anderswohin transponieren.

Der Aufbau unserer Forschung trägt dem Rechnung, indem wir die Grundlagenforschung wohl in der Schweiz konzentriert haben, die Technologieentwicklung aber in 20 dezentralisierten Einheiten rund um die Welt betreiben. Dies erklärt sich mit dem Willen, lokalen Bedürfnissen und Rohstoffen näher zu sein, aber auch mit der Absicht, auf lokaler oder regionaler Ebene mit Hochschulen und Forschungsinstituten mit ganz verschiedenen Prioritäten und Erfahrungen einen engen Kontakt zu halten. Vertikale Koordination und horizontale Kommunikation sorgen dafür, daß neue Ansätze rasch untersucht und auf Anwendbarkeit innerhalb unserer Produktpalette oder unserer Verfahren überprüft werden. Diese Struktur entspricht auch den buchstäblich Tausenden von Produkten, die von Gesellschaften der Gruppe angeboten werden und deren verwirrende Vielfalt dem Wunsch entspringt, dem Geschmack und den Bedürfnissen des Verbrauchers so weit wie nur möglich zu entsprechen. Dazu kommen unterschiedliche Gesetzgebungen und Vorschriften, Rohstoffe, Zutaten, Sprachen, Verpackungsgrößen und Anwendungsmöglichkeiten. Natürlich würde uns eine Vereinfachung der Palette das Leben erleichtern – doch gleichzeitig begäben wir uns der Gelegenheit, Millionen von Verbrauchern oft über Generationen hinweg zu begleiten und ihnen Produkte anzubieten, die vom einfachsten »instant-noodle«-Gericht für einige Pfennige bis zur hochtechnologischen Fertigmahlzeit der obersten Preisklasse reichen. In der Beherrschung der verschiedensten Herstellungs-Technologien und in der vertieften Kenntnis der Rohstoffe und ihrer Gewinnung lebt das Unternehmen seinen auch hier globalen Anspruch nach.

Die wirtschaftliche Entwicklung der letzten Jahre hat gezeigt, daß sich in fast jedem Tätigkeitsbereich vier oder fünf große Firmen profilieren, deren Aktivitäten sich als global werten lassen. Ich möchte hier nicht den Eindruck erwecken, als ob damit die Chancen für kleinere Gesellschaften schlechter geworden seien. Zum einen erleichtern es die neuen Wirtschaftsräume gerade den mittelständischen Unternehmen in noch nie dagewesenem Maß, sich über die Grenzen hinwegzusetzen, was früher tatsächlich fast nur den Großen vorbehalten war. Auch zeigt es sich immer mehr, daß eine einmal erarbeitete Position in wenigen Jahren verloren gehen kann, wenn die Struktur einer Gesellschaft oder die Qualität ihrer strategischen Entscheidungen zu wünschen übrig läßt. Diese Prozesse verlaufen heute rascher als noch vor zehn Jahren, und ich kann keineswegs ausschließen, daß die Liste der fünf größten Anbieter in unserem Bereich schon in wenigen Jahren anders aussieht als jetzt. Was Nestlé anbetrifft, bin ich zuversichtlich, daß die Gesellschaft auch über die nächsten Jahrzehnte die in jüngerer Vergangenheit eingebrachten Wachstumsimpulse nutzen kann, um die bereits erreichte vorteilhafte Position auszubauen. Geographische Ausbreitung in die Wachstumsmärkte der Zukunft, eine Verbreiterung der Produktpalette durch die Kombination von innerem Wachstum und strategischen Akquisitionen, eine Führungs- und Kapitalstruktur, die Offenheit und Flexibilität garantiert – die Voraussetzungen scheinen mir gegeben, daß Nestlé auch weit über die Jahrtausendwende hinaus im Konzert der führenden Anbieter mithalten kann.

Biographie
Helmut Oswald Maucher

Geboren am 9. Dezember 1927 in Eisenharz (Allgäu). Nach dem Abitur kaufmännische Lehre bei Nestlé in Eisenharz, anschließend verschiedene Positionen bei Nestlé in Frankfurt und gleichzeitig betriebswirtschaftliches Studium an der Universität Frankfurt mit dem Abschluß als Diplom-Kaufmann.

Von 1964 bis 1980 verschiedene Positionen innerhalb der Direktion bei Nestlé in Frankfurt und ab 1975 Generaldirektor der Nestlé-Gruppe Deutschland, Frankfurt. Schließlich am 1. Oktober 1980 Berufung in die Schweiz als Generaldirektor der Nestlé AG und Mitglied des Exekutivkomitees.

Im November 1981 Ernennung zum Delegierten des Verwaltungsrats der Nestlé AG, Vevey, Schweiz, und seit 1. Juni 1990 gleichzeitig Präsident des Verwaltungsrats der Nestlé AG, Vevey, Schweiz.

Vizepräsident des Verwaltungsrates:
CS Holding, Zürich
Schweizerische Kreditanstalt, Zürich

Mitglied des Verwaltungsrates:
ABB Asea Brown Boveri AG, Zürich
BBC Brown Boveri AG, Baden
Deutsche Bahn AG, Berlin
L'Oréal Paris – Gesparal
»Zürich«-Versicherungsgesellschaft, Zürich

Mitglied des Internationalen Beirates:
Morgan Bank, New York

Reinhard Mohn
Vorstandsvorsitzender der Bertelsmann Stiftung

Reinhard Mohn

Deutschland im Wettbewerb der Ordnungssysteme

Nach dem Ende des Zweiten Weltkrieges standen wir vor den Trümmern unseres Landes und einer Ideologie, welche sich auf die Durchsetzung nationaler Politik mit imperialem Herrschaftsanspruch und die eindeutige Unterordnung des Individuums unter die Interessen der Gesellschaft gründete. Autoritäre Strukturen kennzeichneten dieses weniger auf den Menschen als auf nationale Größe ausgerichtete System. Sein Untergang war ebenso folgerichtig wie das Scheitern hierarchischer und dogmatischer Ordnungen in unserer Zeit. Nach dem Zusammenbruch im Jahre 1945 suchten die Menschen nicht vorrangig nach einer neuen Gesellschaftsordnung. Die alle verbindende Zielsetzung hieß ganz einfach »Überleben«. Die Durchsetzung von Gruppeninteressen spielte damals eine eher geringe Rolle. Es war für jedermann verständlich, daß alle mit anpacken mußten. Diese gemeinsame Überzeugung und die in dem vergangenen Jahrzehnt erlernte Gemeinschaftsfähigkeit schufen eine hohe Leistungsbereitschaft. Als 1948 Ludwig Erhard mit Hilfe amerikanischer Unterstützung die staatliche Verwaltungswirtschaft liberalisieren konnte, wirkten sich der Aufbauwille, die Gemeinschaftsorientierung und der wiedergewonnene Freiraum der Kreativen aus. Deutschland erlebte zum Erstaunen der Welt sein »Wirtschaftswunder«.

In den folgenden Jahren kamen unterschiedliche Einflüsse als Folge der gewollten Erziehung zum Individuum und zur Demokratie zum Tragen. Die Zielsetzung des Überlebens wurde ergänzt durch das Streben nach sozialer Absicherung und materieller Gerechtigkeit. – Das Scheitern des Nationalsozialismus förderte, insbesondere bei der Jugend, die Neigung, auch andere überkommene Institutionen der Gesellschaft in Frage zu stellen. Während ein Teil der Ordnungsstrukturen demokratisch neu legitimiert werden konnte, verloren die für die geistige Orientierung verantwortlichen Institutionen zunehmend ihre Glaubhaftigkeit und damit die Voraussetzung, neue Ziele zu vermitteln. Die Jugend war nicht mehr bereit, unkritisch geistigen Zielvorgaben zu folgen. Mit gleicher Begründung wurden auch autoritäre Ordnungsstrukturen hinterfragt. Die von der Politik vorgegebene Erziehung zum Individualismus und zur Eigenständigkeit verstärkte diesen Trend, verhinderte die Übernahme neuer Dogmen und erschwerte die Vermittlung von Ethik und Gemeinschaftsfähigkeit. Das damals aufkommende Ideal der »Selbstverwirklichung« wurde leider nur unvollständig interpretiert und verstanden. Egoismus und Rücksichtslosigkeit begannen, das Zusammenleben zu charakterisieren. So ist es zu verstehen, daß die neue Generation im Übermaß an sich selbst denkt und zu wenig ihrer Verantwortung für den Nächsten und ihre Pflichten gegenüber der Gemeinschaft gerecht wird. – Der Verlust eines auf gemeinsamen Überzeugungen basierenden Grundkonsenses macht es heute fast unmöglich, in Politik und Wirtschaft zu weiterführenden Konzepten zu gelangen. Unsere Gesellschaft erscheint aufgesplittert in Gleichgültige und Interessengruppen, die im falsch verstandenen Recht zur Selbstverwirklichung ihre Interessen rechthaberisch und rücksichtslos durchsetzen. Der Versuch unseres demokratischen Staates gegenzusteuern, war nicht erfolgreich. Populismus und Gefälligkeitspolitik führten zwar zu mehr Schutz und Gerechtigkeit, aber zugleich auch zu einer Regelungsdichte, welche mehr Sicherheit gewähren sollte – aber in Wirklichkeit die Bewältigung der Zukunft innerhalb des internationalen Systemwettbewerbs erschwerte und damit kontraproduktiv war. In unserer Zeit wird nun der Ruf nach Reformen in dem Maße lauter, wie unsere Leistungsfähigkeit in Staat und Wirtschaft fragwürdig wird. Aber wer ist wirklich bereit und fähig, grundlegende Reformen zu verantworten? Die Stellungnahmen unserer repräsentativen Organisationen in Politik und Wirtschaft zielen eher auf Wahrung der Besitzstände oder auch auf Umverteilung zum eigenen Vorteil als auf die Schaffung eines Konsenses, welcher die Grundlage gemeinschaftlichen Handelns in einer freien Gesellschaft bilden muß.

Ordnungssysteme haben auf Dauer nur Bestand, wenn sie den Aufgabenstellungen ihrer Zeit entsprechen und von der Zustimmung der Menschen getragen werden. Der zunehmende Druck des globalen Wettbewerbs in der Wirtschaft scheint hier die ersten Reformmöglichkeiten herbeizuführen. Wenn große westliche Unternehmen an hierarchischen Strukturen, mangelnder Kreativität und internen Reibungswiderständen scheitern, könnte man das vielleicht noch mit dem zunehmenden Schwierigkeitsgrad in der Unternehmensführung erklären. Wenn aber zugleich in anderen Kulturkreisen gleich große Firmen aufgrund der Identifikation aller Beteiligten mit der Zielsetzung des Unternehmens beachtliche Erfolge vorweisen, müssen dafür andere Gründe vorliegen. Es stellt sich uns entsprechend die Frage, ob die Misere des Standorts Deutschland nicht möglicherweise auf einer Krise unseres Zielverständnisses beruht. – Da ich selbst während meiner Berufsarbeit dieser Frage große Aufmerksamkeit gewidmet habe, erlaube ich mir zu dieser Thematik die nachfolgenden Thesen. Die Legitimation meiner Auffassung scheint mir durch den Erfolg unserer Arbeit und die Identifikation der Mitarbeiter mit unserem Unternehmensverständnis bestätigt zu werden.

Neue Ziele für die Wirtschaft

Die Bedingungen für den Erfolg in der Wirtschaft haben sich in den letzten Jahrzehnten gravierend verändert. Dagegen ist die notwendige Anpassung der Arbeitsweise und des Zielverständnisses der Wirtschaft unterblieben. Als entscheidend verantwortlich für diesen Mangel an Flexibilität müssen das menschlich verständliche Bemühen um Besitzstandswahrung, verbunden mit mangelnder Einsicht, genannt werden.

Der notwendige Wandlungsbedarf in unserer Zeit ist wie folgt zu begründen:

- Aus nationalen Märkten entwickelte sich ein globaler Markt mit sehr viel höheren Anforderungen an Wettbewerbsfähigkeit und Geschwindigkeit bei der Produktentwicklung.
- Die Unternehmensführung und Kontinuitätssicherung wurden schwieriger. Die Aufspaltung der noch im Unternehmer vereinigten Funktionen von Finanzierung und Führung verschlechterte die Führungsleistung. Die Integration des Faktors »Arbeit« ist noch nicht gelungen – mit gravierenden Folgen für die Leistungsfähigkeit.
- Der gestiegene Schwierigkeitsgrad in der Wirtschaft verbietet zentralistische Führungsstrukturen. Nur die Delegation der Verantwortung auf möglichst viele Verantwortliche ist in bezug auf Leistungsfähigkeit und Kreativität zielführend. Dieser Wandlungsprozeß gelingt aber nur dann, wenn die Verantwortungsträger sich mit ihrer Aufgabe und dem Unternehmen identifizieren können. Die dafür notwendigen Bedingungen bestehen in unserer Wirtschaft erst in geringem Umfang.
- Die Steuerung des Wandlungsprozesses setzt neben Führungsfähigkeit auch die Kenntnis und Akzeptanz des heutigen Selbstverständnisses der Mitarbeiter und Führungskräfte voraus. – Auch in der Welt der Arbeit erwarten die Menschen eine Chance zur Selbstverwirklichung. Menschliche Akzeptanz, kooperativer Führungsstil, größerer Freiraum der Führungskräfte, die Möglichkeit der Mitarbeiter zur Mitsprache und mehr materielle Gerechtigkeit durch Beteiligung sind Bedingungen ihrer Identifikation.
- Der notwendige Wandel kann nur gelingen, wenn eine neue Zieldefinition die Interessen aller Beteiligten integriert. Statt des als »Maßstab« brauchbaren Begriffs der Gewinnmaximierung sollte die Zieldefinition folgendermaßen lauten:
• Das übergeordnete Ziel der Wirtschaft ist die Bedarfsdeckung der Gesellschaft. Diesem Anspruch haben sich alle Gruppenziele im Unternehmen unterzuordnen.

• Der Anspruch der Selbstverwirklichung und der Wahrnehmung eigener Interessen gilt für die Angehörigen von Kapital, Führung und Arbeit in gleicher Weise. Es obliegt der
Führung, die dazu erforderliche Koordination unter Beachtung des übergeordneten Unternehmenserfolges wahrzunehmen.

Reformbedarf auch im Staat

Angesichts der vielfachen Abhängigkeit der Wirtschaft von
einer leistungsfähigen staatlichen Verwaltung muß auch dieser große Bereich unserer Gesellschaft auf seine Produktivität und Evolutionsfähigkeit hin überprüft werden. Über die
derzeitigen Kosten, die Regelungsdichte und den Zeitbedarf
der Verwaltung klagen Wirtschaft und Bürger gleichermaßen. Die Mitarbeiter der Verwaltung und des öffentlichen
Dienstes stehen dem mit ihren Wünschen und Beschwerden
nicht nach.
Aus der Diagnose der Situation resultiert:

– Die überkommenen Maßstäbe in der staatlichen Zustän-
digkeit lauten:
• Ordnungsmäßigkeit,
• Planerfüllung.

– Diese Zielsetzung ist heute nicht mehr ausreichend. Die
Gesellschaft muß erwarten:
• Kundenfreundlichkeit,
• Effizienz und Verständlichkeit,
• die Fähigkeit zur Systemverbesserung,
• jährliche öffentliche Berichterstattung.

– Unter den derzeitigen Bedingungen kann diese Entwicklung nicht erreicht werden. Erforderlich sind vielmehr:
• die Fortschreibung der staatlichen Zieldefinition,
• Anwendung des Prinzips der leistungsorientierten Führung und des Wettbewerbs durch Leistungsvergleich,

- Entwicklung von Führungskompetenz und Delegation der Verantwortung,
- statt Führung durch Vorschriften: Zielvorgabe,
- Gewährung von Freiraum für die Systementwicklung,
- für die Mitarbeiter Arbeitsbedingungen, welche ihre Identifizierung mit der Aufgabe ermöglichen – insbesondere Mitsprache und leistungsgerechte Vergütung.

Diese Reformschritte sind ohne großen finanziellen Aufwand in dieser Zeit zu realisieren. Der mögliche Vorteil für die Gesellschaft ist sowohl im Hinblick auf die Leistungsverbesserung als auch bezüglich möglicher Ersparnisse riesig. Die Bereitschaft der Beschäftigten zur Reform ist sowohl bei den Mitarbeitern als auch bei den Führungskräften in hohem Maße gegeben. Erste positive Signale zur Handlungsbereitschaft sind zur Zeit bereits von der Politik als dem Dienstherrn der Verwaltung zu beobachten. Der Beitrag der Politik sollte vor allem darin bestehen, Freiraum für neue Entwicklungen zu gewähren.

Wer wird die notwendigen Reformen durchsetzen?

Die Fortschreibung unserer Ordnungssysteme ist weniger eine Frage der Erkenntnis als der Durchsetzungsfähigkeit. Langfristig betrachtet erscheint gerade die demokratische Gesellschaftsordnung als besonders wandlungsfähig. Allerdings ist der für eine Konsensbildung in bezug auf Reformen erforderliche Zeitbedarf sehr hoch. Die Politik ergreift deshalb weiterführende Initiativen erst sehr spät – und manchmal auch zu spät! Es stellt sich die Frage, ob die Evolution auch von anderen Kräften ausgelöst werden kann und ob ein solches Vorgehen nicht gerade für eine demokratisch verfaßte Gesellschaft in unserer Zeit wünschenswert wäre. So wie in allen großen Organisationen dieser Welt angesichts der Komplexität der Führungsaufgabe das Prinzip der Delegation von Verantwortung eingeführt wird, scheint es mir nur folgerichtig zu sein, auch in der Demokratie die Fortschreibung der Ordnungssysteme von den vorwiegend Betroffenen anzustreben. Solche Reformansätze werden sich durch Praxisnähe auszeichnen. Die von der Politik zu verantwortende gesellschaftliche Integration bleibt notwendig – ist dann aber sehr viel einfacher.

Nachstehend möchte ich die Entwicklungen aufzeigen, welche vermutlich Reformen erzwingen werden:

Reformimpulse in der Wirtschaft

Hier wird der Druck des internationalen Wettbewerbs schon zeitnah Anpassungen bewirken. Dies gilt auch im Hinblick auf relevante staatliche Rahmenrichtlinien. Angesichts eines gewissen Handlungsfreiraums in der Wirtschaft haben Reformvorhaben gute Chancen. Die Erarbeitung der neuen Lösungen wird die Wirtschaft selbst übernehmen. Die Auswertung von Auslandserfahrungen und die wissenschaftliche Analyse ermöglichen einen zügigen Lernprozeß.

Reformzwänge im staatlichen Bereich

Der Rückstand der Systementwicklung sowie der Arbeitsproduktivität sind im staatlichen Bereich besonders hoch. Die daraus folgenden Belastungen für die Wirtschaft und Gesellschaft finden ihre Entsprechung in der Unzufriedenheit der Bürger ebenso wie der Beschäftigten im öffentlichen Bereich. Diese Situation wird politischen Handlungsdruck auslösen. Das Diktat der leeren Kassen wird dabei die Reformbereitschaft verstärken.

Auch die Tarifpartner stehen unter Handlungsdruck

Das derzeitige Zielverständnis der Tarifpartner und ihr Verhandlungsstil sind noch stark von den Erfahrungen der Vergangenheit geprägt. Die Stagnation in unserer Wirtschaft und ihre unzureichende Entwicklungsfähigkeit können zu einer Gefährdung unseres Lebensstandards führen. Die bisher

praktizierte Form der Streitkultur verhindert die für eine Kooperation erforderliche Motivation. Das zunehmende Aus-
scheren von Unternehmen aus den tariflichen Bindungen
muß als Signal zum Handeln verstanden werden.
Die zuvor aufgezeigten, der Fortschreibung bedürftigen
Organisationssysteme stellen für uns eine gewaltige Herausforderung dar. Solche Wandlungsprozesse brauchen viel
Zeit. Zeiträume von zehn bis zwanzig Jahren sind dafür
eher zu gering geschätzt. Ich bin aber zuversichtlich, daß
wir unter dem Druck der Verhältnisse diesen Lernprozeß
noch rechtzeitig bewältigen werden. – Viel schwieriger
scheint mir die Frage nach einer Wiedergewinnung einer
geistigen Orientierung zu sein. Das heutige Vakuum der
Zielvorstellungen beruht auf einer Interpretation der Selbstverwirklichung, welche den notwendigen Bezug des Indivi-
diums zur Gemeinschaft nicht mehr verdeutlicht. So wider-
fuhr unserer Gesellschaft innerhalb von 50 Jahren nach einer völligen Überbewertung des Gemeinschaftsbegriffes
sowohl der Verlust der geistigen Orientierung als auch der
Gemeinschaftsfähigkeit. Für unsere Zukunft vermag ich
nicht einzuschätzen, ob wir zu einer tragfähigen Neuorien-
tierung der Wertvorstellungen als Basis der Konsensfähig-
keit unserer Gesellschaft noch zur rechten Zeit gelangen
werden.

Die Wiedergewinnung der Konsensfähigkeit

Ganz bewußt wurde nach dem Zweiten Weltkrieg von den Al-
liierten die Gleichschaltung des Denkens als Basis der Diktatur unterbrochen. Die neuen Vorgaben im Bildungswesen
zielten auf die Eigenständigkeit und Urteilsfähigkeit der Person. Ich bin sicher, daß wir in dieser Hinsicht auch mit Hilfe
des erlernten Demokratieverständnisses spürbar vorangekommen sind. Wir haben aber zugleich mit der Anerkennung
des Rechts des einzelnen, seinen Lebensweg frei zu gestalten,
auch klarzustellen, daß gerade in einer offenen Gesellschaft
Gemeinschaftsfähigkeit unverzichtbar ist. In den Lehrplänen

unserer Schulen fand man nach dem Kriege wohl das Fach »Gemeinschaftskunde«. Gemeinschaftsfähigkeit aber wurde dort nicht vermittelt! Hier liegt offensichtlich ein folgenschweres bildungspolitisches Versäumnis vor – als leicht erklärbare Reaktion beim Übergang von der Diktatur zur Demokratie.

Die zum Teil noch heute vertretene Auffassung, daß die freie Entwicklung der Persönlichkeit gefördert wird durch den Verzicht auf Zwänge in der Erziehung, halte ich für einen gravierenden Irrtum. Nur wenige Kinder sind aufgrund ihrer Persönlichkeitsstruktur in der Lage, ohne die richtungweisende Hilfe von Eltern und Erziehern ihren eigenen Lebensweg zu gestalten. Bei der überwiegenden Anzahl der Jugendlichen wird dagegen der heute gewährte Freiraum nicht zielgerichtet, sondern im Sinne von Beliebigkeit und Hedonismus genutzt. Die Resultate dieser Entwicklung sind inzwischen eindeutig zu erkennen. Die in jeder Gesellschaft notwendige Fähigkeit, innerhalb einer Gemeinschaft zu leben, wurde drastisch reduziert. Die gelehrte und praktizierte Wahrnehmung persönlicher Interessen erschwerte die Akzeptanz gemeinsamer Ziele und eines abgestimmten Verhaltens. Damit wurden wichtige Grundlagen der Gemeinschaftsfähigkeit sowie der Führbarkeit in Politik und Wirtschaft in Frage gestellt. Neben der gewollten Individualisierung wirkte auch das Infragestellen der Ethik vermittelnden Institutionen wie Eltern, Schule und Kirche in gleicher Richtung.

Ein anderer Lernprozeß verstärkte diese Entwicklung. Die Identifikation mit der demokratischen Staatsform betonte das Selbstbewußtsein der Bürger und führte zu der irrigen Auffassung, daß geordnete Strukturen in Wirtschaft und Gesellschaft nicht mehr zeitgemäß seien. In dieser Situation mag man die vom Club of Rome erhobene Frage nach der Führbarkeit in unserer Zeit verstehen. Unsere heutige Desorientierung und Unfähigkeit zur Systemfortschreibung beruht also sowohl auf neuen Prämissen wie auch auf von uns selbst zu verantwortenden Fehlentwicklungen. Die uns in einem demokratischen Staat gewährten Freiheitsrechte müssen wir jetzt nutzen, um wieder gemeinschaftsfähig zu werden! Der oft populistisch begründete Ruf nach Freiheit, Schutz und materieller Gerechtigkeit muß ergänzt werden durch das Erlernen von Verantwortung und der unverzichtbaren Begrenzung persönlicher Freiheit. Dieser Lernprozeß wird nicht sehr beliebt sein – und ist sicher heute noch nicht mehrheitsfähig. Wir dürfen aber vermerken, daß die Sensibilität für eingetretene Fehlentwicklungen zunimmt. Die Überzeugung wächst, daß wir Staat und Gemeinschaft überfordert haben und das Prinzip der Subsidiarität jetzt wieder durchsetzen müssen.

Mit der Aufgabe der geistigen Orientierung sind viele Institutionen in unserer Gesellschaft betraut. Die Bewertung ihres heute möglichen Reformbeitrages ist insbesondere deshalb schwierig, weil diese Institutionen nur zum Teil einem Rechtfertigungsdruck ausgesetzt sind. Entsprechend unterbleiben Infragestellungen und Fortschreibungen. Als demokratische Bürger sind wir aufgerufen, uns diesem Defizit zu stellen und an dem Zustandekommen einer neuen Orientierung mitzuwirken. Die Lösung der Aufgabe kann nicht in der Erarbeitung eines neuen Dogmas bestehen. Aber viele Gruppierungen und Einzelpersönlichkeiten können und müssen dahin wirken, daß wir wieder zur Gemeinschaftsfähigkeit und zum Konsens in unserer Gesellschaft zurückfinden. Dieser gedankliche Ansatz für die Fortschreibung unserer Orientierung deckt sich nach meiner Auffassung auch mit der Methodik der notwendigen Systementwicklung in anderen Lebensbereichen. In unserer Zeit sind die Verantwortlichen an der Spitze aller großen Organisationen ohnehin schon vom Schwierigkeitsgrad und der Fülle der Aufgaben überfordert. Vieles spricht deshalb dafür, daß innovative Entwicklungen aus der Mitte der Gesellschaft erwachsen werden.

Diese Prognose sollte aber nicht so interpretiert werden, daß die Verantwortlichen in Staat und Wirtschaft in bezug auf das entstandene Vakuum der Orientierung nicht zu reagieren hätten. Sie müssen zumindest den Freiraum für die Fortschreibung schaffen.

Insbesondere im Bereich der Bildung sollten jetzt Weichen gestellt und neue Ziele definiert werden. Dieser vom Staat zu verantwortende Beitrag ist überfällig und seine Durchsetzung in unserer Zeit möglich. Ein Prozeß des Nachdenkens in den Institutionen der Erziehung und der geistigen Ausrichtung wird schnell folgen, sobald eine Trendwende erkennbar wird. – Wir wollen das Ziel der Erziehung zur eigenständigen Persönlichkeit nicht aufgeben. Es ist aber unverzichtbar, daß wir diese Zielvorstellung wieder verbinden mit der Forderung nach Gemeinschaftsfähigkeit. Die Definition von Zielen und Verhaltensweisen, die das ermöglichen, ist eine vordringliche Aufgabe unserer Zeit!

Die Einstellung zum Wandel

Alle Menschen möchten besser leben, aber nur wenige sind bereit, zu diesem Zweck ihr Verhalten zu ändern. Der Wunsch, Besitzstände zu bewahren, ist dabei ebenso verständlich wie die geringe Bereitschaft, neue Gewohnheiten anzunehmen. Wenigen Menschen ist deutlich, daß Stillstand mit einer Einbuße an Lebensstandard verbunden ist. Diese unabweisbare Konsequenz aus dem globalen Leistungs- und Systemwettbewerb wird zwar in unserer Zeit an vielen Symptomen demonstriert, aber selten den Ursachen sachgerecht zugeordnet.

In dieser Situation erscheint es dringlich, deutlich zu sagen, daß wir dem Wandel nicht entgehen können! Mir erscheint, daß wir diese Aussage positiv vermitteln können: Wir sollten dankbar sein für die Chance, in einer freien Gesellschaft selbst Einfluß nehmen zu können auf Richtung und Inhalt des Wandlungsprozesses. Diese Chance besteht bei weitem nicht für alle Menschen in unserer Welt!

Wir sollten deshalb die Grundlagen des Wandlungsprozesses erfassen und an seiner Gestaltung mitwirken. In einer demokratischen Gesellschaft ist das nicht nur unser Recht, wir haben dazu – jeder an seinem Platz – auch vielfache Möglichkeiten. Wir alle haben die Zähflüssigkeit der Wandlungsprozesse in unserem Land vor Augen. So kommen wir nicht voran!

Ich setze in dieser Frage auf die Erfahrung, die ich selbst verschiedentlich gemacht habe: neue Lösungen selbst entwickeln! Dazu besteht in Wirklichkeit mehr Freiraum, als wir – befangen in unseren Gewohnheiten – glauben. Ich würde mir deshalb wünschen, daß sich die Einsicht verbreitet, daß die notwendigen Reformen nicht mehr durch Verfügungen unseres Staates bewirkt werden können, sondern durch die Gewährung von mehr Freiraum für die Initiative kreativer Bürger.

Biographie
Reinhard Mohn

Reinhard Mohn, in fünfter Generation Mitglied der Gründerfamilie von Bertelsmann, baute in über 40 Jahren aktiven beruflichen Engagements ein Unternehmen auf, das heute an der Weltspitze international tätiger Medienhäuser rangiert. Mit großem Mut zu unternehmerischem Risiko, gepaart mit Weitsicht und wirtschaftlichem Sachverstand, schuf er ein Lebenswerk, für das weltweit rund 50 000 Mitarbeiter stehen.

1921:   als zweitjüngstes von sechs Kindern der Eltern Heinrich und Agnes Mohn in Gütersloh geboren
1939:   der frischgebackene Abiturient wird zum Wehrdienst einberufen
1943:   in amerikanische Gefangenschaft geraten, aus der er Anfang 1946 heimkehrt
1947:   nach einer Buchhändlerlehre übernimmt er die Leitung des familieneigenen Druck- und Verlagshauses
1977:   auf seine Initiative wird die gemeinnützige Bertelsmann Stiftung gegründet
1981:   gibt am 30. Juni seinen Vorstandsvorsitz ab und wird Aufsichtsratsvorsitzender der Bertelsmann AG
1991:   zieht sich am 29. Juni, seinem 70. Geburtstag, aus dem Aufsichtsrat der Bertelsmann AG zurück und widmet sich künftig als Vorstandsvorsitzender ganz der Bertelsmann Stiftung

Bei der Gründung der Stiftung im Jahr 1977 spielten gesell-
schafts- und unternehmenspolitische Überlegungen eine
gleichberechtigte Rolle. Zum einen setzt die Stiftung das traditionelle gesellschaftspolitische, kulturelle und soziale Engagement der Inhaberfamilien Bertelsmann und Mohn fort.
Zum anderen soll sie die Unternehmenskontinuität sichern.
Dazu hat Reinhard Mohn am 16. September 1993 insgesamt
68,8 Prozent seiner Kapitalanteile an der Bertelsmann AG
auf die Bertelsmann Stiftung übertragen. Mit der Übertra-
gung der Kapitalanteile ist allerdings kein Stimmrecht verbunden. Die Stimmrechte werden im Fall des Todes von Reinhard Mohn auf eine Führungs-GmbH übertragen. Daß die
gemeinnützige Stiftung zum größten Eigentümer des Unternehmens wird, ist in der Überzeugung Mohns begründet, daß
große Vermögen sich der Sozialverpflichtung des Eigentums,
wie sie das deutsche Grundgesetz postuliert, unterzuordnen
haben.

Dr. Arend Oetker
Geschäftsführender Gesellschafter der
Dr. Arend Oetker Holding

Arend Oetker

Wirtschaftliche Dynamik durch Wandel

Wandel in der Wirtschafts- und Gesellschaftspolitik

Die tiefe Rezession ist überwunden. Die Erholung ist zwar noch nicht überall spürbar, insbesondere der Arbeitsmarkt bleibt nachhaltig betroffen, aber die Zeichen des Aufschwungs sind doch unverkennbar.

Diese Nachricht mag oberflächlich betrachtet beruhigen. Bei genauerem Hinsehen läßt sich jedoch hinter den normalen Konjunkturzyklen eine seit langem schwellende, immer stärker werdende Misere erkennen: die strukturellen Schwierigkeiten, die den Standort Deutschland im zunehmenden Maße unattraktiv gestalten. Jeder künftige konjunkturelle Abschwung wird deshalb drastischer ausfallen, als es sein müßte, wenn wir in dieser Frage nicht endlich unsere Hausaufgaben erledigen. Die zunehmenden internationalen Verflechtungen zwingen die Entscheidungsträger in Politik und Wirtschaft jetzt zum Handeln. Die Weltwirtschaft wartet nicht. Märkte verliert man recht schnell, sie zu gewinnen ist ungleich schwerer.

Ein wichtiges Zeichen für den Erfolg oder Mißerfolg bei der Bekämpfung der strukturellen Probleme scheint mir die Sockelarbeitslosigkeit zu sein. Ihre Beseitigung, zumindest ihr Abbau ist die Nagelprobe, ob es unserer Gesellschaft gelingt, in sozialer Verantwortung die dafür notwendigen wirtschaftlichen Schritte zu unternehmen. Ziel aller Bemühungen muß es sein, durch die Schaffung geeigneter Rahmenbedingungen eine dauerhafte wirtschaftliche Dynamik zu entfachen, an der alle teilhaben können. Soziale Verantwortung und wirtschaftliche Dynamik sind also kein Antagonismus, sondern komplementäre Tatbestände. Nur Wachstum schafft die Bedingungen, die in einem höheren Beschäftigungsstand enden können. Letzterer ist seinerseits wesentlich, um den Standortfaktor »sozialer Frieden« zu erzeugen. Denn individueller Wohlstand und immaterielle Erfolgserlebnisse in der Arbeitsumwelt erhöhen die Systemakzeptanz. Zudem senkt ein hoher Beschäftigungsstand die Belastung des sozialen Netzes und mithin auch die Aufwendungen des Staates und der Unternehmer für die sozialen Leistungen.

Die Frage bleibt, was ist zu tun, um den Standort attraktiv zu gestalten und so ein beschäftigungssteigernde wirtschaftliche Dynamik zu erreichen. Vier Bereiche, die immer wieder angesprochen werden, aber nichtsdestoweniger an Wichtigkeit und Richtigkeit eingebüßt haben, liegen mir als Unternehmer besonders am Herzen:

1. Deregulierung sowohl innerhalb Deutschlands als auch in der Europäischen Union.
2. Reduktion der Staats- und Abgabenquote.
3. Produktivitätsorientierte Lohn- und Sozialpolitik.
4. Offene Märkte.

1. Deregulierung

Ziel der Deregulierung ist es nicht, wie von manchen Deregulierungsgegnern suggeriert wird, sämtliche konstitutiven und speziellen Regelungen um ihrer selbst willen abzubauen. Vielmehr sollen Verkrustungen in der Gesellschaft durch den Abbau von selektiven Überregulierungen aufgebrochen werden. Gelingt dies, reduzieren sich neben den Effizienzverlusten auch die Investitions- und Innovationshemmnisse. Die bisher virulenten Wachtumsreserven der Volkswirtschaft werden nunmehr freigesetzt.

Betrachtet man demgegenüber die vielfältigen Formen von Regulierungen – Marktzugangsbeschränkungen, Eingriffe in die freie Preisgestaltung, Produktnormierungen aus Qualitäts-, Sicherheits- oder sonstigen Gründen – ist erkennbar, daß oftmals solche speziellen, die Marktfreiheit beschränkenden Regulierungen wettbewerbspolitisch keinen Sinn ergeben. Theoretische Begründungen wie natürliche Monopole, ruinöse Konkurrenz, asymmetrische Information usw. greifen in vielen Einzelfällen nicht. So kann bei dem was normalerweise mit natürlichen Monopolen beschrieben wird, der mangelnde Wettbewerb im Markt durch den Wettbewerb um Märkte ersetzt werden. Es kommt letztlich darauf an, daß Märkte – im Sinne der Theorie der *contestable markets* von Baumol – bestreitbar sind und bleiben.

Die wirklichen Gründe für staatliches (oder auch supranationales) Eingreifen liegen zumeist – unausgesprochen – abseits wettbewerbspolitischer Bedingungen und Notwendigkeiten; beispielsweise um Industriepolitik betreiben zu können oder um, mittels sozial-, arbeitsmarkt- und regionalpolitischer Aktivitäten, Marktergebnisse zu verändern. Solche Eingriffe in den Marktmechanismus ziehen oftmals weitergehende Eingriffe nach sich, um den Nachteilen der bewußt in Kauf genommenen Funktionsstörungen des Marktes zu begegnen. Es droht die Gefahr einer schwer zu stoppenden Interventionsspirale, die für ein freiheitliches Wirtschafts- und Regierungssystem auf Dauer nur schwer zu verkraften ist.

In Deutschland führt die bestehende Überregulierung mit der damit verbundenen Überbürokratisierung mittlerweile zu einer gesellschaftlichen Sklerose, die sich in den enormen einzelwirtschaftlichen Belastungen offenbart. In concreto sind hier zu nennen:

- die zu starre und überregulierte Arbeitsmarktordnung mit ihren vielfältigen überzogenen arbeitsrechtlichen Schutzbestimmungen (starre Arbeitszeitregelungen, kontraproduktive Kündigungsschutzbestimmungen, großzügige Abfindungsregelungen);
- die unnötigen Beschränkungen im F&E-Bereich (Gentechnik). Ein Hochlohnland darf sich den Märkten der Zukunft nicht verschließen, möchte es Hochlohnland bleiben;
- die zu langen Bewilligungszeiten (Transrapid);
- mangelnde Kundenorientierung der Verwaltung;
- ein ineffizientes Antragswesen und zu umfangreiche Antragsunterlagen.

Mikroökonomisch betrachtet führt dies zu einer abnehmenden Arbeitsproduktivität, einer sich verschlechternden Rentabilität des eingesetzten Kapitals sowie einer abnehmenden Wettbewerbsfähigkeit deutscher Unternehmen im Bereich der Spitzentechnologien. Hier sei im übrigen angemerkt, daß gerade der Mittelstand mit seinem unbestrittenen bedeutenden ökonomischen Potential – angesichts seines doch erheblichen Anteils an der inländischen Bruttowertschöpfung, der Berufsausbildung und der Beschäftigung sozialversicherungspflichtiger Arbeitnehmer – eine übermäßige Belastung zu erdulden hat: Seine ohnehin begrenzten sachlichen und personellen Kapazitäten werden durch die Überregulierung und Überbürokratisierung zusätzlich gebunden und damit die eingesetzten Ressourcen weiter entwertet.

Unter Beachtung dieser Überlegungen sollten Deregulierungsbestrebungen – unabhängig von volkswirtschaftlichen Bereichen oder von Branchen – prinzipiell zwei Stoßrichtungen haben, die in Anlehnung an lean management bzw. lean production mit lean government bzw. mit lean administration bezeichnet werden:

Lean government

Gemeint ist hier nicht nur der simple Blick auf Posten und Positionen, vielmehr die schlanke Regierung, die die Eingriffstatbestände reduziert. Richtlinien, Verordnungen, nationale Gesetze somit jeder hoheitliche Akt, der in Marktprozesse eingreift, muß plausibel begründet sein. Bestehende Normierungen sind, insbesondere wenn neue Normierungen beabsichtigt sind, auf ihre Notwendigkeit hin zu überprüfen. Die Regierungen müssen sich auf die eigentlichen Aufgaben des Staates besinnen, das heißt auch, daß die einzelnen Gebietskörperschaften nicht unnötigerweise als Unternehmer auftreten. Im Rahmen der weiter unten diskutierten Staatsquote komme ich auf die Privatisierungsproblematik nochmals zurück.

Lean administration

Verfahrens-/Durchführungsbestimmungen sind zu vereinfachen. Es müssen Bürokratieebenen abgebaut werden, ohne daß auf europäischer Ebene neue entstehen. Es bedarf eines modernen Managements in der öffentlichen Verwaltung mit klaren Kompetenzregelungen, das mit dazu beiträgt, Entscheidungen und Entscheidungswege transparenter zu gestalten. »Last but not least« ist es wichtig, daß sich der in der Verwaltung innewohnende Geist ändert: Gefragt ist eine Verwaltung, die sich als Dienstleister für den Bürger/den Unternehmer empfindet und nicht schlichtweg als ein Vollzugsorgan des Staates. Allerdings impliziert dies auch eine leistungsgerechte Entlohnung, bei Aufhebung des besonderen Status als Beamter bzw. Mitarbeiter des Öffentlichen Dienstes.

2. Reduktion der Staats- und Abgabenquote

Steigende administrative Kosten sind Gift für eine Gesellschaft, deren Unternehmen sich in einem immer stärker werdenden internationalen Standortwettbewerb befinden. Neben dieser bekannten außenwirtschaftlichen Problematik gilt es jedoch auch die unmittelbare binnenwirtschaftliche Wirkung zu beachten und zu diskutieren: Hohe Abgaben beinhalten leistungsfeindliche Anreize. Die wirtschaftliche Tätigkeit wird im zunehmenden Maße unrentabel und lähmt so die unverzichtbaren unternehmerischen Aktivitäten. Es kommt einerseits zu einer Flucht in die Schattenwirtschaft, andererseits haben sogenannte Rentensucher Konjunktur. Das heißt, es lohnt sich eher nach steuerlichen Schlupflöchern zu fahnden, als durch eine produktive Tätigkeit Einkommenszuwächse zu erzielen. Genau diese Nachteile lassen sich in Deutschland diagnostizieren; ist doch in den vergangenen drei Jahren die Steuerlast drastisch angestiegen. Die gesamte Abgabenquote tendiert nunmehr gegen 44 Prozent und hat damit einen geradezu enteignenden Charakter angenommen.

Es ist daher für eine dauerhafte wirtschaftliche Dynamik unabdingbar, daß endlich die Kraft zu nachhaltigen Einsparungen gefunden wird. Erst Ausgabenbeschränkungen schaffen den notwendigen Spielraum zur Verringerung der Abgaben ohne die Gefahr einer kreditfinanzierten Abfederung. Das so gewonnene finanzpolitische Polster muß aber genutzt werden, um die immer wieder angemahnte Unternehmenssteuerreform durchzusetzen. Denn hier steckt das wachstumsintensive investive Potential, das es zu nutzen gilt.

Einsparungen

Der Wille einzusparen heißt, die Staatsquote zu reduzieren, die mit mittlerweile rund 50 Prozent recht dramatisch ist. Hierbei von einer schleichenden Umwandlung unseres Wirtschaftssystems von marktwirtschaftlichen Prinzipien hin zu sozialistischen Elementen zu sprechen, ist wahrlich keine Übertreibung. Es ist vielmehr die berechtigte Sorge, daß die ökonomische Disposition unserer Volkswirtschaft darauf hinausläuft, jedwede Privatinitiative im Keim zu ersticken, die die Basis für den Wohlstand einer Gesellschaft bildet.

Der erste Ansatzpunkt einer solchen Politik des Sparens sind umfassende materielle Privatisierungen auf Bundes-, Länder- und kommunaler Ebene. Bundesunternehmen, Anteile an privaten Unternehmen, Landesbanken, Sparkassen, Öffentlicher Nahverkehr, Bauplanung, Müllabfuhr, Bauaufsicht sind Beispiele für die in den einzelnen Gebietskörperschaften schlummernden Privatisierungsmöglichkeiten.

Zum zweiten sind die staatlichen Transfers (Sozialtransfers/Subventionen) auf ihre Notwendigkeit hin zu überprüfen. Natürlich steht die deutsche Wirtschaft hinter der sozialen Komponente unseres Gemeinwesens, aber es sollte unser aller Ziel sein, sich auf die wirklich Bedürftigen zu konzentrieren. Für eine marktwirtschaftlich orientierte Gesellschaft muß das Grundprinzip gelten, zur Unterstützung von Privatinitiativen lediglich geeignete Rahmenbedingungen zu kreieren. Erfolg und Mißerfolg sind das Ergebnis individuellen Handelns. Es ist nicht systemkonform, den Erfolg zu indivi-

dualisieren, während der Mißerfolg sozialisiert wird. Dies
führt unweigerlich zu der Ausbeutung staatlicher Leistungen
mit der Folge steigender Abgaben. Die möglichen Risiken wie
die mangelnde Fähigkeit aus individuellen Gründen Risiken
eingehen zu können, sollten nur in eng definierten Grenzen
durch den Staat abgefedert werden. Der arg überstrapazier-
ten Vorstellung von Solidarität, die in sich unsolidarische Elemente enthält, ist Einhalt zu gebieten. Die Flucht aus der
Selbstverantwortung darf kein gesellschaftliches Grundprinzip sein. Beide Maßnahmen (Privatisierung sowie die Reduzierung der Transfers) schaffen Raum für privatwirtschaftliche Initiativen und entlasten, insbesondere durch die abnehmenden Personalkosten, die Öffentliche Hand.

Reform des Steuersystems

Der Spielraum, den eine Rückführung der Staatsquote hinsichtlich der Abgabenbelastung mit sich bringt, eröffnet die
Frage, welche Struktur die Entlastung haben sollte. Für einen dynamischen, stabilen Aufschwung ist eine umfassende
Unternehmenssteuerreform – wie ich es zuvor bereits habe
anklingen lassen – unentbehrlich. Das zumindest mittelfristige Ziel sollte – unter Beachtung des Bundesverfassungsge-
richtsurteils – die Beseitigung der ertragsunabhängigen
Steuern sein – betriebliche Vermögensteuer, Gewerbekapitalsteuer und Erbschaftsteuern –, bei moderaten ertragsabhän-
gigen Steuersätzen. Vor allem aus der Sicht der mittelständischen Industrie ist diese Forderung verständlich, verfügt sie
doch nur über eine schmale Eigenkapitalbasis, die durch die
obengenannten, die betriebliche Vermögenssubstanz angrei-
fenden Steuern aufgezehrt wird.

Die Idee, eine Unternehmenssteuerreform anderen steuerlichen Entlastungen vorzuziehen, stößt in der Öffentlichkeit
immer wieder – zu Unrecht – auf heftige Kritik. Es muß allmählich Teil des gesellschaftlichen Bewußtseins werden, daß
es sich eine soziale Marktwirtschaft nicht leisten kann, durch
eine solche diskriminierende Steuerpolitik eine Vielzahl
selbständiger Existenzen zu gefährden, im Extremfall gar

völlig zu zerstören. Dies wäre aus allokationstheoretischer sowie verteilungspolitischer Sicht unverantwortlich. Wachstum, Beschäftigung und letztlich Wohlstand können nicht mit Unternehmen erreicht werden, die steuerlich stranguliert werden.

3. Produktivitätsorientierte Lohn- und Sozialpolitik

In jeder Verteilungsdiskussion sollte der eherne ökonomische Grundsatz beherzigt werden, daß nur zuvor erwirtschaftete Mittel zur Disposition stehen können. Verteilungspolitik darf von ihrer inneren Logik lediglich ein Reflex auf den Zustand der Wirtschaft sein. Richtmaß für einen die Volkswirtschaft nicht schädigenden Anstieg der Bar- und Soziallöhne ist von daher der Produktivitätszuwachs.

Hingegen führen höhere Löhne sowie eine Ausweitung der betrieblichen wie staatlichen Sozialpolitik, die nicht jenem Produktivitätszuwachs entsprechen, langfristig zu einem Wohlfahrtsabbau. Die Kosten der Arbeit sind zu hoch. Folglich sinkt bei schwach ausgeprägten Preisüberwälzungsspielräumen, speziell bei sich verdichtenden internationalen Handelsbeziehungen, die Nachfrage der Arbeitgeber nach Arbeitskräften. Die Unternehmen müssen den Faktor Arbeit verknappen anstatt in international wettbewerbsfähige Arbeitsplätze zu investieren. Dieser Beschäftigungsabbau führt zu weitergehenden Belastungen des sozialen Netzes. Früher oder später kommt es dadurch zu einem Drehen an der Abgabenschraube. Die sich daraus ergebenden zunehmenden Belastungen, sowohl monetärer als auch nicht monetärer Art, lähmen die Wachstumskräfte, senken den individuellen Wohlstand und verringern den weichen Standortfaktor »Sozialer Frieden«. Erkennbar ist: Nur eine produktivitätsorientierte Lohn- und Sozialpolitik ist geeignet, auf langfristige Sicht gesellschaftlichen Wohlstand zu sichern, da die Verteilung nicht zum Hemmschuh der wirtschaftlichen Dynamik verkommt.

Das von Zeit zu Zeit bemühte Kaufkraftargument ist gegenüber dieser Kausalkette nur scheinbar widersprüchlich. Vielmehr wirkt eine solche Politik stabilitäts- und beschäftigungspolitisch kontraproduktiv, weil der Kosteneffekt niemals durch den Einkommenseffekt kompensiert werden kann. Drei Gründe seien hier kurz vorgestellt:

- Das Bruttoentgelt des Arbeitnehmers liegt unterhalb der gesamten Aufwendungen, die der Arbeitgeber für seinen Arbeitnehmer zu tätigen hat. Zu berücksichtigen sind unter anderem der Arbeitgeberanteil zur Sozialversicherung sowie bei Neueinstellungen die Kosten der Einarbeitung.
- Die Sparquote des Arbeitnehmers läßt den Einkommenszuwachs und den Konsumzuwachs bestenfalls nur zeitlich auseinanderfallen. Der Teil des hier akkumulierten Kapitals, der exportiert wird, findet unter Umständen in anderen Ländern eine investive Verwendung.
- Das zusätzliche Einkommen wird in einer offenen Gesellschaft auch für importierte Konsumgüter genutzt. Der Einkommenszuwachs mag zwar zu einer Erhöhung der Konsumausgaben führen, die inländische Konsumgüterindustrie partizipiert aber daran nicht vollständig.

Die letzten beiden Argumente lassen sich auf folgenden Nenner bringen: Der Nettolohnzuwachs ist immer größer als die Nachfragewirkung des zusätzlichen Nettoeinkommens nach inländischen Gütern.

In Deutschland hat die Lohnpolitik mit ihren starken Lohnzuwächsen bei geringer Lohndrift sowie die expansive betriebliche wie staatliche Sozialpolitik über die Jahre hinweg eine Situation geschaffen, die sich von der anfänglich vorgestellten Optimalsituation weit entfernt hat. Die aktuelle Situation läßt sich pointiert auf die griffige Formel bringen: Deutschland hat im internationalen Standortwettbewerb die höchsten Arbeitskosten und bietet gleichzeitig die kürzesten Arbeitszeiten. Diesen Trend der Extreme gilt es nachhaltig umzukehren. Tarif- und Sozialpolitiker müssen gesamtgesellschaftliche Verantwortung zeigen und maßvoll agieren. Es bedarf nach Regionen und Branchen differenzierter Tarifverträge, mit der Aussicht einer konsequenten Anwendung von Tariföffnungsklauseln für einzelne Unternehmen. Ein Umdenken ist unbedingt notwendig, zumal die Wirtschafts- und Währungsunion bevorsteht. Denn ohne das makroökonomische Abfederungsinstrument Wechselkurs können nun auch nicht mehr die allgemeinen, das heißt die gesamte Volkswirtschaft gleichermaßen treffenden Kostenzuwächse – im Verhältnis zu den komparativen Kostendifferenzen – über den Zahlungsbilanzmechanismus kompensiert werden. Nur die inneren Kreislaufgrößen sind dazu in der Lage: Die eingangs beschriebene maßvolle, produktivitätsorientierte Lohn- und Sozialpolitik ist offenkundig die beste Methode. Wird hier versagt, bleibt als Alternative eine restriktive Geld- und Kreditpolitik durchzuführen, mit all den sich daraus ergebenden beschäftigungspolitischen Konsequenzen. Falls es jedoch zu keiner der Situation angemessenen Reaktion kommt, werden diese Bereiche nicht dem aktuellen ökonomischen Datenrahmen angepaßt, droht der Verlust der internationalen Wettbewerbsfähigkeit. Ein dauerhafte wirtschaftliche Dynamik rückt dann in weite Ferne.

4. Offene Märkte

Die Weltwirtschaft ist durch eine zunehmende Globalisierung der Märkte gekennzeichnet. Verbesserte Informations- und Kommunikationstrukturen, Investitionsschutzabkommen sowie abnehmende Transportkosten haben mit dazu beigetragen, daß eine Trennung von Inlands- zu Auslandsmärkten vom unternehmerischen Standpunkt aus eher antiquiert erscheint. Dies gilt nicht nur für die sogenannten »global players«, sondern auch für die mittelständischen Industrien, die in einem zunehmenden Maße die Standorte jenseits der nationalen Grenzen in ihren Investitionsplanungen berücksichtigen. Der insgesamt anschwellende Wettbewerbsdruck erfordert sowohl von den Unternehmern als auch von den Beschäftigten, den Tarifpartnern und den politischen Entscheidungsträgern ein hohes Maß an Einsatzbereitschaft, strategischem Denken und Handeln sowie Augenmaß beim Treffen unternehmensrelevanter Entscheidungen. Insoweit mag manchem, der nur die Belastungen sieht, nicht hingegen die Vorteile, das Prinzip des Freihandels suspekt erscheinen. Die Anstrengung, die eine solche Politik zumindest Teilen der Gesellschaft abverlangt, darf jedoch nicht als ein Argument gegen eine Öffnung und für protektionistische Schritte mißbraucht werden. Es muß allen einleuchten, daß gerade ein Land wie Deutschland, dessen Erfolge eng mit dem Bestehen offener Volkswirtschaften verknüpft sind, sich eine Abschottung am allerwenigsten leisten kann.

Worin aber liegt konkret der Vorteil des Freihandels?

Offene Märkte erhöhen analog zu den komparativen Kostenvorteilen die internationale Arbeitsteilung. Der Handel kann optimiert werden, während die Produktion relativ (im Vergleich zu freien Faktorwanderungen) maximiert wird. Die Ressourcenallokation des inter-industriellen Handels erfährt ein deutliche Verbesserung. Des weiteren kommt es im intra-industriellen Handel – also im Handel zwischen Anbietern aus Ländern mit ähnlicher Faktorausstattung – zu einem intensiven Innovations-, Qualitäts- und Preiswettbewerb. Die Produktvielfalt nimmt zum Wohle des Konsumenten zu. Die starke Substitutionskonkurrenz fordert und fördert den von Schumpeter skizzierten dynamischen Unternehmertyp.

Zudem sollte – auch unter dem Aspekt der Entwicklungspolitik – nicht vergessen werden: Erst der Freihandel ermöglicht es anderen Staaten, die Devisen zu verdienen, die sie bzw. die dort ansässigen Unternehmen in die Lage versetzen, auf dem Weltmarkt als Importeur aufzutreten, ohne sich langfristig drastisch verschulden zu müssen. Folglich ist eine Abschottung nicht nur der wirtschaftlichen Entwicklung von Drittstaaten abträglich, sondern auch der Verwirklichung des eigenen Wachstumspotentials. Protektion, tarifärer sowie nicht-tarifärer Art, sind deshalb aus Sicht der gesamtgesellschaftlichen Wohlfahrt abzulehnen. Wirtschaftliche Dynamik, mitsamt den sich daraus ergebenden Beschäftigungsimpulsen, resultiert somit auch aus der gegenseitigen Öffnung

der Märkte für die Produkte, die in anderen Staaten hergestellt werden. Die aktuelle Situation der Weltwirtschaft stellt sich einem
international tätigen Unternehmer unter dem Blickwinkel
»Durchsetzung des Freihandelspostulats« recht facetten-
reich dar. Innerhalb der regionalen Handelsblöcke sind die
nationalen Märkte mehr oder weniger geöffnet. Die proble-
matischen, oftmals nur einzelne Sektoren betreffenden
Schnittstellen befinden sich im Übergang von einem Han-
delsblock zum nächsten bzw. zu nicht organisierten Drittstaaten. Regionale Zusammenschlüsse beinhalten im Gegensatz zum internationalen Freihandel für ihre Mitglieder die
Gefahr handelsumlenkender Effekte. Weswegen Handelsblöcke gegenüber Drittstaaten, schon aus einem Eigeninter-
esse heraus, einem freien, andere Güter und Dienstleistungen nicht diskriminierenden Austausch zulassen sollten. Die
Welthandelsorganisation (WTO), die nach dem Abschluß der
letzten GATT-Verhandlungen (Uruguay-Runde) ins Leben gerufen worden ist, könnte hierfür als notwendige Klammer
fungieren. Freilich ist das Drohpotential dieser Organisation
verhältnismäßig gering. Die Regierungen sollten es deswegen
in Sachen Freihandel nicht bei dem Status Quo bewenden lassen, sondern weiter an der weltwirtschaftlichen Integration
arbeiten. Allerdings ist darauf zu achten, daß das Thema
»Handelspolitik« nicht mit anderen Politikbereichen (Sozialpolitik, Umweltpolitik) vermengt wird. Eine über solche Um-
wege erreichte Infiltration protektionistischer Maßnahmen
würde das multilaterale Handelssystem nachhaltig beschädi-
gen; das Erreichte mithin gefährden.

Fokussiert man den Blick auf Deutschland, so ist festzustellen, daß der handelspolitische Spielraum der deutschen
Politik durch die Einbettung in die Europäische Union
äußerst gering ist. Gerade deswegen besteht die Pflicht, nicht
nur von Regierungsseite, sondern auch von Seiten aller relevanten gesellschaftlichen Gruppen, in Brüssel als Anwalt des
Freihandelsprinzips aufzutreten, um der ökonomischen Vernunft zu ihrem Recht zu verhelfen. Gewinner sind letztlich
wir alle.

Wandel durch persönlichen Einsatz

Wirtschaftliche Dynamik durch Wandel zu erzeugen, ist eine komplexe wirtschafts- und gesellschaftspolitische Aufgabe. Keiner kann sich deswegen zurücklehnen und seinen Beitrag auf den des Diagnostikers reduzieren. Wir alle sind gefordert, weil wir alle involviert sind. In einer Metapher gesprochen sind Arzt und Patient dieselbe Person. Der Anspruch, den Standort Deutschland einer Generalüberholung zu unterziehen, somit attraktiv für die mobilen Ressourcen sowohl in Europa als auch in der Welt werden zu lassen, bedarf auch der Implementierung phantasievoller Lösungen. Hierfür ist aber nicht lediglich das Engagement der gesamten gesellschaftlichen Kräfte vonnöten, vielmehr muß hinter dem Ringen um sinnvolle Alternativen der Wille zum Konsens bestehen. Diese Überlegungen lassen sich – als eine Art Credo für unsere Gesellschaft zum Ausgang dieses Jahrhunderts – wie folgt auf den Punkt bringen: Gegen Besitzstandsdenken, Lethargie und Pessimismus und für eine offene, kreative Gesellschaft, in der Aufbruchsstimmung sowie Unternehmergeist hervorstechende Charaktereigenschaften sind.

In concreto hat deshalb jeder einzelne die Pflicht sich zu fragen: Wo und auf welche Art und Weise kann ich mitwirken? Einer alleine kann sicherlich nicht überall seine knappen Ressourcen einsetzen, das überstiege die Grenzen des individuell Machbaren. Aber er kann seine Kräfte bündeln, um in Bereichen, die ihm eine Herzensangelegenheit sind, konkrete und spürbare Veränderungen herbeizuführen.

Ich möchte im folgenden drei Gebiete vorstellen, in denen ich mich als Unternehmer, Bürger und als ein im Verbandswesen tätiger Unternehmer entsprechend meiner Möglichkeiten eingebracht habe:

1. Forschung und Entwicklung
2. Aufbau Ost
3. Deregulierungsbemühungen auf europäischer Ebene

1. Forschung und Entwicklung

Als Unternehmer der Ernährungsindustrie (Schwartauer Werke) engagiere ich mich seit einiger Zeit bei dem Unternehmen »KWS Kleinwanzlebener Saatzucht AG«, dessen Produktpalette (Saatgut für Zuckerrüben, Mais, Getreide, Kartoffeln, Öl- und Eiweißfrüchte sowie Zwischenfrüchte) in der Wertschöpfungskette vor dem mir heimischen Verarbeitungssektor angesiedelt ist. Eine Investitionsentscheidung dieser Art beruht selbstverständlich auf mehreren strategischen Überlegungen. Eine davon möchte ich hier deutlich aussprechen: die in diesem Unternehmen geleistete umfassende, solide Forschungs- und Entwicklungsarbeit, die neben den Risiken, die bei allen F&E-Entscheidungen bestehen, auch vielfältige Chancen beinhaltet. Und zwar nicht nur für die unmittelbar Beteiligten, sondern auch für die nachgelagerten Glieder in der Wertschöpfungskette »Ernährung«: den Landwirten und den Verarbeitern. Eine solche Investition in Forschung und Entwicklung schreckt mich als Unternehmer nicht ab. Es ist für mich eine Herausforderung, Schritte in Richtung Zukunft zu wagen und unbekanntes Gebiet zu betreten. Wo sonst kann sich der immer wieder vielbeschworene dynamische Unternehmer entfalten, wenn nicht hier.

Im vorliegenden Falle stellen Landwirte, Verbraucher, ja auch ich in meiner Rolle als Verarbeiter ständig neue Ansprüche hinsichtlich der Saatguteigenschaften unserer Kulturpflanzen. Sich ändernde Präferenzen, sinkende Erzeugerpreise und nicht zu vergessen die zunehmenden umweltpolitischen Anforderungen führen zu einer Verkürzung des Produktzyklus: Die Züchtung ist somit hohen Erwartungen ausgesetzt. Es müssen neue Formen entwickelt werden, die sowohl resistent sind gegen Krankheiten als auch gegen Schädlinge, die zugleich ihre Nährstoffe effizienter verwenden und die dem Menschen alternative Nutzungsmöglichkeiten eröffnen (Pflanzen als nachwachsende Rohstoffe).

In den letzten Jahren investierte KWS circa 15 Prozent des Umsatzes in den Bereich Forschung und Entwicklung. Alleine im abgelaufenen Geschäftsjahr 1993/1994 wurden von den zuständigen Behörden in 16 Ländern 100 neue KWS-Sorten zum Vertrieb zugelassen. Derartige Forschungsresultate entstehen nicht über Nacht. Eine geeignete F&E-Infrastruktur ist unerläßlich. So gibt es in diesem Unternehmen ein Institut für Pflanzenzüchtung, das mit seinen Zuchtstationen in den wesentlichen Anbauregionen der Erde sicherstellt, daß marktfähiges, also den jeweiligen klimatischen und agrarstrukturellen Bedingungen angepaßtes Saatgut gezüchtet werden kann.

Neben der Forschung im Bereich der konventionellen Sortenentwicklung ist KWS mit ein führendes Pflanzenzuchtunternehmen auf dem Gebiet der gentechnisch modifizierten Pflanzen; wofür bislang circa 10 Prozent der oben angeführten Forschungsaufwendungen eingesetzt wurden. Bereits 1993 hat dieses Unternehmen, als erstes Unternehmen in Deutschland, Pflanzen mit gentechnisch veränderten Erbanlagen im Freiland getestet. Ziel des gegenwärtigen Projektes ist es, Zuckerrüben zu züchten, die sich selbst gegen die Viruskrankheit Rizomania schützen können.

Es sei hier nachdrücklich erwähnt, daß KWS in diesem sensiblen Forschungsbereich äußerst verantwortungsvoll agiert. Drei Grundsätze, die das verdeutlichen, gelten im Umgang mit gentechnisch modifizierten Pflanzen:

- Gentechnisch modifizierte Pflanzen müssen den konventionell gezüchteten Pflanzen deutlich überlegen sein, sonst wäre eine Entwicklung zur Marktreife überflüssig: So muß beispielsweise der Nutzen für die Landwirte höher sein. Forschung um ihrer selbst willen ist schon aus ökonomischen Gesichtspunkten ausgeschlossen.
- Die neuen Produkte müssen selbstverständlich umweltverträglich sein, das heißt, der Mensch und seine Umwelt dürfen nicht zu Schaden kommen.
- Die Bedenken und die Ängste der Menschen sollen und dürfen nicht ignoriert werden, weshalb alle wissenschaftlich-technischen und sonstigen Informationen der Öffentlichkeit in angemessener Weise zugänglich gemacht werden. Es gilt das Prinzip der »gläsernen Forschung«.

Gentechnik ist sicherlich nicht der Schlüssel zur Lösung aller Probleme. Im Komplex »Pflanzenzüchtung« wird sie nach dem heutigen Stand des Wissens häufig überschätzt. Erfolge, die sich auch in nennenswerten Umsätzen niederschlagen, sind aller Voraussicht nach erst zu Beginn des nächsten Jahrzehnts zu erwarten. Aber unter dem Aspekt der langfristigen Planung darf auf die Genforschung nicht verzichtet werden; kann sie doch ein Impuls für eine naturverträgliche und wettbewerbsfähige Landwirtschaft sein, mit den sich daraus ergebenden Vorteilen für Verarbeiter und Verbraucher.

Die Gentechnik aktiv zu unterstützen, bedeutet in Deutschland gegen bürokratische Hemmnisse und manchmal gegen politischen Opportunismus anzugehen, sich sogar mit der Ächtung aus Unwissenheit in Teilen der Gesellschaft auseinandersetzen zu müssen. Letztlich sind diese Schwierigkeiten das Resultat der Vorbehalte in unserer Gesellschaft gegen diesen Forschungszweig. Ziel aller Beteiligten sollte es daher sein, über die strategische Bedeutung der Gentechnik zu informieren und einen wirklichen gesellschaftlichen Dialog über Nutzen und Risiken in Gang zu setzen. Dieser Weg ist nicht einfach. Er verlangt einen hohen persönlichen Einsatz nicht nur in der »großen« Politik, sondern auch oder gerade innerhalb des unmittelbaren Lebensumfelds.

2. Aufbau Ost

Der Aufbau Ost ist ein komplexes Unterfangen. Es werden zu diesem Zweck die unterschiedlichsten Anstrengungen unternommen, um der Größe der Aufgabe, an deren Gelingen die Hoffnungen vieler Menschen geknüpft ist, gerecht zu werden. Die Leipziger Messe, in der ich als Aufsichtsratsmitglied mein unternehmerisches »Know-how« einzubringen versuche, ist in dem gesamten Kanon der ökonomischen und gesellschaftlichen Aktivitäten in den neuen Bundesländern ein Mosaikstein. Dieser trägt, sorgfältig eingefügt, mit dazu bei, ein Bild entstehen zu lassen, dessen Thematik lautet: die Annäherung der Lebens-, Arbeits- und Produktionsbedingungen unter ökonomisch vernünftigen und sozial verantwortlichen Gesichtspunkten.

Messen haben in dem ökonomischen Geflecht einer differenziert ausgestalteten Volkswirtschaft, abgesehen von den unmittelbaren Beschäftigungs- und Einkommenseffekten vor Ort, das Ziel, Informationsdefizite zwischen Anbietern und potentiellen Nachfragern abzubauen. Die Effekte, die sich mittelbar aus diesem Marketinginstrument ergeben – wenn es denn erfolgreich eingesetzt wird – sind vielfältiger Natur. Unternehmen können ihr Absatzgebiet respektive ihren Kundenkreis vergrößern. Es entsteht mit der Ausweitung der Produktion eine zusätzliche Wertschöpfung, in der sich international wettbewerbsfähige Arbeitsplätze etablieren können. Solchermaßen geschaffene produktivitätsorientierte Einkommenseffekte kommen nicht nur dem Messeplatz selber zugute, sondern der gesamten Region. Je nach Bedeutung und Klientel der Messe sind obendrein mehr oder weniger überregionale Wirkungen nicht auszuschließen. Das »Unternehmen Messe« setzt in diesem Sinne eine ökonomische Kettenreaktion in Gang, die sich wie Wellen, entstanden durch einen in ein Wasser geworfenen Stein, nach außen in sich abschwächender Form fortsetzen. Diese Überlegungen haben mich zu der Überzeugung gebracht, daß sich in den neuen Bundesländern trotz des in Deutschland übersättigten Messeangebotes eine eigene Messe etablieren muß: die traditionsreiche Leipziger Messe.

Für die in der Leipziger Messe Involvierten besteht nach der Wiedervereinigung und dem Zusammenbruch der osteuropäischen Märkte der Zwang ein neues tragfähiges Zukunftskonzept zu präsentieren, um auf dieser Basis einen überlebensfähigen Standort zu formen. Leitmessen und internationale Fachmessen werden in den vielfältigsten Variationen bereits an den sechs großen Messeplätzen Deutschlands veranstaltet: Berlin, Düsseldorf, Frankfurt, Köln, Hannover und München. In Kenntnis dieser Wettbewerbssituation stellt die Verwirklichung der nachfolgenden konzeptionellen Ideen eine Chance für die Leipziger Messe dar, sich allmählich zu einem führenden Messeplatz empor zu arbeiten.

- Die Leipziger Messe muß in ihrem räumlichen Einzugsgebiet eine führende Rolle spielen. Leipzig wird der Messeplatz für Mitteleuropa sein.
- Aus der Situation des Strukturwandel heraus sind neue Themen und Kommunikationsformen zu entwickeln. Die einmaligen Erfahrungen im Zuge des Wandels zur Marktwirtschaft können hierbei wertvolle Dienste leisten.
- Aufgrund seiner Tradition kann Leipzig den existierenden, eigenständigen Ost-West-Dialog qualitativ weiter ausbauen.
- Die Inbetriebnahme des neuen Messegeländes im Frühjahr 1996 eröffnet die Voraussetzung zur Durchführung internationaler Veranstaltungen

Unter diesen Gesichtspunkten erscheint mir deshalb die Vorstellung, innerhalb der Fachveranstaltungen Marktnischen zu suchen – trotz aller noch bestehenden Schwierigkeiten –, der richtige Weg zu sein (beispielsweise die Denkmal '94, HolzTec-Messe, der Bereich Mode). Erwähnenswert ist meines Erachtens auch die Innovationsmesse, die für Forschungsideen, aktuelle Technologieentwicklungen, neue Produkte und Verfahren ein Forum bietet, ausgehend von neuen Materialien über Biotechnik bis hin zur Informations- und Kommunikationstechnologie. Gerade für kleine und mittelständische Unternehmen, die auf der Anbieterseite Zugang zum deutschen Markt suchen, auf der Nachfrageseite auf externe Informationsquellen angewiesen sind, ist eine derartige themenspezifische aber trotzdem branchenübergreifende Messeveranstaltung eine notwendige Ergänzung zu den üblichen Leit- und Fachmessen.

Die traditionsreiche Leipziger Messe – mit ihrem neuen Areal im Norden der Stadt, in das bis 1996 annähernd DM 1300 Millionen investiert werden sollen – muß unbedingt ihren Platz in Deutschlands Messelandschaft erhalten. Dafür arbeite ich. Natürlich nicht zuletzt aufgrund der oben angerissenen ökonomischen Gründe, im wesentlichen aber, weil es als Signal verstanden wird, daß der Aufschwung Ost keine Schimäre ist, sondern mit Ideen und Einsatz in die Tat umgesetzt werden kann.

3. Deregulierungsbemühungen auf europäischer Ebene

Wie ich eingangs im Abschnitt zur Deregulierung bereits ausführte, sind übermäßige Regulierungen für alle Akteure einer Volkswirtschaft eine enorme Belastung. Besonders hart treffen sie aber den industriellen Mittelstand wegen seiner begrenzten finanziellen und personellen Kapazitäten. Ein undurchschaubares Dickicht von Gesetzen, Verordnungen und Durchführungsbestimmungen wirken sich unmittelbar negativ auf die in den kleineren und mittleren Unternehmen (KMU) eingesetzten Ressourcen aus: Sowohl die Grenzproduktivität des Faktors Arbeit als auch die Grenzleistungsfähigkeit des Faktors Kapital drohen sich nachhaltig zu verschlechtern. Darüber hinaus besteht für kleinere und mittlere Unternehmen die Gefahr, sich aus dem Bereich der Spitzentechnologien – die für ein Hochlohnland wie Deutschland sehr wichtig sind – völlig verabschieden zu müssen, wenn zu restriktive F&E Bestimmungen existieren. Eine kostspielige Forschungsverlagerung in liberalere Länder ist im allgemeinen für die KMU's kein gangbarer Weg.

Angesichts dieser Diagnose ist sicherzustellen, daß die Europäische Union den Standort Europa, damit auch die internationale Wettbewerbsfähigkeit des industriellen Mittelstandes in Deutschland, nicht durch supranationale Verordnungen oder Richtlinien unnötig verschlechtert. Die EU-Kommission muß unbedingt gedrängt und überzeugt werden, erstens, Richtlinien zu revidieren, die die europäischen Unternehmer stark belasten, zweitens, unter Beachtung des Subsidiaritätsgedankens künftig auf solche unnötigen Regulierungen auf der europäischen Ebene zu verzichten. Diese Aufgabe hatte sich zumindest die deutsch-britische Deregulierungskommission gesetzt, die anläßlich der deutsch-britischen Regierungskonsultation im April 1994 ins Leben gerufen wurde. Ich nahm an dieser Kommission in meiner Eigenschaften als Unternehmer aber auch als verbandspolitisch Aktiver teil, um zusammen mit den Vertretern der Wirtschaftsministerien sowie mit anderen deutschen und britischen Unternehmern sowohl sektorübergreifende als auch sektorspezifische Forderungen zur Deregulierung in der Europäischen Union zu erarbeiten.

Die Ergebnisse der Gruppe, ihre Mahnungen und Anregungen nach substantiellen Abbau der Regulierungsdichte (im legislativen wie im administrativen Bereich) sind in dem Bericht »Deregulierung jetzt« (März 1995) publiziert worden. Die dort beigefügte Deregulierungs-Checkliste mag gleichsam ein Leitfaden für die EU-Kommission sein, zur Bewertung und Begründung neuer respektive für zur Änderung anstehender EU-Normen.

Konkret sind von mir innerhalb des europäischen Lebensmittelrechts in den Bereichen Lebensmittelhygiene, Kennzeichnung und Innovation (gentechnisch modifizierte Produkte) unterschiedliche bestehende und beabsichtigte Richtlinien beanstandet worden. Aus diesen Regulierungen, auf deren detaillierte Aufzählung hier verzichtet wird, weil sie zu umfangreich und zu fachspezifisch sind, resultieren nach meiner Überzeugung – nicht zuletzt für die KMU's – schädliche Auswirkungen auf die Kostenstruktur der Unternehmen. Die Konkurrenzfähigkeit deutscher wie europäischer Unternehmen ist damit nicht mehr gewährleistet

Es ist meine Hoffnung, daß sich durch unsere Initiative natürlich die angestrebten sektorübergreifenden und sektorspezifischen Verbesserungen einstellen. Zudem aber wünsche ich mir ein fundamentales Umdenken innerhalb der Europäischen Union. Der Binnenmarkt soll, so meine Vorstellung, auch als eine Deregulierungsveranstaltung begriffen werden. Denn nur auf diese Weise kann der Standort Europa – damit auch der nationale Standort – in den sich weltweit verdichtenden Wettbewerbsbeziehungen nachhaltig gestärkt werden, um die Wachstumskräfte anzuregen und so letztlich die Beschäftigungsmöglichkeiten zu erhöhen.

Resümee

Deutschland braucht den Strukturwandel. Ohne massive Änderungen in der Wirtschafts- und Gesellschaftspolitik können wir nicht sicher sein, die kommenden Herausforderungen in einer Welt souverän zu meistern, in der sich die transnationalen Beziehungen zunehmend globalisieren. Zugegeben, es ist leichter gesagt als getan, Modifikationen in den Lebens-, Arbeits- und Produktionsbereichen zu fordern, derweil eine jede Änderung Verlierer hervorbringt, die sich gegen eine Schlechterstellung wehren. Trotz alledem oder gerade deswegen: Ohne Einsicht in die Notwendigkeit gesellschaftliche Innovationen herbeizuführen geht es nicht. Wir alle sind aufgefordert innezuhalten im dem ständigen Streben eine weitere Runde im Verteilungskampf zu gewinnen. Ich bin der festen Überzeugung, daß die Vernunft siegt und ein jeder mit einem seiner Leistungsfähigkeit entsprechenden persönlichem Engagement und Kompromißbereitschaft dazu beiträgt, eine stabile wirtschaftliche Dynamik zum Wohle aller zu erreichen.

Biographie
Dr. Arend Oetker

Geboren am 30. März 1939, verheiratet, 5 Kinder.

Ausbildung
- Abitur am humanistischen Gymnasium Leopoldinum in Detmold
- Hauptmann der Reserve (Luftwaffe)
  1962–1966 Studium der Betriebswirtschaftslehre und politischen Wissenschaften in Hamburg, Berlin und Köln
- 1967 Promotion zum Dr. rer. pol., Universität zu Köln

Beruf
- Geschäftsführender Gesellschafter der Dr. Arend Oetker Holding GmbH & Co., Köln

Beteiligungen
- Schwartauer Werke GmbH & Co., Bad Schwartau (Vorsitzender des Beirats, Mehrheitsgesellschafter)

- KWS Kleinwanzlebener Saatzucht AG, Einbeck (Mitglied des Aufsichtsrats)
- KG Bominflot Bunkergesellschaft für Mineralöle mbH & Co, Hamburg (Gesellschafter)
- Trampschiffahrt-Gesellschaft m.b.H. & Co, Hamburg (Vorsitzender des Beirats)
- T.E.A.M. – Marketing AG, Luzern (Präsident des Verwaltungsrats)
- Boston Capital Ventures, Boston, MA (USA) (Mitglied des Beirats)

Aufsichtsratsmandate
- Jungheinrich AG, Hamburg (Vorsitzender des Aufsichtsrats)
- Rich. Hengstenberg GmbH & Co, Esslingen (Vorsitzender des Verwaltungsrats)
- E. Merck, Darmstadt (Gesellschafterrat)
- VAW Aluminium AG, Bonn (Mitglied des Aufsichtsrats)
- Leipziger Messe GmbH, Leipzig (Mitglied des Aufsichtsrats)
- DEG Deutsche Investitions- und Entwicklungsgesellschaft mbH, Köln (Mitglied des Aufsichtsrats)
- Bankhaus Hermann Lampe KG, Bielefeld (Mitglied des Gesellschafterausschusses)
- Otto Reichelt AG, Berlin (Mitglied des Aufsichtsrats)
- Marcard, Stein & Co., Hamburg (Mitglied des Verwaltungsrats)

Weitere Funktionen
- Bundesverband der Deutschen Industrie e. V., Köln (Vizepräsident)
- Bundesvereinigung der Deutschen Arbeitgeberverbände, Köln (Präsidiumsmitglied)
- Stifterverband für die Deutsche Wissenschaft, Essen (stellvertretender Vorsitzender des Vorstands)
- Bundesvereinigung der Deutschen Ernährungsindustrie e. V., Bonn (Präsidiumsmitglied)
- Atlantik-Brücke e. V., Bonn (stellvertretender Vorsitzender des Vorstands)

- Kulturkreis der deutschen Wirtschaft im Bundesverband der Deutschen Industrie e. V., Köln (Vorsitzender des Vorstands)
- Förderkreis der Leipziger Galerie für Zeitgenössische Kunst e. V., Leipzig (Vorsitzender des Vorstands)

Dr. Heinrich von Pierer
Vorstandsvorsitzender der Siemens AG

HEINRICH VON PIERER
Erfolgsmotor Innovation

Als Werner v. Siemens 1848 mit dem Bau größerer Telegraphenlinien in Deutschland und darüber hinaus bereits bis nach Verviers in Belgien begann, brach ohne Zweifel ein ganz neues Zeitalter der Nachrichtenübermittlung an. Allerdings nicht nur das – für den einen oder anderen brach zunächst auch seine Existenzgrundlage zusammen, soweit er nämlich zuvor sein Auskommen mit traditionellen Formen der Nachrichtenübermittlung erzielt hatte. Einer von ihnen war Julius Reuter, Besitzer der Taubenpostlinie zwischen Köln und Brüssel. Die Basis seines Geschäfts wurde durch die Einführung des elektrischen Telegraphenverkehrs vollständig zerstört. Aber dabei hatte es nicht sein Bewenden. Werner v. Siemens berichtet dazu in seinen Lebenserinnerungen: *»Als Frau Reuter sich bei mir über diese Zerstörung ihres Geschäfts beklagte, gab ich dem Ehepaar den Rat, nach London zu gehen und dort ein ebensolches Depeschen-Vermittlungsbureau anzulegen, wie es gerade in Berlin... begründet worden war.«* Die Reuters folgten diesem Rat, eröffneten in London ein Telegraphenbüro und setzten damit das Fundament für die Nachrichtenagentur Reuters. Das war *»schöpferische Zerstörung«,* wie Joseph Alois Schumpeter sie knapp hundert Jahre später in seinem Buch Kapitalismus, Sozialismus und Demokratie als typisch für den Wettbewerbsprozeß in Märkten beschrieb. Siemens, der *newcomer,* setzte eine revolutionäre Technik erfolgreich durch, und Reuters, das etablierte Dienstleistungsunternehmen, nahm den umfassenden Strukturwandel seines Marktes und seiner Arbeitsinhalte an und entdeckte darin eine große Chance. Das Schöpferische überwog, und es ist sicher kein Zufall, daß beide Unternehmen – Siemens wie Reuters – sich in ihren jeweiligen Märkten erfolgreich durchsetzten und weltweit Spitzenpositionen einnehmen.

Anwendungsnähe des wissenschaftlichen Fortschritts

Gerade wenn man die Gründungsjahre von Siemens näher betrachtet, ist aber auch ein weiterer Punkt unübersehbar: der unmittelbare Zusammenhang von wissenschaftlich-technischem Fortschritt und seiner wirtschaftlichen Umsetzung und Anwendung. Dieser enge Zusammenhang wurde durch Werner v. Siemens verkörpert, der Wissenschaftler und Unternehmer zugleich war und schon in seiner Person vernetztes Denken von der Erfindung bis zu marktfähigen Produkt- und Systemlösungen garantierte. Die Elektrotechnik befand sich im Frühstadium ihrer Entwicklung. Für Werner v. Siemens als einen ihrer Pioniere war sie noch überschaubar – in ihren Grundlagen genauso wie in ihren Anwendungsmöglichkeiten.

Die Elektrotechnik ist dann schnell komplizierter und damit fortschreitend arbeitsteilig geworden. Ihre Überschaubarkeit und auch die Einheit von wissenschaftlicher, technischer und unternehmerischer Kompetenz auf höchstem Niveau war bald nicht mehr aufrechtzuerhalten. Spezialisierung nach Arbeitsgebieten und selbst Spezialisierung innerhalb ein- und desselben Arbeitsgebiets nach Prozeßketten setzten sich durch. Dies war zwingend, wenngleich auch nicht unproblematisch, weil das vernetzte Denken – die größte Stärke des menschlichen Gehirns, aber nicht automatisch auch die Stärke einer Unternehmensorganisation oder gar einer Gesellschaft – dabei an Stellenwert verlor. Der Zusammenhang zwischen wissenschaftlichem Fortschritt und der Lösung technischer Probleme auf der einen Seite und der Umsetzung dabei gewonnener Erkenntnisse in Markterfolg auf der anderen Seite lockerte sich. Motor des wirtschaftlichen Erfolgs sind aber nun einmal Innovationen, also die Umsetzung von wissenschaftlich-technischer Kompetenz in

Markterfolge und in Vorsprünge an Wettbewerbsfähigkeit. Oder mit Goethe gesagt: »*Es ist nicht genug zu wissen, man muß auch anwenden; es ist nicht genug zu wollen, man muß auch tun*« (aus Maximen und Reflexionen).

Europas Industrialisierung: Eine Kette von Innovationserfolgen

Innovationen gibt es natürlich nicht nur auf technischem Gebiet. Aber es sind gerade die technischen Innovationen, die der wirtschaftlichen Entwicklung seit Beginn der Industrialisierung in der ersten Hälfte des 19. Jahrhunderts ihren Stempel aufgedrückt haben. Der industrielle Erfolg Europas war immer geprägt von technischen Spitzenleistungen und ihrer erfolgreichen Durchsetzung im Markt. Kurz formuliert: *Innovativ sein heißt, erfolgreich sein.*

Aber der Blick auf die industrielle Entwicklung vom Beginn des 19. Jahrhunderts bis heute macht noch einen weiteren Punkt deutlich, und auch daraus lassen sich wichtige Erkenntnisse für Gegenwart und Zukunft gewinnen. Über lange Zyklen hinweg war jeweils eine Basistechnologie prägend für die Gesamtentwicklung. Und jede Basistechnologie führte zum Aufbau von flächendeckenden Infrastrukturnetzen:

- In der ersten Hälfte des 19. Jahrhunderts löst die Dampfmaschine die Mechanisierung der Webstühle aus und leitet das Entstehen von Manufakturen ein. Durch den rasch steigenden Rohstoffbedarf (Baumwolle) sowie den Übergang zur Dampfschiffahrt wachsen Welthandel und Welthandelsnetz in neue Dimensionen.
- In der zweiten Hälfte des 19. Jahrhunderts übernehmen Stahlindustrie und Eisenbahnbau die Leitfunktion für die Industrialisierung. Eisenbahnnetze entstehen, Personen- und Güterbeförderung werden zunehmend selbstverständlich. Die verbesserte Verkehrsinfrastruktur erhöht die Verfügbarkeit von Ressourcen und verstärkt den Wettbewerb zwischen verschiedenen Standorten.

- Nach der Jahrhundertwende ist es die Energieerzeugung und sind es die Energienetze, die Städte und Wirtschaftsleben verändern. Mit dem Verbrennungsmotor kommt die Grundlage für das Auto und für den Siegeszug des Individualverkehrs hinzu.

- In der zweiten Hälfte unseres Jahrhunderts prägen vor allem Elektronik und Mikroelektronik den technischen Fortschritt und den Innovationswettbewerb: Unterhaltungselektronik, Computer und Telekommunikation. Auf der Infrastrukturseite kommen Funk-, Daten- und Kommunikationsnetze hinzu. Erste Konturen der Informationsgesellschaft der Zukunft schimmern durch.

Vernetzung, Globalisierung und Standortwettbewerb

Von den Basisinnovationen des vergangenen Jahrhunderts führt der Weg geradlinig in die vernetzte Welt der Gegenwart: Elektrizitäts- und Verkehrsnetze, Telekommunikations- und Datennetze.

Innovationsentwicklung und *Vernetzung immer größerer Einheiten* bilden einen Zusammenhang. Dies läßt sich bis hinein in die politische Entwicklung verfolgen: Handel, Verkehr und Kommunikation auf der Seite der Technik, und parallel eine zunehmende Bedeutung zunächst der Nationalstaaten, dann in Europa der wirtschaftlichen und politischen Integration in der Europäischen Union und immer mehr Herausforderungen, die eine handlungsfähige Weltgemeinschaft verlangten.

Natürlich werden die Staaten nicht von der Europäischen Union und die nicht von der UNO abgelöst. Genauso wenig ersetzen Datenautobahnen die Eisenbahn oder die CD-ROM das gedruckte Buch. Welt und Technik werden reichhaltiger, zum Teil auch komplexer, in jedem Fall aber anders. Selbst die anfangs erwähnten Brieftauben sind nicht gänzlich verschwunden, auch wenn ihr »Marktsegment« auf wenige Liebhaber und einen eher sportlichen Wettbewerb geschrumpft ist.

Wettbewerb ist eben in erster Linie ein *schöpferischer* und erst in zweiter Linie ein *zerstörerischer Prozeß.* Durchgängig ist der Wandel, und durchgängig ist die Globalisierung.

Globaler Wettbewerb: Disziplinierung für Unternehmen und Politik

Globalisierung heißt nichts anderes als weltweiter Wettbewerb von Unternehmen, aber natürlich auch von Standorten. Die Aufgabe für Politik und Unternehmen lautet: Wettbewerbsfähigkeit sichern. Die *Aufgabe* ist für Politik und Wirtschaft gleich, die *Ziele* unterscheiden sich:

Unternehmen treffen im globalen Wettbewerb weltweit auf dieselben Konkurrenten. Es gibt weltweit gleiche Produkte und in etwa gleiche Preise. Computer und Telefone sind dafür typische Beispiele, aber auch Kraftwerke und Nahverkehrssysteme. Um besser oder günstiger zu sein als die Konkurrenz, muß auch die Wertschöpfung global optimiert werden. Man muß die weltweit jeweils günstigsten Standorte für Forschung und Entwicklung, für Fertigung, Einkauf und jedes andere Glied des Wertschöpfungsprozesses nutzen, sich regionale Standortstärken zu eigen machen und durch die Gestaltung der eigenen Prozeßketten Effizienzvorteile gegenüber den Weltmarktkonkurrenten anstreben.

Eine nationale Ausrichtung kann es im industriellen Sektor nicht mehr geben. Dann würde der viel breitere, zunehmend eben globale Fokus der Wettbewerber und Märkte mißachtet und die eigene Existenz aufs Spiel gesetzt. Genauso wie der Nationalstaat des 19. Jahrhunderts nicht unverändert geblieben ist, taugt ein auf ein Land konzentriertes Unternehmen nicht für den globalen Wettbewerb der Zukunft. Insofern ist Siemens weniger ein deutsches Unternehmen, als ein *globales* Unternehmen *mit Herkunft und Sitz in Deutschland* und einer besonders starken Verwurzelung in seinem europäischen Heimatmarkt. Im übrigen ist die Globalisierung heutigen Typus zwar eine relativ junge Entwicklung, eine ausgeprägte Internationalisierung des Geschäfts ist für Unternehmen wie Siemens dagegen stets selbstverständlich gewesen. Schon Ausgang des vergangenen Jahrhunderts gab es Phasen, in denen Siemens von der Niederlassung St. Petersburg aus größere Projekte durchführte als vom Berliner Stammsitz des Unternehmens.

Aus der Sicht der *Politik* liegen die Herausforderungen aus der Globalisierung darin, im *Standort*wettbewerb möglichst günstig abzuschneiden. Für die deutsche Politik geht es vornehmlich um die Position des *Standorts Deutschland* im weltweiten Wettbewerb. *Standort Deutschland* ist allerdings nur eine Verkürzung und Abstraktion. Eigentlich gemeint sind Arbeitsplätze, Einkommen und Wohlstandsquellen für die Menschen in Deutschland. Ausschlaggebend für die Position im Standortwettbewerb sind Stärken und Schwächen im Vergleich zum Ausland. Inland – Ausland, an dieser Relation entscheidet sich, wo investiert wird und wo Arbeitsplätze geschaffen werden. Je weiter fortgeschritten die Integration von Ländern und Märkten in die Weltwirtschaft ist, um so stärker ist auch der disziplinierende Effekt auf Politik und Wirtschaft. In bezug auf Kapital und Investitionen steht ein Land wie Deutschland voll im globalen Wettbewerb. Es ist *global player* in dem Sinn, daß es weltweit im Blickpunkt der Beobachter und Analysten steht. Standortschwächen, die sich Deutschland im Vergleich zu alternativen Standorten leistet, werden schonungslos aufgedeckt.

Was auf der Soll- und was auf der Habenseite der Standortbilanz steht, darüber wird laufend berichtet. Natürlich kann man viel Positives zum Standort Deutschland ins Feld führen. Aber es geht nicht um Schulterklopfen oder Selbstlob, sondern um Verbesserungspotentiale. An dieser Stelle genügen wenige Stichworte: Steuerbelastung, Arbeitskosten, Regulierungsdichte, langfristige Investitionsbedingungen etwa im Energiesektor und natürlich auch Dauer von Genehmigungsverfahren. Bei alldem und auf einer Reihe weiterer Gebiete liegt der Standort Deutschland nicht gut im Rennen. Dies beim Namen zu nennen ist eine Voraussetzung dafür, daß notwendige Verbesserungen in Angriff genommen werden.

Erfolgsmotor Innovation: Staat und Politik verfügen über eine Menge Kraftstoff, ihn auf Touren zu bringen. Innovationen in der Standortpolitik stehen der Bedeutung von Innovationen im Wettbewerb der Unternehmen in nichts nach. Auch für die Standortpolitik sind Innovationen allemal besser als sich aufs Imitieren zu beschränken – das hieße, Schrittmachern hinterherzulaufen und ihnen die Vorsprungsgewinne zu überlassen – oder gar in Lethargie zu verharren. *»Unerfreulich ist Untätigkeit«*, befand schon Thales von Milet im 6. Jahrhundert vor Christus. Man muß hinzufügen, sie wäre im globalen Wettbewerb der Unternehmen und Standorte sogar gefährlich, weil dann die Fundamente von Wohlstand und Wettbewerbsfähigkeit der Erosion preisgegeben würden.

Mittelpunkt der Unternehmensstrategie: Innovationen

Untätigkeit ist in den Unternehmen der deutschen Industrie sicher nicht auszumachen. Nicht ganz unbedenklich ist allerdings, daß bei öffentlichen Darstellungen der Anstrengungen zur Steigerung der Wettbewerbsfähigkeit weniger oft von Innovationsaktivitäten und -erfolgen als von Kostenreduzierung und Arbeitsplatzabbau die Rede ist.

Kostenreduzierung und Produktivitätsfortschritte verschaffen kurzfristig Entlastung. Das reicht aber nicht. Denn alleine mit Kostensenkungsprogrammen, Rationalisierungserfolgen und Arbeitsplatzabbau läßt sich Zukunft nicht sichern. Die berühmten Re-engineering-Programme der Unternehmen werden auf Dauer ins Leere laufen, wenn sie sich auf die Kostenseite beschränken. Zum Unternehmer-Sein gehört mehr als Sparen. *Totsparen öffnet keine Perspektiven.* Um die Zukunft zu sichern, muß man Neuland betreten, man muß innovativ sein. Im Mittelpunkt jeder intelligenten Unternehmensstrategie müssen Innovationen stehen. Wie innovativ ein Unternehmen ist, hängt vor allem von seinen Mitarbeitern ab, von ihrer Kompetenz, ihrer Kreativität, ihrer Einsatzfreude und natürlich auch der Bestätigung, die sie durch Kollegen und Vorgesetzte erfahren.

Ein Programm zur Steigerung der Wettbewerbsfähigkeit kann nur erfolgreich sein, wenn es für die Mitarbeiter verständlich und eingängig ist. Das Programm *Siemens-top* erhebt diesen Anspruch. Der einfache Name *top* steht zum einen als Abkürzung für »*time optimized processes*«, weil Zeit heute der Schlüsselfaktor ist, von dem alles andere abhängt. Populär ausgedrückt: Nicht die Großen besiegen die Kleinen, sondern die Schnellen schlagen die Langsamen. Aber das *Siemens-top* Programm ist mehr: Es soll den Weg für Siemens bahnen, auf den Feldern Weltspitze zu bleiben, wo das Unternehmen den Wettbewerb anführt, und dort an die Weltspitze vorzustoßen, wo eine Führungsposition nicht mehr oder noch nicht besteht.

Dafür sind Kostenabbau und Produktivitätssteigerungen zwar ein wichtiger Baustein. Aber insbesondere geht es um Innovationen und das in einem umfassenden Sinn:

- Es ist eine Innovation, wenn sich ein Unternehmen eine neue Verfassung gibt, geprägt von Vertikalisierung und Hierarchieabbau und geprägt von dem Bestreben, Eigenverantwortung und unternehmerische Freiräume jedes einzelnen Mitarbeiters auszuweiten.
- Es ist eine Innovation, wenn man ein neues Rechnungswesen einführt und damit die Transparenz steigert, Entscheidungsgrundlagen verbessert und punktgenaue Erfolgskontrollen ermöglicht.
- Es ist eine Innovation, wenn sich die Unternehmenszentrale um 25 Prozent verkleinert.
- Es ist eine Innovation, wenn 44 Millionen m^2 Grundbesitz in ein neues Immobilienmanagement überführt werden und damit die Grundlage für einen unternehmerischen Umgang mit diesen Vermögenswerten gestärkt wird.
- Es ist eine Innovation, wenn das Management von Reisekosten so verändert wird, daß Sparpotentiale von rund 20 Prozent erschlossen werden.

Das alles sind Innovationen, die Management, Organisation und interne Abläufe betreffen. Gerade für das Ziel, insgesamt schneller zu werden, darf ihre Bedeutung nicht unterschätzt werden. Daneben geht es selbstverständlich um Technik und Produktion. Hier bietet sich die Unterscheidung dreier verschiedener Kategorien von Innovationen an:

1. Neue Produkte in der normalen Abfolge von Produktgenerationen, aber entwickelt nach dem Design-to-Cost-Prinzip,
2. Basisinnovationen als Grundlage für moderne, intelligente Lösungen und neue Produkte,
3. völlig neue Know-how-Kombinationen.

Für alle drei Innovationskategorien lassen sich jüngere Siemens-Beispiele nennen:

Design to Cost

Typische Beispiele stammen aus den Arbeitsgebieten Medizintechnik und Automatisierungstechnik.

Bei der *Medizintechnik* wurde früher ein klassischer *»High-End-Ansatz«* verfolgt: qualitativ hochwertige und teure Produkte, die sich vor allem für renommierte Kliniken und Arztpraxen eigneten. Angesichts der Gesundheitskostendebatte und Strukturreformen in praktisch allen Industrieländern ist dieser Markt aber zu einer alleine nicht mehr tragfähigen Nische zusammengeschmolzen. Die Folge war ein drastischer Ergebniseinbruch in der Siemens-Medizintechnik. Inzwischen ist dieser Bereich wieder auf gutem Weg, seine führende Weltmarktposition auch in entsprechende Ergebnisse umzumünzen. Was ist geschehen?

Man hat die Kunden in den Entwicklungsprozeß einbezogen und mit ihnen gemeinsam beraten, welche Produkteigenschaften sie wirklich benötigen und welchen Preis sie zu zahlen bereit sind. Ermittelt wurden dabei Eckwerte, die bis zu 50 Prozent unter zuvor gängigen Kosten und Preisen lagen. Und das ohne Abstriche an den Leistungsmerkmalen. Inzwischen ist der Beleg erbracht, daß solche Ziele erreichbar sind. Voraussetzung ist, die gesamte Wertschöpfungskette zu analysieren und neu zu formieren. Herausgekommen ist z. B. der völlig neue offene Kernspintomograph *Magnetom Open,* ein Gerät, mit dem nun auch unter Klaustrophobie leidenden oder aus anderen Gründen ängstlichen Patienten geholfen werden kann.

Vergleichbar mit der Medizintechnik war die Lage in der *Automatisierungstechnik* und dort vor allem auf dem Gebiet der Werkzeugmaschinensteuerungen. Sie waren im Laufe der Jahre immer weiter ergänzt und für Spezialanwendungen ertüchtigt worden. Konsequenz: Overenginiert, zu teuer und in zu viele Einzelvarianten zerstückelt.

Der Lösungsansatz war ähnlich wie in der Medizintechnik: Zusammen mit einigen Leitkunden wurde analysiert und definiert, welche Eigenschaften erfolgreiche Werkzeugmaschinensteuerungen aufweisen müssen und welchen Preis die Produkte maximal vertragen. Die Reaktion auf die dabei ermittelten Anforderungen war zunächst: »*Nicht machbar am Standort Deutschland*«. Daraufhin wurde ein kleines Team von Entwicklern aus ihrem bisherigen Umfeld herausgelöst und damit auch dem Einfluß der zahlreichen Bedenkenträger entzogen. Dieses Team war erfolgreich. Die neue Generation von Siemens-Werkzeugmaschinensteuerungen ist am Markt. Sie ist erheblich preiswerter und zugleich leistungsfähiger als die Vorgängergeneration. Die aktuellen Produkte sind mit einer für alle Anwendungen geeigneten gleichen Basis ausgestattet, so daß die Aufrüstung für Spezialanwendungen nur geringe Zusätze erfordert.

Basisinnovationen

Ein besonders gut geeignetes Beispiel ist die Mikroelektronik. Als Schlüsseltechnologie für Informationstechnik, Nachrichtentechnik, Automatisierung, Maschinenbau und Automobilbau hat sie herausragende Bedeutung. Wenn man allein den unmittelbaren Umsatz mit Mikrochips in Deutschland sieht, geht es zwar nur um bescheidene 7 Milliarden DM im Jahr. Aber diese Chips sind entscheidend für die Wettbewerbsfähigkeit von Industriebranchen mit einem Umsatz von insgesamt über 700 Milliarden DM im Jahr oder für rund ein Drittel des gesamten deutschen Bruttosozialprodukts.

Anfang der 80er Jahre hatte Siemens in der Mikroelektronik einen Nachholbedarf, der gemessen an der dazu nötigen Zeit etwa zwei bis drei Jahre ausmachte. Dieser Rückstand wurde bis Anfang der 90er Jahre aufgeholt. Aber damit war das Problem mangelnder Wirtschaftlichkeit noch nicht gelöst. Es fehlte eine klare Fokussierung auf Kerngebiete, auf denen den Kunden im eigenen Haus und extern etwas geboten werden konnte, das sie woanders nicht bekamen.

Heute leistet der Bauelementebereich einen nennenswerten Beitrag zum gesamten Unternehmensergebnis. Die Zeit der internen Subventionierung ist vorbei. Und gleichzeitig erfüllt die Mikroelektronik die Funktion als Technologietreiber für praktisch alle anderen Arbeitsgebiete des Hauses.

In der Mikroelektronik ist der Übergang von der Aufhol- zu einer Expansionsstrategie erfolgt. In Dresden investiert das Unternehmen 2,7 Milliarden DM in den Neubau von Fertigungen, u. a. in die 256 M-Technologie. Dort geht es um Fertigungsstrukturen 300mal so fein wie ein Menschenhaar. In Newcastle/Großbritannien kommt ein weiterer Fertigungsschwerpunkt für Logikchips im Technologiebereich von 16- und 64-Megabit hinzu. Dort werden insgesamt rund 2 Milliarden DM investiert. In Villach, Regensburg sowie in Singapur und Malaysia werden die Mikroelektronik-Fertigungen ebenfalls mit Milliardenaufwand erweitert.

Auch heute gibt es kritische Stimmen über unsere Mikroelektronik-Position. Die einen beklagen, daß wir in der Hitliste der Speicherchip-Hersteller – gemessen am Umsatz – nicht ganz oben stehen. Die anderen verweisen auf Unternehmen, die auf anderen Teilgebieten der Mikroelektronik, etwa bei Mikroprozessoren, stärker sind. Faktisch ist diese Kritik zutreffend. Aber man darf sich nicht verzetteln, und deswegen ist es unternehmerisch gar nicht unbedingt ratsam, in jedem Marktsegment dabeisein oder an die Spitze vorstoßen zu wollen. Unsere Stärken liegen vor allem auf dem Gebiet der *Logikchips,* den sogenannten ASIC's.

Mikroelektronik für die Nachrichtentechnik, für die Automobiltechnik, auch die Unterhaltungselektronik – dies ist das Segment, auf das sich Siemens konzentriert. Aber natürlich erfordert schon das Bestreben, die erreichte Position zu behaupten und sie nach Möglichkeit weiter auszubauen, in einem so schnellebigen Markt wie der Mikroelektronik größte Anstrengungen und ständige Innovationserfolge.

Neue Know-how-Kombinationen

Die dritte Innovationskategorie besteht aus völlig neuen Know-how-Kombinationen. Dazu ein Beispiel aus der Kraftwerkstechnik, das sogenannte Schwelbrennverfahren zur nahezu rückstandsfreien Müllbeseitigung. Auf diesem Feld können wir Know-how aus der Kraftwerkstechnik anwenden und in entsorgungswirtschaftliche Anwendungen einbringen. Das Schwelbrennverfahren ermöglicht eine Restmüllentsorgung mit sehr hohen Recyclingquoten und ausgezeichneter Umweltbilanz. Es fallen keinerlei Dioxine oder Furane an. Eine Demonstrationsanlage läuft seit längerem mit gutem Erfolg in Ulm. An sechs weiteren Standorten in Deutschland haben Kommunen Grundsatzentscheidungen für das Schwelbrennverfahren getroffen. In Fürth ist die erste kommerzielle Anlage im Bau. Japan hat sich an dem Schwelbrennverfahren Lizenzen gesichert und betreibt bereits eine erste Anlage in Yokohama.

Ein anderes Beispiel für Systemintegration ist das Gebiet Multimedia, Informationsgesellschaft. Wohin wird die Entwicklung gehen? Vieles ist vage. Nur daß die Informationsgesellschaft kommen wird und daß sie das öffentliche und private Leben verändern wird, ist sicher.

Multimedia wird Einfluß darauf haben, wie wir uns informieren, wie wir einkaufen, wie wir unsere Ärzte konsultieren oder auch unsere Freizeit verbringen und unsere Ausbildung absolvieren. Aber schwarz-weiß-Malerei wäre unangebracht. Auch in der Informationsgesellschaft von morgen werden Kinder weiter in die Schule und auf den Bolzplatz gehen. Man wird weiterhin ins Büro oder zu Vorträgen und Theaterbesuchen fahren und Bücher lesen. Aber neben die lokale, physische Präsenz der Menschen wird die Möglichkeit zur globalen virtuellen Präsenz hinzukommen.

Voraussetzung ist natürlich, daß es keine abschreckenden Bedienungs-, Preis- und Sprachbarrieren gibt. Das heißt: Die Technik muß einfach, preisgünstig und leistungsfähig sein. Und Voraussetzung ist natürlich auch, daß es weiter Rückzugsräume gibt. Das ist nicht zuletzt eine Frage des Datenschutzes und der Datensicherheit, die gewährleisten müssen, daß öffentliche und private Sphäre getrennt bleiben. Dies gehört zu den Aufgaben einer politischen und rechtlichen Wegbereitung für die Informationsgesellschaft.

Europäer und gerade auch Deutsche bringen gute Voraussetzungen für eine Führungsfunktion auf diesem Gebiet mit. Das weltweit dichteste Glasfasernetz und das erste Breitbandnetz sind hier in Deutschland angesiedelt und nicht in den USA oder Japan. Die europäische Industrie verfügt über die Kompetenz zur Integration komplexer Systeme und hat dabei einen Vorsprung vor japanischen Konkurrenten und zumindest Gleichwertigkeit zu amerikanischen Wettbewerbern. Wir sind führend bei Telekom-Chips und bei Baugruppen zur Umsetzung von elektrischen Signalen in optische und umgekehrt.

Um Europas starke Position auf diesen Gebieten auszubauen, ist dreierlei entscheidend:

- Der Staat muß die Rahmenbedingungen klären.
- Es müssen Standards geschaffen werden, die Schnittstellen ermöglichen: Jeder muß – bildlich gesprochen – auf den Information Highway hinauf- und auch wieder herunterkommen.
- Es sind Pilotprojekte erforderlich, etwa Verkehrsleittechnik, Vernetzung von Wissenschaftseinrichtungen und von Krankenhäusern.

Innovationserfolge nur mit Schnelligkeit

Der Wettlauf um Innovationen kennt keinen Stillstand, nur ein Vorwärts, und das immer schneller. Hohes Tempo – time to market heißt das Stichwort – ist für den wirtschaftlichen Erfolg entscheidend. Je früher man mit einem neuen Produkt am Markt ist, desto schneller amortisieren sich die Entwicklungskosten und desto schneller kommt man in die Gewinnzone. Grundsätzlich sind drei Punkte wichtig, damit man den Wettlauf der Konkurrenten anführt und im entscheidenden Moment der Markteinführung die Nase vorn hat.

1. Nicht eine anonyme Organisation, sondern ein kleines Team, das begeistert, kompetent und konsensfähig ist. Es braucht einen Teamleiter, und es braucht Siegeswillen wie im Spitzensport: Schnelligkeit ist Trumpf.
2. Grundlage muß der Gesamtprozeß von der ersten Produktidee bis zum Kunden sein. Der Entwickler muß von Anfang an auch Fertigung, Vertrieb und potentielle Kunden einbeziehen. Vernetztes Denken und Arbeiten als Leitlinie, das ist der Ansatz.
3. Drittens ist ein innovatives Unternehmensklima erforderlich: sense of urgency. Und das verlangt, daß Forschung und Entwicklung nicht als kostspieliges Anhängsel, sondern als Basis des Unternehmenserfolgs betrachtet werden.

Gesamte Gesellschaft gefordert

Innovationserfolg ohne Aufgeschlossenheit der Öffentlichkeit ist undenkbar. Das führt zum Thema Technikakzeptanz: Natürlich kann es nicht darum gehen, unbesehen alles gutzuheißen, was technisch denk- und machbar wäre. Sorgen und Ängste, die es gibt, muß man ernst nehmen und aufgreifen. Aber man muß auch sehen, daß es beim Vergleich der großen Technologieregionen der Welt, also USA, Südostasien und Westeuropa auffällige Unterschiede gibt:

- In den *USA* herrscht eine weitverbreitete Begeisterung dafür, sich mit moderner Technik *unterhalten* zu lassen: zum Beispiel *Fun and Entertainment* – alles was dazu beiträgt, ist willkommen.
- In *Asien* ist das Bild anders. Dort ist es nicht so sehr der Unterhaltungswert, sondern die *Technik* selbst, die die Menschen fasziniert. Nichts kann klein, neuartig oder raffiniert genug sein.
- In *Europa* sind die Verhältnisse ganz uneinheitlich. In *Skandinavien* gibt es zum Beispiel eine außerordentlich große Aufgeschlossenheit für alle Neuerungen in der Telekommunikation. *Finnland* war das erste Land, in dem Siemens Anfang der achtziger Jahre sein digitales Vermittlungssystem EWSD eingeführt hat.

In *Deutschland* tun wir uns mit neuen Techniken viel schwerer. Allenfalls verhaltene Zustimmung, wenig Begeisterung, oft vor allem Skepsis und Abwehr – und das leider auch in Medien und politischen Debatten. Immer wieder kann man den Eindruck gewinnen, daß die Leidenschaft dann am größten ist, wenn um die Erhaltung von Subventionen oder die Bewahrung von Besitzständen gerungen wird. Dabei ist es doch eigentlich klar: Nur wer über Spitzentechnik verfügt und sie auch einsetzt, kann Spitzenlöhne bezahlen und einen insgesamt besonders hohen Lebensstandard beanspruchen.

Natürlich kann man als Unternehmer nicht nur mit dem Finger auf andere zeigen. Technologien verständlicher machen, Funktion, Sinn und Zweck, Anwendungsmöglichkeiten und auch Grenzen zu erläutern, daran muß sich auch die Wirtschaft beteiligen. Aber es gibt hier nicht nur eine Bringschuld der Wirtschaft, sondern auch Aufgaben für Familien, Schulen, Medien und Politik.

Innovationen ermöglichen nicht nur wirtschaftlichen Erfolg. Sie sind auch der Schlüssel zu besseren Lebensbedingungen. Beispiele aus der Umwelt- oder Medizintechnik belegen dies unmittelbar. Aber auch alle Anstrengungen zu höherer Energieeffizienz – etwa Wirkungsgradsteigerun-

gen bei Kraftwerken oder die Reduzierung des Stromver-
brauchs durch den Einsatz immer leistungsfähigerer Mikroelektronik – mindern den Ressourcenbedarf und schonen
die Natur.

Erfolgsmotor Innovation: Ob er stottert oder geschmeidig
läuft, ist in Deutschland nicht in erster Linie eine Frage von
Finanzkraft, technischem Umfeld oder Ausbildungsniveau.
Es ist eine Frage des gesellschaftlichen Klimas und der Einstellung der Menschen.

Alfred Herrhausen hat einmal gesagt: *»Dieses Land hat
immer noch kluge Köpfe und fleißige Hände, es ist wohlge-
ordnet und verläßlich, reich an Erfahrung und Kenntnissen,
kulturell vielfältig und aktiv – und, was das wichtigste ist, es
ist frei.«* Was also sollte dagegen sprechen, daß wir auch
künftig innovativ sind? *Bequemlichkeit* vielleicht – aber die
läßt sich niemand gerne nachsagen. Es ist an uns, den Eindruck, wir seien zu bequem, um innovativ zu sein, zu wider-
legen!

Biographie
Dr. Heinrich von Pierer

Heinrich von Pierer, Vorsitzender des Vorstandes der Siemens AG, wurde am 26. Januar 1941 in Erlangen, Deutschland, geboren. Er besuchte die Schulen seiner Heimatstadt
und studierte später an der Friedrich-Alexander-Universität
Erlangen/Nürnberg. Sein Studium schloß er mit einem Dok-
torat der Jurisprudenz (Dr. jur. 1968) und einem Diplom im
Fach Wirtschaftswissenschaften (Dipl.-Volkswirt 1969) ab.

Während seiner Schulzeit wie auch als Student arbeitete
Pierer als freischaffender Sportreporter für die Zeitung seiner Stadt, die »Erlanger Nachrichten«. Mit achtzehn Jahren
wurde er bayrischer Jugend-Tennismeister, und er ist bis
zum heutigen Tage leidenschaftlicher Sportler geblieben. Besonders widmet er sich dem Tennis, dem Skisport und dem
Wandern. Neben seinem beruflichen Werdegang spielte Pierer von 1972 bis 1990 auch in der Kommunalpolitik eine ak-

tive Rolle. Er war Mitglied des Stadtrats von Erlangen und gehörte verschiedenen städtischen Ausschüssen an.

Nach Abschluß seines Studiums im Jahre 1969 trat Pierer in die Rechtsabteilung des Zentralbereichs Finanzen der Siemens AG ein. 1977 wechselte er zur Tochtergesellschaft des Unternehmens, der Kraftwerk Union AG (KWU) über, wo er mit kaufmännischen und juristischen Aufgaben im Zusammenhang mit einigen größeren Kraftwerksprojekten der KWU im Ausland betraut war. Als im Jahre 1987 die Aktivitäten von Siemens auf dem Energiesektor reorganisiert wurden und die KWU mit dem Unternehmen als eine neue betriebliche Einheit verschmolz, übernahm Pierer im Oktober 1988 die kaufmännische Leitung des Unternehmensbereichs KWU. Ein Jahr darauf wurde er zum Vorsitzenden des Bereichsvorstandes, Bereich Energieerzeugung KWU, ernannt und gleichzeitig zum Mitglied des Vorstandes der Siemens AG gewählt.

Während er in seiner Position als Vorsitzender des Bereichsvorstandes, Bereich Energieerzeugung KWU, verblieb, wurde Pierer am 1. Oktober 1990 Mitglied des Zentralvorstandes der Siemens AG. In den folgenden Jahren war er insbesondere für den Energiesektor der Firma, für die Planung und Entwicklung, für internationale Transaktionen und andere Aktivitäten verantwortlich.

Am 2. Juli 1991 wurde Pierer zum Stellvertretenden Vorsitzenden des Vorstandes der Siemens AG ernannt, und im folgenden Jahr, am 1. Oktober 1992, folgte er Dr. Karlheinz Kraske als Vorsitzender des Vorstandes der Siemens AG nach.

Pierer übernahm das Steuer von Siemens zu einer Zeit, die von tiefgreifenden Umwälzungen in der internationalen Wirtschaftsumwelt gekennzeichnet ist. Er hat beschleunigte Anstrengungen unternommen, um das Unternehmen auf die sich verändernden Umfeldbedingungen vorzubereiten und um dessen Position als Faktor auf dem Weltmarkt weiter zu stärken. Er steht als eine Triebkraft hinter dem allem übergeordneten Bemühen, internationale Prozesse zu rationalisieren, die Innovation voranzutreiben, in hochwichtige neue

Märkte einzudringen und die Unternehmenskultur in neue Bahnen zu lenken.

Pierer ist Vorsitzender des »Asia-Pacific Committee of German Business« und Mitglied des Technologierates beim deutschen Bundeskanzler.

Seine Exzellenz Ibrahim A. Ibn Salamah
Managing Director der SABIC

S. E. Ibrahim A. Ibn Salamah

SABIC – Der Katalysator in der saudischen Wirtschaft

Jüngste Statistiken über die finanzielle Situation Saudi-Arabiens deuten auf eine positive Zukunft für die Wirtschaft insgesamt und insbesondere den industriellen Sektor hin, da das Land daran festhält, Petrodollars in seine Entwicklung zu reinvestieren. Dies unterscheidet sich wesentlich von dem Bild, das noch vor einem Jahr gemalt wurde. Trotz seiner gewaltigen Ölressourcen war das Königreich der Weltrezession gegenüber nicht immun. Doch es hielt ganz gewiß dem Sturm stand, und dies mit Bravour.

Zusätzlich zu dem Abschwung im Welthandel und den damit verbundenen und für die meisten Länder spürbaren Auswirkungen mußte Saudi-Arabien auch noch eine Multi-Millionen-Dollar-Last für den Golfkrieg tragen. Diese Situation erfuhr durch die anhaltend niedrigen Ölpreise – die Haupteinnahmequelle des Königreiches – keine Milderung. Nunmehr aber sind wir trotz der geringfügigen Bewegung in den Ölpreisen wieder da. Die Zukunft für saudische Exporte und das Wachstum seiner noch im Anfangsstadium steckenden kleinen Privatindustrie sieht gut aus.

Vor knapp 20 Jahren erkannte Saudi-Arabien, daß es vom Öl allein nicht für alle Zeiten am Leben erhalten werden könnte und stellte sich einem der größten je erarbeiteten Industrialisierungsprogramme. Heute trägt diese Weitsicht, die auch den Bau zweier großer Städte, Al-Jubail und Yanbu, im Dienste dieser Expansion vorsah, ihre Früchte. Das Königreich wandelte sich von einem Land, welches einst fast alles, was es am nötigsten brauchte, einführte, zu einem Land, das eine breite Palette kommerzieller und industrieller Erzeugnisse sowie Konsumgüter selbst herstellt. Diese befriedigen nicht nur die Bedürfnisse eines sich ausdehnenden Binnenmarktes, sondern substantielle Exportmöglichkeiten gleichermaßen.

Bis zum Ende des Jahres 1994 waren mehr als 2200 Produktionsfirmen mit einem investierten Gesamtkapital in Höhe von 40 Milliarden US-Dollar geschaffen worden. Sie erzeugen Waren im Gesamtwert von 15 Milliarden US-Dollar und beschäftigen nahezu 200 000 Menschen. SABIC, die Saudi Basic Industries Corporation, diente in dieser so lebenswichtigen Veränderung als Hauptkatalysator. Angesichts der Gewinne im ersten Quartal des Jahres 1995 in Höhe von über 400 Millionen US-Dollar ist es heute schwer vorstellbar, daß sich SABIC erst im 12. Jahr ihrer Produktion befindet.

Die Corporation war ausschlaggebend dafür, daß sich die saudiarabische Wirtschaft von ihrer totalen Ölabhängigkeit hinwegbewegte. Mittels ihrer Düngemittelproduktion hat SABIC auch die Grundlage für das Grünen des Königreiches in der Wüste in einem Ausmaß geschaffen, daß Saudi-Arabien heute landwirtschaftliche Erzeugnisse exportiert. Ihre Produktionsreihe von Kunstharzen hat eine Vielzahl moderner heimischer Kleinbetriebe der Konsumgüterindustrie entstehen lassen, und ihr weitgefächerter Bereich der Petrolchemie hat in Übersee, in einer heftig wetteifernden industriellen Umwelt, neue Märkte erschlossen.

Industriegründungen

In den siebziger Jahren erarbeitete die Regierung Pläne für die Begründung einer heimischen petrolchemischen Industrie als Basis ihrer Industrialisierungsbemühungen. Große Mengen von Kohlenwasserstoffgasen, welche in Verbindung mit Rohöl, insbesondere Grubengas und Äthylwasserstoff, entstanden, wurden abgeleitet. Sie waren als Ausgangsmaterial für die Herstellung von Petrolchemikalien zu verwenden. Um dieses Ziel zu erreichen, wurde im Jahre 1976 SABIC gegründet, und die Königliche Kommission wurde für die Herausarbeitung der städtischen und industriellen Infrastruktur der beiden neuen Industriestädte Al Jubail und Yanbu gebildet.

Die Verwirklichung dieses enormen Industrialisierungsprogrammes war ein gewaltiges Unterfangen.

Erstens mußte ARAMCO ein Gassystem mit Modellcharakter für das Auffangen und die Verteilung der Gase konstruieren, und diese Gase wurden dann in eine Reihe von Produkten umgewandelt.

Zweitens mußte von der Königlichen Kommission eine komplette Infrastruktur entwickelt werden für die Stützung der Komplexe von Weltniveau, die diese Aufgabe zu lösen hatten.

Und schließlich mußte SABIC selbst gegründet werden, um als industrieller Katalysator zu fungieren und die entstehende Diversifizierung der neuen industriellen Basis zu stimulieren.

In dieser Zielstellung lag tatsächlich eine große Herausforderung. Und diese Aufgabe konnte nur gelöst werden durch den Bau von kapitalintensiven Produktionsanlagen auf Weltniveau und im Weltmaßstab. Außerdem mußte dies, in Zusammenarbeit mit etablierten Weltklasse-Organisationen auf dem Gebiet der Petrolchemie, den Transfer der verfügbaren, am weitesten fortgeschrittenen und besten technischen Errungenschaften beinhalten. Es war eine logische Entscheidung, diese Initiative mit Petrolchemikalien einzuleiten. Diese enthalten große Mengen von Kohlenwasserstoffgasen und verbrauchen für ihre Produktion viel Energie. Damit hingen sie von einer Ressource ab, die im Königreich im Überfluß vorhanden war.

Das war natürlich alles ein Traum, der nicht ohne seine industriellen Skeptiker blieb, die das Projekt schlimmstenfalls für undurchführbar und bestenfalls für unprofitabel hielten. Jenen Experten wurde nachgewiesen, daß sie nicht recht hatten. SABIC ist mit bisher 15 Zweiggesellschaften und einer 16. kurz vor der Vollendung zu einer hervorragenden Erfolgsgeschichte geworden und demonstriert den Einsatz sowohl der Regierung als auch des Privatsektors für das industrielle Wachstum.

Eines der Hauptziele der Industrialisierungsstrategie von SABIC bestand darin, die Volkswirtschaft mit Grundrohstoffen zu versorgen, die dann wiederum für andere Zweige industrieunterstützend oder industriebildend wirken würden. Damit wurde die saudische Bauindustrie zu einem der Hauptnutznießer. Die Anlagen von SABIC produzieren fast 2,5 Millionen Tonnen Stangenstahl und Strangdraht für den Stahlbeton, um damit den anhaltenden Bauboom des Königreiches anzutreiben. Eine andere Zweiggesellschaft versorgt SABIC und andere Industriebetriebe in Al Jubail mit Sauerstoff- und Stickstoffgasen.

In Al Jubail am Golf sind die meisten Zweiggesellschaften angesiedelt. Andere wurden in Yanbu, Jeddah und Damman geschaffen. SABIC ist aber auch Partner von vier in Bahrein beheimateten GCC-Gesellschaften. Diese erzeugen und verkaufen Methanol, Ammoniak und Aluminium.

Parallel zu ihren Industrialisierungsbemühungen hat die SABIC Marketing Ltd. ein globales Netz gebildet, welches heute 75 Länder der Welt mit Petrolchemikalien, Düngemitteln und Kunstharzen beliefert. Ableger im Marketingbereich versorgen Europa, Nord- und Südamerika, den Fernen Osten und Südostasien. Es handelt sich heute um ein weltumspannendes und von Lagermöglichkeiten gestütztes Netz für sowohl trockene als auch flüssige Produkte, von denen im Vorjahr 9,8 Millionen Tonnen abgesetzt wurden.

China, Japan, Südkorea und Taiwan befinden sich bereits unter den wichtigsten Kunden der Corporation. Thailand, Indien, Pakistan, Indonesien, Malaysia und Südafrika bieten SABIC starke Wachstumsmärkte.

Geographische Flexibilität

Diese geographische Flexibilität kommt der Corporation gut zustatten. Es gibt für SABIC jedoch noch weitere Möglichkeiten in Übersee. Zahlreiche alteingesessene petrolchemische Unternehmen in Ländern mit hohen Fertigungskosten sind nämlich gezwungen, sich etwas genauer nach der Entwicklung von Produkten mit hoher Wertigkeit umzuschauen, und Saudi-Arabien, als ein Land mit reichen Ressourcen, ist in der Lage, solche Waren herzustellen. Dies ist in der Tat die Philosophie, welche den jüngsten Expansionsprogrammen von SABIC zugrunde liegt. Mit der Existenz der Infrastruktur erfolgt die Expansion der Produktion parallel zu einer immer kosteneffektiveren Fertigung und einem erhöhten Rückfluß auf das investierte Kapital.

Zwischen 1989 und 1994 erzielten die Exporte von SABIC und der Absatz im Land einen Durchschnitt von 68 Prozent bzw. 32 Prozent. Abgesehen von einer beträchtlichen Rationalisierung in der Produktion und der Auslieferung, begünstigt eine Anzahl von Faktoren diese Exportorientierung. Dabei hat sich SABIC stets davon leiten lassen, daß Expansion Reaktion auf die Nachfrage sein muß. Im Licht der sich weltweit steigernden Nachfrage – und folglich gestiegener Preise für petrolchemische Produkte – investiert die Corporation beträchtlich in das Wachstum der zweiten und der dritten Generation in zahlreichen ihrer Zweiggesellschaften. Auf diese Weise erwartet sie größeren Nutzen aus Rationalisierungsmaßnahmen auf der einen Seite und aus Investitionen in neue Produktbereiche auf der anderen.

Ein beredtes Beispiel für letzteres ist in Yanbu der Bau von IBN RUSHD, The Arabian Industrial Fibers Company. IBN RUSHD wird die 16. produzierende Zweiggesellschaft von SABIC im Königreich und Saudi-Arabiens erste Polyesteranlage sein, wenn sie in diesem Jahr in Betrieb geht. Diese Entwicklung kommt zu einem außerordentlich günstigen Zeitpunkt. Sie trifft zusammen mit einer weltweiten Baumwollverknappung, die aller Voraussicht nach die Nachfrage nach synthetischen Materialien, deren Versorgung bereits eng ist, hochtreiben wird.

Auf dem gleichen Komplex läßt SABIC zwei weitere Projekte entstehen; das eine ist eine PTA-Anlage mit einer Jahreskapazität von 350 000 Tonnen. Bei dem anderen handelt es sich um eine Duftstoffanlage, welche Benzol, Paraxylen, Orthoxylen und Metaxylen produzieren wird. Die Entwicklung von Duftstoffen ist ebenfalls von außerordentlicher Wichtigkeit für

SABIC, da sie die Erschließung von besser integrierten petrol-chemischen Möglichkeiten darstellt und ein neues Kapitel in der petrolchemischen Produktion der Corporation einleitet.

Kräftige Methanol-Investition

Wenn im Jahre 1997 eine dritte Methanolanlage bei AR RA-ZI, The Saudi Methanol Company, in Betrieb genommen wird, erreichen die Zweiggesellschaften von SABIC einen Ge-samtproduktionsausstoß von 3,2 Millionen Tonnen Methanol pro Jahr. Dadurch werden sie zu einem der größten Produ-zenten der Welt. Auch diese Entwicklung kommt zu einem günstigen Zeitpunkt mit einer vorausgesagten Erhöhung des Absatzes von um die 6 Prozent pro Jahr und der unterstüt-zenden jährlichen 20prozentigen Absatzsteigerung von MTBE, einem sauerstoffangereicherten und umweltfreundli-chen, aus Methanol hergestellten Brennstoff.

Die Zweiggesellschaft SADAF, The Saudi Petrochemical Company, wird 1997 den Aufbau einer MTBE/ETBE-Anlage mit einer Jahreskapazität von 700 000 Tonnen vollenden. Weitere 10 000 Tonnen MTBE werden in einer anderen An-lage, IBN ZAHR, The Saudi European Petrochemical Com-pany, erzeugt werden. Da immer mehr Länder den Gebrauch von saubereren Brennstoffen verlangen, ist MTBE auf dem besten Weg, eines der bestverkauften petrolchemischen Pro-dukte der Welt zu werden.

Ein weiteres Erzeugnis, welches gut in das Expansionspro-gramm von SABIC paßt, ist 2-EH. Dabei handelt es sich um ei-nen Weichmacher, der bei SAMAD, The Al-Jubail Fertilizer Company, hergestellt werden soll. 2-EH wird als Rohstoff für die Erzeugung von DOP, einen flüssigen Weichmacher, wel-cher PVC Flexibilität verleiht, verwendet. Und bei der Zweig-gesellschaft IBN HAYYAN, The National Plastics Company, wird in Kürze die Produktion von jährlich 24 000 Tonnen PVC-Paste aufgenommen.

Andere Expansionen, entweder in Form neuer Anlagen oder Erweiterungsmaßnahmen bei bestehenden Produktionsstät-

ten, werden zur Zeit bei SABIC erwogen. Dazu können letztendlich neue Fertigungseinrichtungen in Übersee gehören. Alles wird davon abhängen, wie diese Pläne der Produktion für
den Binnenmarkt als auch der weltweiten Nachfrage entsprechen. Dies trifft insbesondere auf lokal orientierte Produkte zu.

Die Entwicklung neuer Anwendungen bereits bestehender
Produkte sowie Innovationsbemühungen, die zu neuen Erzeugnissen führen, bilden das Herzblut eines jeden voraus-
schauenden Unternehmens in der sich rasch bewegenden
Welt der Petrolchemie. Forschung und Entwicklung – das ist
der Schlüssel in der heutigen Welt der technischen Errungenschaften und der Umwelt, die künftige Generationen als
Erbe übernehmen werden. Im vergangenen Jahr widmete
SABIC ihren Industriekomplex offiziell der Forschung und
Entwicklung. Doch vorher bereits trug der Komplex wesentlich zum Wachstum des Unternehmens bei.

Auf fortgeschrittene Technologien und Ausrüstungen sowie
auf ausgeklügelte Pilotanlagen gestützte Spezialistengruppen
stellen Studien an, die zu neuen Prozessen, besseren Produk-
tionsziffern bestehender Anlagen und zu Produkt-Innovatio-
nen geführt haben. Diese Arbeit hat den Zweiggesellschaften
dabei geholfen, Abfall und Vernichtung zu verringern und die
Produktivität voranzutreiben. Mit der eigenen Entwicklung
von Katalysatoren hat der Komplex die Notwendigkeit für
kostspielige Importe vermindert und ein Austauschsystem
für einzelne Komponenten neu eingeführt, welches ebenfalls
weitere Verbesserungen des Leistungsvermögens der Anlagen erwarten läßt.

Mehr noch, in Zusammenarbeit mit dem technischen Personal in der Zweiggesellschaft PETROKEMYA, The Arabian
Petrochemical Company, hat eine Forschergruppe eine
Butan-1-Technologie entwickelt, die im Verein mit einem
französischen Technik-Partner, The French Petroleum Institute (IFP), bereits lizenziert wird. Vor etwas über einem Jahrzehnt war Saudi-Arabien ein Hauptimporteur von Technik
und Technologie; heute ist es ein anerkannter Exporteur.

Ein bedeutendes Ziel des saudiarabischen nationalen Ent-
wicklungsplanes bestand im Technologietransfer in das Kö-

nigreich und die Ausbildung saudischer Staatsbürger für die Beherrschung und Entwicklung dieser Technologie. Das Anliegen von SABIC war, die Kohlenwasserstoffressourcen des Königreiches zu entwickeln und das im Gleichmaß mit der Erweiterung des Arbeiterpotentials zu erreichen. In diese Richtung wurden beträchtliche Schritte getan, und heute sind mehr als 60 Prozent der Beschäftigten bei SABIC saudische Bürger.

Schlüsselrolle des Privatsektors

Für die unmittelbare und möglicherweise langfristige Zukunft wird der Privatsektor im Wachstum der saudischen Wirtschaft eine entscheidende Rolle spielen. Ein deutlicher Beweis für das diesbezügliche Zusammenwirken sowohl der Regierung als auch des Privatsektors kam diesen Sommer, als SABIC Pläne für die Privatisierung ihrer jüngsten Zweiggesellschaft IBN RUSHD verlautbarte. Im Zuge der weiteren Einbindung von Privatinitiative in das Wachstum der petrolchemischen Industrie wird das neue Unternehmen in eine Aktiengesellschaft mit beschränkter Haftung umgewandelt. Nachdem die Corporation die Kapitalisierung der jungen Zweiggesellschaft auf 800 Millionen US-Dollar erhöhte, beteiligten sich acht saudische Firmen als Aktionäre. Dieser Maßnahme gehen Pläne voraus, das Unternehmen letzten Endes in eine allgemeine Aktiengesellschaft umzuwandeln.

Daß die saudische Wirtschaft solide dasteht, ist eine Tatsache. Henry Azzam aber, der Chefökonom der National Commercial Bank, wies kürzlich darauf hin, daß es für Saudi-Arabien und andere Golfstaaten nunmehr an der Zeit sei, rasch einen Gemeinsamen Markt zu schaffen. Das vor kurzem abgeschlossene GATT-Abkommen und die Bildung der Welthandelsorganisation unterstreichen diese Notwendigkeit, sagte er. Ein geeintes GCC wird es leichter haben, besseren Zugang zu ausländischen Märkten, insbesondere auf den Sektoren der Petrolchemie und des Aluminiums, auszuhandeln.

Der wirkliche Schlüssel für die Zukunft liegt in solchen Abkommen, verbunden mit permanenten Verbesserungen der wirtschaftlichen Führungstätigkeit. Dabei muß die Gesellschaft als zusammengefügtes Ganzes, das sowohl Erzeuger als auch Verbraucher in sich einschließt, auf globaler Basis voranschreiten.

Biographie
S. E. Ibrahim A. Ibn Salamah

Seine Exzellenz Ibrahim A. Ibn Salamah ist Stellvertretender Vorsitzender und Generaldirektor von Saudi Basic Industries Corporation (SABIC), eine Position, die er seit 1983 bekleidet. Er ist außerdem Vorsitzender von SABIC Marketing Ltd. sowie der Arabian Petrochemical Co. (PETROKEMYA). Bei anderen Zweiggesellschaften der SABIC war er ebenfalls Vorsitzender oder Stellvertretender Vorsitzender der Aufsichtsräte.

Bevor S.E. Ibn Salamah seine derzeitige Position übernahm, war er Generaldirektor für Planung und Projektberechnung von SABIC seit Gründung des Unternehmens im Jahre 1976. Und noch früher arbeitete er als Direktor des Zentrums für Industrielle Studien und Entwicklung, welches jetzt unter dem Namen »Saudi Consulting House« bekannt ist.

Er erwarb in den Vereinigten Staaten ein Diplom als Bakkalaureus der Naturwissenschaften (Bachelor of Science) und besitzt mehrere Diplome in Industrieentwicklung.

Er ist Vorsitzender der saudischen Seite im Gemeinsamen Ausschuß für Ökonomische und Technische Zusammenarbeit Saudi Chinese (Taipeh) und ebenfalls Mitglied des Saudischen Offset-Komitees.

Außer seiner Mitgliedschaft in verschiedenen Ausschüssen des staatlichen und des privaten Sektors innerhalb des Königreiches ist S.E. Ibn Salamah Mitglied des Gründungsvorstandes des in der Schweiz beheimateten Internationalen Instituts für die Entwicklung der Wirtschaftsführung (International Institute for Management Development – IMD). Er gehört dem Saudisch-Amerikanischen Wirtschaftsrat an und hat sich sechs Jahre lang als Mitglied des Wirtschaftlichen Konsultativrates der International Finance Corporation betätigt.

S.E. Ibn Salamah tritt oft als Teilnehmer und Vortragender zu Fragen der Industrie und der Wirtschaft bei verschiedenen nationalen und internationalen Konferenzen auf.

Stephan Schmidheiny
Präsident der ANOVA HOLDING AG
Gründer des Business Council for Sustainable
Development

STEPHAN SCHMIDHEINY

Unternehmerische Perspektiven für Entwicklung und Umwelt

Ich glaube, meinem eigenen »Wettbewerbsvorteil« am ehesten gerecht zu werden, indem ich versuche, den vielzitierten Begriff *nachhaltige Entwicklung* etwas zu entmystifizieren und seine Bedeutung für den nach Chancen suchenden Unternehmer zu zeigen.

Das Konzept der *nachhaltigen Entwicklung* taucht in der öffentlichen Diskussion meist zusammen mit so geheimnisvollen Disziplinen wie Klimatologie, Glaziologie, Atmosphärenphysik, Ökologie, Agronomie oder Ozeanographie auf. Es stimmt, die äußeren Kreise einer nachhaltigen Entwicklung bieten vielen Wissenschaftlern weiten Bewegungsraum. Doch bei den inneren 99 Prozent der Kreise geht es um gesunden Menschenverstand. Und dieser ist auch für die Wirtschaft von unmittelbarem Interesse.

Lassen Sie mich folgendes Bild zeichnen: Stellen Sie sich vor, wir besuchen zusammen einen gemeinsamen Bekannten in seinem aus Holz gebauten Heim. Bei unserer Ankunft ist er gerade dabei, mit dem Beil Stück um Stück aus der Wand seines Hauses zu schlagen und im wärmenden Ofen zu verfeuern. Obwohl solches Tun ohne Zweifel *nicht* nachhaltig ist, würden wir zu seiner Beschreibung wohl eher zu Worten wie »kurzsichtig«, »idiotisch« oder gar »übergeschnappt« greifen, sofern wir uns auf das hier Zitierbare beschränken. Oder aber, wir würden von einer Tragödie sprechen, wenn die Handlung des Beklagenswerten auf schierer Not beruht und seine Situation keine Alternative zuläßt.

Aber lassen Sie uns annehmen, unser Bekannter könnte sich andere Formen, sein Haus zu heizen, leisten. Ich bin sicher, Sie und ich hätten keine Mühe, mit einer Vielzahl von guten Ratschlägen über die Vorzüge der Ölheizung, einer Wärmepumpe oder auch nur der gezielten Produktion von Brennholz aufzuwarten. Und dies absolut unwissenschaftlich. Wir brauchen dazu weder Heizungsexperten zu sein, noch wird von uns verlangt, über die Gesetze der Thermodynamik im einzelnen Bescheid zu wissen. Dagegen wären wir keine Unternehmer, wenn wir in dieser Situation nicht auch versuchen würden, ein Geschäft zu machen. Sicher würde es uns gelingen, unserem Bekannten einen Ausrüstungsgegenstand oder eine Dienstleistung zu verkaufen.

Mit dieser kleinen Geschichte will ich zweierlei unterstreichen: Erstens, mit gesundem Menschenverstand kommen wir beim Thema der nachhaltigen Entwicklung sehr weit; und ich glaube, daß erfolgreiche Geschäftsleute eine gute Portion gesunden Menschenverstandes besitzen. Zweitens, beim Konzept der nachhaltigen Entwicklung geht es um zukünftige Generationen. Es geht aber ebenso um Chancen, hier und heute. Solche Chancen können auch darin bestehen, durch gezielte Maßnahmen zukünftige Kosten zu verhindern.

Seit ich mich intensiv mit *Sustainable Development* befasse, werde ich ab und zu als »Experte« dieses Konzeptes angesprochen. Gegen diese Bezeichnung wehre ich mich in der Überzeugung, daß die Vision des *Sustainable Development* eine so komplexe und umfassend interdisziplinäre Herausforderung darstellt, daß gar niemand, wäre er noch so gut ausgebildet und informiert, Experte dieses Themas sein kann. Als Menschheit können wir uns dieser Herausforderung nur in einer weltumspannenden Zusammenarbeit von noch nie dagewesener Intensität erfolgreich stellen.

Diese tiefe Überzeugung – und nicht spezielle fachliche Kenntnisse oder besondere Fähigkeiten – dürfte 1990 zu meiner Berufung als Hauptberater für Fragen der Wirtschaft und der Industrie des Generalsekretärs der UN-Konferenz über Umwelt und Entwicklung, Maurice Strong, geführt haben. Ich wollte bei der Wahrnehmung dieses Mandates kein einsamer Rufer in der Wüste bleiben und lud 50 Spitzenvertreter der Wirtschaft aus allen Regionen der Welt ein, dem

Business Council for Sustainable Development (BCSD)[1] beizutreten.

An unserem ersten Treffen war die Stimmung im *Business Council* zunächst einmal geprägt durch Respekt vor der Komplexität unserer Aufgabe. Der Begriff nachhaltige Entwicklung bezieht sich auf diejenige Form von Fortschritt, die die Bedürfnisse der Gegenwart erfüllt, ohne dadurch die Entwicklungschancen für zukünftige Generationen zu gefährden. In diesem einen Satz kommt die Notwendigkeit für einen wirtschaftlichen Fortschritt ebenso zum Ausdruck wie die Sorge über die Erhaltung unserer natürlichen Ressourcen. Angesichts verbreiteter politischer, ökonomischer und wissenschaftlicher Unsicherheit fragten wir uns an diesem Tag im März 1991: Was kann eine Gruppe von Unternehmensführern Substantielles zum Thema *Sustainable Development* und dessen Anforderungen an die Wirtschaft beitragen?

Unsere Berater breiteten eine Sammlung von ernsthaften Bedrohungen unseres Planeten vor uns aus, die betroffen machte: Die Weltbevölkerung zählt mehr als fünf Milliarden Menschen. Davon haben eine Milliarde Menschen nicht genug zu essen und kein sauberes Wasser. Wir, 20 Prozent der Gesamtbevölkerung, die wir in Industriestaaten leben, verbrauchen 80 Prozent der weltweiten Ressourcen. Wir überlassen ganze 20 Prozent davon den restlichen 80 Prozent der Menschen, welche in Ländern leben, die wir, oft mehr aus Hoffnung denn Überzeugung, als *Entwicklungs*länder bezeichnen.

Gerade dort, wo die Milliarden der Ärmsten leben, wo die Ressourcen jetzt schon am knappsten sind, wird 90 Prozent des zukünftigen Bevölkerungswachstums verkraftet werden müssen. Im Verlauf der nächsten zehn Jahre wird dieser Welt ein zusätzliches Indien – mehr als 850 Millionen Menschen – hinzugefügt. Und dies in jenen Teilen der Erde, wo heute Wälder abgebrannt werden, wo der Boden ausgelaugt wird,

1 1995 ist durch den Zusammenschluß des Business Council for Sustainable Development (BCSD) und des World Industry Council for Environment (WICE) der World Business Council for Sustainable Development (WBCSD) entstanden.

wo täglich Tier- und Pflanzenarten zum Aussterben verurteilt sind. Manchmal geschieht dies unter dem Deckmantel von »Entwicklung«, oft durch Menschen, denen der Überlebenskampf gar keine andere Wahl läßt.

Wenn Sie all dies nachdenklich stimmt, so geht es Ihnen gleich wie mir. Immer wieder von neuem schockieren mich solche unheimlichen Entwicklungen. Wir müssen sie zur Kenntnis nehmen, sofern wir uns nicht vor der Wirklichkeit verschließen. Zum Beispiel davor, daß durch die Wirtschaftsexplosion in Ländern wie China, Indien oder Indonesien der Energieverbrauch so rasant ansteigt, daß dadurch alle Bemühungen der Industriestaaten zunichte gemacht werden, Energie zu sparen und die Atmosphäre weniger zu belasten. Dabei sind wir doch hier so stolz auf die Verbesserung unserer Energieeffizienz und die sogenannte »Entkoppelung« des wirtschaftlichen Wachstums vom Energieverbrauch.

Aber kehren wir zum *Business Council* zurück. Auf die anfängliche Ratlosigkeit folgte intensives Nachdenken. Anzeichen, daß der Druck auf Unternehmen von den verschiedensten Seiten zunehmen würde, sind seit längerem feststellbar gewesen. Fortschrittliche Firmen, die in der Lage sind, diese Signale zu empfangen und zu interpretieren, haben den Kurswechsel eingeleitet. Die folgenden Trends haben diesen Druck erzeugt:

- Kunden verlangen sauberere Produkte.
- Mitarbeiter ziehen es vor, in ökologisch verantwortungsbewußten Unternehmen zu arbeiten. Dadurch können diese Unternehmen auf dem Arbeitsmarkt die besseren Mitarbeiter für sich gewinnen.
- Versicherungsgesellschaften fürchten sich vor unkalkulierbaren Risiken. Unternehmen, die die Wahrscheinlichkeit von Unfällen mit Umweltschäden verringern können, erhalten den nötigen Versicherungsschutz leichter und allenfalls günstiger.
- Banken geben eher Unternehmen Kredit, die ihre Umweltbelastung verringern, als daß sie teures Geld für Sanierungsaktionen oder Rechtsstreite ausgeben.

- Die Umweltgesetzgebung ist strenger geworden und wird noch strenger werden.
- Neue umweltpolitische Instrumente wie Steuern, Abgaben und handelbare Umweltzertifikate belohnen saubere Unternehmen.

Diese Trends sind noch nicht zwingend. Auch bestehen von Land zu Land, von Kontinent zu Kontinent große Unterschiede in deren Stärke. Über alles gesehen haben sie jedoch umwälzende Kraft. Diese ist groß genug, um das Thema Umwelt die hierarchische Treppe in den Unternehmen hinaufzustoßen. Vergegenwärtigen Sie sich dazu noch die Binsenwahrheit, daß Verschmutzung gleichzusetzen ist mit Verschwendung von Rohstoffen, diese wiederum mit der Verschwendung von Geld, dann verstehen Sie, warum sauberere Unternehmen auch profitablere Unternehmen sein können.

Damit wären wir bereits bei einem Kernstück des Begriffs der *Öko-Effizienz,* wie wir ihn im World Business Council for Sustainable Development geprägt haben, um den Anspruch nach wirtschaftlichen Spitzenleistungen bei gleichzeitiger Umweltverträglichkeit unter einen Hut zu bringen. Dieses Postulat nach *Öko-Effizienz* läßt sich direkt vom Konzept der nachhaltigen Entwicklung ableiten.

Die *Effizienz* ist der gemeinsame Nenner von Wirtschaft, Umwelt und den ständig wachsenden Bedürfnissen heutiger und zukünftiger Generationen. Nach unserem Verständnis können diejenigen Unternehmen das Prädikat *öko-effizient* für sich in Anspruch nehmen, welchen es gelingt, mit ihren Produkten und Dienstleistungen immer besser die Bedürfnisse des Markts zu befriedigen und gleichzeitig ihren Rohstoffverbrauch und ihren Schadstoffausstoß ständig zu senken. Die Mitglieder des *Business Council* haben gemeinsam den Schluß aus den durchgeführten Untersuchungen gezogen: Die Gewinner von morgen werden diejenigen Unternehmen sein, die ihre Öko-Effizienz am wirkungsvollsten und am schnellsten verbessern.

Die Analogie mit dem Begriff des *Total Quality Management* trägt wesentlich zur positiven Aufnahme des Begriffs

Öko-Effizienz in Kreisen von Managern und Unternehmern bei. Auch beim TQM war die anfängliche Skepsis groß. Zuerst weil es aus Japan kam, und weiter, weil auch Qualität mit höheren Kosten gleichgesetzt wurde. Aber diese Vorbehalte sind längst überwunden: mit der dazugehörenden ISO-Richtlinie wurde TQM zum Standard.

Als Unternehmer müssen wir uns bewußt werden, daß wir die Risiken und Umweltbelastung unserer Produkte über deren gesamten Lebenszyklus berücksichtigen müssen. »Von der Wiege bis ins Grab!« Dies führt in Richtung eines idealen Wirtschaftssystems, das auf dem Prinzip der *Wiederverwendung* aller Teile beruht. Güter und ihre Bestandteile befinden sich in einem fortdauernden Nutzungskreislauf. Umwelterwägungen sollten an zentraler Stelle in die Planung der Produktionsprozesse einfließen. Betroffen sind die Auswahl von Rohmaterialien, die Produktionsabläufe, verwendete Technologien, Verpackung und Vertrieb. Ebenso wie das Ziel der Rentabilität muß auch das Ziel der Schadstoffvermeidung für alle Funktionen selbstverständlich sein. Das Konzept des Total Quality Management muß um die Komponente *Öko-Effizienz* erweitert werden. So wie dort die alte Regel, wonach bessere Qualität höhere Kosten bedeutet, überwunden werden konnte, sollten sich Unternehmen zum Ziel setzen, dank verbesserter *Öko-Effizienz* mehr Gewinn zu machen.

Gute, erfolgreiche Unternehmen beweisen, daß eine offensive, innovative Haltung mehr bringt als ein defensiver Kampf auf verlorenem Posten.

Zweifellos sind neue politische Rahmenbedingungen nötig, damit Innovationen, die durch diesen Prozeß entstehen, auch belohnt werden. Der Staat darf sich nicht länger auf restriktive Verbote oder Gebote beschränken. Er muß nicht nur den Umweltsünder bestrafen, sondern mit der gleichen Priorität denjenigen belohnen, der die erforderliche Umstellung rasch vornimmt. Die WBCSD-Mitglieder bekennen sich zum Ideal offener Märkte mit freiem Wettbewerb. Mit dem Zusammenbruch des Kommunismus ist der Kampf der politischen Systeme zu Gunsten der Freiheit und der Umwelt entschieden. Aber bisher signalisieren die Märkte die Kosten von Umweltschäden und den zukünftigen Wert von Rohstoffen nicht richtig. Die zunehmende Knappheit der Umweltgüter spiegelt sich nicht in steigenden Preisen wider.

Umweltkosten müssen darum *internalisiert,* müssen in den Preisen von Ressourcen, Gütern und Dienstleistungen erfaßt werden. Dazu sind marktkonforme Instrumente nötig, das heißt Eingriffe des Staates, um Marktsignale in Richtung Umwelterhaltung zu geben.

Wir sind der Ansicht, daß dies am besten erreicht wird durch eine ausgewogene Mischung aus Regulierung und Selbstregulierung. Instrumente wie Emissionsabgaben, Zertifikate, Quotenzuteilungen oder Steuern in Form von Lenkungsabgaben geben mehr Anreiz zu ständigen Verbesserungen als die auf dem kleinsten gemeinsamen Nenner beruhenden staatlichen Regelungen. Zunächst ist zu fordern, daß vor der Einführung neuer Belastungen bestehende Subventionen abgeschafft werden sollten, welche vielerorts Energie, Wasser, Mobilität oder Agrarprodukte künstlich verbilligen und damit zu gedanken- und maßlosem Konsum respektive Überproduktion verleiten.

Mittel- und langfristig können wir uns eine Umschichtung der gesamten Steuerlast vorstellen: Weg von der Besteuerung des allseits Erwünschten, wie zum Beispiel »Wertvermehrung« und Schaffung von Arbeitsplätzen, hin zur Besteuerung des Unerwünschten, wie Verschmutzung und Verschleiß von Rohstoffen. War dies vor einigen Jahren noch radikales Gedankengut einzelner Umweltparteien, so findet heute dieses Programm steigende politische Akzeptanz, wenn auch in erster Linie als Mittel zur Überwindung der gegenwärtigen Beschäftigungskrise in Europa. Voraussetzung einer Unterstützung neuer Steuerformen durch die Wirtschaft ist jedoch die verbindliche Zusage durch die Politik, damit nicht einfach die fiskalische Belastung zu erhöhen, sondern parallel einen kompensatorischen Abbau vorzusehen. Das Ziel ist eine Verlagerung der Steuerbelastung, nicht eine Vergrößerung.

Doch kehren wir zurück zu Rio. Es darf nicht erstaunen, daß aus der Perspektive engagierter Umweltschützer der große »Erdgipfel« von Rio nur ein paar kleine Mäuse geboren hat. Die Erwartungen waren – aus verständlichen Gründen – vielerorts zu hoch angesetzt und mußten entsprechend enttäuscht werden. Aber Rio hat weltweit sehr viel in Bewegung gebracht. Das Bewußtsein um die Problematik Entwicklung und Umwelt ist gewachsen und hat klarere Konturen angenommen. In einer Reihe von Ländern ist die Umweltproblematik überhaupt zum ersten Mal in die offizielle politische Debatte aufgenommen worden.

- Weltweit hat sich die Gemeinschaft der NGOs, der Nicht-Regierungsorganisationen, verstärkt mit dem Thema identifiziert und breite Aktionen ausgelöst.
- An den großen Börsen dieser Welt werden heute umweltorientierte Finanzprodukte gehandelt. Als wir unsere Arbeit aufgenommen haben, war von solchen »grünen« Kapitalströmen noch kaum etwas zu sehen.
- Unternehmen bauen in ihrer Berichterstattung Umweltaspekte ein, positive wie negative.
- Wirtschaftshochschulen nehmen Sustainable Development in ihre Lehrpläne auf.
- Die Vereinten Nationen haben die Kommission für Nachhaltige Entwicklung gegründet, um den Rio-Prozeß weiter zu fördern und zu begleiten.

Politik wird jedoch weitgehend auf nationaler Ebene definiert und umgesetzt. Deshalb ist von großer praktischer Bedeutung, daß in so unterschiedlichen Ländern wie etwa Kolumbien, Thailand und der Tschechischen Republik nationale und in Lateinamerika ein regionaler BCSD gegründet worden sind. Im Rahmen unseres allgemeinen Programms kümmern sich diese Organisationen vor dem Hintergrund ihrer jeweiligen Gegebenheiten um dessen Umsetzung. Vor einem Jahr waren Gruppen in Rußland und Kroatien dabei, unser Buch »Kurswechsel« in ihre jeweilige Sprache zu übersetzen. Einen Effort, den man im Wissen um die Zustände in diesen Ländern besonders hoch einzuschätzen hat.

Solches gibt Anlaß zu Hoffnung. Doch gleichzeitig unterliegen in einer globalen Betrachtung gegenwärtig, und wahrscheinlich noch für längere Zeit, diese Aufbaukräfte denjenigen der Zerstörung. Ich sage das nicht, weil ich ein Pessimist bin. Ein Pessimist ist ein Mensch, der immer die negativen Möglichkeiten überbewertet und die positiven verdrängt. Demgegenüber entspricht es meinem Naturell, mich auf das Positive zu konzentrieren. Ich bin aber insofern Realist, als ich auch das Schlimmste nicht verdränge. Und ich muß gestehen, ich befürchte, daß meine Kinder, vielleicht auch noch ich selber, lange Perioden großer, schmerzhafter Umwälzungen auf dieser Welt erleben werden.

Wie wird eine Zukunft für zehn Milliarden arme und eine Milliarde reiche Menschen aussehen? Wird Friede und Wohlstand noch möglich sein? Es braucht nicht viel Phantasie, sich ein Europa vorzustellen, das an einer bewaffneten Grenze Flüchtlinge fernhält; ein Europa mit einem Wirtschaftsniveau, das sich nur eine kleine Minderheit der Weltbevölkerung leisten kann; ein Europa, in welchem chauvinistische Politiker gewählt werden, die unsere innersten Ängste ansprechen: ein Europa, umgeben von einer Welt, die hungert, einer Welt, deren Ökosystem zusammenbricht, einer Welt, die Krieg führt – einer Welt voller Bosniens und Ruandas.

Seit Rio ist die Weltbevölkerung um ein Zweifaches der Bevölkerung von Brasilien gewachsen, alle zehn Jahre kommt ein Indien dazu. Diese dramatische Zunahme der ärmsten Bevölkerung hat unmittelbar zur Folge, daß auch die direkte Armutsbekämpfung nicht mehr alleine auf einem ethisch-moralischen Appell beruhen kann. Es handelt sich vielmehr um politisch und ökonomisch motivierte Maßnahmen zur Bekämpfung globaler Probleme wie das zum Beispiel globale Treibhaus, unkontrollierbare Migrationen oder eigentliche kriegerische Konflikte. Entwicklungszusammenarbeit geschieht auch im eigenen Interesse der Industrieländer. Der Norden muß dem Süden helfen, die Lernkurve der Ineffizienz abzukürzen. Ich denke dabei in erster Linie an Energieszenarien in Ländern wie China oder Indien.

Aus dem Gesagten werden Sie meine Überzeugung herausgehört haben, daß wir alle, Politiker, Unternehmer oder einfach die Gesellschaft als Ganzes, viel mehr tun könnten. Warum tun wir es nicht?

Das Hauptproblem ist Zeit, genauer: der Zeithorizont unserer Betrachtungen und Entscheidungen. Bei der nachhaltigen Entwicklung geht es um heutige und um zukünftige Bedürfnisse. Es geht darum, Maßnahmen zu ergreifen, die heute einen Einsatz fordern, zum Teil auch schmerzhaft sind, aber für zukünftige Generationen die besten Chancen erhalten.

Regierungen tun sich schwer, ihre Programme auf einen nachhaltigen Kurs auszurichten, da nur die Menschen von heute ihre Wähler sind. Menschen, die noch nicht geboren sind, wählen nicht. Und wir Menschen, die wir heute wählen, wählen eigennützig. Wir sind für billigen Konsum und skeptisch gegenüber langfristigen Investitionen. Politiker schauen deshalb in der Regel nicht über die nächste Legislaturperiode hinaus, geschweige denn bis zu späteren Generationen.

Auch die Wirtschaft tut sich schwer mit dem Kurswechsel in Richtung Nachhaltigkeit. Zukünftige Generationen sind weder Kunden noch Investoren. Auf den Kapitalmärkten und in unserem Rechnungswesen wird die Zukunft diskontiert, ist sie weniger wert als die Gegenwart. Die nächsten Quartalsergebnisse, der nächste Jahresabschluß sind unsere Ziele.

Was ist also zu tun? Nichts besonders Revolutionäres – es sei denn, wir kommen zum Schluß, daß der Gebrauch des gesunden Menschenverstandes heutzutage bereits revolutionär ist. Lernen Sie aus der Geschichte. Entwickeln Sie das Konzept der Öko-Effizienz. Überzeugen Sie Ihre Kunden davon. Lesen Sie. Denken Sie nach. Planen Sie. Drängen Sie Regierungen hin zu Gesetzen, Steuersystemen und Instrumenten, die Unternehmen belohnen, die sich in diese Richtung bewegen und jene bestrafen, die es nicht tun. Denken Sie global, und denken Sie an die Zukunft – aber handeln Sie in Ihrem eigenen Unternehmen, Ihrem eigenen Land, und handeln Sie jetzt.

Die Geschichte zeigt, daß große Veränderungen mit kleinen Gruppen begannen, die immer außerhalb von Regierungen und außerhalb herkömmlicher Interessengruppen agierten, immer gegen den Strom der etablierten Politik schwammen. Die Abschaffung der Sklaverei in den Vereinigten Staaten. Das Verbot der Kinderarbeit in Westeuropa. Verbesserte Rechte für die Frauen in vielen Ländern. Die jeweiligen Regierungen verbrachten viel Zeit damit, zu erklären, weshalb diese Veränderungen politisch, wirtschaftlich und gesellschaftlich unmöglich seien. Aber die Veränderungen setzten sich durch.

Und diese relativ wenigen Menschen, die diese Veränderungen bewirkten, arbeiteten hart, manchmal auf scheinbar aussichtslosem Posten, aber sie führten, verbreiteten Enthusiasmus, Hoffnung, Visionen und vermittelten Werte. Lassen Sie uns also zusammen mit vollem Einsatz daran arbeiten, daß wir unseren Kindern und Kindeskindern eine Welt hinterlassen, in der Sie gedeihen können.

Biographie
Stephan Schmidheiny

Geboren in 1947 in Heerbrugg, St. Gallen, Schweiz. Er studierte Jura in Zürich und Rom und erwarb sein Diplom 1972. Nachdem er mehrere Jahre im familieneigenen multinationalen Industriekonzern verschiedene Leitungspositionen in Europa und in Entwicklungsländern innegehabt hatte, übernahm er im Jahre 1976 die Leitungsverantwortung für den Konzern von seinem Vater.

Im Verlaufe der achtziger Jahre diversifizierte und expandierte er seine Wirtschaftsinteressen in breitem Maßstab, und heute schließen diese die Produktion (Elektroapparate, Bauüberwachung, optische und wissenschaftliche Instrumente, Wasserversorgungssysteme, Baustoffe) sowie Marketing und Dienstleistungen (Konsumgüter, Maschinen) ein. Er ist Mitglied in den Verwaltungsräten von ABB Asea Brown Boveri, Landis & Gyr, Leica, Nestlé und der Schweizerischen Bankgesellschaft (SBG). Außerdem ist er Vorsitzender der FUNDES-Stiftung, welche Kleinunternehmen in Lateinamerika fördert.

1990 wurde Stephan Schmidheiny gebeten, die Position des Hauptberaters für Wirtschaft und Industrie beim Generalsekretär der Konferenz der Vereinten Nationen über Umwelt und Entwicklung (UNCED) 1992 in Rio zu übernehmen. Er begründete den Business Council for Sustainable Development und fungierte als dessen Vorsitzender, und im selben Jahre veröffentlichte er zusammen mit dem Rat das Buch *Kurswechsel: Eine globale Wirtschaftsperspektive zu Entwicklung und Umwelt* (gegenwärtig in 12 Sprachen und mit über 200 000 verkauften Exemplaren vorliegend).

Johannes F. Trapp-Dries
Präsident der Trapp Motor Group

JOHANNES F. TRAPP-DRIES

Trapp Motor Group – Ein Beispiel erfolgreicher deutsch-japanischer Zusammenarbeit

Der deutsche Partner der MMC Auto Deutschland GmbH, die Trapp Motor Group, blickt auf eine lange Erfahrung im Handel mit Fahrzeugen zurück. Ihren Ursprung fand sie in der Firma Richard Trapp, Bischofsheim, die am 1. Januar 1937 als Bezirksvertretung von NSU für Hessen, Rheinland-Pfalz und Thüringen gegründet wurde. Im Jahr davor hatte NSU die Fahrradproduktion von Opel übernommen, die sich damit vom Zweiradgeschäft vollkommen getrennt hat.

In den Jahren bis zum Krieg wurden in Neckarsulm NSU-Opel-Fahrräder gebaut, die von NSU-Bezirksvertretungen in ganz Deutschland verkauft wurden. Der Krieg unterbrach auch hier die Entwicklung, bis dann die Firma ab 1946 erneut weitergeführt wurde – inzwischen mit der Gesamtpalette von NSU mit Fahrrädern, Mopeds, Motorrädern und Motorrollern. 1962 wurde mit Aufgabe der Zweiradproduktion durch NSU die Bezirksvertretung in einen NSU-Großhändler umgewandelt, der die damaligen Automobile NSU Prinz in verschiedenen Variationen für NSU verkaufte – eine neue Vertriebsorganisation mußte aufgebaut werden. 1971 kam es zu einer ersten Fusion zwischen Audi und NSU und später zu einer zweiten Fusion zwischen Audi-NSU und VW. Schritt für Schritt wurde das Großhandelssystem aufgelöst. Dies führte bei uns zu dem Entschluß, uns um den Import von japanischen Automobilen nach Deutschland zu bemühen.

Was damals wie ein großes Abenteuer erschien, stellte sich später als eine große Bereicherung sowohl für die Firma als auch für mich selbst dar. Der nahe Kontakt in persönlicher wie auch in geschäftlicher Hinsicht mit Menschen aus einem so ganz anderen Kulturkreis war faszinierend. 1973 gründeten wir die Firma Datsun Deutschland Süd GmbH und wurden einer von vier Importeuren in Deutschland für Datsun/Nissan. Ab 1977 übernahm Nissan den Import der Fahrzeuge selbst, und wir bemühten uns bereits 1976 um die Vertretung von Mitsubishi in Deutschland. Dieses Mal als Alleinimporteur. Im Dezember 1976 wurde dieser Vertrag dann unterzeichnet und die Firma MMC Auto Deutschland GmbH gegründet. Mitsubishi Corporation war an dieser Neugründung mit 15 Prozent beteiligt.

Japan

Obwohl Mitsubishi gleich nach dem 1. Weltkrieg 1919 seine erste deutsche Außenstelle in Berlin »Unter den Linden« eröffnete und die Japaner als eine der drei Achsenmächte in Deutschland einen gewissen Bekanntheitsgrad hatten, wußten nur wenige Menschen bei uns Genaues über dieses Inselland und seine Bewohner. Mit etwa 12 Jahren las ich das erste Buch über Japan mit dem Titel »Japan gestern, heute und morgen«, das mir bis heute in Erinnerung geblieben ist. Das, was wir an Japan bewundern, was aber auch bis heute viele Industrienationen ängstigt, läßt sich nur aus der Geschichte dieses Volkes erklären. Die typischen Eigenschaften, die den Japanern auch klischeemäßig zugeschrieben werden, sind das Resultat dieser geschichtlichen Entwicklung. Sie begann nach japanischer Geschichtsschreibung um 600 v. Chr. mit dem Gründer der Dynastie Jimmu und war in den Jahrhunderten bis zur Vertreibung der Europäer 1648 von großen Macht- und Eroberungskämpfen geprägt. Obwohl der Shintoismus eine animistische Urreligion war und ist und der Tenno bis nach dem 2. Weltkrieg als Gott-Kaiser dieser Religion vorstand, nahmen die Japaner im 5. Jahrhundert nach Chr. in großer Toleranz den Buddhismus von China aus an. Dieser brachte ganz neues Gedankengut und auch die chinesische Schrift nach Japan, und es fand die erste große geistige und kulturelle Auseinandersetzung und Beeinflussung von außen her statt. Das Christentum, das Ende des 15. Jahrhunderts, mit den Portugiesen nach Japan kam, konnte auf Grund der baldigen Schließung des Landes für die Europäer nie einen solch großen Einfluß gewinnen. Die anfänglich großen Erfolge wurden durch Verfolgung zunichte gemacht. Der Tenno war bis zur Shogun-Zeit Mitte des 17. Jahrhunderts die zentrale Figur und das Zentrum Japans selbst. Er war ein Priesterkönig, ähnlich den Päpsten im Mittelalter, mit weltlicher und geistiger Macht ausgestattet.

Mit dem Machtantritt der Shogune änderte sich diese Doppelposition. Sie übernahmen die weltliche Macht, verließen Kyoto und siedelten sich in Edo, dem heutigen Tokio, an und regierten von dort das japanische Inselreich. Die Macht des Tenno war auf geistliche, religiöse und kulturelle Aufgaben beschränkt. Diese gut 200 Jahre bis zur gewaltsamen Öffnung Japans durch die Amerikaner prägten erneut das japanische Volk. Da Importe und Exporte auf wenige Häfen im Süden Japans beschränkt waren, fand kein geistiger Austausch mit anderen Ländern in dieser Zeit statt. Die Herrschaft ging vom Shogun in Edo aus, und alle Macht im Lande konzentrierte sich auf die neue »westliche Hauptstadt«, das heißt Tokio. So fand eine innere geistige Durchmischung in Japan statt. 250 Jahre strenge Zucht, klare hierarchische Ordnung, Blüte in Literatur und Theater, eine hervorragende Ausbildung in der Handwerkskunst bildeten dann die besten Voraussetzungen, um daraus später eine Industrienation werden zu lassen. Die vorher erwähnte gewaltsame Öffnung des Landes durch die Amerikaner gab dem Tenno Gelegenheit, die weltliche Macht wieder an sich zu reißen und führte zur Absetzung der Shogune. Viele gebildete junge Männer wurden nach Amerika und Europa geschickt, um von jedem Land das Beste zu übernehmen. So fußt z. B. das japanische Recht auf dem preußischen Bürgerlichen Gesetzbuch und dem Handelsgesetzbuch, und auch die moderne ärztliche Wissenschaft wurde weitgehend von Deutschland geprägt. Das führte dazu, daß die deutsche Sprache zur Ärztesprache in Japan wurde. Unter diesem ständig strömenden westlichen Einfluß entstand nun in Japan ein gewaltiger Umbau. Es schien, als hätte das Land auf diese Gelegenheit gewartet, und es kam bald zu einem Aufbau der ersten Industrien.

Mitsubishi

In dieser Zeit begann auch die Entwicklung von Mitsubishi. Die Firma entwickelte sich zu einem der größten Industriekonglomerate der Welt. Sie wird 1870 von dem früheren Samurai Yataro Iwasaki, Absolvent der kaiserlichen Hochschule, gegründet. Er sah für seinen Stand in dieser modernen Entwicklung keine Zukunft mehr. Er erkannte frühzeitig die neuen Möglichkeiten des freien Handels, die durch die Öffnung des Landes entstanden waren, und machte sich als Kaufmann selbständig. Von Japan aus international tätig zu sein, bedeutete insbesondere damals, die Seewege zu nutzen. Um die größtmögliche Kontrolle über seine Geschäfte zu erhalten, erwirbt der Jungunternehmer drei Schiffe, Handel und Transport kommen zusammen. Zu einer Zeit, zu der Großindustrie und Weltunternehmen noch nahezu unbekannte Phänomene waren, mußte eine solch rasante Entwicklung Aufmerksamkeit erregen. Es folgten Staatsaufträge und rentable Kredite, um neue Investitionen zu ermöglichen. Seit Unternehmensbeginn sind gerade fünf Jahre vergangen, und zu diesem Zeitpunkt bekommt der Erfolg auch seinen Namen – Mitsubishi. Das japanische Wort heißt drei Diamanten, und drei rote Diamanten sind bis heute Symbol für Mitsubishi in der ganzen Welt. 1905 führte Japan dann einen Krieg mit Rußland, und wie so oft in der Geschichte von Handelsunternehmen, gab dieser Krieg dem jungen Unternehmen einen enormen Auftrieb. Truppen- und Warentransporte standen hoch im Kurs. Mitsubishi entwickelte sich mit großen Schritten. Zu dem Schiffsbau der Mitsubishi Steam Ship Company kommen Erzbergwerke, Eisenhütten- und Stahlwerke hinzu. Der Kreis zwischen Abbau von Rohstoffen und deren Weiterverarbeitung schließt sich. In einem mit aller Gewalt aufstrebenden Japan gibt es immer neue Möglichkeiten. Weitere Firmenzweige wurden gegründet – eine Brauerei, eine Bank, eine Versicherungsgesellschaft. Die Tokyo Marine & Fire Insurance sowie die Mitsubishi Trust und Banking Corporation zählen heute noch zu den größten Instituten Asiens, und das Kirin-Bier besitzt mittlerweile über 50 Prozent Marktanteile in Japan. Um die Jahrhundertwende übergibt Yataro die Führung des Unternehmens an seinen Bruder Koyata Iwasaki. Mit dem Cambridge-Absolventen ändert sich allerdings nichts Wesentliches. Der Aufbau geht weiter. Der neu gegründete Kamera-Hersteller Nippon Kogaku bereichert mit seinen Nikon-Markenfabrikaten die Angebotspalette des Mitsubishi Konzerns. Dann folgen Neugründungen wie z. B. Mitsubishi Corporation, Mitsubishi Oil Company und Mitsubishi Heavy Industries. Inzwischen sind die drei Diamanten von der internationalen Wirtschaftsbühne nicht mehr wegzudenken. 1917 wurde dann von Mitsubishi Heavy Industries das erste Serienautomobil in Japan gebaut, das sogenannte Modell A. Nach Kriegsende 1945 wurde dann das Privatunternehmen im Zuge der Zerschlagung der japanischen Industrie, und somit auch Mitsubishi, von General McArthur entflochten. Aus den vielen Zweigniederlassungen der Firma bildeten sich neue Einzelfirmen, so die Mitsubishi Corporation als Handelsgesellschaft, die Mitsubishi Heavy Industries für Schwerindustrie, des weiteren Mitsubishi Chemical, Mitsubishi Electric, die Firma Nikon, die Kirin-Brauerei usw., deren Eigentümer in erster Linie die anderen Mitsubishi Firmen waren, d. h., jede der verschiedenen Firmen hatte einige Prozentpunkte an den Schwesterfirmen. So war die Entflechtung durchgeführt, eine gemeinsame konsolidierte Bilanz wurde nicht geschrieben, und trotzdem war Mitsubishi in brüderlicher Eintracht am Wiederaufbau von Japan stark beteiligt. Aber mehr als Pkw wurden in Japan in dieser Zeit Lkw gebraucht, und so kümmerte sich Mitsubishi in erster Linie um die Produktion von Lastkraftwagen. Bis 1933/34 war Mitsubishi der einzige Automobilhersteller in Japan, bis dann Nissan und Toyota gegründet wurden. Anfang der 70er Jahre drängten die USA die japanische Industrie immer mehr dazu, amerikanische Beteiligungen anzunehmen und sich damit mehr und mehr dem Ausland zuzuwenden. Unter diesem Druck entschied man sich bei »Mitsubishi Heavy Industries«, für die Produktion von Fahrzeugen eine eigene Gesellschaft zu gründen, und zwar die Mitsubishi Motors Corporation, an der Chrysler damals mit 15 Prozent beteiligt wurde.

Mit diesem Vertrag übernahm Chrysler den Import nach den USA oder, besser gesagt den gesamten Export von Japan für alle Fahrzeuge, die Mitsubishi baute. Als Chrysler 1974 einen gewaltigen geschäftlichen Einbruch hinnehmen mußte und sich aus verschiedenen Ländern und Erdteilen zurückzog, nutzte Mitsubishi Motors die Gunst der Stunde und änderte diese Exportverträge. Man nahm sein Schicksal in die eigenen Hände und suchte in Europa die ersten Importeure, die man dann in England, Holland und Belgien fand. Unter dem damaligen Präsidenten Dr. Kubo wurden in den darauffolgenden Jahren weitere Importeure in Europa eingesetzt, u. a. auch 1976 in Deutschland. Es wurde von uns die neue Firma MMC Auto Deutschland GmbH gegründet, an der sich die Handelsgesellschaft Mitsubishi Corporation mit 15 Prozent von Anfang an beteiligte.

Der Aufbau

Die neue gegründete Firma übernahm den Import von Mitsubishi-Fahrzeugen nach Deutschland mit all den vielen Aufgaben, die eine Importeur zu bewältigen hat. Die Mitsubishi-Leute erkannten sehr schnell die große Bedeutung von Deutschland, das im Zentrum von Europa liegt und damals der zweitstärkste Automobilmarkt der Welt war. Außerdem kam der damalige Präsident von Mitsubishi Motors Corporation, Dr. Kubo gern nach Deutschland. Sein Sohn arbeitete zu dieser Zeit als wissenschaftlicher Assistent am Battelle-Institut in München, so daß sich zwischen Mitsubishi Motors Corporation und unserer Firma bald eine gute persönliche Beziehung bildete. Dr. Kubo war es auch, der mehr und mehr die Rechte von Chrysler aus dem damaligen ersten Vertrag einschränkte. So wurden in den USA die Mitsubishi Motor Sales of America gegründet, die als zweiter Importeur neben Chrysler Mitsubishi Fahrzeuge nach den USA importierten. Trotzdem war es gerade Mitsubishi, der Chrysler in der schweren Zeit zur Seite stand und durch die Lieferung von Fahrzeugen mit langen Zahlungszielen Chrysler wieder auf die Beine half. Leider fand Herr Iacocca in seinem vielgelesenen Buch kein Wort des Dankes, weder an Dr. Kubo noch an die Japaner, für deren Hilfe.

Und nun zu unserer eigenen Firma. 1972 übernahmen wir, wie schon erwähnt, mit drei weiteren Autofirmen die Vertretung von Datsun-Nissan für Deutschland. Da es sowohl für uns als auch für Nissan sehr schwer war, mit vier Importeuren zu leben, wurde der Vertrag zum Ende 1977 gekündigt, und wir übernahmen bereits 1976 die Vertretung für Mitsubishi Motors in Deutschland und wurden damit Alleinimporteur für diese Marke.

Die ersten Erfahrungen, die wir 1972 mit den Mitarbeitern von Datsun-Nissan machten, waren nicht immer einfach. Einmal gab es unterschiedliche Auffassungen zwischen den vier Importeuren, und zweitens konnte kein rechtes persönliches Verhältnis zum Hersteller aufgebaut werden. Mag es auf Grund der vorangegangenen Erfahrungen sein, mag es auch daran gelegen haben, daß die Mitsubishi Automanager anders waren, jedenfalls liefen die persönlichen und geschäftlichen Beziehungen von Anfang an mit Mitsubishi viel lockerer, positiver und leichter. Vom ersten Tag an entwickelte sich das Geschäft gut. Unsere Lieferanten waren mit uns und wir mit ihnen zufrieden.

Ich gestatte mir, hier eine Tatsache zu erwähnen, die ich bis heute noch nirgendwo nachlesen konnte. Der große Erfolg der Japaner in den 70er Jahren in Europa beruhte ja zum großen Teil darauf, daß in derselben Zeit die deutschen und französischen Automobilhersteller ihren Importeuren in den verschiedenen europäischen Ländern kündigten. Sie glaubten oder waren der Meinung, daß sie das Geschäft viel besser selbst durchführen könnten und setzten mit diesen Kündigungen Wissen, Kapital und oftmals die Organisationen frei. Diese nahmen nun, wie wir selbst, die neuen Möglichkeiten wahr und importierten Fahrzeuge von Japan nach Europa, um ihren früheren Status wiederzugewinnen oder weiter auszubauen. Das heißt, der Wunsch der Automobilhersteller in Europa, alles in die eigenen Hände zu nehmen, öffnete rasch den damals nicht ernst genommenen Japanern die Tore nach Europa.

Nun ist es ja nicht Aufgabe eines Importeurs, einfach Automobile zu verkaufen, sondern eine Organisation zu schaffen, die diese Aufgabe vor Ort übernimmt. Beim Automobil handelt es sich um ein Produkt, das in Mengen produziert wird und zu einem relativ hohen Preis verkauft werden muß und das einen hohen technischen Stand hat und damit eine verläßliche Wartung benötigt. Diese Fakten bestimmen die Aufgabe des Importeurs. Neben dem Verkauf durch die Händler, die er akquirieren und organisieren muß, ist es seine Aufgabe, die Versorgung dieser Händler mit Ersatzteilen zu sichern, die Ausbildung der Mechaniker für die neuen Fahrzeuge durchzuführen, die entsprechende Literatur für alle diese Aufgaben zu erstellen und zu allem die notwendige Werbung zu machen, damit man diese Automobile absetzen kann. Ohne einen gewissen Bekanntheitsgrad und ohne die Produktvorteile herauszustellen, gewinnt man keine Händler und damit auch keine Kunden. Was heißt es also, eine Organisation in einem Land aufzubauen, das selbst eine große Automobilproduktion hat und in dem die Firmen, die hier produzieren, eine traditionell starke Händlerschaft an sich gebunden haben. Zudem fragten viele Kunden bei ihrem ersten Treffen mit einem Händler: warum soll ich mir ein japanisches Auto kaufen, es gibt genügend deutsche.

Wie so oft in der Weltwirtschaft, möchte jeder verkaufen, aber keiner möchte beim anderen einkaufen. Jeder möchte die Vorteile und nicht die sogenannten Nachteile in Kauf nehmen. Anfang der 70er Jahre war der Einbruch der Japaner in die wohlgeordneten Automobilverhältnisse in Europa ein Schock. Er wurde nur dadurch gemildert bzw. seine Heftigkeit wurde nicht ganz so stark empfunden, weil man sowohl den Japanern selbst als auch den Importeuren einen solchen Erfolg, wie er sich später herausstellte, anfangs nicht zutraute. Automobile zu bauen war etwas typisch Europäisches oder auch Amerikanisches, aber um Gottes Willen nicht etwas Japanisches oder Asiatisches.

Es dauerte mehrere Jahre, bis Japan selbst das Mekka der Automobil-Manager der Welt wurde. Alle mußten hin, alle wollten sehen, was dort geschah. Und plötzlich hatte man

Achtung vor den Japanern. Achtung vor ihrer besser organisierten Produktion und vor allen Dingen Achtung vor der Qualität ihrer Fahrzeuge. Das war der erste Trumpf, den wir als Importeur ausspielen konnten. Unsere Fahrzeuge waren gut. Sie waren am Anfang nicht moderner, technisch nicht weiter, aber qualitativ hochwertig und preiswert. Als später dann technische Produktvorteile hinzukamen, wurden die Autos zwar etwas teurer, aber sie waren weiterhin sehr preiswert, das heißt, man bekam viel Auto fürs Geld.

All die Aufgaben, die ich genannt habe, mußten in einer Händlerorganisation umgesetzt werden. Da wir aus vorhandenen Organisationen keinen Händler herausbrechen konnten und auch nicht unbedingt wollten, mußten wir anfangs oft in vielen Orten mit jungen Kfz-Meistern, die sich gerade selbständig machten, neu beginnen. Diese jungen Geschäftsleute hatten kaum eine Chance, in die etablierten Marken hineinzukommen, hatten aber eine entsprechend gute Ausbildung und den Willen, ihr eigenes Geschäft aufzubauen. Sie bildeten in erster Linie den Grundstock unserer neuen Verkaufsorganisation. Wir verlangten keinen allzu großen Kapitalnachweis, wir sorgten für eine schnelle Belieferung mit Ersatzteilen und organisierten und finanzierten die Lagerwagen und Vorführwagen als erstes notwendiges Instrument für ihre Tätigkeit.

Gleich zu Beginn war es für mich von großer Wichtigkeit, ein entsprechendes Teilelager aufzubauen, denn 11 000 km Luftlinie zwischen Hersteller und Kunden sind nicht gerade ein guter Grund, um ein solches Automobil zu kaufen. Also mußte sowohl den Händlern als auch den Kunden die Angst genommen werden, es wären keine Teile vorhanden. Das Lager war im Verhältnis zur Anzahl der verkauften Wagen überdimensioniert und bedeutete damit eine erhebliche Belastung, war aber die absolute Voraussetzung für jeden Erfolg. Wir übersetzten die englischen Fachausdrücke ins Deutsche, druckten am Anfang die Teilekataloge selbst, um sie dann etwas später auf Microfiches zu übertragen, die den Transport von Tonnen von Papier nicht mehr notwendig machten. Zu allem Unglück für den Teile-Chef waren die Umsätze im Ersatzteillager nicht sehr groß, denn wir verlangten von den Händlern nicht, einen allzu großen Lagerbestand zu unterhalten. Da die Fahrzeuge qualitativ gut waren, war auch der Bedarf an Ersatzteilen niedrig, das heißt das Teile-Geschäft wurde in den ersten Jahren durch den Automobilverkauf subventioniert. Das war dann auch für einige Händler, die von anderen Marken langsam zu uns kamen, schwierig, denn sie hatten kleine Ausstellungsräume und große Werkstätten, und wir wollten eigentlich große Ausstellungsräume und kleine Werkstätten, denn wir benötigten die großen Werkstätten nicht, die viele Hersteller vorher als Bedingung für die Übernahme oder den Ausbau der Marke verlangt hatten.

Im Zuge höherer Zulassungen durch die japanischen Importeure in Deutschland kam es bei den deutschen Herstellern zu neuen kräftigen Investitionen und zu einer stetigen und forcierten Weiterentwicklung der Fahrzeuge. Auch dieser Gedanke an die hohen Investitionen der deutschen Automobilwirtschaft wurde oftmals unterschätzt oder nicht richtig gewertet. Es waren die deutschen Hersteller, die als erste die japanische Herausforderung annahmen und aus den japanischen Beispielen lernten. Viele Milliarden wurden in die Entwicklung neuer deutscher Autos und in die entsprechende Fabrikationen investiert. Es war eine gegenseitige Befruchtung. Die Japaner bewunderten die Deutschen wegen ihrer Automobile, und die Deutschen hatten Bedenken, daß die Japaner in der technischen Entwicklung an ihnen vorbeiziehen könnten. Diese berechtigte Angst, die auch heute noch vorhanden ist, wirkt wie ein starker Motor auf die Entwicklung und gereicht damit allen Kunden zum Vorteil. Als Importeur konnten wir es uns gar nicht leisten, so vielfältige Automobile mit Extra-Ausstattungen zu importieren, wie es zum Beispiel die deutschen Hersteller machten. Wir mußten also die Autos, um konkurrenzfähig zu sein, zu einem günstigen Preis und komplett ausgestattet importieren und ausliefern. Die Japaner wurden sehr bald dafür bekannt, nur komplette, gut ausgestattete Autos, so wie sie die Kunden wollen, auszuliefern.

Noch für Datsun führten wir damals als erstes Fabrikat die 12-Monats-Garantie ein, um noch mehr zu dokumentieren, daß wir von der Qualität unserer Fahrzeuge überzeugt waren. Kurze Zeit später wurde das von einem deutsch-amerikanischen Fabrikat hier übernommen und wesentlich stärker propagiert, als wir es vorher konnten. Aber der erste Schritt für eine bessere Garantie war getan und damit wieder ein neuer Kundenvorteil entstanden. Daß wir dann vor einigen Jahren als erstes Unternehmen die Drei-Jahres-Garantie für alle Personenwagen und später auch für Lkw einführen konnten, war ein überzeugender Beweis für die hohe Qualität der Mitsubishi Fahrzeuge.

Nachdem nun die Händlerorganisation in ihren Anfängen bestand und das Teilelager aufgebaut war, mußten wir an die Schulung der Meister und Mechaniker unserer Händler denken. Im Zuge unserer Entwicklung verlagerten wir unseren Betrieb von Rüsselsheim nach Trebur, wo wir entsprechend große Flächen zum Ausbau zur Verfügung hatten. Beim Neubau wurde großer Wert auf eine moderne Kundendienstschule gelegt. In vier Schulungsräumen für die technische und theoretische Ausbildung wurden Jahr für Jahr Tausende von Mechanikern trainiert und ausgebildet. Daneben fanden immer mehr Lehrgänge für Verkäufer und verkaufende Händler statt, um ihnen im Vergleich mit anderen Produkten das eigene Produkt verständlicher zu machen und seine Qualität hervorzuheben. Es wurde sozusagen Warenkunde vermittelt. Alles Dinge, die selbstverständlich auch die deutschen Hersteller mit ihren Händlern durchführen.

Im Zuge der Entwicklung war es notwendig geworden, eine Presse- und eine Werbeabteilung aufzubauen. Denn was nützt das beste Auto, wenn es die potentiellen Käufer nicht wissen. Also organisierten wir die ersten Pressekonferenzen, was für mich persönlich damals eine große Herausforderung darstellte, da ich so etwas noch nie gemacht hatte. Aber zwei Journalisten boten mir Privatunterricht an, den ich gern annahm. Und da man in Kreisen der Journalisten sehr neugierig war, wer und was da auf den deutschen Markt drängte, war es gerade am Anfang nicht sehr schwer, diese Konferenzen abzuhalten. Es gab genug Fragen und sehr, sehr viele Antworten. Die Werbung mußte nun die Produktvorteile herausheben und darstellen.

Nun gibt es in unserer Branche eine große Schwierigkeit. Da sich jeder Händler für einen ausgezeichneten Werbefachmann hält und glaubt, daß er alle Dinge viel besser machen kann und das auch gern tut, kommt bei dieser persönlichen Profilierungsfreude oftmals das Markenimage zu kurz. Eine Werbung muß für den Händler eine Verkaufswerbung sein und für die Marke selbst eine Verbesserung des Bekanntheitsgrades. Und hier gibt es mehrere Möglichkeiten. Einmal mit sehr viel Geld diesen Namen in die Kundschaft hineinzupressen oder, wenn dieses Geld nicht vorhanden ist, mit weniger Mitteln langsam einen solchen Namen aufzubauen und seinen Wert zu publizieren. Wird am Anfang zu viel Werbung gemacht, kommt die Organisation nicht nach und die Werbung verpufft letzten Endes im leeren Raum. Das wollten wir nicht und haben es auch so nicht gemacht.

In den ersten vier Jahren verdoppelten wir jedes Jahr unsere Verkäufe und hatten damit auch in den Augen unserer japanischen Hersteller einen beachtlichen Erfolg. Daß 1982 über diese gute und starke Entwicklung die zweite Ölkrise hereinbrach, dämpfte sowohl unsere Erwartungen als auch den realen Verkauf. Die Banken glaubten zum zweiten Male, daß in der Zukunft niemals mehr Automobile verkauft würden und schränkten ihr enges Gesichtsfeld noch mehr ein, d. h. sie schlossen die Taschen. Ein Unglück für viele Automobilhändler, die gerade in ihrer Euphorie angefangen hatten zu bauen, gerade dabei waren, sich für die nächsten 10–20 Jahre kräftig zu verschulden. Aber Gott sei Dank half auch hier das Konkurrenzdenken und die Eifersucht unter den OPEC-Staaten, die Ölkrise zu überwinden. Für den Kunden, und irgendwo sind wir alle Kunden, ist es in einer Marktwirtschaft unbedingt notwendig, daß die entsprechende Konkurrenz lebendig bleibt. Nur so ist für uns alle gewährleistet, daß die Produkte besser werden und auch bezahlbar bleiben.

Quote

1986 wurden wir dann von der Einführung einer Quotenregelung zwischen Europa und Japan überrascht. Natürlich gibt es viele Gründe, um eine solche Quotenregelung herbeizuführen, besonders wenn das exportierende Land nicht gewillt ist, seine Tore für den Import entsprechender Produkte zu öffnen. Aber während wir hier in Europa 10 Prozent Importzölle auf Automobile hatten, senkte Japan seinen Importzoll für Fahrzeuge auf 0 Prozent. Eigentlich waren die Tore offen, nur die Produkte konnten oftmals dem Qualitätsanspruch der japanischen Kunden nicht folgen, und in einem Land, das traditionell mit Rechtslenkern fährt, konnte man nicht einfach Linkslenker einführen und verlangen, daß sich die Kunden an diesen besonders begeisterten. Eine gewisse Gruppe, die wir nicht gerade zu den feinsten Kunden zählen, tat dies gern und fuhr ganz speziell mit schweren Linkslenkern in Japan herum. Aber diese Gruppe war zu klein, um einen entsprechend großen Import möglich zu machen.

Wiedervereinigung der beiden deutschen Staaten

Während wir uns also 1986, 1987 und 1988 langsam von der Ölkrise erholten und unsere Organisation weiter ausbauen konnten und die entsprechenden Mengen an Fahrzeugen auslieferten, kam als nächste große Herausforderung die Wiedervereinigung der beiden deutschen Staaten auf uns zu. Hier zeigte sich der große Vorteil, daß Mitsubishi einen nationalen Importeur hatte. In der Zwischenzeit hatten sich Mitsubishi Corporation und Mitsubishi Motors Corporation mit 45 Prozent an unserer Firma beteiligt, kümmerten sich aber, entsprechend unserer Vereinbarung, in erster Linie um die Finanzen, das heißt um die Finanzierung und Refinanzierung unseres Unternehmens. Viele der japanischen Manager in Tokio, die ja im großen und ganzen hier in Deutschland nur helfende Mitarbeiter sitzen hatten, die selbständig keine Entscheidungen von einem gewissen Ausmaß treffen konnten, unterschätzten die Kraft dieses Zusammenwachsens und die Möglichkeit, die der neue Markt in Ostdeutschland brachte. So gehörte unsere Firma wirklich zu den allerersten, die sich dieses neuen Marktes annahmen. Wir sagten unseren zuständigen japanischen Kollegen, daß das eine echte Wiedervereinigung wäre und so ein neues Deutschland entstehen würde, das heißt, daß unser Vertrag automatisch auf diesen Teil des Landes übergehen müßte, und agierten entsprechend. Wir holten mit unserem Firmenflugzeug die ersten noch selbständigen Automobilwerkstättenbesitzer und Automobilmanager aus Ostdeutschland zu uns und wußten in kurzer Zeit, was Sache war. Die erste weiße Wand in Dresden wurde mit einem Topf Farbe, den wir unserem Händler brachten, angemalt und leuchtete für einige Zeit als Zeichen einer neuen Zukunft in der sonst so düsteren Stadt.

Die neu akquirierten Händler waren von unserer Automobilpalette begeistert, von der Qualität überzeugt, von unseren schnellen Entscheidungen beeindruckt und von der Menschlichkeit, mit der wir sie annahmen, angetan. Alles Dinge, die bei unseren Konkurrenten nicht so selbstverständlich waren. Viele andere Marken hingegen konnten sich am Anfang nicht zu irgendeinem Entschluß durchringen und verschoben ihre Entscheidungen zunächst einmal in die Zukunft. Wir hatten nur einen großen Nachteil. Ein Jahr lang konnten wir zwar davon profitieren, daß die Wiedervereinigung geplant war, aber Ostdeutschland noch nicht zur EG gehörte. Wir bekamen also 20 000 Autos mehr geliefert, aber eben nur in diesem einen Jahr und hatten in dem allgemeinen Boom der folgenden zwei Jahre wegen der Quotenbeschränkung keine Möglichkeit, entsprechend daran teilzunehmen. Ein neuer, schwieriger Abschnitt in unserer Organisation begann.

Wir hatten schnell über 200 neue Händler in Ost-Deutschland, konnten aber wegen der Quote unsere gesamte Händlerorganisation in dem neuen großen Deutschland nicht mehr mit genügend Automobilen beliefern. Um überleben zu können, wurde den Händlern geraten, Kosten einzudämmen,

Bauvorhaben zu verschieben, Verkäufer zu entlassen und Dinge zu tun, die man eigentlich nicht tun sollte. Um trotzdem alle bei der Stange zu halten, bauten wir kurz entschlossen im Süden von Berlin ein neues Ersatzteil- und Schulungszentrum auf, das als Ausbildungsstätte im besonderen für unsere neuen Händler im Osten gedacht war. Unsere große Palette, die Qualität unserer Fahrzeuge und unsere partnerschaftliche Einstellung bewegten unsere Händler, uns die Treue zu halten.

Produktion in Europa

Bereits 1986 anläßlich unserer jährlichen Importeurstreffen war ich an den damaligen Präsidenten, Herrn Tate, mit der Bitte herangetreten, unbedingt auch eine Produktion in Europa aufzubauen. Eine solche Produktion war der einzige Weg, um dem Quotendenken Paroli zu bieten. Es war eine schwere Entscheidung für Mitsubishi, da sie in derselben Zeit in engen Verhandlungen mit Mercedes in Deutschland standen. Gott sei Dank siegten die eigenen Interessen, und die Entscheidung fiel, in Born (Holland), zusammen mit Volvo, einen gänzlich neuen Mittelklassewagen zu bauen. Im Mai 1995 sind die ersten Wagen vom Band gelaufen.

Gedanken zum Grundsätzlichen

Wenn man bedenkt, daß nach 125 Jahren noch immer die drei Grundsätze von Mitsubishi lebendig sind, die da heißen:

- Verantwortung gegenüber der Gesellschaft,
- Redlichkeit und Fairneß
- und Völkerverständigung durch Handel,

dann versteht man, daß nur eine Weiterentwicklung des Welthandels Länder und Völker der Zweiten und Dritten Welt langsam an unser Lebensniveau heranführen kann.

Ausblick

Nach der Schilderung des Aufbaus stellt sich natürlich nun die Frage nach der Zukunft unseres Unternehmens und der Zukunft der japanischen Automobilimporte in Europa.

Mit der Übernahme von Nissan-Datsun im Jahr 1973 und den dann ständig steigenden Importen von Automobilen nach Deutschland wandelte sich die Handelsbilanz zwischen Deutschland und Japan. Während bis dahin Deutschland viele Maschinen und Ausrüstungsgegenstände nach Japan lieferte und damit eine positive Handelsbilanz aufwies, änderte sich das ab 1973. Bis 1994 war die Bilanz für Deutschland demnach negativ. Sowohl von der Menge als auch vom Wert her exportierten die Japaner viel mehr Fahrzeuge nach Deutschland als umgekehrt. Seit diesem Jahr, d. h. seit 1995, hat sich der Trend wieder umgekehrt. Nicht von der Menge, sondern wertmäßig liefert Deutschland mehr Fahrzeuge und Teile nach Japan. Nach 21 Jahren ist die deutsche Handelsbilanz auf dem Automobilsektor wieder positiv. Dieser Trend wird anhalten, da durch den hohen Yen Japan gezwungen ist, mehr und mehr die Autoproduktion in andere Länder zu verlegen, um überleben zu können. Das hilft auch den Importeuren. Ähnlich wie Deutschland, hat Japan keine andere Möglichkeit, als die Verlagerung eines Teils seiner Industrie. Löhne und Steuern, Umweltvorschriften und Auflagen der Behörden zwingen die Firmen zu solchen Entscheidungen. Das bringt auf Sicht viele Nachteile für die betroffenen Länder, hat aber auch positive Seiten. Für viele Länder entsteht so eine Entwicklungshilfe und eine Unterstützung des eigenen Industrieaufbaus. Das gilt auch für Mitsubishi Motors Corporation. Die Produktion muß an den Markt, das heißt zu den Käufern, gebracht werden. Damit werden Quoten und Währungsrisiken ausgeschaltet.

Mitsubishi Motors Corporation baut inzwischen seine Fahrzeuge, neben den Produktionen im Mutterland, in Australien, Thailand, Amerika, Taiwan, Vietnam und Europa. Andere Standorte sind geplant. Somit reduziert sich zwar der Export von Japan direkt, festigt aber die eigene Struktur. Neben der Produktion gibt es auch inzwischen in Deutschland für ganz Europa Entwicklungs- und Stylingstudios. Diese schaffen die notwendigen Voraussetzungen für einen weiteren erfolgreichen Verkauf. In der Zwischenzeit gelang Mitsubishi Motors ein technischer Durchbruch besonderer Art. Für den Laien nicht ganz verständlich, für den Fachmann ein Beweis für die hohe Leistungsfähigkeit der Mitsubishi Ingenieure: die Direkteinspritzung in die Zylinder des Benzinmotors. Mit der Produktionsreife wird diese Erfindung den Motorenbau verändern. Der Dieselmotor wird einige seiner Vorteile verlieren. Wie zum Beispiel der geringe Verbrauch. Durch die Direkteinspritzung wird der Verbrauch zwischen 25 und 40 Prozent eingeschränkt, die Verbrennung intensiviert, es entstehen kaum noch Schadstoffe.

Das heißt, die Entwicklung geht auch bei Mitsubishi weiter. Es gibt immer eine Zukunft.

Nur eine moderne und reiche Industrie kann diese Zukunft meistern. Sie allein ist in der Lage, uns allen das Überleben zu garantieren. Sie kann die Aufarbeitung und das Wiederverwenden von gebrauchten Rohstoffen durchführen. Sie findet die Wege, um die unendlichen Ressourcen der Sonnenenergie zu nutzen. Ob nun Wind, Wasser oder natürlicher Wuchs dazu beitragen – alles ist umgewandelte Sonnenenergie.

Das kann alles gelingen, wenn wir der Marktwirtschaft die Freiheit lassen und es immer genügend Menschen gibt, die ihre Freude am Risiko und am Unternehmen finden, für sich selbst und damit auch für andere. Der Gedanke, daß man im eigenen Interesse anderen hilft, gehört zu den Grundsätzen der freien Marktwirtschaft und ist auch die Basis unseres Erfolges.

Biographie
Johannes Ferdinand Trapp-Dries

Geboren im Februar 1925 in Rüdesheim am Rhein. Bis zum 18. Lebensjahr Besuch der Volksschule und des Gymnasiums. Im Mai 1943 eingezogen in die deutsche Wehrmacht. Geriet Ende des Krieges am 9. Mai 1945 in russische Kriegsgefangenschaft. Flucht aus einem Kriegsgefangenenlager in Kemerowo/Sibirien. Wiedergefangennahme und zu 10 Jahren Zwangsarbeit verurteilt. 3 Jahre auf der Halbinsel Taimyr im Norden Sibiriens in Norilks im Strafgefangenenlager. Im Mai 1950 Heimkehr aus der Gefangenschaft.

Nach Besuch der Höheren Handelsschule Volontariat bei NSU. Am 1. Januar 1953 Eintritt in die Firma seines Onkels Richard Trapp, der ihn auch später adoptierte.

Die Firma war eine selbständige Bezirksvertretung von NSU für Zweiräder, zuständig für Hessen und Rheinland Pfalz.

Nach Arbeit im Teilelager, in der Buchhaltung und im Außendienst Übernahme der NSU Automobile 1962 als Großhändler und Detailhändler. Es folgte der Aufbau einer Autovertriebsorganisation.

Nach der Fusion 1972 von NSU mit Audi Verlust des Großhändlervertrages.

Mit der Übernahme der Firma als Geschäftsführer und Inhaber Übernahme der Datsun Importvertretung für ein Drittel von Deutschland.

1976 Importeur von Mitsubishi für ganz Deutschland und Aufbau der Mitsubishi Organisation. Während die Konzernmutter, die Trapp Motor Group, die zu 100 Prozent im Familienbesitz ist, sind die Mitsubishi Corporation und zum Teil die Mitsubishi Motors Corporation an fast allen Firmen, die zum Konzern gehören, mit 45 Prozent beteiligt.

Konzern:
Trapp Motor Group GmbH

MMC Auto Deutschland GmbH
MMC Teile Depot GmbH
Rechenzentrum Trebur GmbH
TVG-Trappgroup Versicherungsvermittlungs GmbH
Diamond Air Service GmbH

Alex Trotman
Chairman of the Board, President und Chief
Executive Officer der Ford Motor Company

ALEX TROTMAN

Ein neues Zeitalter des Wettbewerbs: Die Maschine hinter dem Aufschwung

Einleitung

Jegliche Diskussion über die Befindlichkeit weltweiter Wirtschaftsaktivitäten muß sich früher oder später zwangsläufig mit der Automobilindustrie befassen. Von ihrem bloßen Volumen und ihrer Komplexität reicht die Branche des Automobilbaues tief in das Wirtschaftsleben der ganzen Welt hinein. Seit Henry Ford, der Begründer des Unternehmens, in das ich vor vierzig Jahren eintrat, Millionen von einfachen Arbeitern und Arbeiterinnen die Freiheit brachte, sich mit einem billigen und zuverlässigen Transportmittel individuell fortzubewegen, hat der Einfluß der Automobilindustrie ständig zugenommen.

So wurden im Jahre 1993 rund um den Erdball tatsächlich mehr als 47 Millionen Fahrzeuge verkauft und Einnahmen von über 930 Milliarden US-Dollar erzielt. Von den zehn größten Unternehmen der Welt widmen sich vier der Herstellung von Personenkraftwagen und Lastkraftwagen. Direkt und indirekt beschäftigt die Automobilindustrie Millionen von Arbeitskräften, und im Jahre 1994 beliefen sich die Werbekosten für Personenkraftwagen und Lastkraftwagen weltweit auf über 5,5 Milliarden US-Dollar.

Es ist wie mit einem Stein, den man in einen Teich wirft: Der Einfluß der Automobilindustrie zieht seine Kreise bis an die Peripherien der Weltwirtschaft. Und was die Beschäftigung und die finanziellen Erträge betrifft, so macht sich die Durchschlagskraft des Automobils über die ganze Breite sehr unterschiedlicher Branchen bemerkbar: Versicherungswesen, Öl, Straßen- und Brückenbau, Städteplanung, Automobilersatzteile und -reparaturen, Bildung und Ausbildung, Umweltkontrolle, Gesundheitswesen und Arbeitsschutz, Verlags- und Publikationswesen, Motorsport, Computertechnik, Beziehungen zwischen Arbeitgebern und Arbeitnehmern ... bis hin zu Autorestaurants und der Filmindustrie Hollywoods.

Überhaupt wird der Lebensrhythmus in industrialisierten Nationen (und solchen, die auf dem Wege zur Industrialisierung sind) in großem Maße von der Fähigkeit des Einzelnen bestimmt, sich in sein Fahrzeug zu setzen und – wann und wohin auch immer – loszufahren. Kurz: Die Automobilindustrie spielt auf der Bühne der Weltwirtschaft eine dominierende Rolle. Jede Bewegung, die sie vollzieht, gebietet die ungeteilte Aufmerksamkeit aller anderen.

Wie ist also der gegenwärtige Zustand der Branche? Von der Oberfläche her betrachtet, scheint die Kurzzeitperspektive zum Zeitpunkt, da ich dies niederschreibe, recht heiter. Nach der Rezession vom Anfang der neunziger Jahre steigt die Nachfrage nach Personenkraftwagen und Lastkraftwagen wieder an. Das Gesamtvolumen der im Jahre 1994 in Europa, Nordamerika und Japan verkauften Personenkraftwagen und Lastkraftwagen lag sechs Prozent über der Zahl des Jahres 1993, und es scheint so, als ob es 1995 einen weiteren Aufschwung geben würde. Namhafte Wirtschaftsjournalisten haben voller Vertrauen von einem neuen »goldenen Zeitalter« der Automobilindustrie geschrieben. Und der Verleger dieses Buches erwählte drei von uns, die wir an der Spitze von Unternehmen des Automobilbaues stehen, die »Architekten des Aufschwunges« zu vertreten.

Ehrlich, dies alles macht mich nervös, und zwar aus zwei Gründen:

Erstens: Erfolg zeugt Vermessenheit – die gefährliche Annahme, daß an dem, was sich heute zu bewähren scheint, nicht herumgepfuscht werden sollte. »Flicke nicht daran herum, solange es noch nicht kaputt ist«; das ist die landläufige Phrase. Tatsächlich aber gibt es keine Formel, die den Erfolg in dieser Branche garantiert. Die einzige Konstante ist die Veränderung. Nach meiner Erfahrung ist jedes Unternehmen, welches die *heutigen* wirtschaftlichen Herausforderungen im Moment gerade im Griff hat, schon zurückgefallen;

denn die führenden Unternehmen arbeiten bereits an den Forderungen von *morgen.*

Zweitens: Wie der Vorsitzende von General Electric, Jack Welch, es so treffend formuliert: Die Geschäftswelt befindet sich »im Auge des Hurrikans«. Der gegenwärtige »Aufschwung« stellt eine ruhige und kurze Zeitspanne von Prosperität dar, bevor der nächste heftige Ansturm des Wettkampfes die Gewinner von den Verlierern trennt.

Die Konstante ist Veränderung

Wirtschaftsjournalisten, Gelehrten und anderen Beobachtern des Geschäftslebens geht es darum, starre Richtlinien des wirtschaftlichen Erfolges auszuklügeln. »Man halte sich an diese Regeln«, lautet die Botschaft oft, »und gewinnbringendes Wachstum wird das sichere Ergebnis sein.« Und dabei gründen sich diese Richtlinien häufig auf die Beispiele profilierter und hohe Leistungen erbringende führende Vertreter der Wirtschaft. Das Bild des überragenden Helden, der festen Schrittes die Unternehmenslandschaft durchmißt, ist der Stoff für eine großartige – doch oft irreführende – Geschichte.

Es ist eben schade, daß es, wenn überhaupt, nur wenige sichere Regeln für den Erfolg gibt. Und die Leichen gefallener Helden bedecken die Landschaft der Unternehmen. Die heutige erdumspannende Wirtschaftsumwelt ist einfach zu fließend und zu komplex, als daß sie sich durch einen einzigen Satz von Regeln oder von irgend einer Einzelperson beherrschen ließe. Strenggefügte und von altmodischen Magnaten beherrschte Hierarchien können nicht überleben. Die führenden Firmen von morgen werden in einer Kultur wurzeln, die ihren Nutzen zieht aus Teamwork und beständigem Lernen, um die große Vielfalt von individuellen Talenten in den Dienst der Anforderungen sich andauernd verändernder Märkte zu stellen.

Verständlicherweise tendieren Journalisten und Wissenschaftler auch dahin, ihre Geschichten um spezifische und sichtbare Ereignisse im Organisationsleben eines Unternehmens herumzustricken. In ihrer Betrachtungsweise der Geschichte eines Unternehmens unterscheiden sie häufig eine Periode von der anderen, je nach äußerlich sichtbaren Führungswechseln, der Einführung neuer Erzeugnisse oder angekündigter Strategieveränderungen. Es werden jedoch selbst die unvermitteltsten und drastischsten Veränderungen an der Oberfläche einer Organisation normalerweise besser verständlich als Ergebnisse langfristig angelegter Kurswechsel, welche sich in der Tiefe der Kultur des Unternehmens vollziehen.

So sind zum Beispiel die heutigen Erfolge der Automobilindustrie der Vereinigten Staaten zum Teil zurückzuführen auf Entscheidungen, welche vor mehr als einem Jahrzehnt von Führungspersönlichkeiten getroffen wurden, die während einiger der schwärzesten Zeiten in der Geschichte des amerikanischen Automobilbaues an dessen Spitze standen.

Wir bei Ford hatten es Ende der siebziger und anfangs der achtziger Jahre in Nordamerika fast mit einer finanziellen Katastrophe zu tun. Allein im Jahre 1980 büßten wir 2,2 Milliarden US-Dollar ein. Unter uns, die wir diese Jahre überstanden, gibt es viele, die sich an bis in die späte Nacht dauernde besorgte Gespräche erinnern können. Wir diskutierten darüber, was schiefging und – wichtiger noch – was wir dagegen tun könnten.

Einige der Geschichtsbücher beschrieben unsere Lösung des Problems als ein »Glücksspiel«, welches sich auszahlte. Sie verraten, wie wir jeden Dollar, den wir in der Firma besaßen, auf ein neues Fahrzeug in radikal neuem Stil mit dem Codenamen »DN5« setzten. Und daraus sollte schließlich das Flaggschiff unserer nordamerikanischen Familienlimousinen erstehen, der Mercury Sable und der Ford Taurus.

Dieses Spiel, sagen die Geschichtsbücher, bahnte den Weg zu unserem Comeback; denn aus dem Taurus wurde in drei aufeinanderfolgenden Jahren das bestverkaufte Auto in Nordamerika.

Tatsächlich aber war das absolut kein *Glücksspiel*. Es war eine Erkenntnis, zu der viele von uns bei Ford bereits gelangt waren, daß wir nämlich unser Geschäft auf andere Weise zu gestalten hatten.

Mit unseren Produkten, die zwar unsere traditionelle Unternehmensbürokratie, nicht aber unsere Kunden befriedigten, hatten wir uns nämlich seit Jahren einem *Spiel* hingegeben. Wir waren zwanzig Jahre lang in dem Glauben verhaftet gewesen, daß unsere Aufgabe einzig darin bestünde, schnell Autos zu bauen, sie in den Vertrieb zu schicken, und die Leute würden sie schon kaufen. Inzwischen hatte sich die in Japan und in Europa ansässige Konkurrenz mit höherwertigen Produkten, besseren Serviceleistungen und einem wachen Gespür für die wirklichen Wünsche unserer Kunden ihren Anteil am nordamerikanischen Markt gesichert.

Diese Krise war das Beste, das uns je widerfahren konnte. Sie räumte auf mit alten bürokratischen Ansichten. Wir machten uns daran, unsere Kunden anzuhören, die Qualität zu verbessern, die Kosten zu senken, unsere Fertigungsprozesse zu rationalisieren und wie nie zuvor als ein Team zu arbeiten. Wir leiteten einen Prozeß der kontinuierlichen Veränderung und Verbesserung ein, und dieser Prozeß hält noch an.

Der aufkommende Sturm

In der Tat, wir beschleunigen diese Veränderung; denn der gegenwärtige wirtschaftliche »Aufschwung« wird nicht ewig anhalten, ja, noch nicht einmal sehr lange. Der Markt für neue Personenkraftwagen und Lastkraftwagen wird sich letztendlich wieder verengen. Und wenn das eintritt, wird das wahrscheinlich das Ende einer oder mehrerer derzeit aktiver Firmen der Automobilindustrie bedeuten. Zahlreiche andere Branchen – von der Telekommunikation über die Computertechnik bis zur Textil- und Bekleidungsindustrie – werden sich derselben bedrohlichen Perspektive gegenübersehen.

Die Punkte, an denen es drückt, sind nicht schwer auszumachen. Die Überkapazität ist einer davon. Als ich im Jahre 1955 in die Ford Motor Company eintrat, bestand die vornehmliche Herausforderung, der die Autohersteller gegenüberstanden, darin, in entsprechend raschem Tempo genügend Autos zu produzieren, um der anscheinend nicht enden wollenden Welle des nach dem Kriege angestauten Bedarfes zu begegnen. Qualität, Effizienz und Kundendienst rangierten bei diesem Bemühen auf der hinteren Sitzbank. Es ging einfach darum, das Produkt zum Fabriktor hinauszuschieben.

Das ist vorbei. Der Wettbewerb hat sich verschärft. Mindestens sechs von den ersten zehn Autoherstellern von 1950 sind jetzt nicht mehr im Geschäft, und dennoch gibt es heute in der Industrie weltweit mehr als zehn Millionen Einheiten Überkapazität. Zu viele Autos und Lastwagen jagen zu wenigen Kunden hinterher.

Daraus folgt natürlich, daß der Markt den Produzenten immer höhere Leistung abverlangt. Qualität, Zufriedenheit der Kundschaft und attraktive Erscheinungsmerkmale sind nicht mehr die Kriterien für den Erfolg in der Branche. Sie stellen das Eintrittsgeld dar. Sie sind das, was der Kunde ohnehin erwartet. Die Wettbewerbsstrategie greift heute über die »absolute Qualität« hinaus. Im Wettlauf geht es jetzt um »absoluten Wert« – die Fähigkeit, ein wahrhaft makelloses Fahrzeug, welches auf der Grundlage neuer Technik dem Geschmack der Kunden entspricht und mit dem sich ein angemessener Gewinn erzielen läßt, rasch zu konstruieren, zu entwickeln, zu produzieren, zu verkaufen und zu warten.

Das ist schon allerhand.

Überkapazität und die Forderung nach »absolutem Wert« sind jedoch nicht die einzigen Punkte, welche die Konkurrenten in der Automobilindustrie belasten. Der Einfluß der Regierungen, beispielsweise, ist in gewissem Sinne zu einem »Produktionsfaktor« geworden und ist durchaus von gleicher Bedeutung wie Arbeitskräfte, Grund und Boden und Kapital. In dieser neuen globalen Wirtschaft hat sich die Rolle der Regierungen zu einem Grad weit höherer Kompliziertheit herausgebildet, als wenn es einfach um die Eintreibung von Steuern und das Auferlegen von Regulierungen ginge. Die Regierungen werden immer mehr zu »Partnern« der Geschäftswelt.

Derartige Partnerschaften sind zuweilen schwierig und schlecht durchdacht, und in manchen Fällen untergraben sie das freie und faire Funktionieren des globalen Marktes.

In zahlreichen anderen Fällen befördern sie jedoch äußerst wirkungsvoll die Gesamtinteressen der Gesellschaft am wirtschaftlichen Wachstum, dem wirtschaftlichen Gedeihen, an der Beschäftigungssituation und der Lebensqualität *sowie* an der Erhaltung der Umwelt, der Produktsicherheit und am individuellen Arbeitsschutz.

Ford, Chrysler und General Motors, zum Beispiel, sind mit der Regierung der Vereinigten Staaten. in der »Partnerschaft für eine neue Fahrzeuggeneration« liiert Das ist ein Programm, welches der Automobilindustrie staatliche Forschungs- und Entwicklungsressourcen für die Erforschung neuer Technologien in der Kraftstoffeffizienz, der Kontrolle der Umweltverschmutzung und des Recycling öffnet.

Die Herausforderung für globale Unternehmen besteht im Aufbau positiver Arbeitsbeziehungen mit einer breiten Vielfalt von Regierungen rund um die Welt – von der der Vereinigten Staaten mit ihrer mehrschichtigen Mannigfaltigkeit und ihrem großzügigen, populistischen Stil, bis hin zur Regierung Chinas mit ihren undurchsichtigen und zentralisierten Abläufen.

Dutzendfacher Konkurrenzdruck anderer Art lastet auf nahezu allen Hauptindustriezweigen der Welt.

Die sich in raschem Tempo ausbreitenden neuen Technologien, beispielsweise, haben eine wahrhafte Hetzjagd um epochemachende neue Produkte ausgelöst, welche die Konkurrenz von einem Augenblick zum anderen obsolet aussehen lassen. Schumpeter ist mit seiner Konzeption der »schöpferischen Zerstörung« zu einem neuen Helden der modernen, miteinander konkurrierenden Industriebranchen geworden.

Mit dem Wettkampf um neuzugängliche Märkte in solchen Regionen wie Asien und Osteuropa gehen enorme Risiken einher, insbesondere dort, wo Regierungen und nicht die Kräfte des Marktes noch immer über Gewinner und Verlierer entscheiden.

Gleichzeitig wird die sich fortsetzende Rationalisierung der weltweiten Handels- und Währungspolitik – durch GATT beispielsweise – die Tendenz mit sich bringen, daß bisher geschützte Firmen einer ganzen, neuen Palette sich weltweit betätigender Konkurrenten ausgesetzt werden.

Der vielgestaltige und sich verändernde Charakter der Arbeitnehmerschaft der Welt mit der stärkeren Betonung ihrer nichtortsgebundenen Qualifikationen und ihrer verminderten Abhängigkeit von einem sicheren, an ein Unternehmen gebundenen Arbeitsplatz verlangt einen Wechsel in der traditionellen Denkweise hinsichtlich der Führungstätigkeit und der Organisation.

Jedes für sich genommen, könnten diese Themen ohne weiteres Stoff für ein ganzes Buch darstellen. Die Schlußfolgerung liegt jedoch klar auf der Hand: Der Wettkampf um die Führung wird im 21. Jahrhundert mit aller Schärfe geführt werden.

Die Strategie »Ford 2000«

Nun denn, also akzeptiere ich das Bestreben des Herausgebers, mich als einen der »Architekten des Aufschwungs« für dieses Buch zu gewinnen, mit einer gesunden Dosis Demut. Keiner von uns heutigen Wirtschaftsführern kann von sich behaupten, das Comeback der Wirtschaft – oder auch nur unserer eigenen Branche – allein und mit eigener Hand zuwege gebracht zu haben. Unsere Aufgabe besteht darin, den kontinuierlichen Veränderungsprozeß zu leiten und sicherzustellen, daß unsere Unternehmen darauf vorbereitet sind, den nächsten unvermeidlichen Abschwung in der Wirtschaft zu überstehen.

In der Ford Company bemühen wir uns, dieser Herausforderung zu begegnen, und dazu gehört eine neue Strategie, die wir als »Ford 2000« bezeichnen. Kurz gesagt, läuft unser Plan darauf hinaus, unsere halbautonomen regionalen Geschäftsaktivitäten zu einer einzigen, weltweiten wirtschaftlichen Einheit zu verschmelzen. Eines unserer Hauptziele besteht darin, den Ablauf unserer Produktentwicklung hinsichtlich Geschwindigkeit und Effizienz auf eine grundlegend neue Stufe zu heben, indem wir unsere Organisation auf globale Erzeugnislinien, welche einzelnen Märkten angepaßt werden können, ausrichten.

Das ist ganz kurz zusammengefaßt die Idee, die bei Ford über einige Zeit herangereift ist und die in allen Bereichen des Unternehmens tiefgreifende Auswirkungen haben wird. Tatsächlich stellt Ford 2000 im einzelnen genommen die größte Neuordnungsmaßnahme in der dreiundneunzigjährigen Geschichte von Ford dar.

Tatsächlich reichen die Wurzeln von Ford 2000 tief in jene Geschichte hinein.

Innerhalb von fünf Jahren nach der Gründung des Unternehmens im Jahre 1903 begann Henry Ford, Kraftwagen in Europa, Asien, Südamerika und Australien zu verkaufen. Innerhalb von fünfzehn Jahren trugen mehr als die Hälfte aller Wagen auf der Erde das blaue Oval von Ford. In jenen frühen Tagen führten jedoch die Grenzen des Fernmeldewesens, die aufwuchernden Handelsbarrieren und auf örtliche oder regionale Belange zugeschnittene Gesetze sowie die Schwierigkeit, Güter über weite Entfernungen zu transportieren, zu autonomen Operationsaktivitäten von Ford in verschiedenen Ländern. Jede nationale Ford-Gesellschaft entwickelte ihren eigenen Charakter, ihre eigene Organisation und ihre eigenen Fahrzeuge, und Ford zahlte den Preis in ökonomischen Verlusten beträchtlichen Ausmaßes.

In den sechziger Jahren unseres Jahrhunderts gingen wir den ersten Schritt zur Überwindung dieses Nachteils. Wir legten 1965 unsere amerikanischen und kanadischen Aktivitäten zur North American Automotive Operations (NAAO) zusammen, und 1983 folgten unsere mexikanischen Operationen diesem Beispiel. Und im Jahre 1967 gründeten wir das einheitliche Ford Europa.

Keiner dieser Schritte verlief gänzlich schmerzlos. Als erster Chef Produktplanung bei Ford Europa belegte ich angesichts der Herausforderung, eine Vielfalt von Nationen – mit ihren unterschiedlichen Mentalitäten und Kulturen – für ein gemeinsames Ziel zusammenarbeiten zu lassen, einen Platz in der ersten Reihe. Was aber den wirkungsvollen Einsatz der Ressourcen des Unternehmens betraf, so erwiesen sich sowohl die Schaffung von Ford Europa als auch NAAO als wichtige Schritte in die richtige Richtung. Von diesem Augenblick an war ich überzeugt, daß der künftige Erfolg der Ford Motor Company darin liegen würde, auf diesem Wege weiterzugehen, um dem Unternehmen wirklich globale, anstatt lediglich »multinationale« Gestalt zu verleihen.

Wie es sich herausstellt, war ich nicht allein davon überzeugt. »Globalisierung« hieß das Thema einer großen Anzahl von Konferenzen zu Problemlösungen in den Sitzungszimmern bei Ford während der siebziger und der achtziger Jahre. Und wir testeten unsere Einfälle mit einer ganzen Reihe von Initiativen. In Asien, beispielsweise, entwickelten wir eine Strategie, welche wir als »Komplementierung« bezeichneten, und die zielte ab auf ein in einer ganzen Region einsetzbares Fahrzeug. Die Kosten dafür sollten durch die umfangreiche Produktion von Werkstücken und Teilen benachbarten Ländern niedrig gehalten werden.

Die »Komplementierung« kollidierte auf das heftigste damit, daß einzelne Regierungen in der Region es ablehnten, in ihren Ländern wirksame Gesetze einzuschränken. Jede Regierung wollte alle Teile in ihrem eigenen jeweiligen Land herstellen, und so wurden die von dem Plan vorgesehenen beträchtlichen Gewinne nie erzielt. Dessenungeachtet hielten wir das Konzept in der Theorie für tragfähig, und wir forschten weiterhin nach Möglichkeiten.

Anfang der achtziger Jahre gingen wir daran, den Ford Escort zu entwickeln. Er sollte in den Vereinigten Staaten, Europa und anderen Ländern verkauft werden, und einheitliche Zulieferteile sollten aus Großbritannien, Deutschland, Italien, Spanien, der Schweiz, Japan und den Vereinigten Staaten heranfließen. Die Schwierigkeit, zwei getrennte Konstruktionsmannschaften für zwei getrennte Chefs für einen »einheitlichen« Wagen arbeiten zu lassen, trat zutage, als der Escort letztendlich auf der Bildfläche erschien. Die Versionen aus Nordamerika und aus Europa hatten genau zwei gemeinsame Teile – einen Dichtungsring der Kraftstoffpumpe und das Ford-Oval.

Trotzdem lernten wir aus der Escort-Episode. Es war ein »konstruktives« Versagen in der Globalisierung. Die *Idee* von einem globalen Automobil war noch immer gut, doch wir fanden bestätigt, daß unsere Produktionsabläufe und unsere Organisation für die Abstützung des Konzepts einer Veränderung bedurften.

Während der darauffolgenden Jahre begannen wir die Modularelemente einer umfassenden globalen Strategie herauszuarbeiten. Wir stellten »Programm«-Teams zusammen, die alle für die Entwicklung eines neuen Wagens notwendigen Spezialisten der Führung eines einzelnen Leiters unterstellten. Wir knüpften Computerverbindungen, welche ein Abfragesystem von Ingenieurleistungen im Weltmaßstab und ein weltweites Beschaffungssystem ermöglichten sowie die Manager von Ford in die Lage versetzten, weltumspannende Konferenzen zur Entscheidungsfindung durchzuführen. Wir schufen mit den beiden Cray-Supercomputern, die uns mehr Computerpotenz verleihen, als irgend einer anderen nichtstaatlichen Organisation zu Gebote steht, weltweite, computergestützte Konstruktions- und Fertigungsmöglichkeiten.

Wir begannen auch den außerordentlichen Wert der in unserer weltweiten Familie von Beschäftigten vorherrschenden Verschiedenartigkeit einzusehen. Die breite Palette der Kulturen, der Anschauungen, Erfahrungen und Qualifikationen, die sich im Zeichen des Ford-Ovals repräsentieren, stellen einen unbezahlbaren globalen Aktivposten dar; und wir begannen Wege zu erforschen, um den Wettbewerbsvorteil, den diese Vielfalt bietet, zu erfassen.

Dann unternahmen wir einen weiteren Versuch der Produktion eines Welt-Automobils. Dieses wurde in Europa als der Mondeo und in Amerika als der Ford Contour und der Mercury Mystique hergestellt und überzeugte uns, daß die Sache zu verwirklichen war, daß in der Entwicklung von Fahrzeugen auf weltweiter Basis in der Tat der Schlüssel unserer künftigen Wettbewerbsfähigkeit lag.

Anfang 1993 begannen wir formal damit, die Herausforderung, uns auf globaler Basis neueinzurichten, zu studieren. Die Studienergebnisse wiesen in eine Richtung, und am 8. Dezember jenes Jahres sondierte ich bei den Spitzenchefs von Ford sowohl in Nordamerika als auch in Europa. Mit überwältigender Mehrheit setzte sich die Meinung durch, daß es richtig, ja, in der Tat *zwingend geboten* sei, uns auf die Welt zu konzentrieren. Wir verwarfen die Option, schrittweise vorzugehen, uns der einen Funktion nach der anderen zuzuwenden. Die Option des »Langsam, langsam!« lehnten wir ebenfalls ab. Unser neuer Plan verlangte »Alles oder nichts!«, und das sollte rasch geschehen.

Die neue Ford Motor Company

Am 21. April 1994 verkündeten wir »Ford 2000« öffentlich, und nach acht Monaten intensiver und detaillierter Planungstätigkeit und interner Koordinierung und Abstimmung starteten wir die neue Strategie am 1. Januar 1995.

Im Grunde haben wir »den Atlantik trockengelegt«, indem wir unsere europäischen Aktivitäten des Fahrzeugbaues und die nordamerikanischen Aktivitäten des Fahrzeugbaues zu einer globalen strategischen Wirtschaftseinheit zusammenfügten. Wir haben unsere wirtschaftlichen Prozesse nach unseren Produkten ausgerichtet und fünf Fahrzeugzentren, oder FZs geschaffen, die unseren internationalen Programm-Teams als Basis dienen sollen. Die FZs sind zuständig für die Entwicklung, Konstruktion und den Bau aller Fahrzeuge einer bestimmten Klasse, welche von Ford irgendwo in der Welt produziert und verkauft werden.

Zum Beispiel befaßt sich unser neues FZ in Europa (welches sich Merkenich, Deutschland, und Dunton, England, teilen) mit allen frontgetriebenen Klein- und Mittelklassewagen von Ford. Dies ist ein Segment, welches etwa die Hälfte des Weltgesamtvolumens von Ford und volle 70 Prozent unseres geplanten Wachstums ausmacht. Unser FZ in Amerika ist zuständig für große Wagen mit Frontantrieb. Die drei anderen

FZs, ebenfalls in Amerika, konzentrieren sich auf Wagen mit Hinterradantrieb sowie auf individuell bzw. gewerbsmäßig genutzte Lastkraftwagen.

Unsere Absicht, globale Erzeugnisse herauszubringen, hat die Struktur unserer neuen Führungsorganisation beträchtlich beeinflußt. Um die besten Erfahrungen aus einer Reihe unterschiedlicher Funktionen (Produktion, Verkauf und Marketing, Beschaffung usw.) unter allen fünf FZs auszutauschen und zirkulieren zu lassen, haben wir eine weltweite Organisationsübersicht in Gestalt einer Art »Formtabelle« geschaffen. Diese wird – davon sind wir überzeugt – eine neue Kultur des Teamwork, der Flexibilität und der Einzelinitiative beflügeln – Qualitäten also, welche in dieser neuen und komplexen Wirtschaftswelt gefordert sind.

All dies soll nicht bedeuten, daß Ford denkt, »ein Auto für alle« auf jedem Markt der Welt verkaufen zu können. Ungeachtet der Schranken, die zwischen Ländern und Regionen niedergebrochen sind, unterscheiden sich unsere Märkte doch noch voneinander. Die Kunden in Bayern haben einen anderen Geschmack und andere Bedürfnisse als, sagen wir, die Kalifornier. Ein »Familienauto« in Großbritannien kann etwas völlig anderes sein, als das, was man in Indien unter einem »Familienauto« versteht.

Die zehn oder zwanzig Prozent, die der Kunde von einem Auto sieht oder mit denen er zu tun hat – seine äußere Erscheinung beispielsweise, das Fahrgefühl, die Lenkung, die Bedienung, die Leistung und selbst die Polsterung der Sitze – müssen auf die Bedürfnisse des individuellen Marktes zugeschnitten sein. Und ein Unternehmen, welches nicht auf jedem lokalen Markt zu Hause ist, wird Schaden nehmen.

Die restlichen achtzig oder neunzig Prozent eines Wagens aber – die Bauteile, der Aufbau und die Motorisierung, all das, was für den Kunden von funktionellem, jedoch nicht ästhetischem Wert ist – können und müssen gleichen Erzeugnissen überall auf der Welt entsprechen. Ein Bremszylinder, der in Deutschland hilft, einen Wagen zum Stehen zu bringen, wird ihn genau so wirkungsvoll in Venezuela anhalten.

Das Schlagwort, welches Ford 2000 verwendet, um diese Ausgeglichenheit herbeizuführen, ist einfach:»Global denken, lokal lenken!«.

Der 1. Januar 1995 stellte natürlich nur den Anfang des Wandlungsprozesses dar. Vor uns liegt noch eine Menge Arbeit. Eine Vielzahl schwerwiegender Entscheidungen kommt noch auf uns zu. Sicher werden wir auf unserer Wegstrecke mit Schlaglöchern konfrontiert, welche geringfügige Korrekturen unserer Route erfordern.

Und die Gefahr bei all dem besteht ganz klar in der Möglichkeit, daß wir im Prozeß eines neuen Wirtschaftens in beschleunigtem Tempo die klare Sicht auf unsere Programme und Produkte einbüßen könnten. Wir glauben aber, dieses Risiko ist beherrschbar.

Tatsächlich bin ich davon überzeugt, daß es weitaus gefährlicher ist, überhaupt nichts zu tun, *nicht* sich auf eine Organisation und eine Kultur hin zu verändern, mittels derer man erreicht, sich weltweite Tüchtigkeit, rapide Veränderungen in den Technologien, sich wandelnde Trends im Geschmack der Kunden und sich anbietende Wachstumschancen zunutze zu machen.

Gleichermaßen bin ich davon überzeugt, daß es für einen solchen Sprung eines Unternehmens an der Zeit ist, wenn das Geschäft läuft und wenn die Firma auf der Woge des ökonomischen Aufschwunges reitet. Denn dann besitzt die Organisation – hinsichtlich des Cash-flow, der Marktposition und der schöpferischen Energie – die Kraft, in strategisches Neuland vorzustoßen. Es ist typisch, daß sich Unternehmen nicht auf radikale Veränderungen einlassen, bevor sie nicht in einer Krise stecken. Dann aber haben sie genug damit zu tun, einfach über Wasser zu bleiben, als daß sie wohldurchdachte, entschlossene, langfristig angelegte Wandlungen in ihrer Struktur und ihren Abläufen einleiten könnten.

Änderungen dieser Art wollen wir bei Ford herbeiführen. Wir erleben gegenwärtig tatsächlich einen »Aufschwung«. Wenn wir aber aus dreiundneunzig Jahren Erfahrung eine Lehre ziehen wollen, dann besagt diese, daß Aufschwünge nicht anhalten. Wenn der jetzige Aufschwung sein Ende erreicht, wollen wir ein höchst wettbewerbsfähiges, weltweit erfolgreiches und wachsendes Unternehmen sein.

Es ist wirklich so: Hätte ich mein Endziel für Ford 2000 zusammenzufassen, so wäre das, daß eines Tages und dank der Entscheidungen, welche wir heute treffen, mein Nachfolger in der Ford Motor Company wohlgerüstet ist, ein Kapitel für ein künftiges Buch unter dem möglichen Titel »Gewinner im Abschwung« zu schreiben.

Biographie
Alex Trotman

Alex Trotman ist Chairman of the Board of Directors und Chief Executive Officer der Ford Motor Company.

Bis zum 1. November 1993 arbeitete Trotman als Präsident und Chief operating Officer der Gruppe Fahrzeugbau von Ford.

Als er seinen Militärdienst als Navigator im Range eines Oberleutnants der Königlichen Luftstreitkräfte (RAF) absolviert hatte, trat er im Jahre 1955 der Abteilung Einkauf des Unternehmens als studentischer Praktikant von Ford Großbritannien bei. Nach der Ausübung einer Reihe aufsichtsführender und leitender Positionen bei Ford Großbritannien, wurde er im Jahre 1967 als Direktor des Planungsbüros Automobilbau von Ford Europa eingesetzt.

1969 erhielt Trotman eine Sonderberufung in das Planungsbüro Fortgeschrittener Automobilbau von Ford in Dearborn, Michigan, und ging in die Vereinigten Staaten. Ein Jahr darauf wurde er als Manager der Planungsabteilung des Produktionszweiges Lincoln-Mercury eingesetzt. Danach wurde er zum Direktor des Planungsbüros Marketing/Personal und Absatz ernannt. 1972 wurde er leitender Direktor Erzeugnisplanung für Erzeugnisplanung und Forschung.

Trotman wurde als Erster Planungsmanager Automobilbau in der Gruppe Erzeugnisentwicklung Automobilbau (1975), als leitender Direktor Operationsplanung (1977) und als Stellvertretender Generaldirektor Operations für Lastkraftwagenbau und Freizeitfahrzeugbau (1978) eingesetzt. Im November 1979 wurde er zu einem der Vizepräsidenten von Ford gewählt und zum Vizepräsidenten Operations Lastkraftwagenbau für Ford Europa ernannt.

Im Juni 1983 wurde er Präsident von Ford Asia-Pacific Inc., und seine Ernennung zum Präsidenten von Ford Europa erfolgte im Oktober 1984. Im März 1988 wurde er zum Vorsitzenden von Ford Europa berufen, und im Februar 1989 kehrte er als Erster Vizepräsident Operations Fahrzeugbau Nordamerika in die Vereinigten Staaten zurück.

Im Mai 1989 wurde er Erster Vizepräsident Operations Fahrzeugbau Nordamerika, und er wurde zum Präsidenten der Ford Automotive Group ernannt. Am 1. Januar 1993 erfolgte seine Wahl in den Board of Directors.

Trotman wurde am 22. Juli 1933 in Middlesex, England geboren. Er studierte an der Boroughmuir School in Edinburgh, Schottland, und graduierte mit einem Magister-Diplom in Unternehmensleitung an der Michigan State University.

Lawrence A. Weinbach
Managing Partner – Chief Executive
Arthur Andersen & Co, SC

LAWRENCE A. WEINBACH

Die globale Organisation
Den Anforderungen der Zukunft gerecht werden

Jedem, der auch nur eine kurze Zeit in der Geschäftswelt tätig ist, ist es klar, daß sich die Wirtschaft beträchtlich gewandelt hat.

Es ist noch nicht sehr lange her, da es sich bei den meisten erfolgreichen Firmen um straff geführte, zentralisierte Hierarchien handelte, welche auf dem Markt mit Unternehmen ähnlicher Größe und ähnlicher Philosophie wetteiferten. Auf dem heutigen Weltmarkt dagegen sind die Unternehmen in einem viel höheren Grade dezentralisiert, ihre Operationen erstrecken sich über zahlreiche Länder – und die Konkurrenz kommt aus allen Richtungen.

Indem sich die Gesellschaften Gedanken darüber machen, wie sie sich dem Markt anpassen, auf dem sich nicht nur die Technologien, sondern ebenfalls die traditionellen Geschäftsauffassungen in immer schnellerem Tempo wandeln, hat die Stufe der Besorgnis ein höheres Niveau erreicht.

Wie bei anderem menschlichen Bemühen auch, wären die Geschäftsleute gut beraten, bei der Suche nach Antworten auf die Forderungen der Zukunft ihren Blick in die Vergangenheit zu richten. Das ist wichtig und hilft ihnen zu verstehen, wie die Umwelt ihren gegenwärtigen Zustand erlangt hat und wie sie künftige Veränderungen voraussehen könnten.

Zunächst aber ist es notwendig, eine allgemeine Definition der verbreiteten Terminologie aufzustellen. Was bedeutet es, eine globale Gesellschaft zu sein? Unternehmen, die sich bemühen, »global« zu werden, kommen oft aus dem Konzept, wenn sie versuchen, traditionelle Muster auf eine Umwelt anzuwenden, welche sich tatsächlich von allem, das vorher war, stark unterscheidet.

Nahezu das gesamte zwanzigste Jahrhundert hindurch beschwor der Terminus »globale Gesellschaft« das Bild von einem Polypen herauf: Er hatte ein großes Zentrum, und seine Arme erstreckten sich über verschiedene Länder. Alle grundsätzlichen Entscheidungen wurden in der Zentrale getroffen und von den Niederlassungen üblicherweise durch Abgesandte des »Elternlandes« ausgeführt. Einheimische Bürger dienten im allgemeinen in untergeordneten Rollen.

Diese Organisationsform erwies sich während nahezu des gesamten Zeitraumes der industriellen Revolution, welche durch Massenproduktion und Rationalisierung in großem Ausmaße zu einer modernen Weltwirtschaft führte, als höchst erfolgreich. Die Faustregel lautete »Je größer, desto besser«, und das setzte voraus, daß eine zentrale Behörde eine straffe Kontrolle ausübte.

Dann begann in den sechziger und siebziger Jahren unseres Jahrhunderts der Computerchip die traditionelle Art und Weise der Wirtschaftsführung zu untergraben. Von der Robotertechnik über moderne Fertigungssysteme bis zur massenhaften Verbreitung von Personalcomputern innerhalb der Geschäftswelt kurbelte die Computerisierung die Produktivität an und versetzte die Firmen in die Lage, Produkte und Dienstleistungen in nie dagewesenem Ausmaß auf die individuellen Kunden zugeschnitten anzubieten. Weiterentwicklungen auf dem Gebiete des Transportwesens senkten geographisch aufgerichtete Finanzbarrieren. Und der Stand der Technik ermöglichte es, gewaltige Kapitalmengen durch einen Knopfdruck überall hin in die Welt zu transferieren. Was sich aber als am wichtigsten herausstellte: Information und Wissen, welches sich als höchstes Kapital herausgebildet hat, ist überall in der Welt unmittelbar zugänglich geworden.

All dies hat es den Unternehmen erleichtert, ihre Präsenz über die Grenzen hinweg auszudehnen. Viele haben sich damit versucht, ohne jedoch zu erkennen, daß die größere Chancen bietende globale Wirtschaft gleichzeitig auch höhere Forderungen stellt. Sie vermochten nicht zu begreifen, daß die herkömmliche Form des globalen Unternehmens, welches man zutreffender als internationale Gesellschaft bezeichnet, nicht mehr als geeignetes Erfolgsmodell dienen konnte.

An der traditionellen Philosophie des »Je größer, desto besser« festhaltend, nahmen sie Zusammenschlüsse und Akquisitionen vor, richteten ihren Blick jedoch auf den unmittelbaren finanziellen Gewinn und nicht auf eine langfristig angelegte Marktstrategie. Als sie den Herausforderungen des Wettbewerbs gegenüberstanden, übernahmen sie nur allzu rasch und allzu freudig die verführerischsten und modernsten technischen Errungenschaften, häufig jedoch, ohne ernsthaft zu fragen, wie denn diese Technik für die Umwandlung der elementarsten Geschäftsabläufe des Unternehmens einzusetzen sei.

Das Ergebnis war eine Anzahl übergroßer, kümmerlich koordinierter Gesellschaften, die riesige Geldsummen für die Automatisierung ihrer Unzulänglichkeit ausgegeben hatten.

Was war schiefgegangen? Im Grunde hatten diese Unternehmen das Ausmaß der durch den Weltmarkt verbreiterten Konkurrenz nicht erkannt. Wenn es einem leichter wurde, sich in das Revier eines anderen zu begeben, dann wurde es auch den Konkurrenten leichter, sein eigenes Revier heimzusuchen. Das stellte sich nicht nur hinsichtlich der Geographie, sondern in einem weiteren Sinne gleichermaßen als richtig heraus. Die Industriebarrieren sind beispielsweise gefallen, und das Fernmeldewesen ist offensichtlich ein Beleg dafür. Auch die Technolgie hat die Vorteile der Riesenhaftigkeit eingeschränkt. Heutzutage werden einige der größten und ältesten Aktiengesellschaften der Welt von kleineren Unternehmen gedemütigt, von Firmen also, die vor einem Jahrzehnt noch nicht einmal existierten und die nicht zögerten, sich den strategischen Vorteil der fortgeschrittenen Technik zunutze zu machen.

Mit Qualität reagieren

Angesichts dieser verschärften Konkurrenz, welche oft aus unerwarteten Quellen erwächst, haben die Gesellschaften die Notwendigkeit entdeckt, in der Befriedigung der Bedürfnisse ihrer Kunden viel mehr Schöpfertum an den Tag zu legen.

Vorbei sind die Zeiten, da sie es sich leisten können, Kundenforderungen den kurzfristigen Interessen der Aktionäre oder einer dem Unternehmen durch starre Systeme von innen aufgezwungenen Bürokratie unterzuordnen. Das Computerzeitalter hat dem Kunden mehr Macht eingeräumt, sein Geschäft auch anderswo zu tätigen. Das bedeutet, daß der Weltmarkt die Gesellschaften gezwungen hat, mehr auf den Markt einzugehen und die Qualität an die erste Stelle ihrer Tagesordnung zu setzen.

Vorbei sind die Zeiten, da das Wort »Qualität« nur für Anzeigenwerbung und Verkaufsparolen geeignet schien. Heute muß Qualität anfaßbar und meßbar sein – und es muß sich um die Qualität handeln, wie der Kunde sie definiert. Eine solche Qualität ist nicht auf einfache Weise zu erzielen; denn die Technik und der Weltmarkt lassen die Bedürfnisse des Kunden sich verändern und entwickeln, und das mit ständig zunehmender Geschwindigkeit. Der Kunde verlangt mehr als allgemeine Produkte oder Dienstleistungen nach dem Motto »Gut für einen, gut für alle«, welche in der Vergangenheit oft hingenommen wurden.

Es hieß immer: »Baust du eine Mausefalle, welche besser ist als alle anderen, dann wird dir die Welt deine Tür einrennen.« Aber das trifft nicht mehr zu. Heutzutage muß man hinaus gehen in die Welt und Mausefallen verschiedener Art anbieten. Es kommt dabei darauf an, ob die Mäuse an dem jeweiligen Ort groß sind oder klein, ob sie scheu sind oder aggressiv. Ein vierundzwanzig Stunden besetztes Kundendiensttelefon für Mausefallenwartung und Hilfe in Mausefallenfragen muß eingerichtet werden. Und, was am wichtigsten ist, man muß ein Mäusevernichtungsunternehmen aufbauen oder kaufen oder in Form eines Joint-venture betreiben und dabei auch noch den Bestimmungen des Umweltschutzes gerecht werden.

Und trotz alledem kann es geschehen, daß Mausefallen nicht mehr ausreichen. Wenn eine Firma in einem Zeitalter rapider technischer Umwälzungen seine Mission darin sieht,

ein bestimmtes Produkt oder bestimmte Dienstleistungen anzubieten, so stellt sie vielleicht fest, daß die Welt dieses bestimmte Produkt oder diese bestimmte Dienstleistung längst
vergessen hat. Es ist ein Unterfangen der Unsinnigkeit, den
Rechenschieber oder die mechanische Schreibmaschine
»höchster Qualität« anzupreisen. Die Firmen müssen einse-
hen, daß die Kunden einem Produkt oder einer Dienstleistung kaum so verbunden sind wie jene, deren Lebenswerk
sie verkörpern. Dagegen sind die Kunden an einem gewissen
Produkt oder an einer gewissen Dienstleistung als Instrument interessiert, welches ihnen hilft, zu ihren spezifischen
Zielen zu gelangen.

Das bedeutet, daß das »Bereitstellen von Qualität« auf dem
globalen Markt ein nie dagewesenes Maß an Flexibilität und
Originalität einschließt. Um der Herausforderung verschärf-
ter Konkurrenz zu begegnen, müssen die Unternehmen ständig bemüht sein, neue Wege des Voraussehens und der Befriedigung von Bedürfnissen der Kunden zu erschließen. Dies
wird zuweilen altbewährten orthodoxen Auffassungen innerhalb der Firma zuwiderlaufen. Es könnte sogar bedeuten,
daß sich die Gesellschaft als ein Geschäftsunternehmen fun-
damental neu definieren muß. Hat es dieses Stadium erreicht, dann ist es wahrhaft »kundenorientiert« geworden.
Es ist bereit, mit den Kunden zusammenzuarbeiten, um Ent-
wicklungsrichtungen in der Branche zu verstehen und neu
erwachsende Chancen zu nutzen.

Ich möchte meine eigene Firma, die Arthur Andersen
Worldwide Organization als »Fallstudie« anbieten; denn ich
glaube, sie liefert ein gutes Beispiel für eine Gesellschaft, die
sich im Zuge des Eingehens auf die Bedürfnisse der Auftraggeber zu einer wahrhaft globalen Organisation entwickelt
hat.

Die Arthur Andersen Worldwide Organization ist einer der
führenden Anbieter qualifizierter Dienstleistungen in der
Welt. Mit mehr als 72 000 Menschen in 74 Ländern werden
die globalen Aktivitäten unserer Mitgliedsfirmen von zwei
Geschäftszentren aus geleitet. Arthur Andersen bietet Wirt-
schaftsprüfung und Steuerberatung, Geschäftsberatung und

spezielle Beratungsdienste. Andersen Consulting bietet weltweite Management- und Technologieberatung.

Trotz der Breite dieser Dienste und unserer weltweiten
Ausdehnung waren die Anfänge unserer Firma recht bescheiden. Als Andersen im Jahre 1913 mit seiner Buchprü-
ferfirma in Chicago begann, hatte diese neben dem Mitbe-
gründer Arthur Andersen nur noch einen anderen Partner.
Im Verlaufe der folgenden Jahrzehnte erwarb sie sich ihrer
Genauigkeit und Gründlichkeit wegen einen guten Ruf, und
sie war in den vierziger Jahren mit einem Netz von Büros in
den Vereinigten Staaten zu einem mittleren Unternehmen
herangewachsen. Dabei hätte niemand voraussehen können, welchen Kurs die Firma letztlich einschlagen würde.
Nicht einmal der Begründer hätte das zu sagen vermocht. Er
hat in der Tat einst vertraulich geäußert, daß die Firma »un-
lenkbar« würde, überstiege die Zahl der Gesellschafter jemals die Hundert. Heute gibt es weltweit 2600 Gesellschafter.

Doch Arthur Andersen hatte nicht gänzlich unrecht, was
seine Vorstellungen hinsichtlich Größe und Ausmaß betrafen.
Die Firma wäre tatsächlich nicht zu ihrer gegenwärtigen Position gelangt, hätte sich nicht die Geschäftsumwelt so drastisch verändert. Das Fehlen der Computertechnik allein hätte solches verhindert.

Aber der Erfolg der Firma lag in mehr begründet, als nur
in der Technik. Von Beginn an wurde eine Kultur geschaffen,
die von vornherein geeignet war, aus den unerwarteten
Marktveränderungen, welche in der zweiten Hälfte des
zwanzigsten Jahrhunderts eintraten, Nutzen zu schlagen.
Und Arthur Andersen sah seine Aktivitäten in einem breiten
Zusammenhang. Was die Methodologie der Buchführung betraf, so war er peinlich genau und konservativ. Ging es aber
um die Rolle der Buchführung, war er flexibel. Es interes-
sierte ihn, wie die Buchführung und die Wirtschaftsprüfungs-
und Steuerprozesse eingesetzt werden könnten als Instrumente zur Beförderung der Geschäftstätigkeit seiner Auftraggeber. Und von seinen Partnern und Mitarbeitern erwartete er dieselbe Sicht auf diese Dinge.

Um dies sicherzustellen, brach er mit der allgemeingültigen Praxis jener Zeit und bestand darauf, nur Hochschulabsolventen einzustellen. Im Jahre 1940 richtete er die erste interne Ausbildungseinrichtung seines Berufsstandes ein. Die Schule wurde zentral geführt, damit Fachleute aus allen Büros die gleiche Ausbildung erhielten. Und das geschah während der normalen Arbeitszeit und war bis dahin ebenfalls einmalig.

Eine kundenorientierte Kultur

Arthur Andersen verstarb im Jahre 1947, doch er hinterließ eine progressive, kundenorientierte Kultur. Unter den zahlreichen hervorragenden Leuten, die er beschäftigte, gab es einige, die in den vierziger Jahren das Potential des Einsatzes von Computern im Geschäftsleben erkannten. Zu einer Zeit, da Computer so riesig, teuer und unhandlich waren, daß die meisten Menschen sie sich nur für die begrenzte Anwendung für Bedürfnisse des Militärs oder der Wissenschaft vorstellen konnten, unternahm unsere Firma Forschungen auf diesem Gebiete und stellte die Lohnbuchhaltung eines Kunden 1954 auf Computerbasis um. Und das bedeutete in den Vereinigten Staaten die Erstanwendung von Computern für Geschäftszwecke.

So wie die Computertechnik sich in den sechziger und siebziger Jahren mit explosiver Kraft entwickelte, so entwickelte sich auch Andersen. Während sein erster Computereinsatz dem begrenzten Zweck der Automatisierung eines existierenden Prozesses diente, richtete sich die Aufmerksamkeit bald darauf, Methoden zu finden, diese Technik zur Ankurbelung der Geschäftsstrategie eines Unternehmens einzusetzen. Die Namensveränderungen, die unsere »System«-Praxis erfuhr, spiegeln einen Prozeß der Neudefinierung der Rolle dieser Praxis wider – von »administrativer Buchführung« über »administrative Dienstleistungen« zu »Management-Informations-Beratung«.

1988 erbrachten diese Aktivitäten nahezu ähnlich hohe Erträge wie die Buchführung, die Wirtschafts- und Steuerprüfung. Und wir waren auch nicht mehr die exklusive USA-Firma, die wir bis 1955 gewesen waren. Unsere asiatischen und europäischen Gebiete verzeichneten größere Wachstumsraten als die ausgereifteren nordamerikanischen Märkte. Die Tätigkeiten außerhalb der Vereinigten Staaten erbrachten 39 Prozent unserer Erträge.

Diese Faktoren führten uns zu der Frage: Wer sind wir?

In der Vergangenheit war das immer eine leicht zu beantwortende Frage gewesen. Wir waren Buchhalter. Die Firma war von Buchhaltern gegründet und »aufgezogen« worden, und Buchhalter waren für unsere ersten Beratungssdienste verantwortlich gewesen. Nunmehr aber entsprachen immer mehr Leute, die in die Firma eintraten, nicht mehr dieser Kategorie. Es waren unter ihnen immer mehr Spezialisten, die mit Buchhaltung kaum je etwas zu tun gehabt hatten. Und man erwartete von ihnen auch nicht, daß sie nach Eintritt in die Firma Buchführung lernten. Ihre berufliche Laufbahn war gänzlich anders.

Wie die Zahl dieser Menschen und ihr Einfluß anwuchsen, wurde es klar, daß wir uns nicht mehr als Buchhaltungsfirma definieren konnten. Eine solche Definition würde uns nicht nur unseren Kunden, sondern auch potentiellen Mitarbeitern gegenüber eingeengt haben. Wir befanden uns im Wettkampf mit einigen der führenden Technologie-, Informationslenkungs- und Strategiefirmen der Welt. Wir brauchten die allerbesten Leute, und wir wußten, daß es schwierig sein würde, sie für uns zu interessieren, wenn sie spürten, daß ihnen in unserer Firma nur eine Nebenrolle zukäme. Es war von entscheidender Bedeutung, daß sie die gleichen Gehaltschancen, Entwicklungsmöglichkeiten und Leitungsaufgaben hätten wie alle anderen.

Über die Aufteilung der Firma wurde ernsthaft nachgedacht. Und auch ein einigermaßen schwerwiegender Zusammenschluß mit einer Firma der »Großen Acht« wurde erwogen. Unserer endgültigen Entscheidung lag jedoch eine Frage von vorherrschender Bedeutung zugrunde: Was wünschen und erwarten unsere Auftraggeber von uns?

Wir erkannten, daß sich unsere Kunden nicht so sehr für die Unterschiede zwischen Buchhaltung und Beratung interessierten, sondern daß es ihnen vielmehr darum ging, Unterstützung zu erhalten bei der Herausarbeitung und Verwirklichung ihrer geschäftlichen Strategien. Und diese Unterstützung mochte von einem dieser beiden Bereiche oder in unterschiedlicher Kombination von beiden kommen.

Obendrein waren wir in einzigartiger Weise dafür ausgestattet, um diese Art des »umfassenden Kundendienstes« zu leisten. Im Gegensatz zu unseren Konkurrenten, die Verbünde selbständiger Firmen in der ganzen Welt darstellten, waren wir eine echte Weltfirma. Selbst als wir expandiert hatten und unsere Aktivitäten in verschiedenen Ländern der Welt betrieben, setzten wir die Politik fort, allen unseren Leuten an einem zentralen Ort die gleiche Ausbildung angedeihen zu lassen, damit sich ihnen für ihre Arbeit und ihren Umgang mit Kollegen in allen Teilen der Welt eine gemeinsame Kultur und gemeinsame Werte einprägten.

Gleichzeitig hatten wir das Gespür für die Bedürfnisse der nationalen Märkte nicht verloren, indem wir nationalen Gesellschaftern die Verantwortung für die heimischen Aktivitäten übertrugen. Dies geschah im Widerspruch zu der gängigen Praxis von 1955 (als wir unser erstes Büro außerhalb der Vereinigten Staaten eröffneten). Zu jener Zeit war es üblich, daß die Firmen ihre eigenen Abgesandten in Positionen mit Verantwortung einsetzten.

Im Gegensatz dazu bestand unsere Strategie darin, in jedem Land, in dem wir arbeiteten, ausländische Staatsbürger zu beschäftigen, solche Leute, die letztlich die Leitung zu übernehmen in der Lage wären. Wenn wir eigene Abgesandte einsetzten, dann nur als vorübergehende Maßnahme. Wir benötigten unsere eigenen Leute für die Ausbildung und die Aufrechterhaltung der Qualität unserer Aktivitäten. Doch wir erkannten, daß einheimische Angestellte der Dienstleistung eine wichtige Dimension verleihen. Sie waren eng mit der Geschäftsumwelt, mit der Sprache und mit den Sitten und Gebräuchen vertraut. Und, was schwerer wog, es war in ihnen der Stolz auf das eigene Land und ein Verlangen, die wirtschaftliche Gesundung dieses Landes befördern zu helfen.

Nicht einfach ein amerikanisches Unternehmen

Gleich zu Anfang unserer internationalen Expansion beschlossen wir also, daß wir nicht einfach ein amerikanisches
Unternehmen sein wollten. Nein, alle unsere Gesellschafter
und Beschäftigten sollten gleich behandelt werden, ungeachtet ihrer geographischen Region. Und dieser Philosophie folgen wir noch immer. Unsere Mitarbeiter erhalten in unseren
Ausbildungszentren weltweit alle die gleiche Schulung. Es
wird ihnen allen die gleiche Unternehmenskultur mitgege-
ben. Sie arbeiten eng zusammen, und lernen voneinander,
und alle unsere Gesellschafter sind auf globaler Basis gleich-
berechtigt. Sie sind durchaus keine »Junior-Partner«. Gesellschafter in neueröffneten Büros sind voll sowohl an den Gewinnen als auch an den Verantwortlichkeiten der Firma beteiligt, und das bereits, bevor die Aktivitäten in ihren Ländern
Umsätze zur Tilgung der Investition in das Büro einbringen.

Unser Anliegen besteht darin, daß innerhalb der ersten
Jahre nach der Eröffnung eines Büros die Leitung in den
Händen einheimischer Mitarbeiter liegen sollte. Und dies
sind von uns ausgebildete Andersen-Leute, die unsere Kultur
und unsere Art der Erbringung von professioneller Qualitäts-
dienstleistung verstehen. Dabei sind sie aber auch Bürger ihrer eigenen Länder, die darum an örtliche Probleme so herangehen, wie das ein Ausländer nicht kann.

Obwohl wir damit in den fünfziger Jahren in Neuland vor-
stießen, haben unsere Auftraggeber und die Märkte die Vorteile rasch anerkannt. Für unsere kleinen Auftraggeber waren wir eine lokale Firma mit internationaler Sachkenntnis.
Für unsere großen Auftraggeber waren wir die einzige internationale Firma, die eine beständige Dienstleistung an unterschiedlichen Orten in der ganzen Welt erbringen konnte.

Von unserem internen Standpunkt aus gesehen, ist der
Vorteil dieses Konzepts »Eine Firma«, daß es uns befähigt,
Leute mit speziellen Fähigkeiten und Fertigkeiten rasch
überall in der Welt einzusetzen. Denn sie sind alle in der gleichen Methodologie geschult. Unsere Mitarbeiter leisten Dienste auf einem Niveau, welches von unseren Konkurrenten,

deren Ausbildung sich auf das Ziel der Dienstleistung innerhalb eines bestimmten Landes oder einer Region beschränkt,
nicht erreicht werden kann.

Das Konzept »Eine Firma« verleiht uns gewaltige Flexibilität. Mit so vielen Leuten, die verstehen, mit anderen Menschen in der ganzen Welt zusammenzuarbeiten und die die
Fähigkeit besitzen, bei dem individuellen Zuschnitt von Lösungen für die Auftraggeber die gleichen Methodologien anzuwenden fühlen wir, daß wir, vorsichtig ausgedrückt, unserer Konkurrenz gegenüber im Vorteil sind.

Mit den finanziellen Ressourcen und den Angestellten, die
für uns arbeiten, glauben wir, daß wir in der Lage sind, »die
führende qualifizierte Service-Organisation der Welt« zu
werden. Und im Jahre 1989 erklärten wir das formell als unsere Vision. Und um diese Vision wahr werden zu lassen,
prägten wir einen Leitsatz für unsere Mission: »Erbringung
von Beratungs-Dienstleistungen hoher Qualität, welche den
Informationsbedürfnissen des Weltmarktes entsprechen.«

Hier steht wiederum das Wort »Qualität« an erster Stelle,
wenn wir definieren, wie wir unser Geschäft gestalten wollen. Und wenn auch die meisten Unternehmen nach Qualität
streben, so mag es sich als schwierig erweisen, zu wissen,
wann man Qualität erreicht hat. Ein Fabrikant, der ein bestimmtes Produkt erzeugt, kann die Qualität relativ leicht
messen – wieviele Schäden pro tausend Stück; wie lang ist die
Herstellungszeit usw. Derartig abstrahierte Bemessungen
sind auch in der Dienstleistungsbranche anzutreffen, zumeist
auf dem Gebiet der Büroarbeit – welche Zeit wurde pro Kunde aufgewandt, wieviele Schreibmaschinenanschläge pro Dokument und was nicht alles. Diese Messungen zusammengenommen versuchen bestenfalls die Produktivität und kaum
die Qualität der erbrachten Leistung zu bewerten.

Im postindustriellen Zeitalter können sich solche Messungen der Produktivität als kurzsichtig erweisen. Die Technik
hat es den Hersteller- und den Servicefirmen ermöglicht, immer raffiniertere Produkte und Dienstleistungen in immer
mehr auf die Kunden zugeschnittenen Anwendungsformen
anzubieten. Während Messungen, die Schäden, Zeit und Ko-

sten umfassen, ihre Bedeutung behalten, gehen sie doch der wichtigsten Frage aus der Sicht des Kunden aus dem Wege: Wirkt sich das Produkt oder die Dienstleistung für das Anliegen des Unternehmens, seine strategischen Endziele zu erreichen, förderlich aus?

Bei Andersen war das immer die große Frage. Wir bieten Leistungen an, die darauf zugeschnitten sind, bestimmte Wirtschaftsstrategien jedes individuellen Auftraggebers zu beleben. Unsere Auftraggeber sind nicht so sehr daran interessiert, ob unsere Dienstleistungen unseren eigenen Qualitätsmessungen entsprechen; sie interessiert einzig und allein, was sich günstig für sie auswirkt.

Kunden definieren Qualität

Bei all unserer Entschlossenheit, den spezifischen Bedürfnissen und Anliegen unserer Auftraggeber gerecht zu werden, erkannten wir gleichzeitig, daß in der turbulenten Atmosphäre des Weltmarktes die Bedürfnisse unserer Kunden einem ständigen Wandel unterlagen. Wir mußten darum unsere Bemühungen um Qualität ständig überprüfen. Immer mußten wir im Auge behalten, daß bei der Definition von Qualität unsere Kunden das letzte Wort haben würden.

Dies bedurfte einer großen Flexibilität. Im Prozeß der weiteren Profilierung des Weltmarktes und der Entwicklung neuer Technologien und Methodologien erkannten wir auch, daß wir unsere Mission nicht an eine spezifische Dienstleistung binden dürfen. So konnten wir uns die Flexibilität bewahren, die notwendig war, um uns auf die Bedürfnisse unserer Auftraggeber zu konzentrieren.

Wir begriffen weiterhin, daß unsere Struktur im Sinne dieser Flexibilität einer Veränderung bedurfte. Also verlagerten wir unsere Aktivitäten auf zwei Wirtschaftseinheiten – Arthur Andersen und Andersen Consulting –, die ihre entsprechenden Märkte autonom bearbeiteten, jedoch gleichzeitig unter dem Dach einer weltweiten Organisation gemeinsam tätig wurden. Eine dritte Einheit – Arthur Andersen & Co, SC –

operiert als Koordinierungszentrum der weltweiten Organisation.

Im Rahmen der neuen Struktur setzt Arthur Andersen die traditionellen Funktionen, wie Buchhaltung, Wirtschafts- und Steuerprüfung fort. Im Verlaufe der Ausübung dieser Funktionen in einer Weise, die die Geschäftsstrategien des Auftraggebers befördert, hat Arthur Andersen jedoch Sachkenntnis auf solchen Gebieten, wie Wirtschaftsberatung und spezielle Beratungsdienste entwickelt. Andersen Consulting hat in gleicher Weise nach neuen Wegen im Dienst des Kunden gesucht. Mit ihrer Betonung der globalen Leitungstätigkeit und der Technologie-Beratung haben die Leute bei Andersen Consulting dazu beigetragen, Unternehmen umzugestalten, indem sie deren Strategie ausarbeiteten und die Veränderungen, die für die Verwirklichung der Strategie notwendig waren, in die Tat umsetzten.

Als wir umstrukturierten, veränderten wir auch die Zusammensetzung unseres Board of Partners. Heute setzt sich mehr als die Hälfte der Mitglieder des Board aus Gesellschaftern zusammen, die nicht Bürger der Vereinigten Staaten, sondern anderer Länder sind. Der Board selbst trifft sich jedes Jahr an verschiedenen Orten rund um die Welt, dies richtet sich nach der relativen Dimension unserer weltweiten Aktivitäten. Dasselbe trifft auf unser Executive Committee zu.

1993 veranstalteten wir unser erstes weltweites Gesellschaftertreffen außerhalb der Vereinigten Staaten, und weitere sind vorgesehen.

Bei der Umstrukturierung gab es ziemliches Stirnrunzeln, weil es ganz unkonventionell war. Einige Beobachter waren der Meinung, dies bedeute hinsichtlich der Marktführerschaft Andersens den Anfang vom Ende.

Welche Erfolge wurden seitdem also erreicht?

- Im Finanzjahr 1994 erzielten wir Einnahmen in Höhe von 6,7 Milliarden US-Dollar – eine Steigerung um 12 Prozent gegenüber 1993 und das Doppelte von 1989.
- Die Anzahl der Beschäftigen stieg auf mehr als 72 000 an –

9 Prozent mehr als im Vorjahr und 41 Prozent mehr als
1989.
– Die Anzahl der Büros rund um die Welt beträgt jetzt 358 –
10 Prozent mehr als 1993 und 47 Prozent mehr gegenüber
1989.
– Heute arbeitet die Firma in 74 Ländern der Welt – eine
Steigerung um 37 Prozent gegenüber 1989.

All das hat sich in einer Umgebung vollzogen, die bis vor
kurzem von globaler Rezession gekennzeichnet war. Offensichtlich hat der Weltmarkt entschieden, daß wir uns auf dem
richtigen Wege befinden. Im Ergebnis dessen ist Andersen
der Verwirklichung seiner Vision näher denn je zuvor. Unser
Ruf als die »führende« Firma, die fachmännische Dienstleistungen anbietet, festigt sich weltweit und in raschem
Tempo.

Dies konnte geschehen, weil all unsere Veränderungen ein
Ziel verfolgten: Qualität zu liefern, wie sie der Kunde definiert.

Seit der Umstrukturierung haben beide Geschäftseinheiten
sowie die Koordinierungszentrale reguläre und andauernde
Initiativen in Richtung auf innovative Qualität und die Erschließung von Möglichkeiten zur Ergebnisbemessung eingeleitet. Einschätzungen, Praxisbezogenheit und die Ausbildung unserer Beschäftigten zur Erzielung von Qualität sind
aus unseren täglichen Geschäftsaktivitäten nicht mehr wegzudenken. Und wir sind der Meinung, daß sich diese Bemühungen für unsere Auftraggeber wohl ausgezahlt haben.

Natürlich kann man aus all dem nicht ableiten, daß andere Unternehmen unserem Weg getreulich folgen sollten.
Einer der größten Fehler, den eine Firma begehen kann, ist
»Nachmachen« zu spielen. In dieser intensiv konkurrierenden Umwelt ist es wichtig, daß jedes Unternehmen selbst
herausfindet, auf welche Weise es seinen Kunden am besten dienen kann und sich seinen Weg zum Erfolg selbst
sucht.

Schritte zum Erfolg

Es gibt allerdings einige allgemeingültige Schritte, die alle Gesellschaften gehen können, wenn sie sich in den kommenden Jahren als globale Organisationen durchsetzen wollen.

Eine Firma sollte damit beginnen, sich eine weltweite Strategie zu erarbeiten. Gleichzeitig sollte sie sich die Fähigkeit bewahren, Leistungen zu erbringen, die den örtlichen Gegebenheiten entsprechen. Das ist nicht immer einfach und bedarf eines komplizierten Balanceaktes. Die Notwendigkeit dafür liegt jedoch klar auf der Hand, wenn man die Sache vom Standpunkt des Kunden oder seinem eigenen Standpunkt als Kunde her betrachtet. Und wiederum möchte ich auf meine eigene Firma als Beispiel verweisen.

Wenn Auftraggeber die Dienste von Andersen in Anspruch nehmen, geht es ihnen zunächst einmal darum, jemanden zu finden, der versteht, was sie wollen. Und das muß jemand sein, der nicht nur mit ihrem Geschäft und ihrer Branche wohlvertraut ist, nein, er muß auch ihre Landessprache sprechen und ebenfalls in der heimischen Kultur und den wirtschaftlichen Gegebenheiten zu Hause sein.

Gleichermaßen könnten sie auch Sachkenntnis suchen, welche über die Möglichkeiten des einzelnen Büros unserer Firma, an das sie sich wenden, hinausgeht. Wenn das der Fall ist, wenn sie also von irgendwo her ein Team benötigen, dann sind sie gewiß an Leuten interessiert, die geschult sind, wirkungsvoll zusammenzuarbeiten. Das ist sowohl effizienter als auch rationeller für den Auftraggeber; denn die Leute, die die Arbeit verrichten, können die Probleme des Kunden unmittelbar in Angriff nehmen, anstatt mit der Auseinandersetzung über die Zusammenarbeit Zeit zu verschwenden.

Dieser äußerliche, kundenorientierte Blick auf die Dinge ist für jedes Unternehmen auf dem Markt von heute von wesentlicher Bedeutung. Das funktioniert jedoch nicht, wenn nicht alle in der Organisation im Hinblick auf das Endziel einer gemeinsamen Ansicht sind. Darum ist es ungeheuer wichtig, die Organisation zu definieren.

Was bietet die Organisation ihren Kunden? Ist es ein spezifisches Produkt oder eine Dienstleistung? Ist es ein Musterpaket gebündelter Qualifikation? Was will die Organisation auf dem Markt erreichen? Wie sollte sie vorgehen? Und wie steht es um ihre Bereitschaft, sich auf Veränderungen einzustellen?

Die Führung der Organisation muß den Prozeß mit der Beantwortung dieser Fragen einleiten. Oberflächlich betrachtet, scheint es sich dabei um eine einfache Aufgabe zu handeln. Ich darf jedoch aus eigener Erfahrung feststellen, daß die Beantwortung dieser harten Fragen eine aufreibende Sache sein kann.

Sind die Antworten einmal herausgearbeitet, so bedürfen diese der Zustimmung der in der ganzen Welt verstreuten Leitung der Firma.

Danach müssen alle Beschäftigten mit einer Darlegung der Vision und der Mission versorgt werden. Die Vision sollte die Rolle abhandeln, die man auf dem Markt spielen will, während die Erklärung der Mission so etwas wie eine Landkarte ist, aus der man die Wege zur Verwirklichung der Vision ablesen kann.

Nach der Erarbeitung einer globalen Strategie besteht der nächste Schritt in ihrer Umsetzung und zwar so, daß für lokale Initiativen Raum bleibt und daß diese gefördert werden. Es gab eine Zeit, da wurde dies als nicht sehr wichtig erachtet. Die Strategie wurde von oben nach unten nicht nur erarbeitet, sondern auch durchgesetzt. Für jedes Unternehmen aber, welches wirkliche Globalität anstrebt, ist dies kein gangbarer Weg mehr.

Heute ist es einem Generaldirektor und noch nicht einmal der Führungsspitze mehr möglich, alles zu wissen, was für die Firma in jedem Land, in dem sie arbeitet oder tätig zu werden gedenkt, wichtig ist. Mehr denn je beruht der Erfolg auf den Schultern des nachgeordneten Managements und der Beschäftigten. Wenn diese nicht über Sachkenntnis, über schöpferischen Verstand und die Durchsetzungskraft verfügen, auf den Kunden individuell zugeschnittene Dienste zu bieten, wird das Unternehmen nicht für flexibel und anpassungsfähig genug gehalten, um auf die Anforderungen des Marktes eingehen zu können.

Das bedeutet, daß die ordentliche Ausbildung des Personals entscheidend ist. Eine solche Ausbildung kann nicht einzig und allein in der Orientierung neuer Angestellter bestehen, und sie kann auch nicht sporadisch durchgeführt werden. Sie muß systematisch und kontinuierlich verlaufen, muß Teil sein der fachlichen Entwicklung eines jeden, und sie muß einen untrennbaren Bestandteil der Perspektivziele und der langfristig angelegten Ziele des Unternehmens darstellen.

Bei uns in Andersen hat die fachliche Schulung stets im Mittelpunkt unserer Mission gestanden. Im Jahre 1970 erwarben wir ein früheres College in Illinois und wandelten es in unser Zentrum für Fachausbildung um. Seitdem wurden neue Gebäudeteile mit Arbeitsräumlichkeiten und Betten für 1700 Personen angefügt, und der Campus wurde auf 60 Hektar erweitert.

Alle unsere Angestellten kommen aus der ganzen Welt und erhalten die gleiche methodologische Schulung. Voriges Jahr kamen wir auf 293 000 Personen-Tage Ausbildung in diesem Zentrum, und in den vergangenen Jahren haben wir weitere Zentren in Spanien, auf den Philippinen und in den Niederlanden eröffnet.

Insgesamt beliefen sich unsere Weiterbildungsausgaben im Jahre 1994 auf 408 Millionen US-Dollar oder ungefähr sechs Prozent unserer Erträge. Und dazu kommen noch Ausgaben im Servicebereich und für die Markt- und Methodologie-Entwicklung, die noch einmal sieben Prozent unserer Gewinne betragen.

Die Bedeutung der Schulung und der Ausbildung kann nicht genug betont werden. Unqualifizierte Arbeitskräfte sind in entwickelten Ländern weit weniger wichtig, als sie es einmal waren. Ob nun ein Unternehmen ein Produkt herstellt oder einen Service bietet – es kann nicht mehr darauf hoffen, in dieser neuen Zeit wettbewerbsfähig zu sein, wenn es nicht über die besten Mitarbeiter verfügt. Und das ist überall in der Welt so. Und in der Ausbildung liegt der Schlüssel, um ga-

rantieren zu können, daß die Menschen in der Lage sind,
Dienste von höchster Qualität zu erbringen.

Die Schulung und Ausbildung, welche Andersen-Leuten geboten wird, wandelt sich so zu einem wichtigen Verkaufsan-
reiz bzw. Argument, und das nicht nur für unsere Auftraggeber, sondern auch für neue Mitarbeiter. Auf die Frage, warum sie sich unsere Firma erwählten, antworten die meisten
Neueingestellten, die Ausbildung, die ihnen geboten würde,
habe den Ausschlag für ihre Entscheidung gegeben.

Förderung der Globalstrategie

Letztlich geht aber der Nutzen dieser Ausbildung viel weiter,
als daß sichergestellt wird, unseren Mitarbeitern das modernste Wissen zu vermitteln. Am bedeutendsten wirkt sich
dies darauf aus, wie wir an die Förderung unserer Globalstrategie herangehen.

Die einzelnen Klassen setzen sich in der Regel aus Teilneh-
mern zusammen, die aus verschiedenen Ländern kommen.
Zum Inhalt der Kurse gehören Elemente und Beispiele aus
vielen unterschiedlichen Ländern. Und die Lehrkräfte sind
Menschen aus unserer gesamten weltumspannenden Organisation. Am wichtigsten aber ist, daß wir die Auszubildenden
in ihrem ausgeprägten Nationalstolz bestärken und dazu anhalten, ihr ethnisches Erbe mit ihren Klassenkollegen zu teilen.

Unter unseren Fachleuten, formen sich während ihrer Ausbildung Freundschaften mit Menschen heraus, denen sie
sonst wahrscheinlich nie begegnet wären, und sie entwickeln
ein Bewußtsein für gemeinsames Engagement und gemeinsame Werte. Derartige Werte sind besonders wichtig für eine
globale Organisation, die ihrer Natur nach weit weniger
streng zentralisiert ist als andere Organisationsformen.

Wir haben bei Andersen das Konzept der »Zentrale« abgeschafft; nicht einmal in unserer Korrespondenz findet das
Wort noch Verwendung. In unserem Zeitalter von Telefax, Vi-
deokonferenzen und ähnlichen anderen technischen Errun-

genschaften ist die Effizienz keine logische Grundlage für eine
Zentrale mehr. Es hat sich für uns als wirkungsvoller erwiesen, zahlreiche bisherige Zentralfunktionen enger an die verschiedenen Märkte zu binden, insbesondere aus dem Grunde,
weil Einzelbüros zu Zentren des Fachwissens auf mannigfa-
chen Gebieten der Technik oder der Industrie werden.

Natürlich gibt es in einer globalen Organisation noch einige Funktionen, die zentral bleiben sollten – der Finanzsektor,
zum Beispiel, die Firmenleitung und das Steuerwesen. Und
die gesamten, die Personalressourcen betreffenden Strategi-
en, wie auch die Strategien der Technologie, sollten zentral
orientiert sein.

Bei Andersen sind einige der traditionellen Zentralfunktionen in den Vereinigten Staaten geblieben, und zwar dann,
wenn kein Grund bestand, sie zu verlagern. Dagegen hat die
globale Koordinierungseinheit ihren Sitz in Genf, in der
Schweiz. Immer mehr unserer traditionellen Zentralfunktionen werden nun jedoch dezentralisiert, damit wir sie unseren
Auftraggebern – und unseren eigenen Leuten – näherbringen
können.

Dennoch: Unser wahres Zentrum ist der Weltmarkt. Das
mag irgendwie abstrakt und möglicherweise sogar etwas unrealistisch klingen. Wenn es keine Zentrale mehr gibt, die innerhalb der Organisation bestimmt und Grundregeln festlegt,
wie ist dann Anarchie auszuschließen?

Die Antwort ist: Sie ist nicht auszuschließen, überhaupt
nicht, wenn da nicht eine Gruppe von Menschen mit einer gemeinsamen Vision und mit gemeinsamen Werten wäre. Dies
könnte für ein Unternehmen mit schwacher Kultur ein be-
drohliches Konzept darstellen. In jenem Falle bestünde das
Risiko darin, daß die Leute losgehen und tun was sie wollen
– und den Kunden allein lassen.

Eine starke Kultur aber garantiert eine starke Organisation, weil nämlich eine solche Organisation den Beschäftigten
nicht lediglich ihre Zeit abkauft. Sie macht sich ihre Loyalität
und ihre Schöpferkraft nutzbar und spornt sie zur Zusammenarbeit an, zum gemeinsamen Denken und dem Ersinnen
von Lösungen. Dies verleiht dem heutigen Unternehmen die

Fähigkeit, vorwärtszuschreiten, während es sich gleichzeitig ständigen Wandlungen des Marktes anpaßt. Was ist zu tun, um diese Kultur zu schaffen, außer die Vision und die Mission in einem Jahresbericht niederzulegen? So etwas kann nicht über Nacht zustande gebracht werden. Das ist ein fortlaufender Prozeß. Am besten beginnt man damit, sich die Struktur der Organisation anzuschauen.

Läßt die Struktur einer Organisation unterschiedlichen Gruppen von Menschen genügend Spielraum, damit sie nach neuen Möglichkeiten suchen können? Finden sich unterschiedliche Nationalitäten und technische Experten im Board, im Executive Committee oder in Spitzenpositionen der Leitung voll vertreten? Haben Menschen aus der ganzen Welt die Möglichkeit, auf regulärer Basis zusammenzuarbeiten? Besteht zwischen Nachgeordneten und Funktionsträgern ein Gleichgewicht?

Ein globales Unternehmen sollte aus zusammengehörenden Einzelteilen bestehen: Jeder untersteht einem, der für Gewinn und Verlust verantwortlich ist; gleichzeitig muß es aber auch Beziehungen geben, die für Mitsprache, Zweifel und Einwände Raum lassen.

Steht die richtige Struktur erst einmal, ist die Schlacht schon halb geschlagen. Die Kultur der Organisation muß dann mittels parallel laufender Schulung und Kommunikation konsolidiert werden. Schulung und Kommunikation führen die Menschen zusammen, propagieren gemeinsame Werte und stärken die Einheitlichkeit bei der Durchsetzung der Methodologien.

Das Endziel besteht darin, Menschen zu erziehen, die die mannigfaltigen und sich ständig wandelnden Märkte, auf denen die Kunden operieren, verstehen können und die über die Kenntnisse und das Durchsetzungsvermögen verfügen, ein Unternehmen seinen Kunden gegenüber zu repräsentieren. So sind sie in der Lage, die einer Gesellschaft, in welchem Maße auch immer, zur Verfügung stehenden Ressourcen – sei es Technik, seien es Menschen – zu mobilisieren und dann vor Ort Dienstleistungen zu erbringen, ohne sich auf dem Dienstweg ständig Einverständnis einholen zu müssen.

Schlußbemerkungen

So befähigt sich das Unternehmen von heute, voranzuschreiten und sich gleichzeitig erfolgreich den ständigen Veränderungen des Marktes anzupassen. Abläufe, Methodologien und Technologien sind alle von grundlegender Bedeutung – wenn sie entsprechend einer wohldurchdachten Strategie in die Praxis überführt werden. Und ein Unternehmen ist bei der Umsetzung seiner Strategien mehr denn je auf sein Personal angewiesen.

In einer globalen Organisation unterscheidet sich die Umsetzung der Strategie beträchtlich von der Befolgung von Anweisungen. Da es für die Führungskräfte des Unternehmens nicht mehr möglich – oder wünschenswert – ist, eine strenge Kontrolle gleichen Grades wie in früheren Zeiten auszuüben, kommt es unbedingt darauf an, daß alle Mitarbeiter der Gesellschaft die Strategie begreifen und sich für diese einsetzen. Dann ist es an ihnen, die Ergebnisse ihrer Ausbildung, ihre Kundenkenntnis und ihre schöpferischen Fähigkeiten anzuwenden, um Dienst am Kunden auf höchstem Niveau zu erbringen.

Welche Marktstrategie auch immer verfolgt wird, die absolute Zufriedenstellung des Kunden muß das Endergebnis sein.

Wenn die Führungspersönlichkeiten einer Gesellschaft all das erreichen können, wenn sie die besten Menschen auswählen, die Vision begründen, die Ausbildung ermöglichen und die Kultur etablieren können, um ihre Mitarbeiter auf ihrem Gebiet zu den Besten zu machen, dann werden sie ihr Unternehmen in die Lage versetzen, für die Anforderungen der Zukunft gewappnet zu sein und die sich weltweit bietenden Chancen in Erfolge zu verwandeln.

Biographie
Lawrence A. Weinbach

Lawrence A. Weinbach ist Managing Partner – Chief Executive von Arthur Andersen & Co, SC, der koordinierenden Einheit der Arthur Andersen Worldwide Organization. Mit mehr als 73 000 Beschäftigen in 75 Ländern ist die Arthur Andersen Worldwide Organization der in der Welt führende Anbieter von Dienstleistungen. Die globalen Aktivitäten der Mitgliedsfirmen der Organisation werden von zwei Geschäftseinheiten, Arthur Andersen und Andersen Consulting, an über 350 Standorten abgewickelt. Die Arthur Andersen Worldwide Organization unterhält ebenfalls korrespondierende und andere Beziehungen mit nationalen Firmen, welche 40 Standorte in weiteren 34 Ländern bedienen.

Weinbach graduierte mit Auszeichnung an der Wharton School der University of Pennsylvania und trat 1961 in das New Yorker Büro von Arthur Andersen & Co. ein. 1970 wurde er Partner. Im Verlauf seiner beruflichen Entwicklung bekleidete er solche Positionen wie Assistant to the Chairman – Chief Executive, Office Managing Partner, Area Managing Partner und Chief Operating Officer. In seine gegenwärtige Position als Chief Executive wurde er im Jahre 1989 gewählt.

Weinbach ist Mitglied zahlreicher fachgebundener Körperschaften. Dazu zählen der Aufsichtsführende Beirat Wharton, die Kommissionen der Northwestern University, der Stern School der New York University, die Gesellschaft für Internationale Angelegenheiten New York, die Asiengesellschaft, das Komitee für Wirtschaftliche Entwicklung, die Koalition der Branchen der Dienstleistungsindustrie, die Amerikanische Wirtschaftskonferenz und die Stiftung Finanzen und Buchführung.